"汉学大系"学术委员会

学术委员会主任

傅　刚

学术委员：（以姓氏笔画为序）

卜　键　左东岭　朱青生　刘玉才

刘跃进　汪小洋　周绚隆　赵化成

赵宪章　党圣元　高建平　常绍民

傅　刚　詹福瑞　锺宗宪　魏崇新

"汉学大系"编辑委员会

编辑委员会主任

曹新平

副主任

任　平　徐放鸣　华桂宏　周汝光

编辑委员会：（以姓氏笔画为序）

王　健　冯其谱　任　平　朱存明

华桂宏　岑　红　张文德　周汝光

郑元林　赵明奇　徐放鸣　曹新平

黄德志

主编

朱存明

汉学大系丛书

朱存明·主编

悬象著明

汉代文物中的吉祥文化

周保平 著

生活·讀書·新知 三联书店

Copyright © 2023 by SDX Joint Publishing Company
All Rights Reserved.
本作品版权由生活·读书·新知三联书店所有。
未经许可，不得翻印。

图书在版编目（CIP）数据

悬象著明：汉代文物中的吉祥文化／周保平著.
—北京：生活·读书·新知三联书店，2023.3
（汉学大系）
ISBN 978-7-108-07527-7

Ⅰ.①悬… Ⅱ.①周… Ⅲ.①历史文物-研究-中国-汉代②传统文化-研究-中国-汉代 Ⅳ.①K871.414②K234.03

中国版本图书馆 CIP 数据核字（2022）第 191306 号

责任编辑　杨柳青
封面设计　米　兰
责任印制　洪江龙
出版发行　生活·讀書·新知 三联书店
　　　　　（北京市东城区美术馆东街 22 号）
邮　　编　100010
印　　刷　江苏苏中印刷有限公司
排　　版　南京前锦排版服务有限公司
版　　次　2023 年 3 月第 1 版
　　　　　2023 年 3 月第 1 次印刷
开　　本　710 毫米×1000 毫米　1/16　印张 29.25
字　　数　421 千字
定　　价　98.00 元

"汉学大系"总序

世界总是在不断地变化。历史上，有些文明消失了，有些文明则不断壮大，逐步形成了现代世界的格局。进入 21 世纪，世界格局面临新的调整。美国人塞缪尔·亨廷顿的《文明的冲突与世界秩序的重建》认为，不同义明的冲突将导致未来社会的对抗。这个观点值得警惕，也值得研究。做好中国自己的事，勇敢面对挑战是我们面临的任务。

中国文明发展了几千年，历史上曾经有过自己的辉煌，但是清朝后期，由于没有科学民主的现代理念，曾经落后挨打，令多少志士仁人痛心疾首。新中国成立后，经过一个甲子年的现代发展，中国又迎来了一个快速崛起的历史新时期。

中国文化现代性的发展，一方面要学习国外的先进经验，促进科学技术的发展与社会的进步；另一方面要不断回溯历史，在历史的记忆中寻求民族之根。当今世界的寻根与怀旧实际上都有现实的基础，它是民族凝聚力的根源。在回溯历史的新的阐释中，一个新的历史轴心期即将来临。

编纂"汉学大系"丛书就是为了探求中华文化的历史起源、学术源流、基因谱系、思维模式、道德价值等，为实现中华文化的历史复兴奠定基础。

"汉学"，是一个历史的概念，因时间与空间的不同而发生变化。究其变化之因，皆因对"汉"字的理解与运用不同所致。"汉"字既可指汉代，也可指汉族，还可以作为中华民族的代称。"汉文化"可以指两汉文化，也可以代指中国传统文化。所以"汉学"一词在不同的语境中有不同的内涵，可以指两汉的学术文化，可以指清代的汉学流派，也可以指中国及海外关于中国文化的研究。具体来看，汉学研究范围以经学为中心，而衍及小学、音韵、史学、天算、水地、典章制度、金石、校勘、辑佚等，引证取材多集于两汉。"汉学"一词在南宋就已出现，专指两汉时期的学术思想。清朝汉学有复兴之势，江藩著《汉学师承记》，自居为汉学宗传。汉学又称"朴学"，意为朴质之学。"朴学"重考据，推崇汉儒朴实学风，反对宋儒空谈义理。现代"汉学"或称作"中国学"，自20世纪80年代以来，或称"海外汉学"，是国外的学者对有关中国方方面面进行研究的一门学科。

梁启超在《清代学术概论》中提出清代汉学的复兴是对当时理学思潮的反动，其学术动力就是来源于复汉学之古；钱穆在《清儒学案》中认为，汉学的兴起是继承与发展传统的结果；侯外庐在《中国思想通史》等著作中认为，清代汉学思想的发展动力是"早期启蒙思想"。

在国外，相关的研究称为 Sinology（汉学），有的称为 Chinese Studies（中国学）。Sinology 或 Chinese Studies 是国外研究中国的学术总称，它们具有跨学科、跨文化的特征，反映着世界范围内的学术变化及学术发展趋势。

在西方，主要是欧洲，严格意义上的汉学研究已经有400多年的历史。这一学科的形成，表明了中国文化所具有的世界历史性意义。从汉学发展的历史和研究成果看，其研究对象不仅仅是中国汉民族的历史和文化，它实际上是研究包括中国少数民族历史和文化的整个中国的学问。由于汉民族是中华民族的主体，而且汉学最初发轫于汉语文领域，因而学术界一直将汉学的名称沿用下来。汉学只是一个命名方式，丝毫没有轻视中国其他民族的含义。经过几百年的发展，西方汉学已经形成三大地域，就是美国汉学、欧洲汉学和东亚汉学。

21世纪以来，随着全球一体化的进程，国内外汉学的研究，又形成了一个热潮。在新的历史条件下，中国学术界也需要发出自己的呼声。海外汉学与中国本土学术只有进行跨文化对话，才能洞悉中国文化的深层奥秘；中国学人向世界敞开自己，才能进一步激活古老的传统和思想的底蕴。

因此，汉学是继承先秦诸子文化在汉代统一性国家建立基础上形成的中华民族的学术。"汉学"的研究中心是以中华民族统一性的价值观为主体，以汉语言为基础，以汉字为符号载体的文化共同体。汉文化是融合了不同民族、不同区域文化而形成的一个文化统一体。从人类文明发展史来看，这个文化与基督教文化、佛教文化、伊斯兰教文化有着不同的发展模式与价值体系。"汉学"作为中国传统学术流派的称谓，常常与"国学""经学"相混，也有人赋予"汉学"以新内涵，将国内的中国学研究也称为"汉学"，这可以称为"新汉学"。汉民族是历史上多民族长期交流融合的结果，历史上形成的汉语、汉字及独特的汉文化对中国文明以至世界文明都产生了巨大影响。汉学就是对建立在汉语、汉字、汉文化基础之上的中华民族的学术传统的学理性探讨。

中华文化在历史上就对世界产生过影响，中外文化交流一直是世界历史的一部分，16世纪以来，中华文化进一步引起了西方的注意，西方汉学研究也随之兴起。西方人的汉学研究是基于他们的文化立场，研究虽然取得了一些成果，但是也有一些误读。目前，时代赋予了我们新的历史使命，本课题就是基于目前中国的现实需要对"汉学"学术内涵进行的基础研究。

由于历史原因，一段时间内汉学研究在国外得到发展，国内研究反而滞后，国内外有些研究机构因此把汉学仅仅看成外国人对中国的研究，这无疑缩小了汉学的视域。西方有些国家从自身战略利益出发，正在通过各种渠道争夺中国的学术资源。今天我们有责任对民族文化进行深入系统的研究，为中华民族的现代复兴打下深刻的话语基础。文化是一个民族生存的基础，保护民族文化基因就是我们面临的一个重要的历史任务。

"汉学大系"丛书的编纂意在促进汉学的历史回归，它既是对汉学内涵的理论建构，也是对汉文化研究成果的学术汇编；既是对"国学"基因谱系的深度描述与重新阐释，也是对国外汉学研究历史的重新定位，更是在新的历史形势下对中国传统文化价值进行的一次新发掘。

目前中国的发展到了一个历史的转折点。过去我们大量翻译了西方的学术著作，促进了中国对国外的了解，也给新中国的建设奠定了基础；但是，长期以来，我们对传统文化否定破坏的多，肯定继承的少，中国传统学术在西学的影响下逐渐式微。现在中国面临一个新的发展机遇，就像西方的文艺复兴时代回归古希腊罗马文明一样，中国新的历史复兴将在恢复传统文化的基础上，指向科学民主繁荣昌盛的未来。

"汉学大系"丛书是关于汉文化学术成果的集约创新，既是对"汉学"内容的研究，又是对"汉学"内容的确定；既有深入的学术探讨，又有普泛性的知识体系；既有现代性的学科划分与学术视野，又有现代性的学术理念与学术规范。"汉学大系"旨在恢复汉代经学的原典传统，对经典进行现代性的阐释，从经学原著中深入挖掘对现代社会普遍有效的思想资源；明确中国汉学的智慧传统，为中国文化的复兴寻找历史的深度；以汉代汉学为正统，以清代朴学与海外汉学为两翼，深入探讨汉文化之源。

丛书将对汉学的内涵进行发掘、整理、探讨。将汉学历史的考据与研究同步进行；经典阐释与主题研究并重；历史的考据与新出土的文物相互发明；古典文献与出土简牍对应解读。以汉代的现实生活与原典为基础，兼及汉代以后的发展，参以海外汉学的不同阐释，通过比较来探讨汉学的真正内涵，寻求中华文化的话语模式，进而形成自己的话语权。同时，发掘中国的智慧，促进新观念的变革，促进社会进步，最终实现大同世界的美梦。

朱存明
2014 年 7 月 8 日

目录

001　导言

一

019　吉祥、祥瑞及吉祥文化与祥瑞文化
019　1. 古人对吉祥、祥瑞的释读
030　2. 吉祥文化与祥瑞文化
035　3. 怎样才能使吉祥瑞应"自至"

二

043　汉代以前的吉凶观念与吉祥文化
043　1. 原始社会的宗教信仰与吉凶观念
071　2. 夏、商、西周时期的吉祥文化
085　3. 春秋、战国时期的吉祥文化

三

两汉时期不同阶级、不同阶层的吉祥文化

099　　1. 帝王祥瑞与皇室贵族的吉祥文化
114　　2. 官僚士大夫、豪强地主的吉祥文化
125　　3. 民间的吉祥文化

四

汉代吉祥文化中的吉祥瑞应

139　　1. 吉瑞植物
153　　2. 吉瑞动物
164　　3. 吉瑞人物
176　　4. 吉瑞器物
190　　5. 其他吉祥瑞应

五

汉代文物中的吉瑞画像

219　　1. 画像石、画像砖上的吉瑞画像
231　　2. 墓室壁画中的吉瑞画像
243　　3. 铜器上的吉瑞纹样
249　　4. 瓦当上的吉瑞纹样
253　　5. 丝织品上的吉瑞纹样
259　　6. 漆器上的吉瑞纹样

六

嘉瑞"五灵"

265　　1. 关于"四灵""五灵"
271　　2. 麟
277　　3. 凤
292　　4. 龟

| 302 | 5. 龙 |
| 324 | 6. 白虎 |

七
汉代吉祥文化兴盛的社会文化背景

335	汉代吉祥文化兴盛的社会文化背景
335	1. 神灵信仰与吉祥文化
342	2. 阴阳五行与吉祥文化
350	3. "天人感应"与吉祥文化
357	4. 谶纬神学与吉祥文化
369	5. 神仙思想与吉祥文化

八
汉代吉祥文化的流播赓衍

375	汉代吉祥文化的流播赓衍
375	1. 象征天命、君德的祥瑞的流播赓衍
392	2. 官僚士大夫在吉祥文化流播赓衍中的作用
405	3. 吉祥瑞应及其纹样的流传与流变
423	4. 吉祥图案及表现手法的流传与流变

438	附表一
439	附表二
443	附表三
449	主要参考资料
454	后记

插图目录

图 2-1	仰韶文化半坡类型的"人面鱼纹"彩陶盆	048
图 2-2	宁夏贺兰山岩画(局部)	050
图 2-3	云南沧源岩画(局部)	050
图 2-4	岩画中的"生殖崇拜图"	052
图 2-5	新疆康家石门子岩画(局部)	052
图 2-6	辽宁东山嘴出土红山文化晚期的孕妇塑像	054
图 2-7	青海柳湾原始墓地出土的"裸体人像"彩陶壶	054
图 2-8	辽宁牛河梁出土的红山文化猪龙形玉饰	057
图 2-9	良渚文化玉琮上的神人兽面纹	059
图 2-10	辽宁牛河梁出土的红山文化女神头像	063
图 2-11	云南沧源岩画中的"巫师跳神"岩画	066
图 2-12	河南偃师二里头出土的夏代"兽面纹"铜牌饰	073
图 2-13	河南偃师二里头出土的夏代双体龙纹(摹本)	073
图 2-14	河南安阳出土商代青铜器上的兽面纹(摹本)	078
图 2-15	陕西宝鸡茹家庄出土西周三足鸟形青铜尊	083
图 2-16	湖北江陵马山一号东周楚墓出土"蟠龙飞凤纹"绣(复原图)	093
图 2-17	湖北江陵战国楚墓出土刻有吉祥动物的漆座屏	093

图2-18	湖南长沙出土战国"人物龙凤"帛画	*094*
图2-19	湖南长沙出土战国"人物御龙"帛画	*094*
图2-20	战国"树、双马纹"瓦当	*094*
图3-1	河南永城芒砀山西汉梁王墓中的吉瑞壁画(摹本)	*113*
图3-2	甘肃成县东汉"李翕五瑞碑"(拓本)	*122*
图3-3	甘肃成县东汉"李翕五瑞碑"(《金石索》摹本)	*123*
图3-4	西汉铜洗上的吉祥图案(摹本)	*123*
图3-5	绘有吉祥图案的西汉漆耳杯	*124*
图3-6	浙江杭州星桥镇出土的东汉"天禄"铜镜	*138*
图4-1	江苏连云港将军崖龙山文化"植物纹"岩画	*142*
图4-2	浙江河姆渡遗址发现的植物纹	*144*
图4-3a	刻有吉瑞植物的新莽始建国铜方斗	*151*
图4-3b	新莽始建国铜方斗上的凤凰、嘉禾、嘉麻画像	*151*
图4-3c	新莽始建国铜方斗上的嘉黍、嘉麦、嘉豆画像	*151*
图4-4	河南濮阳西水坡遗址出土用蚌壳摆塑的龙、虎	*157*
图4-5	浙江河姆渡遗址出土刻有猪纹的陶器	*157*
图4-6	河南南阳王庄汉画像石墓出土的"五鹄图"	*162*
图4-7	河南南阳邢营汉画像石墓出土的"大螺、应龙图"	*162*
图4-8	青海大通出土的新石器时代"舞蹈纹"彩陶盆	*175*
图4-9	湖南宁乡出土的商代"大禾人面方鼎"	*175*
图4-10	山东嘉祥汉武梁祠石刻中的帝王画像	*176*
图4-11	良渚文化遗址出土的玉琮	*180*
图4-12	河图、洛书	*182*
图4-13	西汉铜熏炉上的吉瑞画像(摹本)	*187*
图4-14	浙江海宁汉墓刻有灵芝等祥瑞的"祥瑞图"(画像局部)	*188*
图4-15	原始彩陶鱼纹演变图	*193*
图4-16	原始彩陶蛙纹演变图	*194*
图4-17	原始彩陶鸟纹演变图	*195*
图4-18	陕西米脂汉画像石墓墓门上的吉祥纹饰	*201*
图4-19	江苏徐州黄山汉画像石墓中的吉祥纹饰	*201*
图4-20	山东泰安汉画像石上的吉祥纹饰	*202*

图 4-21	西汉"长生无极"吉语瓦当	209
图 4-22	四川汉画像砖上的吉祥文字	209
图 4-23	河南南阳汉画像石上的"日月同辉"画像	216
图 5-1	河南南阳汉画像石中的吉瑞画像（画像局部）	224
图 5-2	江苏徐州汉画像石中的吉瑞画像（画像局部）	225
图 5-3	山西离石汉画像石中的吉瑞画像（局部摹本）	227
图 5-4	陕西绥德汉画像石墓墓室门壁上的吉瑞画像	227
图 5-5	四川简阳鬼头山汉代崖墓石棺上的吉瑞画像	228
图 5-6	河南郑州出土汉画像砖上的"吉瑞图"	231
图 5-7	四川成都出土的"吉瑞图"汉画像砖	232
图 5-8	江苏兴化出土的"吉瑞图"汉画像砖	232
图 5-9	河南洛阳卜千秋汉壁画墓中的吉瑞画像（壁画局部）	238
图 5-10	河南偃师辛村汉壁画墓中的吉瑞画像（壁画局部）	240
图 5-11	河南荥阳苌村汉壁画墓中的吉瑞画像（壁画局部）	241
图 5-12	西周虢国墓出土的"吉祥纹"铜镜	246
图 5-13	王莽时期的"青龙、白虎纹"铜镜	246
图 5-14	东汉"西王母、东王公纹"铜镜	248
图 5-15	战国"吉祥纹"瓦当	250
图 5-16	汉长安城遗址出土的"四神纹"瓦当	252
图 5-17	秦十二字吉语瓦当	252
图 5-18	西汉"千秋万岁"吉语瓦当	254
图 5-19	绘有诸多吉瑞的湖南长沙马王堆1号汉墓帛画（线摹本）	257
图 5-20	东汉"万世如意"锦（摹本）	258
图 5-21	东汉"登高明望四海"锦	258
图 5-22	新疆出土汉"五星出东方利中国"织锦护臂	260
图 5-23	马王堆1号汉墓漆棺上的"二龙穿璧"画像（摹本）	263
图 5-24	绘有吉祥纹样的汉代漆耳杯（摹本）	264
图 6-1	山东临沂白庄汉墓中的"麒麟送子"画像	276
图 6-2	《汉麒麟碑》（《金石索》摹本）	278
图 6-3	山东嘉祥汉武梁祠中的麒麟画像（《金石索》摹本）	278
图 6-4	浙江河姆渡遗址出土的"双凤朝阳"牙雕	281

图 6-5	西周青铜器上的凤鸟纹	283
图 6-6	河南南阳新野出土的"凤鸟、百戏"汉画像砖	287
图 6-7	江苏徐州白集汉画像石墓中象征生殖吉祥的画像	289
图 6-8	《汉山阳麟凤碑》(《金石索》摹本)	291
图 6-9	辽宁阜新出土的红山文化玉龟	294
图 6-10	商代"龟鱼纹"铜盘中的龟纹	294
图 6-11	汉代龟纹"千秋万世"瓦当	298
图 6-12	河南南阳麒麟岗汉墓出土的"乘龟升仙"画像	299
图 6-13	山东曲阜出土的"仙人神龟"汉画像石	300
图 6-14	山东嘉祥汉武氏祠东阙北面的青龙画像	303
图 6-15	江苏徐州汉画像石上的"二龙穿璧"画像	303
图 6-16	河南南阳英庄出土汉画像石上的应龙画像	305
图 6-17	河南南阳董庄出土汉画像石上的黄龙画像	305
图 6-18	内蒙古翁牛特旗出土的红山文化玉龙	306
图 6-19	河南偃师二里头遗址出土的夏代绿松石龙形器	309
图 6-20	山东嘉祥武梁祠汉画像石上的黄龙画像(《金石索》摹本)	314
图 6-21	刻有青龙的陕西神木大保当汉墓门扉画像石	315
图 6-22	河南南阳汉画像石上的"羽人乘龙"画像	318
图 6-23	四川彭州出土的"龙拉云车升仙"汉画像砖	318
图 6-24	上海博物馆藏战国镂空"交龙纹"铜镜	321
图 6-25	山东苍山元嘉元年汉墓出土的"交龙纹"画像石	321
图 6-26	江西新干大洋洲古墓出土的"伏鸟双尾铜虎"	325
图 6-27	河南安阳武官村商代大墓出土的"虎纹"石磬	325
图 6-28	陕西省兴平市茂陵出土的"白虎纹"汉画像砖	328
图 6-29	陕西神木大保当汉墓门扉画像石	332
图 6-30	河南南阳白滩汉墓画像石	332
图 6-31	河南南阳汉画像石上的"虎食女魃"画像	332
图 6-32	河南南阳汉画像石上的"乘龙、骑虎升仙"画像(画像局部)	333
图 6-33	河南南阳英庄汉画像石墓中的"虎拉云车升仙"画像	333

导言

一

吉祥是人类对幸福美好事物的向往与期许，并通过具象的可感知物象、现象或符号显示这些幸福美好事物的存在，以达到心理的慰藉与满足。吉祥文化是一个内涵丰富、外延宽广的多维概念，它包括吉祥信仰、吉祥习俗、吉祥物、吉语文字、吉祥纹样和图案等，大凡一切可以附会为幸福美好的事物和现象，均可纳入吉祥文化的概念。

吉祥文化根植于中国传统文化中，是博大精深的中国传统文化中不可或缺的重要组成部分，与中国传统文化相互交织，相互融合，并且不断丰富和发展，构成了传承有序、与时俱进、系统多元、丰富多彩的中国传统文化。吉祥文化存在于语言、习俗、礼仪和艺术等传统文化形态之中，体现出中华民族传统道德、伦理、生活观念以及价值取向等丰富的人文内涵，反映出人们向往太平、祥和、幸福、美满生活的思想和愿望。

吉祥文化是中华民族几千年来一以贯之的一种信仰文化，它萌芽于原始社会，成长于夏商周，兴盛于两汉。我们只要约略地回顾一下中国的文明史就可以发现，从三代至秦汉，从魏晋到唐宋乃至明清，哪一个朝代不希冀吉祥，不追求吉祥，不崇尚吉祥？哪一个朝代的文化不闪耀着吉祥的灵光？吉祥文化的形成远远早于儒家文化，更无论佛、道。我们谈中国传统文化往往谈诸子百家，谈儒、释、道，谈语言文字、文化艺术，谈民俗节庆、衣食住行等，但是，无论从哪一个角度谈，按什么标准谈，以何种理论研究，用哪种逻辑推理，都绕不开吉祥文化，因为吉祥文化始终贯穿融汇于各类传统文化之中。换言之，如果谈中国传统文化，吉祥是一个绕不开的话题。遗憾的是，笔者所见的一些关于中国传统文化的论著中，很少谈及吉祥文化，可以说是研究中国传统文化的一大缺失。吉祥文化作为一种古老而又普遍的社会文化现象，对古代中国漫长的历史有着深刻而又广泛的影响。可以这样说，不了解中国的吉祥文化，就不可能真正全面了解古代中国的社会、政治、文化和历史，也就不可能真正了解中华民族的社会心理、生活态度、价值观念和审美取向。

吉祥文化是一种带有强烈主观色彩的社会文化现象，它通过特定的表现手法来表示人们的美好愿望，并与自然崇拜、鬼神崇拜、宗教信仰、民俗观念等各种中国传统文化形式相互交融，不断衍生发展，丰富着中国传统文化。

中华民族历史悠久，地大物博，其吉祥文化在具有统一性的同时也具有时代性、地域性、民族性和阶层性。就时代性而言，汉代是中华民族历史上的一个重要朝代，它在中华民族传统文化的形成与发展中起着继往开来的作用，奠定了中华民族两千年来传统文化的基础，也奠定了中国吉祥文化的基础。吉祥文化是两汉文化的重要组成部分，与阴阳五行、"天人感应"、谶纬神学、神仙思想密不可分，又是两汉文化方阵中独树一帜的文化现象。汉代吉祥文化或多或少地影响规范着汉代以后各个王朝时期中国吉祥文化的走向，同时也影响着中国传统文化的走向。就地域性而言，中国的吉祥文化就像中国的传统文化一样，是以中原地区为主同时覆盖其他少数民族地区的一种文化现象。汉朝是中国历史上国家统一、疆域辽阔的大国。国家的一统，促进了不同民族间的文化交流，使不同文化区域的趋同性加大，趋异性减少。关于民族性，中国的吉祥文化是以汉民族为主体的多民族共同的文化形态。汉代，形成了以汉族为主体的稳定的多民族共同体，在相对长期稳定的社会环境下，形成比较稳定的共同文化形态，加速了中原地区与周边少数民族吉祥文化的融合。至于阶层性，中国上至皇室贵族，中至官僚士大夫，下至平民百姓，他们有着各自不同的吉祥诉求，这些吉祥诉求又互相交叉重叠，从而形成了中国吉祥文化的多样性和趋同性。

中国传统文化的主流是儒学，儒学的核心是经学。中国吉祥文化的兴盛与传统经学分不开。虽然儒家不言上帝鬼神，"敬鬼神而远之"，但在西汉武帝"罢黜百家，独尊儒术"后，儒学上升为经学，以董仲舒为代表的今文经学，在继承和发扬原初儒学的基础上，对于公羊学中符瑞、灾异、"天人感应"的阐发，导致谶纬神学泛滥。董仲舒讲三统循环，讲灾异之变，求雨止雨，都是为了趋吉避凶。董仲舒对今文经学的诠释，对汉代吉祥文化的发展起到了推动作用。

二

吉凶意识的出现甚为久远。19世纪末美国法术论的先锋"金氏甚至谓野兽对于吉或凶也有一些感觉"[1]。就人类而言，吉凶之说源于二元的思维观念。施密特说："人类的思维在基本上是二元的，即思维是成对的；二分地思维的唯一途径是将事物进行对照。因此，有黑夜和白天、上和下、男和女、生和熟，最重要的是，自然和文化。"[2] 人类吉凶意识的出现不会晚于日月、阴阳、男女等二元观念的出现。《史记·日者列传》曰："方辩天地之道，日月之运，阴阳吉凶之本。"[3] 这里吉凶与天地、日月、阴阳等二元现象并列，说明正像阴阳观念把世界分为阴与阳两个相对的概念一样，吉凶观念则把世界上的一切事物分为吉与凶两个相对的概念。

吉祥文化的本质是趋吉避凶。人类为生存发展的需要，在早期社会便萌生出趋利避害心理。心理是内在抽象的活动过程，是包含思考、想象、

---

[1] W·施密特著：《原始宗教与神话》，萧师毅、陈祥春译，上海文艺出版社，1987年影印本，第163页。
[2] 尤金·N·科恩、爱德华·埃姆斯著：《文化人类学基础》，李富强编译，中国民间文艺出版社，1987年，第109页。
[3] 司马迁撰：《史记》卷一百二十七，中华书局，1982年。

念头、情绪等抽象的内在心理活动的产生、发展、消失的过程。思考憧憬未来是人类重要的心理活动之一，这种对美好未来期待的心理活动能给人们带来愉悦和快感。比如人类避灾、驱害、无疾的心理，平安、长寿、多子、发财、仕宦的心理等。希冀祓除邪祟，迎来吉祥，是自古以来人类永恒的心理模式，也是人类生存发展的一种本能。吉祥信仰是在人类心理作用下的一种幻想、一种对不能实现的美好生活的企盼，是一种纯心理的非理性的主观愿望。吉祥信仰是一种不现实的对未来的憧憬和幻想，这种美好的幻想并不关注想象的事物能否实现，它只是在此时此地在心理上享受美好的憧憬和幻想，也就是说，期望与现实之间有无必然的联系并不重要，甚至认为未来比现在更为重要。在面对现实生活的种种不如意的情景下，人们常常更多地进入美好的幻想中去，并以此获得心理愉悦。

从人类的生存心理来看，吉祥文化产生于人类的感恩心理和敬畏心理。在人类生存、生长和发展的过程中，凡对人类有过重要影响的自然现象、植物、动物以及人物等，经过长期传颂，在感恩和敬畏心理作用下，产生感觉的挪移和通代，有许多成为吉祥的象征。如对祖先的崇拜发生于一种感恩心理，把羊、谷子作为吉祥物也发生于感恩心理，因为祖先是人类自身的来源，羊和谷物则是人类衣食的来源。在古代，甚至连羔羊跪乳、乌鸦反哺都被视为一种感恩举动，因而也被视为吉祥。从这一点上讲，感恩产生吉祥。敬畏心理是人类在对生存中凶险、恶劣的境况及神灵恐惧敬畏的心理基础上产生的，它是原始宗教意识中对自然神灵敬畏恐惧心理的产物。在人类生存、生长和发展的过程中，有些对人类造成威胁、伤害的自然现象、动物、植物以及人物等，出于对他们的敬畏，被人类借来赋予辟邪的吉祥寓意。从这一点上讲，敬畏产生吉祥。

吉祥文化的形成受人类趋利心理的驱使。刘勰说："就利而避害，爱得而憎失，物之恒情也。"[1]这种"利"，不只特指利益、钱财，泛指对人类有利的一切事物。趋利心理是人类追求吉祥、幸福，希望万事万物向有利

---

[1]《刘子新论·利害第四十七》卷九，程荣纂辑：《汉魏丛书》，吉林大学出版社，1992年影印本。

于自身的方向发展，对事物发展做出有利于自身的解释或赋予其有利于自身的特性的一种心理特征。追求吉祥幸福，希望万事万物向着有利于自身的方向发展，是趋利心理的核心内容。对万事万物做出有利于自身的解释或赋予有利于自身的特性，是趋利心理最突出的表现。吉祥信仰可以说是一种价值观念。尽管人类的吉祥文化在各种社会历史形态中有着多变的形式和不尽相同的内容，但趋利避害始终是其主旨。

  吉祥文化是一种观念的存在、一种松散的迷信体系、一种功利而世俗的信仰形式。它具有实用性、自发性、散漫性和随意性的特征。所谓实用性，即对吉祥物的信仰是为了解决现实中遇到的难题，达到消灾免祸、人丁兴旺、五谷丰收、六畜繁盛、社会安宁的目的。所谓自发性，即没有固定的信众，整个氏族、民族甚至多个氏族、民族都可能是其信众。散漫性是指没有固定的祭祀对象和祭祀仪式，对某一信仰物的膜拜有或然性。随意性，即没有什么教义、教规之类，整个吉祥文化在附会、意会之中产生发展。在原始人看来，能得到充足的食物，规避严寒和酷热，保持种的繁衍就是最大的吉祥；能避免天灾人祸、疾病也是最大的吉祥。在文明时代，人们希望明君在世、国泰民安、五谷丰登，这是最大的吉祥。当他们不能对付灾异、鬼魅带来的危害时，人们便会意会出吉瑞之物，相信它们可以驱除这些灾异和鬼魅，以从精神上慰藉自己的焦虑和痛苦。实际上，吉祥信仰可以说是一种心理平衡剂，它约束着统治者的行为，支撑着被统治者生活下去的勇气，是慰藉他们心灵的精神支撑，是他们的希望。这也是吉祥信仰经久不衰的原因之一。

  宗教是人类精神需求的反映，它是人类通过直觉获得对超越性对象的体悟进而形成自己的信仰与崇拜，是人类精神文化的重要组成部分。吉祥信仰则是一种游走于宗教信仰边缘的泛宗教（或曰潜宗教、准宗教）信仰习俗，也可以说是一种边缘宗教，它寄托着先民们对自身命运的关注和对理想世界的憧憬。吉祥信仰也是人类精神需求的反映，其主要文化内涵是求吉、辟凶，即相信某些植物、动物、人物或自然现象可以给人们带来好运，帮助人们驱逐凶邪，从而过上一种幸福的生活。古人对科学知之甚少，当他们遇上幸运事，大到取得皇权、仕宦做官，小到庄稼丰收、娶妻得子，他们并不以为这是人努力的结果，而认为是上天的恩赐，而这种上天的恩赐自有吉祥瑞物显示出来。当古人的知识经验不能解决问题的时候，他们就想到了吉祥，因为吉祥是通过幻想来得到满足的，吉祥信仰把理想当现实，把幻想当真实，这与宗教信仰似有相通之处。吉祥信仰由原始社会的万物有灵信仰以及阶级社会的神灵信仰发展而来，是一个动态的概念，是一种与特定时代相联系，具有多种表现形态和丰富内涵的社会性的精神现象和文化现象。

吉祥文化表现的是人类的理想，是人类原初意识中对乌有的美好愿景的偏好。这种主观偏好，满足了人类的美好愿望，是一种人性的自我安抚。只要能满足人类繁衍、生存和发展的愿望，许多事物都可以成为吉瑞之物。凡是人们认为美好的东西，都会表现在吉祥信仰之中，构成吉祥信仰的永恒主题。这种信仰凝结着人们的生命意识、生存意识、功利心态与理想情怀，积聚着民族精神，洋溢着对生命的热爱、对美好生活的向往，支撑着民族发展向上，是人类历史发展进程中不可或缺的精神食粮。

三

汉代，国家统一，疆域辽阔，经济发展，文化进步。在相对长期稳定的社会环境下，形成了以汉族为主体的稳定的多民族共同体和比较稳定的共同经济、文化形态，这正是汉代吉祥文化兴盛的历史大背景。

西汉初年，实行休养生息，无为而治，推恩削藩，为生产力的发展提供了适宜的社会环境，加上轻徭薄赋的政策以及铁器与牛耕的广泛使用，社会经济迅速发展，农业、手工业及商业均取得明显进步。从《汉书》中的两处记载我们可以看出汉初到武帝社会的变化。《汉书·食货志上》载："汉兴，接秦之敝，诸侯并起，民失作业，而大饥馑。凡米石五千，人相食，死者过半……自天子不能具醇驷，而将相或乘牛车。"又曰：自汉兴

"至武帝之初七十年间,国家亡事,非遇水旱,则民人给家足,都鄙廪庾尽满,而府库余财。京师之钱累百巨万,贯朽而不可校。太仓之粟陈陈相因,充溢露积于外,腐败不可食。众庶街巷有马,仟伯之间成群,乘牸牝者摈而不得会聚。守闾阎者食粱肉,为吏者长子孙,居官者以为姓号"[1]。

西汉经武、昭盛世,自元帝起,经济凋敝,政局险恶,皇权旁落[2]。至哀、平时期,西汉王朝的统治在连年天灾和农民暴动的压力下已很难继续维持,统治者只有乞求于宗教迷信来麻痹人们,希望假借"天命""祥瑞"来延长刘氏王朝的寿命。而当时的一些政治野心家,也同样利用各种祥瑞为自己篡夺政权制造"天意"借口。一时间"天人感应"盛行、谶纬神学兴起。

东汉前期,经过光武帝、明帝、章帝三代的治理,东汉王朝逐渐恢复了往日汉朝的强盛,被后人称之为"光武中兴"。东汉中期以后逐渐形成宦官与外戚专权的格局,政治黑暗,官吏贪残,横征暴敛。同时,豪强地主土地兼并日益激烈,大批农民流离失所。再加上连年灾荒,致使人民负担沉重,阶级矛盾尖锐,社会动荡不安,农民起义此起彼伏,社会环境日益恶化。在这种社会情态下人们只有希冀于吉祥瑞应。

刘秀建立东汉政权后,崇信谶纬神学,用人施政都以谶纬作依据;各种重大问题,也以谶纬来"决定嫌疑"。作为官学的今文经学用谶纬说经,对儒家经典的解释都以谶纬为指归,致使东汉一朝成为谶纬神学盛行、"天人感应"流行的时代。由于帝王的提倡,仕学之人趋之若鹜,儒生、方士争相效尤,他们任意造作吉瑞,引用经义,假托符命;作文上疏,侈言谶纬,称说吉凶,为统治阶级的统治制造理论根据。这些都对汉代吉祥文化的兴盛起到了推动作用。

汉代祥瑞的出现往往与皇权、家国有关。这与统治者热衷于祥瑞不无关系。西汉初年,国都"长安"二字就寓意吉祥,是欲其子孙长安都于此地之意。长安城的城门、城中的许多宫殿也以吉祥语取名,如长乐宫、未

---

[1] 班固撰:《汉书》卷二十四上,中华书局,1962年。
[2] 《汉书·佞幸传》:"汉世衰于元、成,坏于哀、平。"(《汉书》卷九十三)

央宫、明光宫等分别寓意"长久怡乐""未尽无止""明光普照",企祝刘氏子孙幸福万年。汉代,开创了以吉祥语命名年号的先例,如武帝的"元光""元狩""元鼎"、宣帝的"神爵""五凤""甘露""黄龙"等。西汉帝王中,宣帝最喜祥瑞,他统治时期祥瑞出现最多。东汉帝王之祥瑞,莫盛于孝明。"孝明之时,众瑞并至"[1]。东汉时期,臣子上疏每言"皇天降祉,嘉瑞并臻",而帝王下诏每曰"鸾凤仍集,麟龙并臻,甘露宵降,嘉谷滋生,赤草之类,纪于史官"[2]。这甚至成为一种行文惯例。

汉承周制,设有记录祥瑞的官员。《后汉书·百官二》载:"太史令一人,六百石……凡国有瑞应、灾异,掌记之。"[3] 由于太史令一类官员的"勤奋",在《汉书》《后汉书》中有大量的关于祥瑞和灾异的记载,且远远超过其前任何一个朝代。王充在《论衡·恢国篇》中说:"黄帝、尧、舜,凤凰一至。凡诸众瑞,重至者希。汉文帝黄龙、玉棓(杯)。武帝黄龙、麒麟、连木。宣帝凤凰五至,麒麟、神雀、甘露、醴泉、黄龙、神光。平帝白雉、黑雉。孝明麒麟、神雀、甘露、醴泉、白雉、黑雉、芝草、连木、嘉禾,与宣帝同奇,有神鼎、黄金之怪(祥瑞)。一代之瑞,累仍不绝……"[4] 汉代帝王十分注重祥瑞灾异的出现,祥瑞集则喜,乃颁布天下,赏赐有差;灾异现则惊,乃战栗恐惧,引咎自责。统治者这么热衷于祥瑞,汉代吉祥文化何以不兴?

汉代社会发展演变的过程,可说是逐步走向以豪族为中心的社会形态的过程。西汉中期以后,封建经济的高度发展导致了豪强势力的扩张,至东汉时期,豪强大族兴起,大庄园经济快速发展。这些豪强地主不但在经济上独霸一方,在文化和信仰上也跃跃欲试。这时,祥瑞的降临不再是帝

---

[1]《论衡·须颂篇》,北京大学历史系《论衡》注释小组:《论衡注释》,中华书局,1979年,第1159页。
[2] 参见范晔、司马彪撰:《后汉书·张曹郑列传》卷三十五,中华书局,1965年。
[3]《后汉书》志第二十五。
[4] 北京大学历史系《论衡》注释小组:《论衡注释》,第1122—1123页。按,黄龙、玉棓:据《史记·孝文本纪》载,汉文帝十五年,有象征祥瑞的黄龙出现在成纪。十七年得到一个玉杯,上刻"人主延年"四个吉祥文字(《史记》卷十)。神光:传说汉宣帝于五凤三年祭天和五凤四年祭地的时候,空中都有祥光出现。神鼎、黄金之怪:据《后汉书·显宗孝明帝纪》载,汉明帝时,在庐江郡境内挖出一个铜鼎,在巢湖中发现了黄金十余斤(《后汉书》卷二)。皆被视为祥瑞。

王的专利，一些官吏、豪强地主也借助祥瑞来判断吉凶，有的甚至制造出一些祥瑞来为自己吹嘘，以标榜自己的"德行"与"德治"。目前我们发现的诸多汉代吉瑞画像大部分是这一社会阶层的遗存。

汉代，吉祥瑞应对于统治阶级和下层人民同样重要。统治阶级利用符瑞维护其统治，标榜其统治的合法性、合理性和优越性；下层人民需要吉祥则是现世生活的需求和对美好未来的憧憬。汉代，民间社会流传着大量的神秘主义信仰和鬼神之道，处处事事都希求吉祥。各种禁忌多如牛毛，搬家、盖房、祭祀、丧葬、嫁娶、生子、远行等，都要择吉日，避忌讳。连染布、裁衣、眼跳、耳鸣都有吉凶。民间流行的占卜、相面、占梦、风角等也都是为了预知吉凶。甚至还出现了一些专卖吉祥物的小商贩。

某种社会思潮的兴衰，取决于它是否满足社会政治、经济的需求。不同时期的艺术反映出不同时期的思想，不同的社会意识形态也产生出不同的艺术题材。科恩和埃姆斯在其合著的《文化人类学基础》中指出："对人类行为的理解要依靠将行为置于广泛的文化背景的分析。"[1] 丹纳在《艺术哲学》一书中说："每个形势产生一种精神状态，接着产生一批与精神状态相适应的艺术品。"[2] 考古发现的汉代画像是汉代人社会生活的真实写照，但反映的却是当时人们深层的思想理念和信仰情感，是一种意识形态的产物。汉画可以说是汉代社会意识形态的物化，它表现出的丰富的社会生产、生活内容，不仅反映出汉代社会物质文明的发展水平，而且反映出汉代的精神和风俗状况。当时的社会风尚、民间习俗、吉祥信仰、宗教意识等，都不同程度地积淀在汉画之中。

环境决定生活，生活决定艺术。丹纳说："作品的产生取决于时代精神和周围的风俗"，"要了解一件艺术品、一个艺术家、一群艺术家，必须正确地设想他们所属的时代的精神和风俗概况。这是艺术品最后的解释，也是决定一切的基本原因……某种艺术是和某些时代精神与风俗情况同时出

---

[1] 尤金·N·科恩、爱德华·埃姆斯著：《文化人类学基础》，李富强编译，第84页。
[2] 丹纳著：《艺术哲学》，傅雷译，广西师范大学出版社，2000年，第97页。

现,同时消灭的"[1]。一般而言,传统的吉祥画像在历史的进程中都有时代赋予它的现实意义,使我们能从中窥见时代的痕迹。正如佛教、道教对隋唐以后的中国建筑、雕塑、绘画产生重大影响一样,汉代的神灵信仰、阴阳五行、"天人感应"、谶纬神学和成仙思想对汉代中国的建筑、雕塑、绘画也产生了重大影响。汉武帝以后逐渐形成的汉文化,可以说是在阴阳五行化了的儒家哲学思想影响下的"天人感应"文化,东汉一朝,儒学又与谶纬神学互相渗透,致使这一时期占统治地位的儒学成了儒学、阴阳五行和谶纬神学的混合学说。这一时期人们的思维模式、信仰观念、文化艺术都与这些思想息息相关。可以说,我们现在看到的汉代遗物中的吉祥物与吉祥纹样,基本上是汉代神灵信仰、阴阳五行、"天人感应"、谶纬神学和成仙思想在另一个世界的反映。汉代的无名艺术家们,在这些思想的影响下,充分利用想象、夸张、虚构等各种艺术手法,创作出众多吉瑞画像。如象征天下太平、明主恩及羽虫的凤凰,象征明君德至地、德至草木的嘉禾、木连理,体现人之知礼知孝的羔羊、三足乌等,无不成为汉代画像的重要内容。从某种意义上讲,阴阳五行、"天人感应"、谶纬神学和成仙思想构成了汉代的"宗教"信仰。

道家思想对汉代吉祥画像的影响也不可忽视。汉初,在经济上"休养生息",信仰上盛行黄老道。虽然从汉武帝开始"罢黜百家,独尊儒术",但黄老道思想一直没有退出历史舞台,只是流向民间,成为在野的一种意识形态,并逐渐形成一种以儒为主,儒道互补,道家的神仙与儒家神学合流共同主宰汉代统治思想的局面。当是时,上自宫廷,下至民间,或借助方士以求仙,或祭祀黄羊以祈福,或巫蛊而行诅咒,或望气而占吉凶,这些思想无不渗透于当时的各种文化艺术之中。汉画中的黄帝神话,西王母灵药,羽人飞升,乘龙、乘虎升天等都是道家思想的体现。研究汉代吉祥文化,如果舍弃阴阳五行、"天人感应"、谶纬神学和成仙思想,无异于缘木求鱼、上山采珠。

---

[1] 丹纳著:《艺术哲学》,第41页。

两汉文化的繁荣与艺术的进步，使人们得以会意出各种各样的吉祥物来，并把它们以多种形式绘刻于不同载体上，使其流传至今。晋王嘉《拾遗记》记有秦始皇时的著名艺人，说："始皇元年，骞霄国献刻玉善画工名裔。使含丹青以漱地，即成魑魅及诡怪群物之象；刻玉为百兽之形，毛发宛若真矣。皆铭其臆前，记以日月。工人以指画地，长百丈，直如绳墨。方寸之内，画以四渎五岳列国之图。又画为龙凤，骞翥若飞。皆不可点睛，或点之，必飞走也。始皇嗟曰：'刻画之形，何得飞走？'使以淳漆各点两玉虎一眼睛，旬日则失之，不知所在。山泽之人云：'见二白虎，各无一目，相随而行，毛色相似，异于常见者。'至明年，西方献两白虎，各无一目。始皇发槛视之，疑是先所失者，乃刺杀之，检其胸前，果是元年所刻玉虎。迄胡亥之灭，宝剑神物，随时散乱也。"[1]此记虽有溢言虚美之嫌，然却反映出秦汉间艺人的高超技艺及所画题材。汉代出现了如毛延寿、张衡、陈敞、赵岐、刘褒、刘旦、杨鲁等著名画家。《西京杂记》说："画工有杜陵毛延寿，为人形，丑好老少，必得其真。安陵陈敞，新丰刘白、龚宽，并工为牛马飞鸟众势，人形好丑，不逮延寿。下杜阳望，亦善画，尤善布色。樊育亦善布色。"[2]唐张彦远《历代名画记》曰："张衡，字平子，南阳西鄂人。高才过人，性巧，明天象，善画。累拜侍中，出为河间王相，年六十二。昔建州浦城县山有兽，名骇神，豕身人首，状貌丑恶，百鬼恶之。好出水边石上。平子往写之，兽入潭中不出，或云：'此兽畏人画，故不出也。可去纸笔。'兽果出。平子拱手不动，潜以足指画兽。今号为巴兽潭。"又曰："刘褒，汉桓帝时人。曾画云汉图，人见之觉热；又画北风图，人见之觉凉。官至蜀郡太守。"又曰："刘旦、杨鲁并光和中画手，待诏尚方画于洪都学。"[3]还出现了如丁缓、李菊、卫改等大量的巧工和雕刻名匠。山东嘉祥武梁祠画像就是汉代一个叫"卫改"的刻匠雕刻的。

---

[1] 王嘉撰，萧绮录，齐治平校注：《拾遗记·秦始皇》卷四，《古小说丛刊》，中华书局，1981年，第99—100页。
[2] 葛洪撰：《西京杂记》卷二，《古今逸史精编》，重庆出版社，2000年，第110页。
[3] 张彦远撰：《历代名画记》卷四，《丛书集成初编》，中华书局，1985年新1版，第160、158、161页。

武梁碑文云:"良匠卫改,雕文刻画,罗列成行,摅骋技巧,委蛇有章。"[1] 此外,山东嘉祥宋山许安国祠堂画像榜题记有王叔、王坚、江湖、栾石等石刻工匠。榜题曰:"以其余财造立此堂,募使名工:高平王叔、王坚、江湖、栾石,连车采石县西南小山阳山。琢砺磨治,规矩施张,塞帷反月,各有文章。"[2] 我们从汉代壁画墓和汉画像石墓可以看到这一时期的绘画和雕塑艺术所达到的前所未有的水平。

正是在上述社会背景下,大量吉瑞画像出现于汉代并流传至今,给我们研究汉代的吉祥文化留下了珍贵的图像资料。

四

中国的吉祥文化萌芽于原始社会,新石器时代已出现有吉祥意味的图画,彩陶、岩画是其主要表现形式。从那时起,在华夏各族历史发展进程中,含有吉祥意味的图像一直出现于各种遗迹、遗物上。商、西周青铜器、玉器等器物纹饰中,许多沟通天、地、人的神灵如龙、凤等已经含有明确的吉祥寓意,这时期的器物上已有"吉""大吉""弘吉""吉羊"等吉祥文字。春秋战国的器物如丝织品、瓦当,是这一时期吉祥图像的主要载体。两汉至魏晋南北朝,大量的吉祥画像出现在各种遗迹、遗物上,形成中国历史上吉祥画像的第一个兴盛期。

汉代吉祥画像主要附着于汉代的建筑壁面和遗物表面,包括画像石、画像砖、壁画、丝织品、铜器、陶器、瓦当、漆器、玉器等十多种,它们是汉代吉祥画像的主要物质载体。这些载体多出于汉代的墓葬。汉代人希冀死后在各种神灵的护佑下能够辟邪消灾、羽化成仙,享受安逸富足的生活,从而进入一个"天人合一"、祥瑞纷呈的世界。因而,凡能够驱魔逐疫

---

[1] 蒋英炬、吴文祺著:《汉代武氏墓群石刻研究》,山东美术出版社,1995年,第17页。
[2] 济宁地区文物组、嘉祥县文管所:《山东嘉祥宋山1980年出土的汉画像石》,《文物》1980年第5期。

保佑灵魂安息者、能够引领成仙长生不老者、能够庇护家族旺盛子孙繁衍者，总之，凡是能给家族带来福祉者，如"四灵"、羊、鱼、九尾狐、三足乌、伏羲、女娲、西王母、东王公、羽人等，皆被当作刻画的题材。由于质量、体量和用途的不同，不同汉画载体所保存的吉祥画像信息量也有所不同。其中画像石、画像砖的吉祥画像数量多，内容丰富，是汉代吉祥画像的主要载体；铜镜、瓦当、壁画次之，也载有一定数量的吉祥画像；其他如帛画、漆器、陶器、玉器等则相对数量较少，但也是研究汉代吉祥文化不可或缺的资料。

汉代吉祥画像由于其载体不同，构图也不尽相同，在瓦当画中它们往往单独成画，在壁画、画像石、画像砖、铜镜等画像中它们往往以各种不同的形式组合在一起，以象征不同的吉祥寓意。同在汉画像石中，由于地区的不同，其构图也有差异，在南阳汉画像石中由于其画面一般都比较疏朗，吉祥画像往往单独成像；在山东、苏北等地的画像石中，吉祥画像往往与各种物象并出，组合成寓意复杂的吉祥图案。

吉祥画像由于朝代不同而表现为不同的形式和内涵。宏观上，由于吉祥画像种类的不同、表现形式的不同，同一吉祥画像在不同时代其吉祥寓意也有所不同。微观上，龙、凤、龟、麟等是贯穿整个古代社会的吉祥物。门扉上辟邪的兽面纹，在商代为饕餮，在汉代为铺首衔环，在明清则为虎头环。汉代的吉祥画像以像寓意，以意构像，寓意丰富，品类众多，构思巧妙，具有浓厚的时代特征。特别是西汉中期以后，由于神灵信仰融入阴阳五行、"天人感应"、谶纬神学和神仙思想之中，导致具象的吉祥画像大量涌现。这些吉祥画像表现的是一种"天人合一"的意境和氛围、一种天瑞地应的寓意。括其种类有植物、动物、人物、器物以及文字、纹饰等。汉代奉行"敬天法祖"的基本信仰，"敬天"导致自然吉祥物的大量出现，其中主要是动、植物吉祥；"法祖"导致众多吉祥人物的出现，在"敬天法祖"的过程中导致器物吉祥、语言文字吉祥的增多。

汉代祥瑞的种类杂沓纷繁，古人对它们的分类方法略有不同。汉代把祥瑞按地理空间位置进行分类，分为天瑞、地瑞、地表之瑞。如《白虎通》

就将祥瑞分为天之瑞、地之瑞、文表之瑞、草木之瑞、鸟兽之瑞、山陵之瑞、渊泉之瑞、八方之瑞[1]。《古微书》把按照地理空间位置划分的方法进一步明确，将文表之瑞、木之瑞、鸟兽之瑞、山陵之瑞、八方之瑞、渊泉之瑞六类瑞物，概括总结为"旁流四表"类[2]，概念更加明确。《白虎通》与《古微书》的分类方法是一样的，就是将祥瑞大致分为天之瑞和地之瑞。唐代则将祥瑞分为嘉瑞、大瑞、上瑞、中瑞、下瑞等五个层次。所谓嘉瑞，即言麟、凤、龟、龙、白虎者。晋杜预《春秋左传·序》曰："麟凤五灵，王者之嘉瑞也。"孔颖达疏："麟、凤与龟、龙、白虎五者，神灵之鸟兽，王者之嘉瑞也。"[3]《唐六典·尚书礼部》曰："凡祥瑞应见，皆辨其物名。若大瑞（大瑞谓景星、庆云……海水不扬波之类，皆为大瑞）、上瑞（谓三角兽、白狼……鸡趣璧之类，皆为上瑞）、中瑞（谓白鸠、白乌……草木长生，如此之类，并为中瑞）、下瑞（谓柜柜、嘉禾……冠雀、黑雉之类为下瑞），皆有等差。"[4]《唐六典》所列大瑞64种、上瑞38种、中瑞32种、下瑞14种，计148种。基本涵括了唐时符瑞名目，为我研究吉祥文化提供了宝贵的文献资料。在《唐六典》的影响下，《稽瑞》《新唐书》皆袭用了其等级分类方法。《新唐书·百官一》载，礼部郎中、员外郎掌图书、祥瑞等，"凡景云、庆云为大瑞，其名物六十有四；白狼、赤兔为上瑞，其名物三十有八；苍乌、朱雁为中瑞，其名物三十有二；嘉禾、芝草、木连理为下瑞，其名物十四"[5]。《唐六典》《新唐书》将一些自然现象如庆云、景星、甘露降、日月光等视为大瑞，将白狼、赤兔、白鹿、白狐等走兽视为上瑞，将苍乌、赤雁、白雉等飞禽视为中瑞，将嘉禾、芝草、木连理、蓂荚、蓍蒲等植物视为下瑞的分类方法基本上是按祥瑞的自然属性划分的。近人陈槃将秦汉间符应事物分为九大类，分别是感生瑞，如刘

---

[1] 参见班固等撰：《白虎通》卷三上，《丛书集成初编》，中华书局，1985年新1版，第144—145页。
[2] 《春秋感精符》曰："王者上感皇天，则鸾凤至，景星见；德下沦于地，则嘉禾兴，醴泉出"，"王者德洽于地，则朱草生，食之令人不老。王者德泽旁流四表，则白雉见。王者德化旁流四表，则麒麟游其囿。"（乔松年辑：《纬捃》，上海古籍出版社，《纬书集成》，1994年）
[3] 《春秋左传正义》卷一，《十三经注疏》，中华书局，1980年影印清阮元校刻本。
[4] 李林甫等撰，陈仲夫点校：《唐六典》卷四，中华书局，1992年。
[5] 欧阳修、宋祁撰：《新唐书》卷四十六，中华书局，1975年。

媪感蛟龙生高祖等；天瑞，如德星等；地瑞，如醴泉等；动物瑞，如龙凤等；植物瑞，如嘉禾等；矿物瑞，如金玉等；器物瑞，如宝鼎等；神仙瑞，如真人等；文字瑞，如《图》《书》等[1]。陈槃的符应分类法基本涵括史料文献所见的符瑞物象，是一种比较全面而可行的分类方法。后来的符瑞研究者也多从物象范畴本身进行分类，如，李发林将符瑞分为神兽类、神鸟类、植物类、器物类、自然现象类、水生奇异动物类、神人类、昆虫类、爬虫类等九大类、120余种[2]；牛来颖把符瑞大体分为天地之瑞、动植物之瑞、器物之瑞、矿物之瑞[3]；李浩将符瑞分为天文祥瑞、动物祥瑞、植物祥瑞、自然现象、特殊器物等五个类别[4]；刘洁将汉代符瑞大致分为天文祥瑞、动物祥瑞、植物祥瑞、自然现象瑞等[5]。虽然表述各异，分类不同，但基本都未超出陈槃的分类条目。

我们认为，对汉代吉祥瑞物的分类可以从不同的角度来进行。从其功用上分大致有两大类：一类是辟邪的，即指那些抵御、驱除、镇辟不祥的吉祥瑞物。如龙、虎、雀、羊、铺首、神荼郁垒、辟邪象人、打鬼方相氏等。另一类是趋吉的，指求致、获取、掌握有利于人的吉祥瑞物，如龙、凤、鱼、猴、麒麟、天马等。有的吉瑞比如龙，既可以是避邪的，又可以是趋吉的。朱雀因"雀"与"爵"通，有侯爵的吉祥寓意；又因"雀"与"却"通，有使不祥退走，除去、拒绝妖邪的吉祥寓意。羊既可以辟邪，也可以表示"吉祥"。若从制作过程分，可分为绘画类吉祥瑞物、雕刻类吉祥瑞物、丝织类吉祥瑞物等。若从其载体分，可分为石画上的吉祥瑞物、砖画上的吉祥瑞物、壁画上的吉祥瑞物、帛画上的吉祥瑞物、陶器画上的吉祥瑞物、铜器画上的吉祥瑞物等。若从其自然属性来划分，可把吉祥瑞物分为植物类、动物类、人物类、器物类、自然现象类以及纹饰和文字类等。而吉瑞植物、吉瑞动物又可以再分别分为现实类和想象类。吉瑞人物则可

---

[1] 陈槃撰：《古谶纬研讨及其书录解题》，上海古籍出版社，2010年，第96页。
[2] 李发林：《汉画考释和研究》，中国文联出版社，2000年，第244—245页。
[3] 牛来颖：《唐代祥瑞名物辨异》，《世界宗教研究》1999年第2期。
[4] 李浩：《中国古代祥瑞崇拜的文化阐释》，《民俗研究》2008年第2期。
[5] 刘洁：《汉代祥瑞文化与"天人感应"说之关系》，《文博》2009年第4期。

分为传说类和神异类等。

丹纳说:"艺术品的目的是表现某个主要的或突出的特征,也就是某个重要的观念,比实际事物表现得更清楚更完全;为了做到这一点,艺术品必须是由许多互相联系的部分组成的一个总体,而各个部分的关系是经过有计划的改变的。"[1]汉代的吉瑞画像,从四灵四神到祥禽瑞兽,从打鬼辟邪到羽化成仙,无不显示出汉代人趋吉避凶的吉祥观念,就连生产生活画像中的空白之处、建筑房舍的顶脊之上,也不忘点缀些吉瑞之物以示吉祥。我们看到,在汉画的一些"建筑人物图"中,建筑内的人物或下棋,或饮酒,或歌舞,建筑外则有雀、鱼、猴、熊、云等吉物[2]。一般来讲,当这些吉物与人共处时就预示着吉祥,产生了吉祥寓意。如"雀"象征"爵","猴"表示"侯","鱼"则寓意"多子""富余",联在一起,这些画像就有了加官晋爵、子孙封侯、家族兴盛等吉祥寓意。我们还看到,在汉代画像的一些"神仙灵异图"中,布满了龙、凤、麒麟、祥云、羽人、灵芝等天界吉瑞,象征如意吉祥。如四川新津二号石棺的一幅"吉瑞图",纵76厘米,横220厘米。画面刻朱雀、青龙、玄武、灵芝、羽人等吉瑞[3]。又如徐州市铜山县茅村汉墓前室北壁的一方画像石刻,纵56厘米,横240厘米。画面刻有凤鸟、九头兽、羽人、木连理等吉瑞,上、左、右边饰有幔纹、菱形纹等[4]。甚至有学者认为,"汉画中多次出现的天文星象图,并非完全为了写实的目的,而是一种吉星高照、日月同辉的吉祥表意"。[5]此外,汉画中的许多图案都含有趋吉、祈福、辟邪之意,如"升仙图""打鬼辟邪图"等,旨在营造吉瑞意境,寄托汉代人的美好理想与心愿。又如"龙鱼图""羊鱼图"都寓有"吉祥有余"之意,"双鹿图"寓有"爵禄"之意,猴、雀含有"侯爵"之意,穿璧纹寓有"辟邪"之意等。

---

[1] 丹纳著:《艺术哲学》,傅雷译,第61页。
[2] 参见徐州市博物馆:《徐州汉画像石》,江苏美术出版社,1985年,图118。山东省博物馆、山东省文物考古研究所编:《山东汉画像石选集》,齐鲁书社,1982年,图1。
[3] 龚廷万、龚玉、戴嘉陵编著:《巴蜀汉代画像集》,文物出版社,1998年,图340。
[4] 参见徐州市博物馆:《徐州汉画像石》,图56。
[5] 唐建:《汉画与民俗文化刍议》,《民俗研究》2002年第3期。

在对众多汉代吉瑞画像的研究中我们发现，这些吉瑞画像内涵十分繁杂，蕴涵着各种各样的吉祥信息，但主要表现为对天瑞地应、生殖繁衍、长寿成仙、富贵仕宦、太平丰稔等目标的追求，以及对鬼祟妖邪、疾疫夭亡、灾害祸患等的禳除。其中，寓意生殖吉祥的吉祥物像产生较早，寓意吉瑞、长寿的吉祥物产生较晚。汉代的吉祥信仰既是理想的，又是现世的。所谓理想的是指通过吉祥物表达对美好生活的一种祈望；所谓现世的，是说所有的吉祥瑞物的寓意都是与生命、生产、生活等息息相关的，反映出人类社会基本的长生、繁衍、富贵、太平等现世需求。

汉代的吉祥文化，表现出朝气蓬勃的时代精神，反映了汉代人积极向上的人生观，表达了他们对多子长寿、社会安定、丰衣足食等美好生活的希冀，是汉代人祈盼幸福、退避灾祸等吉祥意识、信仰习俗的一种社会表现，蕴含着丰富的历史文化信息和深刻的社会思想内涵，是我们研究汉代历史不可或缺的珍贵的文化资料，也是研究汉代历史的一个重要组成部分。孙作云先生说："一种风俗，一种制度，一种迷信，往往在表面上消灭了，而实际上却转变成另外一种形态，如建筑、雕刻、绘画、文学、俗语、俚谚之中，隐隐约约地在那里潜藏着……我们研究古代神话、古代史、古代社会，推而言之，凡研究一切古代事物，必须把这些隐藏之迹，发覆烛幽，使之声息相通，互为证明，则一切问题皆可迎刃而解了。"[1]

需要说明的是，汉代吉祥文化中的吉祥瑞应是一些散漫不定的物象，具有多义性的特征，一个吉祥物象（或符号）可能同时表达几种吉祥含义或表示一系列的吉瑞征兆。反过来，许多吉祥物象又可能寄寓同一个吉祥含义。汉代吉祥瑞物在汉代画像中表现形式多样，但除了山东嘉祥汉武梁祠祠顶两幅画像及内蒙古和林格尔东汉墓壁画等为祥瑞外，其他在现实生产、生活画像中它们大多作为吉祥物刻画于建筑之上，或作为空间的点缀。在升仙题材中，它们往往作为祥禽瑞兽出现，伴随在升仙者的周围，或作为升仙的工具，或作为升仙的导引和护卫，亦是天界、仙界的标识。在神

---

[1] 孙作云著：《中国古代神话传说研究》下，河南大学出版社，2003年，第527—528页。

仙灵异物象中它们往往自成一体,通过各种组合来象征一种空灵的天界、仙界意境。在墓门上则有驱凶辟邪的作用。从物象的类别来说,它们有时同类并出,有时异类组合。同类并出的如动物与动物组合,异类组合的如动物与人物组合,动物与植物组合,动物与植物、人物多类组合等。

一 吉祥、祥瑞及吉祥文化与祥瑞文化

1. 古人对吉祥、祥瑞的释读

要想了解汉代的吉祥文化，我们首先要了解古人对吉祥、祥瑞、瑞应、符瑞等是如何定义、解读的，以便对它们的含义有一个基本的体认。

"吉"和"祥"作为单音节词，最初同时出现在《周易》中。《易·系辞下》云："吉事有祥。"唐孔颖达疏曰："吉事有祥者，若行吉事，则有嘉祥之应也。"[1]

先说"吉"。吉在甲骨文中就已出现，为会意字，字形上部像兵器，下部像盛放兵器的器具。合起来表示把兵器盛放在器具中不用，以减少战争，使人民没有危难。吉的本义为吉祥、吉利。《逸周书·武顺解第三十二》曰："天道曰祥，地道曰义，人道曰礼。知祥则寿，知义则立，知礼则行。礼义顺祥曰吉。"[2]《易·系辞上》曰："吉无不利。"[3]吉又为善。《说文》曰："吉，善也。"《释名·释言语第十二》曰："吉，实也，有善实也。"王先谦曰："为善得吉，是有善实。故训吉为实。古称积善余庆，作善降祥，即此义也。"[4]所谓善，就是好，古人表示应诺时常曰"善"，即

---

[1]《周易正义》卷八，《十三经注疏》，中华书局，1980年影印本。
[2]《逸周书》卷三，程荣纂辑：《汉魏丛书》，吉林大学出版社，1992年影印本。
[3]《周易正义》卷七。
[4] 王先谦撰集：《释名疏证补》卷四，上海古籍出版社，1984年，第189页。

"好"意,"善哉"即"好啊"。善人就是好人,善事就是好事,所以"吉"也就是"好"。《吕氏春秋》的一段话可证。《吕氏春秋·慎行论第二》曰:"孔子卜,得《贲》。孔子曰:'不吉。'子贡曰:'夫贲亦好矣,何谓不吉乎?'孔子曰:'夫白而白,黑而黑,夫贲又何好乎?'"[1] 在这段文字里,"吉"与"好"互用,可证吉就是好,好就是吉。

古代用"吉"组成的词多有美好如意之意。如吉利,指事情顺利,合乎心意,表示吉祥如意。《焦氏易林·蒙之第四》曰:"举家蒙欢,吉利无殃。"[2] 三国时的曹操一名吉利,取吉祥之意。古时祭祀、冠礼、婚礼都称吉事,祭祀之礼为"吉礼",称善者贤人为"吉人",帝王卜居之地为"吉土",好日子为"吉日""吉月"等。《礼记·曲礼上》曰:"吉事先近日。"注曰:"吉事,祭祀冠取之属也。"[3] 吉物,指象征吉祥的东西。《论衡·初禀篇》云:"文王当兴,赤雀适来;鱼跃乌飞,武王偶见。非天使雀至白鱼来也,吉物动飞而圣遇也。"[4] 吉语,指好消息。《汉书·陈汤传》载:"汤知乌孙瓦合,不能久攻……曰:'不出五日,当有吉语闻。'居四日,军书到,言已解。"[5] 从以上历史文献的解释看,"吉"字含有"福""善""好""祥""利""实""顺""无殃"等意。

吉与"凶"相对。"凶"为不吉、不祥。《春秋考异邮》曰:"吉凶有数,存亡有象。"[6] 《易·系辞上》曰:"吉凶者,言乎其失得也。"[7] 以上吉与凶对,存与亡对,得与失对。实际上,《易》就是一部定吉凶的书,所谓"八卦定吉凶"是也。吉与凶可以互相转变。《汉书·五行志下之下》曰:"盖吉凶亡常,随行而成祸福也。"[8] 《吴越春秋·勾践入臣外传第七》曰,"吉者凶之门,福者祸之根","福见知吉,妖出知凶"。又《勾践阴谋

---

[1] 《吕氏春秋》卷二十二,《诸子集成》卷六,上海书店出版社,1986年影印本。
[2] 焦延寿撰:《焦氏易林》卷一,《丛书集成初编》,中华书局,1985年新1版,第18页。
[3] 《礼记正义》卷三,《十三经注疏》,中华书局,1980年影印本。
[4] 北京大学历史系《论衡》注释小组:《论衡注释》,中华书局,1979年,第186页。
[5] 班固撰:《汉书》卷七十,中华书局,1962年。
[6] 赵在翰辑:《七纬》,《纬书集成》,上海古籍出版社,1994年,第976页。
[7] 《周易正义》卷七。
[8] 《汉书》卷二十七下之下。

外传第九》:"吉往则凶来。"[1]

再说"祥"。祥有"福""善""吉"之意。《说文》曰:"祥,福也。"《韩诗外传》:"祥者,福之先见者也。"[2]《艺文类聚》卷九十八引《风角占》曰:"福先见曰祥。"上两文说祥是好运的先兆。《韩非子·解老第二十》曰:"全寿富贵之谓福。"[3]是说福就是富贵加长寿,易言之,富贵加长寿亦谓之祥。《尔雅·释诂上》曰:"祥……善也。"[4]《礼记·礼运》曰:"嘏以慈告,是谓大祥。"注曰:"祥,善也。"[5]《诗经》中多处出现"祥"字。《诗·小雅·斯干》:"维熊维罴,男子之祥;维虺维蛇,女子之祥。"《大雅·大明》:"文定厥祥,亲迎于渭。"传曰:"祥,善也。"笺云:"问名之后,卜而得吉,则文王以礼定其吉祥,谓使纳币也。"《大雅·瞻卬》:"不吊不祥,威仪不类。"正义曰:"不能致征祥于神,故神不福之。"《商颂·长发》:"濬哲维商,长发其祥。"[6]《文选》载张衡《东京赋》曰:"卜征考祥。"注:"祥,吉也。"[7]以上的"祥"字均言"吉祥"。

古有祥物、祥符、祥车、祥禽、祥英等瑞辞。祥物,泛指一切被赋了吉祥嘉庆之意的自然物、人工物以及其他文化符号。《后汉书·显宗孝明帝纪》曰:"祥物显应,乃并集朝堂。"[8]祥符,指吉祥的征兆。《后汉书·光武帝纪下》记中元元年群臣奏曰:"今天下清宁,灵物仍降。陛下情存损挹,推而不居,岂可使祥符显庆,没而无闻?宜令太史撰集,以传来世。"[9]祥车,丧葬时以死者生前所乘车作魂车,表示从吉。《礼记·曲礼上》疏曰:"祥犹吉也。吉车为平生时所乘也。死葬时因为魂车,鬼神尚

---

[1] 赵晔撰:《吴越春秋》卷四、卷五,《丛书集成初编》,中华书局,1985年新1版,第142、146、190页。
[2] 《太平御览》卷八百七十二引。
[3] 《韩非子集解》卷六,《诸子集成》卷五,上海书店出版社,1986年影印本。
[4] 《尔雅注疏》卷一,《十三经注疏》,中华书局,1980年影印本。
[5] 《礼记正义》卷二十一。
[6] 以上见《毛诗正义》卷十一、卷十六、卷十八、卷二十,《十三经注疏》,中华书局,1980年影印本。
[7] 《文选》卷三,中华书局,1977年影印本。
[8] 范晔、司马彪撰:《后汉书》卷二,中华书局,1965年。
[9] 《后汉书》卷一下。

吉，故葬魂乘吉车也。"[1]祥禽，即瑞鸟；祥麟，即麒麟；祥英，即瑞雪。

"祥"与"妖"相对。妖一般指一些无法解释的自然现象和异常行为。国家或个人将兴，必有吉兆出现，一般把它叫作"祥"；将亡，必有凶兆出现，一般把它叫作"妖"。《周礼·春官·眡祲》曰："以观妖祥，辨吉凶。"[2]这里"祥"与"妖"对文，"吉"与"凶"对文。《礼记·中庸》曰："国家将兴，必有祯祥；国家将亡，必有妖孽。"[3]《吕氏春秋·季夏纪·制乐》曰："祥者福之先者也，见祥而不为善，则福不至；妖者祸之先者也，见妖而为善，则祸不至。"[4]《论衡·订鬼篇》曰："天地之道，人将亡，凶亦出；国将亡，妖亦见。犹人且吉，吉祥至；国且昌，昌瑞到矣。"[5]《刘子新论·祸福第四十八》曰："祸福同根，妖祥共域……妖之所见，或能为吉；祥之所降，亦回成凶……见不祥而修善，则妖反为祥；见祥而不为善，即祥还成妖矣。"[6]

"吉"与"祥"相近、相通，为同义复词。若概言之，吉就是祥，祥就是吉，故云吉祥。《礼记·曲礼上》曰："祥车旷左。"疏："祥犹吉也。"[7]《仪礼·士虞礼》曰："期而小祥。"郑玄注："小祥，祭名。祥，吉也。"[8]"吉"与"祥"并提连称始于战国，表达幸福吉利、福瑞喜庆的意思。《庄子·内篇·人间世第四》曰："虚室生白，吉祥止止。"[9]"吉祥止止"指吉祥好事不断出现。《战国策·秦三》载："天下继其统，守其业……岂非道之符，而圣人所谓吉祥善事与？"[10]然而"吉"与"祥"还是有一些细微的差别，唐成玄英疏《庄子·内篇·人间世第四》曰："吉者，福善之

---

[1]《礼记正义》卷三。
[2]《周礼注疏》卷二十五，《十三经注疏》，中华书局，1980年影印本。
[3]《礼记正义》卷五十三。
[4]《吕氏春秋》卷六。
[5]北京大学历史系《论衡》注释小组：《论衡注释》，第1286页。
[6]《刘子新论》卷九，程荣纂辑：《汉魏丛书》。
[7]《礼记正义》卷三。
[8]《仪礼注疏》卷四十三，《十三经注疏》，中华书局，1980年影印本。
[9]《庄子集释》卷二中，《诸子集成》卷三，上海书店出版社，1986年影印本。
[10]刘向集录：《战国策》卷五，上海古籍出版社，1985年，第212页。

事；祥者，嘉庆之征。"[1] 这是对吉、祥的精辟体认。根据这一解释，我们可以看出，在古人的观念中，"吉"指事象，"祥"为意象；或"吉"指"善实"，"祥"为"嘉征"。后吉祥通指幸福美好的预兆、吉利的事项，亦用为福禄喜庆、长寿安康、诸事顺利的祝词。综上言之，所有与幸福、美好、喜庆、嘉瑞相关的事象，通属于吉祥范畴。

吉祥古亦作"吉羊"，"羊"古"祥"字，在"祥"字未产生之前，"羊"就是"祥"。汉代铜洗、铜镜等器物的铭文里"吉祥"常作"吉羊"。如"大吉羊""吉羊昌"诸洗，又如"左龙右虎辟不羊，朱鸟玄武顺阴阳""长宜子孙大吉羊""上有古守辟非羊，服之寿考宜侯王"等镜铭。南朝宋元嘉刀铭有"宜侯王，大吉羊"的字样。

祥瑞是汉代"天人感应"、谶纬神学思想下出现的吉祥符信之物，为"非力之所能致而自至"的君王"受命之符""至德之应"，是将一些奇异的自然现象或物体附会成天赐帝王的吉祥物，也是君主得到上天授命、统治天下的凭证和德至天下的象征物。刘向《新序·杂事》曰："成王任周召，而海内大治，越裳重译，祥瑞并降，遂安千载。"[2] 祥，前已释读。瑞，原指玉制的信物，若后世的符玺。瑞又指瑞玉，本为圭璧璋琮的总称。《周礼·春官·典瑞》曰："典瑞，掌玉瑞、玉器之藏。"郑玄注："人执以见曰瑞，礼神曰器。瑞，符信也。"[3] 引申为瑞气感应，若合符节之义。《说文》曰："瑞，以玉为信也。"段玉裁注："典瑞，掌玉瑞玉器之藏。注云：'人执以见曰瑞，礼神曰器。又云，瑞，节信也。'……瑞为圭璧璋琮之总称……引申为祥瑞者，亦谓感召若符节也。"[4]《论衡·指瑞篇》曰："王者受富贵之命，故其动出见吉祥异物，见则谓之瑞。"又《讲瑞篇》曰："瑞物皆起和气而生，生于常类之中，而有诡异之性，则为瑞也。"[5] 这里的吉祥异物，多为世上罕见之物，其出现往往象征着王行大道、天人祥和。

---

[1]《庄子集释》卷二十。
[2] 刘向著：《新序》卷二，《丛书集成初编》，中华书局，1985年新1版，第15页。
[3]《周礼注疏》卷二十。
[4] 许慎撰，段玉裁注：《说文解字注》，上海古籍出版社，1981年影印本，第13页。
[5] 北京大学历史系《论衡》注释小组：《论衡注释》，第986、964页。

唐刘知己说："夫祥瑞者，所以发挥盛德，幽赞明王。致如凤凰来仪，嘉禾入献，秦得若雉，鲁获如麋。求诸《尚书》《春秋》，上下数千载，其可得言者，盖不过一二而已。"[1]总之，祥瑞在汉代吉祥文化中多指天命皇权、君德天下的象征物，也就是皇家政治的吉祥物。

祥瑞有前置和后置两类。在汉代，前置的祥瑞与谶纬神学的谶言有着非常相似之处，即表现为一种前兆、一种预示。前置的祥瑞往往有不能达到预期效果的可能。但由于人类原初意识中对乌有的美好愿景的偏好以及强大信仰习俗的惯性，人们不会对这种情况刨根问底，在很短的时间内就忘却了。后置祥瑞即是在某种良好的情况出现之后才有祥瑞出现，这有两种可能：一是后置祥瑞的出现是某人、某一群体为了标榜一己的功德而有意制造出来的；二是真的出现了所谓象征祥瑞的物象，被某一人或某一群体附会成对前面事实的褒扬。其实，祥瑞在古代社会只是夺取政权、巩固政权的一种政治手段，其真实性如何古人并不十分在意。

祥瑞与灾异相对。"灾"指天灾，如水灾旱灾、五谷歉收之类；"异"指日食、月食以及世间一些怪异现象。董仲舒以为，灾先异后，灾轻异重。他说："天地之物有不常之变者，谓之异，小者谓之灾。灾常先至而异乃随之。灾者，天之谴也；异者，天之威也。谴之而不知，乃畏之以威。《诗》云：'畏天之威。'殆此谓也。"[2]汉代人认为，祥瑞是上天对国君的褒奖，灾异则是对国君的警告。所谓"天垂象，见吉凶"[3]是也。《汉书·元后传》载京兆尹王章奏事："上顺天心，下安百姓。此正义善事，当有祥瑞，何故致灾异？"[4]祥瑞和灾异，一般都具有以下特点：一是带有一定的前瞻性或预言性。二是一般寄托于某种特定的标识物，如天瑞、妖孽之类，所谓"天无以言，而意以物"。三是祥瑞的出现往往代表天意，有时是受命之符，有时是君德之应。汉代人认为，祥瑞、灾异与人事行为尤其是政治

---

[1]《史通·书事第二十九》，《史通通释》卷八，上海古籍出版社，1978年。
[2]《春秋繁露·必仁且智第三十》，苏舆撰，钟哲点校：《春秋繁露义证》卷八，中华书局，1992年，第259页。
[3]《易·系辞上》，《周易正义》卷七。
[4]《汉书》卷九十八。

得失之间存在着某种因果关联,为政的好坏能直接招致祥瑞或灾异的出现。

祥瑞又称瑞应。瑞应在汉代也多是对帝王而言,与祥瑞词义相近,亦为"非力之所能致而自至"者。《西京杂记》载陆贾语云:"瑞者,宝也,信也。天以宝为信,应人之德,故曰瑞应。"[1]《抱朴子·外篇·诘鲍》曰:"夫王者德及天则有天瑞,德及地则有地应。"[2]古人以为,帝王修德,时世清平,天地就现瑞物以应之,谓之瑞应。在汉代,"瑞"多指天降之祥瑞,"应"泛指地出之瑞应。这里的瑞、应都是指吉祥瑞物。《论衡·奇怪篇》曰:"野出感龙,及蛟龙居上,或尧、高祖受富贵之命,龙为吉物,遭加其上,吉祥之瑞,受命之证也。光武皇帝产于济阳宫,凤凰集于地,嘉禾生于屋。圣人之生,奇鸟吉物之为瑞应。"又《讲瑞篇》:"瑞应之出,殆无种类。"又《宣汉篇》曰:"今瑞未必同于古,古应未必合于今","帝王瑞应,前后不同,虽无物瑞,百姓宁集,风气调和,是亦瑞也。"[3]《宣汉篇》中"瑞"与"应"对出,两字均可释为祥瑞。《史记·礼书》曰:"或言古者太平,万民和喜,瑞应辨至,乃采风俗,定制作。"[4]《后汉书·郅恽传》曰:"昔文王不忍露白骨,武王不以天下易一人之命,故能获天地之应,克商如林之旅。"注曰:"天地之应,谓夜雨止、毕陈、白鱼入舟之类。"[5]《三国志·吴书·韦曜传》载:"时所在承指数言瑞应。皓以问曜,曜答曰:'此人家箧笥中物耳。'"[6]清马国翰《玉函山房辑佚书》辑有南朝梁孙柔之所撰《瑞应图》,是书所记动物、植物、器用等多为祯祥瑞应,可知其瑞应之物众多。

瑞应亦与灾异相对。《后汉书·百官志二》载:"太史令一人……凡国有瑞应、灾异,掌记之。"[7]这是说汉代有专门记录瑞应与灾异的官员。《后汉书·何敞传》曰:"夫瑞应依德而至,灾异缘政而生。故鸲鹆来巢,

---

[1] 葛洪撰:《西京杂记》卷三,《古今逸史精编》,重庆出版社,2000年,第122页。
[2] 《抱朴子》卷四十八,《诸子集成》卷八,上海书店出版社,1986年影印本。
[3] 参见北京大学历史系《论衡》注释小组:《论衡注释》,第226、968、1095、1100页。
[4] 《史记》卷二十三,中华书局,1982年。
[5] 《后汉书》卷二十九。
[6] 陈寿撰:《三国志》卷六十五,中华书局,1959年。
[7] 《后汉书》志第二十五。

昭公有乾侯之厄；西狩获麟，孔子有两楹之殡。海鸟避风，臧文祀之，君子讥焉。今异鸟翔于殿屋，怪草生于庭际，不可不察。"[1]

祥瑞又称符瑞、符命、符应、征祥等，皆为承天受命、施政有德之吉瑞征验。

先说符瑞。"符"指古代的凭信之物，如符券、符节、军符、符传之类，其制作的材质一般为竹子；"瑞"前文已述。"符"与"瑞"的本义都是指凭信之物，由凭信之物的本义引申出作为"征兆"的义项，再引申为吉祥的征兆。可以讲，符瑞也是古代帝王承天受命、施政有德的吉祥征兆。古人认为，天降为瑞，地出为符。《后汉书·荀爽传》曰："嘉瑞降天，吉符出地，五韪咸备，各以其叙矣。"[2]《泛引诗纬》曰："天下和同，天瑞降，地符升。"[3]《宋书·符瑞志中》曰："赤龙、《河图》者，地之符也。"[4]《礼记·仲尼燕居》："万物服体。"注曰："服体，体服也。谓万物之符长，皆来为瑞应也……《隐义》云：'符，谓甘露醴泉之属。长，谓麟凤五灵之属。'"[5]符瑞即吉祥征兆，多指帝王受命、至德的吉兆。《史记·封禅书》曰："未有睹符瑞见而不臻乎泰山者也。"[6]《汉书·刘辅传》记上成帝书曰："臣闻天之所与必先赐以符瑞，天之所违必先降以灾变，此神明之征应，自然之占验也。"又《汉书·王莽传中》曰："帝王受命，必有德祥之符瑞……"[7]《宋书·符瑞志上》曰："初黄帝之世，谶言曰：'西北为王，期在甲子，昌制命，发行诛，旦行道。'及刘公之后，十三世而生季历。季历之十年，飞龙盈于殷之牧野，此盖圣人在下位将起之符也。"[8]此几条所记符瑞皆为上天授命帝王统治天下之吉兆。

符命，"符"上文已释，"命"即天命。所谓符命，是指上天预示帝王

---

[1]《后汉书》卷四十三。
[2]《后汉书》卷六十二。
[3] 乔松年辑：《纬捃》，《纬书集成》，上海古籍出版社，1994年，第1443页。
[4] 沈约撰：《宋书》卷二十八，中华书局，1974年。
[5]《礼记正义》卷五十。
[6]《史记》卷二十八。
[7]《汉书》卷七十七、卷九十九中。
[8]《宋书》卷二十七。

受命的符兆。古谓天赐祥瑞与人君，以作为受命的凭证。《汉书·董仲舒传》："《书》曰'白鱼入于王舟，有火复于王屋，流为乌'，此盖受命之符也。"[1]"受命之符"就是符命。《宋书·武帝纪中》载："昔在上叶，深鉴兹道，是以天禄既终，唐、虞弗得传其嗣；符命来格，舜、禹不获全其谦。"[2]《汉书·王莽传上》曰，平帝崩，"是月，前辉光谢嚣奏武功长孟通浚井得白石，上圆下方，有丹书著石，文曰'告汉安公莽为皇帝'。符命之起，自此始矣"。王莽居摄三年，"是岁广饶侯刘京、车骑将军千人扈云、大保属臧鸿奏符命。京言齐郡新井，云言巴郡石牛，鸿言扶风雍石，莽皆迎受"。"是时争为符命封侯，其不为者相戏曰：'独无天帝除书乎？'"[3]

符应，乃"受命之符，天人之应"[4]，即上天显示的与人事相应的征兆，犹"瑞应"。帝王将兴时，上天必先显祥瑞，这就是"符应"。《史记·封禅书》曰："天瑞下，宜立祠上帝，以合符应。"又《孟子荀卿列传》曰："称引天地剖判以来，五德转移，治各有宜，而符应若兹。"[5]

吉与凶、祥与妖是可以互相转变或转移的。老子曰："祸兮福之所倚，福兮祸之所伏。"[6]意思是说祸与福互为因果，可以互相转化，比喻坏事可以引出好的结果，好事也可以引出坏的结果。老子在这里阐述的"祸"与"福"的辩证关系，也是凶与吉的辩证关系。《潜夫论·梦列第二十八》曰："凡人道见瑞而修德者，福必成，见瑞而纵恣者，福转为祸；见妖而骄侮者，祸必成，见妖而戒惧者，祸转为福。"[7]《吕氏春秋·季夏纪·制乐》记载了两则吉凶转换的故事：其一，"成汤之时，有谷生于庭，昏而生，比旦而大拱，其吏请卜其故。汤退卜者曰：'吾闻祥者福之先者也，见祥而不为善，则福不至；妖者祸之先者也，见妖而为善，则祸不至。'于是早朝晏退，问疾吊丧，务镇服百姓，三日而谷亡。故祸兮福之所倚，福兮

---

[1]《汉书》卷五十六。
[2]《宋书》卷二。
[3] 以上参见《汉书·王莽传》卷九十九。
[4]《宋书·符瑞志上》卷二十七。
[5]《史记》卷二十八、卷七十四。
[6]《老子道德经·下篇》第五十八章，《诸子集成》卷三，上海书店出版社，1986年影印本。
[7]《潜夫论笺校正》卷七，《诸子集成》卷八，上海书店出版社，1986年影印本。

祸之所伏，圣人所独见，众人焉知其极"。其二，"宋景公之时，荧惑在心，公惧，召子韦而问焉，曰：'荧惑在心何也？'子韦曰：'荧惑者天罚也，心者宋之分野也，祸当于君。虽然，可移于宰相。'公曰：'宰相所与治国家也，而移死焉，不祥。'子韦曰：'可移于民。'公曰：'民死，寡人将谁为君乎？宁独死。'子韦曰：'可移于岁。'公曰：'岁害则民饥，民饥必死。为人君而杀其民以自活也，其谁以我为君乎？是寡人之命固尽已，子无复言矣。'子韦还走北面载拜曰：'臣敢贺君。天之处高而听卑。君有至德之言三，天必三赏君。今夕荧惑其徙三舍，君延年二十一岁。'公曰：'子何以知之？'对曰：'有三善言必有三赏。荧惑必三徙舍，舍行七星，星一徙当七年，三七二十一，臣故曰君延年二十一岁矣。臣请伏于陛下以伺候之。荧惑不徙，臣请死。'公曰：'可。'是夕荧惑果徙三舍"[1]。以上故事是在说明君实行德政，有仁心，结果化凶为吉。《刘子新论·祸福第四十八》曰："祸福同根，妖祥共域。祸之所倚，反而为福。福之所伏，还以成祸。妖之所见，或能为吉；祥之所降，亦回成凶。有知祸之为福，福之为祸，妖之为吉，祥之为凶。则可与言物类矣……昔宋人有白犊之祥，而有失明之祸，虽有失明之祸，以至获全之福。北叟有胡马之利，卒有奔坠之患，虽有奔坠之患，以至保身之福。是以见不祥而修善，则妖反为祥；见祥而不为善，即祥还成妖矣。"[2]刘勰这段对祸福妖祥的论述可谓精辟。

汉代，"祥"并不一定全是吉祥之意，是兼祸福而言之。段玉裁注《说文》曰："凡统言则灾亦谓之祥，析言则善者谓之祥。"[3]因为"祥"的本义为凶吉的预兆或预先显露出来的迹象，并非专指吉兆，有时也指凶兆。《左传·僖公十六年》说："是何祥也？吉凶焉在？"晋杜预注："祥，吉凶之先见者。"[4]《史记·殷本纪》载："帝太戊立伊陟为相。亳有祥桑谷共生于朝，一暮大拱。帝太戊惧，问伊陟。伊陟曰：'臣闻妖不胜德，帝之政其有阙与？帝其修德。'太戊从之，而祥桑枯死而去。"《集解》引孔安国

---

[1]《吕氏春秋》卷六。
[2]《刘子新论》卷九，程荣纂辑：《汉魏丛书》。
[3] 许慎撰，段玉裁注：《说文解字注》，第3页。
[4]《春秋左传正义》卷十四，《十三经注疏》，中华书局，1980年影印本。

曰："祥，妖怪也。二木合生，不恭之罚。"[1]《汉书·五行志下之上》载："哀帝即位，封外属丁氏、傅氏、周氏、郑氏凡六人为列侯。杨宣对曰：'五侯封日，天气赤黄，丁、傅复然。此殆爵土过制，伤乱土气之祥也。'"[2] 此"祥"谓凶兆。《论衡·异虚篇》说："善祥出，国必兴；恶祥见，朝必亡。"[3] 王充这里前一个"祥"指吉兆，后一个"祥"指凶兆。《名义考》曰："祥兼祸福而言。《易》注：'祸福之祥。'《汉志》：'妖孽外来谓之祥。'《书》：'亳有祥。'《左传》：'将有大祥。'"[4]

汉代的"妖祥""眚祥""白祥""黑祥""青祥""黄祥"之辞，皆指凶兆。《汉书·五行志》引《传》曰："时则有服妖，时则有龟孽，时则有鸡祸，时则有下体生上之痾，时则有青眚青祥"，"时则有鼓妖，时则有鱼孽，时则有豕祸，时则有耳痾，时则有黑眚黑祥。"又言："凡草物之类谓之妖。妖犹夭胎，言尚微。虫豸之类谓之孽。孽则牙孽矣。及六畜，谓之祸，言其著也。及人，谓之痾。痾，病貌，言浸深也。甚则异物生，谓之眚；自外来，谓之祥。"[5]《汉书·五行志下之上》曰："土色黄，故有黄眚黄祥"，"刘歆以为人变，属黄祥。"[6]《汉书·五行志上》曰："《左氏传》曰，昭公八年'春，石言于晋。'……刘向以为石白色为主，属白祥"，"始皇二十八年……是岁，石陨于东郡，民或刻其石曰：'始皇死而地分。'此皆白祥。"[7] 又《汉书·五行志中之下》载："昭帝元凤元年，有乌与鹊斗燕王宫中池上，乌坠池死，近黑祥也。时燕王旦谋为乱，遂不改寤，伏辜而死。楚、燕皆骨肉藩臣，以骄怨而谋逆，具有乌鹊斗死之祥，行同而占合，此天人之明表也。"[8]《后汉书》亦有相似的记载。

既然同一种事物既可以是吉，又可以是凶，那么怎样判别呢？王充认

---

[1]《史记》卷三。
[2]《汉书》卷二十七下之上。
[3] 北京大学历史系《论衡》注释小组：《论衡注释》，第288页。
[4] 周祈撰：《名义考》，《文渊阁四库全书》第856册，台湾商务印书馆，1986年影印本，第312页。
[5]《汉书》卷二十七。
[6]《汉书》卷二十七下之上。
[7]《汉书》卷二十七。
[8]《汉书》卷二十七中之下。

为，符瑞和灾异是由阴阳之气自身随着政治的好坏而形成的一种征兆，判断一个有奇异特征的东西是否符瑞，关键是看"政治之得失、主之明暗"，政治好，君主贤明，那么"同类而有奇，奇为不世"的都是符瑞，反之则为灾异。他说："嘉瑞或应太平，或为始生，其实难知。"又曰："瑞物皆起和气而生，生于常类之中，而有诡异之性，则为瑞也……嘉禾生于禾中，与禾异穗，谓之嘉禾；醴泉、甘露，出而甘美也，皆泉、露生出……圣治公平，而乃沾下产出也。蓂荚、朱草，亦生在地，集于众草，无常根本，暂时产出，旬月枯折，故谓之瑞"，"瑞应之出，殆无种类，因善而起，气和而生。"[1] 所谓"瑞兴非时，则为妖孽"[2] 是也。

2. 吉祥文化与祥瑞文化

在对一些朝代的吉祥文化研究中，许多学者以"祥瑞文化""符瑞文化"为题，如张俐的《刍议汉代祥瑞文化》[3]、李浩的《中国古代祥瑞崇拜的文化诠释》[4]、陈开梅的《南北朝符瑞颂刍议》[5]、刘畅的《中国古代符瑞文化的政治功能》[6]、丁玉莲的《隋唐祥瑞文化研究》[7]、王楠的《民间传统祥瑞文化现象探究》[8] 等等。鉴于林林总总的祥瑞文化研究，使得一些学者产生误解，以为古代的吉祥文化就是祥瑞文化，这是需要厘清的。在一些祥瑞文化的研究中，大多讨论的是祥瑞（符瑞）与帝王的关系，故称"祥瑞文化"或者"符瑞文化"应该是没有多大问题，但王楠的《民间传统祥瑞文化现象探究》称"民间传统祥瑞文化"似乎有些不妥，因

---

[1] 参见《论衡·讲瑞篇》，北京大学历史系《论衡》注释小组：《论衡注释》，第949—976页。
[2] 《后汉书·五行五》志第十七。
[3] 《文史纵横》2006年第5期。
[4] 《民俗研究》2008年第2期。
[5] 《鸡西大学学报》2009年第3期。
[6] 《文艺研究》2011年第8期。
[7] 西北师范大学硕士学位论文，2010年。
[8] 《学术交流》2012年第2期。

为民间的吉祥文化断不可称祥瑞文化，历朝历代民间的吉祥物是不能称作祥瑞的，民间的吉祥习俗也不称祥瑞习俗，所以也就不存在"民间祥瑞文化"之说。本书探讨的是包括皇家祥瑞文化在内的汉代各个阶层的吉祥信仰、吉祥习俗、吉祥物、吉祥纹样与图案等，而不是单单探讨皇家的祥瑞文化，所以以"吉祥文化"统称之而不称"祥瑞文化"。

吉祥文化与祥瑞文化是两个完全不同的概念，这是由"吉祥"与"祥瑞"词义的不同决定的。吉祥为先起之辞，始于战国。《庄子·内篇·人间世第四》曰："虚室生白，吉祥止止。"成玄英疏："吉者，福善之事；祥者，嘉庆之征。"在古人的观念中，"吉"指"善实"，"祥"为"嘉征"，吉祥表达幸福吉利、福瑞喜庆之意，"吉祥止止"是说喜庆好事不断出现。吉祥作为同义复词通常指幸福美好的预兆、吉利的事项，亦用为福禄喜庆、长寿安康、诸事顺利的祝词。换言之，古代所有与幸福、美好、喜庆、嘉瑞相关的信仰、习俗、事物、纹样、图案等，统属于吉祥范畴。《史记·范雎蔡泽列传》曰："富贵显荣，成理万物，使各得其所；性命寿长，终其天年而不夭伤；天下继其统，守其业，传之无穷；名实纯粹，泽流千里，世世称之而无绝，与天地始终：岂道德之符而圣人所谓吉祥善事者与？"[1]这是战国时期燕国蔡泽与秦国宰相范雎的一段对话，意思是说：位居富贵显赫荣耀，治理一切事物，使它们都能各得其所；性命长久，平安度过一生而不会夭折；天下都继承他的传统，固守他的事业，并永远流传下去；名声与实际相符完美无缺，恩泽远施千里之外，世世代代称赞他永不断绝，与天地一样长久：这难道不是推行正道广施恩德的效果而圣人称为吉祥善事吗？在这里，将位居富贵显赫荣耀、性命长久、天下都继承他的传统、名声与实际相符完美无缺等都归入吉祥范畴。

祥瑞，又称符瑞、瑞应、符应，为后起之辞，《春秋》不言"祥瑞"，祥瑞之词大约出现于汉代。司马相如《封禅书》曰："符瑞臻兹，犹以为薄，不敢道封禅。"[2]刘向《新序·杂事》曰："成王任周召，而海内大

---

[1]《史记》卷七十九。
[2]《史记·司马相如列传》卷一百一十七。

治,越裳重译,祥瑞并降,遂安千载。"[1]《史记·礼书》曰:"或言古者太平,万民和喜,瑞应辨至,乃采风俗,定制作。"[2]《论衡·奇怪篇》曰:"光武皇帝产于济阳宫,凤凰集于地,嘉禾生于屋。圣人之生,奇鸟吉物之为瑞应。"《宣汉篇》:"帝王瑞应,前后不同,虽无物瑞,百姓宁集,风气调和,是亦瑞也。"[3]在历代吉祥文化中,祥瑞、符瑞、瑞应、符应词义相近,作为吉祥征兆或天瑞嘉奖,它们与君王相关联,多指象征古之帝王承天受命、德至万物、政治清明、天下太平的各种神异事物和自然现象,这类外显的有形的物象、自然现象和符号,是古代帝王承天受命的征兆,也是上天对当政国君施政有德的褒奖。唐刘知己说:"夫祥瑞者,所以发挥盛德,幽赞明王。致如凤凰来仪,嘉禾入献,秦得若雉,鲁获如麕。"[4]《宋书·符瑞志》《唐六典》以及正史中的《帝王本纪》《封禅书》《五行志》《郊祀志》,类书中的《艺文类聚》"祥瑞部"、《太平御览》"休征部"、《册府元龟》"符瑞"、《玉海》"祥瑞"等所记皆为祥瑞之类,山东嘉祥东汉武梁祠顶坡的两方石刻画像也为祥瑞。总之,在汉代,祥瑞是"天人感应"、谶纬神学思想下出现的皇家政治的吉祥符信之物,为"非力之所能致而自至"的君王"受命之符""至德之应"。汉代人将一些奇异的自然现象或物体附会成天赐帝王的吉祥物,也是君主得到上天授命、统治天下的凭证和德至天下的象征物。

以文化言之,由于"吉祥"与"祥瑞"词义的不同,吉祥文化与祥瑞文化的内涵与外延也不一样。吉祥文化是一个内涵丰富、外延宽广的多维概念,它包括皇家吉祥信仰、祥瑞(瑞应、符瑞等),民间吉祥信仰、吉祥物,以及整个封建社会的求吉辟凶习俗、吉祥纹样、吉祥图案等。从国君到百姓的一切嘉善之事象,皆属吉祥文化范畴。《论衡·指瑞篇》曰:"王者受富贵之命,故其动出见吉祥异物,见则谓之瑞。"又《奇怪篇》曰:

---

[1] 刘向著:《新序》卷二,《丛书集成初编》,第15页。
[2]《史记》卷二十三。
[3] 参见北京大学历史系《论衡》注释小组:《论衡注释》,第226、1100页。
[4]《史通·书事第二十九》,《史通通释》卷八。

"野出感龙,及蛟龙居上,或尧、高祖受富贵之命,龙为吉物,遭加其上,吉祥之瑞,受命之证也。"[1]以上两例,王充把祥瑞说成"吉祥异物""吉祥之瑞",可见祥瑞就是帝王的吉祥物,属于吉祥范畴。而祥瑞文化相对吉祥文化而言则是一个小的概念,涵盖于吉祥文化之中,专指象征天命皇权、君德天下的物象及自然现象,以及这些征象所引起的政治事件。简而言之,祥瑞、符瑞等只是标记"天命"和"帝德"的一类吉祥事物,所以祥瑞文化是吉祥文化的组成部分。其实,祥瑞文化并不等于皇家吉祥文化,祥瑞文化只是皇家吉祥文化的一部分,祥瑞在皇家吉祥文化中主要指物象,吉祥则主要指现象。祥瑞文化局限于皇帝即将掌握政权前及掌握政权后执政的时间段,且主要表现在天命皇权、帝德博达两个方面,即便是皇帝出生前或出生时所见的一些奇异现象在当时也不能称作祥瑞,只能叫作吉祥。帝王或皇家的吉祥文化除祥瑞文化外,还表现在其他诸方面,如帝王祭祀是为了求吉祥,但不能说是求祥瑞。占卜是为了求吉祥,不能说是求祥瑞,一些地名、宫殿用一些吉祥的名字,也不能说是祥瑞。再如,一些皇帝的年号,虽然有的用祥瑞命名,但祥瑞用作年号,只是为了讨个吉祥,不能称作祥瑞年号,而只能称作吉祥年号。

吉祥文化与现实生活息息相关,祥瑞文化与国家大事紧密相连。祥瑞是君王的专属,统治阶级利用祥瑞维护其统治,标榜其统治的合法性、合理性及优越性;绝大多数中下层人民信仰吉祥则是现世生活的实际需求和对美好未来的憧憬,如民间信仰的为官富贵、子孙繁昌、益寿安康、辟邪禳灾、太平丰稔等。汉代,民间社会流传着大量的吉祥信仰和鬼神之道,处处事事都希求着吉祥。与统治阶层的"受命之符""君德至瑞"的祥瑞文化不同,汉代民间吉祥文化的主要内涵是求吉、纳福、避凶。祥瑞与百姓日常生活基本无关,民间百姓生活中的吉物也不称作祥瑞。然而民间吉祥物与帝王祥瑞之间并不是截然分开的,同样一种事物在不同时间、不同环境、不同事件、不同载体中既可以是祥瑞又可以是吉祥物。比如龙,龙是

---

[1] 参见北京大学历史系《论衡》注释小组:《论衡注释》,第986、226页。

皇家的祥瑞，在封建社会，无论何时何地出现龙都是帝王的符瑞，而在民间纹样图案中，龙只是作为象征风调雨顺的吉祥物，不是祥瑞。凤也是如此，汉代以还，凤的出现大都作为帝王的祥瑞，而民间石刻、铜镜、瓷器、布帛等纹样图案中，凤绝不是祥瑞，而是一种象征天下太平、五谷丰登、国泰民安、夫妻恩爱、婚姻美满的吉祥物。有些常见的物象如鱼、羊、鸡等，因为在生活中随处可见，因而绝少作为帝王之祥瑞，但他们却是民间信仰的吉祥物，也是民间吉祥纹样与图案中最常见的题材。就拿鱼来说，鱼作为祥瑞只在武王伐纣渡河时跃入王舟一次，整个汉代及以后很少见哪个王朝将鱼作为祥瑞记载于书。但在民间吉祥纹样与图案中，鱼作为吉祥物屡见不鲜。如一件西汉铜洗上刻一鱼，鱼的两边有"吉羊"二字（见图3-4），说明这条鱼是吉祥物，而非祥瑞。又如一件"汉宜子孙洗"，中间为"君宜子孙"的吉祥文字，文字两边各有一条鱼，这里的鱼是象征多子多孙的吉祥物，而非是象征天命皇权、君德天下的祥瑞。羊也是，整个封建社会也没有发现哪个王朝将羊作为祥瑞，但它却是民间最重要的吉祥物之一，是民间吉祥文化的专利。有一件"汉吉羊洗"，中间为一羊，羊上有"吉羊"二字，羊前为一株嘉禾。此中的羊显然代表吉祥而非祥瑞。

我们知道，汉代的许多吉祥物都是由远古图腾变化而来的，如远古图腾中的龙、凤、熊、鹿、羊、鱼等都是汉代吉祥文化中同类吉祥动物的源头。但远古图腾在演变为后世吉祥物的过程中，是沿着两条不同轨迹发展的，一部分演化为阶级社会皇家的祥瑞，如龙、凤等，另一部分则演化为世间的吉祥物，如羊、鱼等。因而我们在讲话时说远古图腾是后世吉祥物的源头，而不仅仅是后世祥瑞的源头。

本书所探讨的是汉代皇室贵族、仕宦文人、平民百姓等不同阶层的吉祥信仰与吉祥习俗，以及他们所信仰的吉祥物和生活中的吉祥纹样和图案，所以以吉祥文化论之而非祥瑞文化。一些学者在研究某一朝代的部分吉祥文化时往往用祥瑞文化，从他们研究所涉及的内容看，其研究内容主要属意于皇家祥瑞，冠以祥瑞文化亦未尝不可。

3. 怎样才能使吉祥瑞应"自至"

瑞应主要是指那些"非力之所能致而自至"的君王"受命之符",是显示帝王"至德"的一些自然现象或象征物。那么怎样才能使瑞应吉物自至呢？从历史文献看,汉代招致瑞应吉物"自至"的因素很多,但主要与儒家的思想道德有关,如德、孝、善、诚等都能使瑞应吉物"自至"。粗略地归纳一下,大约有以下五种:

① 至德至祥

这里的"德"主要指君德。君德有两重含义,一是依五德终始说王者的"德运"。按五德终始说,帝王得到某一德,上天就会有相应的符瑞出现。如黄帝为土德,就有大蚓大蝼出现；大禹为木德,就有草木茂盛之瑞应；汤为金德,就有银山自溢之瑞应；文王为火德,就有赤乌之瑞应。二是指君主、王侯、官吏的"德行"。注重德治是中华民族传统上对统治者的政治理想,也被认为是君主赖以为政、社稷永固的根本。德治传统的一个积极内涵就是对于"治者"的德行、德性的高要求,即所谓"至德"。至德乃至圣之德,为孔子美周文王之语,用现代汉语讲,为极其崇高的品德。《论语·泰伯第八》曰："三分天下有其二,以服事殷,周之德,可谓至德也已矣。"疏曰："此孔子因美周文王有至圣之德也。言殷纣淫乱,文王为西伯而有圣德,天下归周者三分有二,而犹以服事殷,故谓之至德也。"[1] 中华民族从传说的黄帝开始就崇德、尚德,所谓"天道无亲,唯德是辅"是也。其后代代相传,成为中华民族贯穿始终至善至美的民族基因。"德行"关系到"天命"的获得、延续或丧失。

汉代人认为,祥瑞是一种具有道德属性的东西,祥瑞和灾异是与帝王施行德政与否相适应而作为吉凶征兆出现的,祥瑞是上天对王者盛德的嘉

---

[1]《论语注疏》卷八,《十三经注疏》,中华书局,1980年影印本。

奖，所谓"瑞应之来，必昭有德"[1]。《孔丛子·记问第五》曰："天子布德，将致太平，则麟凤龟龙先为之祥。"[2]《后汉书·何敞传》曰："瑞应依德而至，灾异缘政而生。"[3]《后汉书·窦武传》："夫瑞生必于嘉士，福至实由善人，在德为瑞，无德为灾。"[4]《淮南子·览冥训》曰："凤皇之翔至德也。"又《缪称训》曰："昔二皇凤皇至于庭，三代至乎门，周室至乎泽。德弥粗，所至弥远；德弥精，所至弥近。"[5]王充在《论衡·指瑞篇》中说："瑞有小大，各以所见定德薄厚。"[6]《白虎通·封禅》曰："天下太平，符瑞所以来至者，以为王者承天统理，调和阴阳，阴阳和，万物序，休气充塞，故符瑞并臻，皆应德而至。"[7]《三国志·吴书二·吴主传第二》曰："古者圣王积行累善，修身行道，以有天下，故符瑞应之，所以表德也。"[8]汉景帝时重臣晁错说："德上及飞鸟，下至水虫，草木诸产，皆被其泽。然后阴阳调，四时节，日月光，风雨时，膏露降，五谷孰，妖孽灭，贼气息，民不疾疫，河出图，洛出书，神龙至，凤鸟翔，德泽满天下，灵光施四海。"[9]《礼含文嘉》曰："诸侯有德……则阴阳和，风雨时，则有景星之应、秬鬯之草是也。"[10]《汉书·东方朔传》说，吴王行仁政三年，"凤凰来集，麒麟在郊，甘露既降，朱草萌牙"[11]。《白虎通》所言祥瑞绝大多数与君德有关，同时，不同的德行都有与之相应的祥瑞出现。《白虎通·封禅》曰："德至天，则斗极明，日月光，甘露降。德至地，则嘉禾生，蓂荚起，秬鬯出，太平感。德至文表，则景星见，五纬顺轨。德至草木，则朱草生，木连理。德至鸟兽，则凤凰翔，鸾鸟舞，麒麟臻，白虎到，

---

[1] 李延寿撰：《北史·周本纪下》卷十，中华书局，1974年。
[2] 王钧林、周海生译注：《孔丛子》，中华书局，2009年，第71页。
[3] 《后汉书》卷四十三。
[4] 《后汉书》卷六十九。
[5] 《淮南子注》卷六、卷十，《诸子集成》卷七，上海书店出版社，1986年影印本。
[6] 北京大学历史系《论衡》注释小组：《论衡注释》，第986页。
[7] 班固等撰：《白虎通》卷三上，《丛书集成初编》，中华书局，1985年新1版，第143—144页。
[8] 《三国志》卷四十七。
[9] 《汉书·爰盎晁错传》卷四十九。
[10] 乔松年辑：《纬捃》，《纬书集成》，第1487页。
[11] 《汉书》卷六十五。

狐九尾，白雉降，白鹿见，白乌下。德至山陵，则景云出，芝实茂，陵出黑丹，阜出萐莆，山出器车，泽出神鼎。德至渊泉，则黄龙见，醴泉涌，河出龙图，洛出龟书，江出大贝，海出明珠。德至八方，则祥风至，佳气时喜，钟律调，音度施，四夷化，越裳贡。"[1] "汉德丰雍"，所以汉代的祥瑞就超过前代。孙作云先生说："所谓祥瑞，其说话的主要形式，大致不外说某某圣君御世之时，德及万物，因而也感动了万物，所以某某动物来归或某某植物出现。后来，人们把这种传闻当作真的事实看待，便以某种动物或植物的出现，以为治世圣王的象征或代表。"[2]

崇德治与轻刑法是相辅相成的。文景之世，轻刑法，减赋税，亲儒臣，求贤良，形成了被史家称羡的"文景之治"。轻刑法亦能使祥瑞自至。《孝经钩命诀》曰："刑法藏，颂声作，凤凰至，麒麟应，封泰山，禅梁甫。"[3] 东汉章帝时陈宠上书言"荡涤烦苛之法"，肃宗纳之，"是后人俗和平，屡有嘉瑞"[4]。山东嘉祥武氏墓群之武梁祠中有一方屋顶后坡画像石，原石编号为"祥瑞图二"。石断为三，画面磨泐剥蚀，自上而下分为三层，其中第一、第二层刻有祥瑞画像。第一层自左至右首刻一瓮，右榜题一行，曰："银瓮刑法得中。"《山左金石志》曰："一瓮，右题一行云'银瓮刑法得中□至'，泐一字。"[5] 就是说帝王刑法得当，就会出现银瓮这种祥瑞。南朝梁孙柔之《瑞应图》曰："银瓮者，不汲自随，不盛自盈。王者宴不及醉，刑罚中，人不为非，则银瓮出。"[6]

② 和气至祥

和气至祥就是说和谐融洽可使祥瑞自至。古人认为天地间阴气与阳气交合而成之气为和气，万物由"和气"而生，汉代引申为能导致吉瑞的和合之气。《汉书·楚元王传》曰："和气致祥，乖气致异；祥多者其国安，

---

[1] 班固等撰：《白虎通》卷三上，《丛书集成初编》，第144—145页。
[2] 孙作云著：《中国古代图腾研究》，载《孙作云文集》第3卷《中国古代神话传说研究》上，河南大学出版社，2003年，第54页。
[3] 孙毂辑：《古微书》，《纬书集成》，上海古籍出版社，1994年，第340页。
[4] 《后汉书·陈宠传》卷四十六。
[5] 参见蒋英炬、吴文祺著：《汉代武氏墓群石刻研究》，山东美术出版社，1995年，第59页。
[6] 马国翰辑：《玉函山房辑佚书》，广陵书社，2004年影印本。

异众者其国危。"[1]《白虎通·封禅》曰："天下太平，符瑞所以来至者，以为王者承天统理，调和阴阳。阴阳和，万物序，休气充塞，故符瑞并臻。"[2]《后汉书·杨赐传》曰："和气致祥，乖气致灾。"[3]王充认为，瑞物是由"和气"构成的，他说："瑞应之出，殆无种类，因善而起，气和而生。"[4]

祥瑞的出现是因为"人主和德于上，百姓和合于下，故心和则气和，气和则形和，形和则声和，声和则天地之和应矣。故阴阳和，风雨时，甘露降，五谷登，六畜蕃，嘉禾兴，朱草生，山不童，泽不涸，此和之至也……德配天地，明并日月，则麟凤至，龟龙在郊，河出图，洛出书，远方之君莫不说义，奉币而来朝，此和之极也"[5]。这是说，君王的行为与德合，百姓的行为与君合，上下和谐，所以才出现如此多的祥瑞。《博物志·物产》曰："和气相感则生朱草，山出象车，泽出神马，陵出黑丹，阜出土怪。江南大贝，海出明珠，仁主寿昌，民延寿命，天下太平。"[6]孙柔之《瑞应图》曰："黄龙者……和气而游于池沼"，"嘉禾也，大和气之所生焉"，"王者德至于天，和气感，则甘露降于松柏。"[7]《论衡·讲瑞篇》曰："甘露，和气所生也，露无故而甘，和气独已至矣。和气至，甘露降，德洽而众瑞凑。"[8]《宋书·符瑞志中》说："甘露，王者德至大，和气盛，则降。"[9]《帝王世纪》曰，蓂荚"应和气而生以为瑞"[10]。

③ 孝悌至祥

孝道是中华民族的传统美德。《孝经·圣治章第九》曰："人之行，莫

---

[1]《汉书》卷三十六。
[2] 班固等撰：《白虎通》卷三上，《丛书集成初编》，第143—144页。
[3]《后汉书》卷五十四。
[4]《论衡·讲瑞篇》，北京大学历史系《论衡》注释小组：《论衡注释》，第968页。
[5]《汉书·公孙弘传》卷五十八。
[6] 张华撰，范宁校证：《博物志校证》卷一，中华书局，2014年第2版，第13页。
[7] 马国翰辑：《玉函山房辑佚书》。
[8] 北京大学历史系《论衡》注释小组：《论衡注释》，第976页。按：洽，沾润、普施。
[9]《宋书》卷二十八。
[10] 皇甫谧撰：《帝王世纪》，《丛书集成初编》，中华书局，1985年新1版，第10页。

大于孝。"[1]汉代"以孝治天下",将"举孝廉"列为国策之一,孝的思想体现在汉代社会生活的各个方面,对汉代社会产生深远影响。孝的核心是敬老养老,这是汉代家庭生活的基本道德规范,是调整家庭内部关系、家庭与国家关系的行为准则。汉代董永卖身葬父孝感天地的故事在中国妇孺皆知。若人世间的孝行感动了上天,就会有吉祥瑞物出现。《孝经援神契》曰:"天子孝,天龙负图,地龟出书,妖孽消灭,景云出游。庶人孝,则泽林茂,浮珍舒,怪草秀,水出神鱼。"[2]说明龙、龟、瑞草、神鱼等都是象征孝道的吉瑞之物。

孝道能感召天瑞。《孝经钩命诀》曰:"国多孝则风雨时","作乐制礼,孝以事天,则景星见也。"[3]《礼斗威仪》曰:"天子孝,则景云见。"《孝经援神契》云:"天子孝……则庆云见。"[4]《孝经内事图》曰:"天子行孝德,则景星见。"[5]反过来,"天子事天不孝,则日食星斗"[6]。

孝悌能使龙凤自至,龙凤的到来也象征孝道吉祥。《孝经援神契》曰:"天子孝,则大龙负图也。"《孝经钩命诀》曰:"孝悌之至,通于神明,则凤皇巢。"[7]《孝经左契》曰:"赤雀者,王者孝则衔书来。"[8]

三足乌、比翼鸟等也都因君主孝悌而出现。《孝经钩命诀》曰:"王者至孝,则三足乌出。"[9]《宋书·符瑞志下》云:"三足乌,王者慈孝天地则至。"[10]孙柔之《瑞应图》曰:"三足乌,王者慈著天地则生。乌,太阳之精也,亦至孝之应。"又曰:"比翼鸟者……王者有孝德则至。"又曰:"天鹿者,纯灵,五色光辉,王者孝道备则至。"又曰:"王孝道行则延嘉

---

[1]《孝经注疏》卷五,《十三经注疏》,中华书局,1980年影印本。
[2]孙毂辑:《古微书》,《纬书集成》,第323页。
[3]赵在翰辑:《七纬》,《纬书集成》,第1032页。
[4]乔松年辑:《纬捃》,《纬书集成》,第1491、1505页。
[5]孙毂辑:《古微书》,《纬书集成》,第345页。
[6]《后汉书·襄楷传》卷三十下。
[7]赵在翰辑:《七纬》,《纬书集成》,第1029、1032页。
[8]刘学宠辑:《诸经纬遗》,《纬书集成》,上海古籍出版社,1994年,第1061页。
[9]乔松年辑:《纬捃》,《纬书集成》,第1510页。
[10]《宋书》卷二十九。

生。"又曰："王者至孝，仁德广施，则金车出。舜时见于帝庭。"[1]明孙毂《古微书》引《瑞应图》曰："延嬉，王者孝道行则至。"[2]《白虎通·封禅》云："孝道至，则蓂莆生庖厨。"[3]以上天鹿、延嘉、金车、延嬉、蓂莆等都是汉代的祥瑞，皆因孝而至。

在"天人感应"、谶纬神学思想的影响下，汉代人认为，一些吉祥瑞物的出现，是因为人世间孝子的孝行感动了上天，上天降下吉祥瑞物以应之。史籍记载一些因孝而至祥的"天人感应"故事。《后汉书·蔡邕列传》曰："（蔡）邕性笃孝……母卒，庐于冢侧，动静以礼。有菟驯扰其室旁，又木生连理，远近奇之，多往观焉。"[4]这里说由于蔡邕笃孝而致吉物。

④ 积善至祥

凡事凡物皆应类而起，善趋善，恶趋恶。善有善报、恶有恶报的思想早在先秦时期就已形成。《尚书·伊训第四》曰："作善降之百祥，作不善降之百殃。"[5]《易·坤卦》称："积善之家，必有余庆；积不善之家，必有余殃。"[6]汉代据"天人感应"衍生出天地神灵监督人的善恶行为，予以报应的观念。无论是吉祥瑞应还是灾异，都是上天劝人行善的手段，吉祥瑞应是对人行善的褒奖，灾异祸殃是对人行不善的惩戒。《释名·释言语第十二》曰："吉，实也，有善实也。"王先谦曰："为善得吉，是有善实。故训吉为实。古称积善余庆，作善降祥，即此义也。"[7]《吕氏春秋·开春论·开春》曰："王者厚其德，积众善，而凤皇圣人皆来至矣。"又《季夏纪·制乐》载成汤之语曰："吾闻祥者福之先者也，见祥而为不善，则福不至；妖者祸之先者也，见妖而为善，则祸不至。"[8]《史记·乐书》说：

---

[1] 马国翰辑：《玉函山房辑佚书》。
[2] 《纬书集成》，第267页。按："延嬉"亦作"延喜"，玉珪名。《尚书璇玑钤》曰："禹开龙门，导积石，出玄珪圭，刻曰：'延喜，王受德，天赐佩。'"后引为帝王德孝的瑞应。
[3] 班固等撰：《白虎通》卷三上，《丛书集成初编》，第145页。
[4] 《后汉书》卷六十下。
[5] 《尚书正义》卷八，《十三经注疏》，中华书局，1980年影印本。
[6] 《周易正义》卷一。
[7] 王先谦撰集：《释名疏证补》卷四，第189页。
[8] 《吕氏春秋》卷二十一、卷六。

"为善者天报之以福，为恶者天与之以殃。"[1]《韩诗外传》曰："妖者祸之先，祥者福之先。见妖而为善，则祸不至；见祥而为不善，则福不臻。"[2]《易乾凿度》卷上曰："善虽微细，必见吉端；恶虽纤芥，必有悔吝。"[3]《说苑·敬慎篇》："老子曰，人为善者，天报以福；人为不善者，天报以祸。"[4]王充认为吉瑞之物因善而生，他在《论衡·讲瑞篇》中说："瑞应之出，殆无种类，因善而起，气和而生。"[5]《后汉书·窦武传》曰："瑞生必于嘉士，福至实由善人，在德为瑞，无德为灾。"[6]《刘子新论·祸福第四十八》曰："见不祥而修善，则妖反为祥；见祥而不为善，即祥还成妖矣。"[7]

《论衡·福虚篇》记述了这样一个故事："宋人有好善行者，三世不解。家无故黑牛生白犊，以问孔子。孔子曰：'此吉祥也，以享鬼神。'即以犊祭。一年，其父无故而盲。牛又生白犊，其父又使其子问孔子。孔子曰：'吉祥也，以享鬼神。'复以犊祭。一年，其子无故而盲。其后楚攻宋，围其城。当此之时，易子而食之，析骸而炊之。此独以父子俱盲之故，得毋乘城。军罢围解，父子俱视。此修善积行神报之效也。"[8]

⑤ 至诚至祥

诚信的本义就是要诚实、诚恳、守信、有信。《说文》曰："诚，信也。"以诚待人，以信取人，是中华民族最为优秀的传统之一。《礼记·中庸》曰："至诚之道，可以前知。国家将兴，必有祯祥；国家将亡，必有妖孽……故至诚如神。"[9]认为一切事物的存在皆依赖于"诚"。《诗·周颂·载芟》唐孔颖达疏曰："至诚感物，祥瑞必臻。"[10]

---

[1]《史记》卷二十四。
[2] 韩婴著，周廷寀校注：《韩诗外传》卷三，《丛书集成初编》，中华书局，1985年新1版，第27页。
[3] 赵在翰辑：《七纬》，《纬书集成》，第789页。
[4]《潜夫论笺校正·叙录第三十六》卷十引。
[5] 北京大学历史系《论衡》注释小组：《论衡注释》，第968页。
[6]《后汉书》卷六十九。
[7]《刘子新论》卷九，程荣纂辑：《汉魏丛书》。
[8] 北京大学历史系《论衡》注释小组：《论衡注释》，第341页。
[9]《礼记正义》卷五十三。
[10]《毛诗正义》卷十九。

汉代人认为，诚信能使吉祥瑞物自至。《汉书·董仲舒传》曰："臣闻天之所大奉使之王者，必有非人力所能致而自至者，此受命之符也。天下之人同心归之，若归父母，故天瑞应诚而至。"[1]《吕氏春秋·不苟论·贵当》曰："诚信有行好善，如此者，事君日益，官职日进，此所谓吉臣也。"[2]《淮南子·泰族训》云："精诚感于内，形气动于天，则景星见，黄龙下，祥凤至，醴泉出，嘉谷生，河不满溢，海不容波。"[3]《潜夫论·慎微第十三》曰："天之所助者顺也，人之所尚者信也，履信思乎顺，又以尚贤，是以吉无不利也。"[4]以上所引表明，至诚所感，上天便会降下吉瑞。20世纪50年代河北望都曾发现两座东汉晚期的壁画墓，其中1号墓墓室壁画保存较好，上层为官吏图，下层为吉瑞图。吉瑞图中有鸡，鸡旁榜题曰："鸡候夜，不失更，信也。"[5]这里把鸡视为代表诚信的吉祥物。

总之，人们只要按仁、义、礼、智、信等道德规范行事，就能感动上天，天会降下吉祥瑞应。反之，"失仁则龙麟不舞，失礼则鸾鸟不翔，失智则黄龙不见，失义则白虎不萌，失信则玄龟不见"[6]。

---

[1]《汉书》卷五十六。
[2]《吕氏春秋》卷二十四。
[3]《淮南子注》卷二十。
[4]《潜夫论笺校正》卷三。按：此系《易·系辞上》载孔子语。
[5] 参见北京历史博物馆、河北省文物管理委员会编辑：《望都汉墓壁画》，中国古典艺术出版社，1955年。
[6] 赵在翰辑：《七纬》《孝经钩命诀》，《纬书集成》，第1035页。

二
汉代以前的吉凶观念与吉祥文化

1. 原始社会的宗教信仰与吉凶观念

就人类而言,今天的许多文化现象,都萌发于遥远的原始社会,探索一些文化的源头,标举其发展轨迹,有时就要上溯到原始宗教信仰。

吉凶观念作为人类最早的意识形态之一,几乎是同原始宗教信仰同时产生的。宗教是原始人类发展到具足一定想象能力、思考能力和敬畏、依赖情感以及必要的社会组织后才产生的。它是一个变动不居的概念,是一种与特定时代相联系,具有多种表现形态和丰富内涵的社会性的精神现象和文化现象。在漫长的人类历史演进中,宗教信仰一度高居社会上层建筑的顶端,支配着人类的精神世界。原始人的宗教信仰,不仅是整个人类宗教的发端,在一定意义上,也是人类社会各种文化现象的源头,各种文化几乎无不萌发于原始人的宗教信仰和宗教活动。如果我们想了解一些文化现象本质的奥秘,对其做追根溯源的探索,就得走进原始宗教这个令人困惑莫解而又使人兴奋雀跃的领域。我们若能站在宗教的、哲学的高度来观察审视历史,就如同站在高山之巅向下俯视,一切尽收眼底。

关于宗教的起源,英国文化人类学家爱德华·泰勒（Sir Edward Burnett Tylor）钩稽的"万物有灵论"（Animism）是至今仍影响较大的观点之一。他在《原始文化》《人类学》等著作中,以丰富的民族学和宗教学的资料为基础,简明透彻地阐述了灵魂观的产生和发展,创立了宗教起源于"万物有灵论"的学说。泰勒认为,人类最初的宗教乃是对寓于大自然万物之中的精灵予以敬拜,然后渐渐形成了鬼魂观念、多神宗教,最后才产生了一神宗教。原始宗教的产生,主要是由于原始人在有限的生存条件下对于种种自然现象的不理解,他们感到除他们之外还存在一个神秘世界和一种超自然力量,这种力量具有神的性质,人们借此加强和保护自己,这就产生了原始宗教。

一切宗教有关超自然神灵和超自然境界的幻想,都建立在"灵魂"观念的基础之上。有关研究认为,人类的灵魂观念最初是受梦的影响而产生的,梦是产生灵魂观念的主要原因。当人类还是童年的时候,原始先民为梦所惑,他们不能理解梦中荒诞离奇的现象,特别是那些死去的亲人和同伴能在梦中与自己重逢,由此深信梦中出现的人是暂时离开肉体的灵魂。这样便产生了灵魂不灭的观念。

大约在原始社会末期,先民们从灵魂不灭的观念进而产生出万物有灵信仰,形成了神灵观念。"根据万物有灵论的理论,灵魂的概念一方面产生自然精灵的观念与崇拜,另一方面产生祖先亡灵的崇拜。"[1]在生产力水平极其低下、对自然现象缺乏理解的情况下,原始人类没有力量同自然界做斗争,认为自然界的各种自然物都有灵性,如日、月、高山、峡谷、河流、湖泊、植物、动物等。他们企求自然界不要给他们降临灾难,并能够理解和满足他们的愿望。英国人类学家弗雷泽认为:"在原始人的心目中,世界在很大程度上是受自然力支配的。这种超自然力来自神灵,而这些神灵像人一样很容易因为人们的乞求怜悯或表示希望和恐惧而受到感动,并做出相应的许诺,为了人们的利益去影响或改变自然的进程。"[2]神灵是宇宙万物的主宰,人们对神灵的功绩和威力深信不疑,并希求神灵给自己带来好运,送来吉祥。在人类社会发展的早期阶段,无法招致的"吉"和无法避免的"凶",被解释为神灵所为,神灵恩宠,便有生命和欢乐,也就

---

[1] 施密特著:《原始宗教与神话》,萧师毅、陈祥春译,上海文艺出版社,1987年影印本,第218页。
[2] 弗雷泽著:《金枝》,徐育新等译,中国民间文艺出版社,1987年,"序文"第6页。

是"吉";神灵发怒,则有死亡和苦难,也就是"凶"。于是这些神灵成为人们崇拜、信仰的偶像。进而对有功于人类的神灵实体如天地、日月、星辰、山川、湖泊以及和日常生活关系密切的动物、植物进行祭祀,盼望得到它们的恩赐。这种对神灵的祈求与冀望就是最早的避凶趋吉观念,也就是后世吉祥文化的源头。

考古资料表明,宗教萌芽于旧石器时代中期,在这一时期的遗址中曾发现一些墓葬,墓中有兽骨和工具等殉葬品,说明人类可能已经产生灵魂观念。

目前比较一致的观点是,中国的原始宗教出现于公元前30 000年—前10 000年的旧石器时代末期。考古发掘和对近存原始社会形态的考察表明,对超自然体的信仰和崇拜,是在这一时期出现的,而抽象的神灵观念则出现于较晚一些的文化阶段中。

已知中国最早的原始宗教遗迹出现于北京山顶洞人的墓葬中。山顶洞人处在旧石器时代晚期,距今约11 000年,正在从原始人群走向母系氏族社会。山顶洞人的墓地,开始按一定规矩埋葬死者,死者身边伴有随葬的兽齿、蚌壳、石珠、骨坠等装饰品,其周围撒有赤铁矿粉粒,表明山顶洞人已经有了鬼魂观念,产生了灵魂崇拜,认为人死后可以另外的方式继续生活下去,因此才有必要用日用品随葬,用铁矿粉保护尸体。对于山顶洞人给死者撒赤铁矿粉,一些学者认为,红色是血液和火焰的颜色,象征着熊熊不息的生命,给死者撒红色粉末是祈望死者获得再生;篝火给人以温暖,又能驱兽自卫,那么如篝火颜色的红色也就可以保护死者,使之免受伤害。随葬物的出现,是原始人具有某种"灵魂"和"冥世"观念的表现,标识原始宗教的萌芽,从而说明山顶洞人已经进入宗教时代。如果兽齿、石珠、骨坠等随葬物在当时是被视为灵性的或者巫性的,那么它们也就被赋予了宗教意义。因而我们认为,包括兽齿、石珠、骨坠、赤铁矿粉粒等,这一切所反映的是山顶洞人对死者的祝福,已经具有后世所谓的祈福避凶的吉祥意味。

中国从山顶洞人以后逐步进入新石器时代，母系氏族社会发育成长，经济上除采集狩猎外，出现了原始农业和畜牧业。这时人的宗教观念已有明显的表现。在新石器时代的一些重要遗址中，复杂多样的祭祀、丧葬仪式表明当时的原始人已经具有明确的灵魂不灭观念。距今9000多年的河北武安磁山新石器时代遗址发现有祭祀天地的宗教活动遗迹。当时的人们挖出一定形式的坑、坎，然后将粮食、树籽、猪、狗以及陶器放进坑、坎之中，再经燔烧和瘗埋。这种祭祀活动的目的在于祈求天地赐予丰收和吉祥。在距今7000至5000年的西安半坡仰韶文化遗址中，小儿死后用瓮棺埋在居住区内，称为瓮棺葬。瓮棺葬葬具底部多钻有小孔，这些小孔或是供小儿灵魂出入的通道，抑或为方便死者呼吸畅通。无论哪种解释都说明仰韶人已有了灵魂不死观念。出土的鱼纹盆、人面鱼纹盆、蛙纹盆、鹿纹盆等多是瓮棺葬的葬具，其中的纹饰都带有吉祥意味。

原始社会的新石器时代，人们出于避凶趋吉、追求平安幸福和氏族繁衍的愿望，在陶器和山岩上创作出最早的图画和符号，其中大多是当时宗教活动或劳动生活的反映，是感性地表现神灵偶像的制作。

原始彩陶上的纹饰异常丰富，主要有动物纹、植物纹、几何纹、编织纹等，这些反映原始人生活和思维的纹饰，已经包含一种广义的吉祥寓意在内。格罗塞在《艺术的起源》一书中指出："原始民族的大半艺术作品都不是纯粹从审美的动机出发，而是同时想使它在实际的目的上有用的，而且后者往往还是主要的动机，审美的要求只是满足次要的欲望而已。"[1]我们认为，原始装饰都有实际的意义与符号象征。原始先民在陶器等附着物上刻划符号和绘制纹饰，大多都是实用的，而非审美的。也就是说，彩陶上的纹饰绝不只是为了装饰和美观，因为他们当时的物质生活条件还达不到这样的审美需求，而是一种宗教意识的表现，为了与生存息息相关的神圣目的，使被装饰的主体合乎其功利要求，是带着对兆纹吉相的信任和希冀而精心刻画的。原始先民相信，器物上的装饰纹样具有一定的神性或

---

[1] 格罗塞著：《艺术的起源》第十一章，蔡慕晖译，商务印书馆，1984年，第234页。

巫性，能给自己带来好运或吉祥。

半坡彩陶是中国彩陶文化历史较早、特点突出、影响较大的一个类型。纹饰有鹿纹、鱼纹、人面纹、蛙纹、鸟纹等，主要描绘当时人们接触的动物。也有一些单纯的几何纹样，如折线纹、三角纹、网纹等。半坡出土的"人面鱼纹"盆，是在盆的内壁描绘图案，用装饰的手法画出一个圆圆的脸、三角形的鼻子，用两根短线画出眼睛，双耳和嘴的部位都画着鱼，盆的其他部位也画着鱼[1]（图2-1）。这种图形应与半坡氏族的原始宗教信仰有关。

实际上，原始社会的动、植物纹样已经蕴含着吉祥的成分，如半坡的鱼纹、鹿纹，庙底沟、马家窑的鸟纹、蛙纹等都是后世同类吉祥物的源头。西安半坡遗址出土的"连体鱼纹""人面鱼纹"在当时便有多子、丰收的吉祥意味，是后世吉祥动物"鱼"的源头。又如浙江河姆渡文化中出现的太阳鸟纹以及猪、羊、蚕虫、嘉禾、万年青、火焰纹[2]，河南濮阳西水坡遗址仰韶文化地层墓葬中出土的用蚌壳摆塑的龙、虎、鹿等动物形象[3]，也都是后世吉祥物的源头。可以说，原始社会的动、植物纹样基本上具足了吉祥纹样的特征，是先民渴求吉祥的最古老的表现形式，为其后吉祥纹样的应用和发展奠定了良好的基础。

原始社会的岩画，表现的是先民们对自然万物的崇拜，从某种意义上讲，已经透露出早期人类吉祥文化的曙光，是最早出现的带有吉祥意味的图符之一。"由阴山岩画看，阴山先民的原始宗教崇拜的内容有动物崇拜、天体崇拜、神灵崇拜和图腾崇拜。"[4]宁夏贺兰山是中国岩画分布的重要地区之一。贺兰山东麓南北走向250公里的冲积扇上发现了数以万计的古代岩画，记录了远古人类放牧、狩猎、祭祀、征战、娱舞、交媾等社会场

---

[1] 参见中国科学院考古研究所、陕西省西安半坡博物馆编：《西安半坡——原始氏族公社聚落遗址》，文物出版社，1963年，彩色图版壹、图版壹壹肆、图一—八。
[2] 参见浙江省文物考古研究所：《河姆渡——新石器时代遗址考古发掘报告》，文物出版社，2003年。
[3] 濮阳市文物管理委员会、濮阳市博物馆、濮阳市文物工作队：《河南濮阳西水坡遗址发掘简报》，《文物》1988年第3期。
[4] 盖山林：《阴山岩画》，文物出版社，1986年，第364页。

图 2-1 仰韶文化半坡类型的"人面鱼纹"彩陶盆

景,以及羊、牛、马、驼、虎、豹等多种动物图案和抽象符号[1](图2-2),表现出自然崇拜、生殖崇拜、图腾崇拜、祖先崇拜的文化内涵。沧源岩画在云南省沧源县东北62公里勐来乡的山岩上,1965年开始先后共发现岩画10处,面积约400平方米,可辨认图像1063个,有人形、动物、房屋、道路、村落、山洞、树木、舟船、太阳、手印及示意符号等。多为狩猎和采集场面,也有舞蹈、战争等内容(图2-3)。沧源岩画的大量画面及图形均与宗教信仰有关,其中有对巫术的模拟,对丰产的祈求,对神祇的崇拜,对重要仪式、重大事件的描绘,以及神话传说等[2]。

人类自身的生存、种的繁衍,历来都是人类一切文化的根源所在。追溯汉代吉祥文化的源头,其中的许多象征子孙繁衍、寓意生殖的吉祥信仰,都源于原始宗教的生殖崇拜。所谓生殖崇拜,就是对生物界繁殖能力的一种赞美和向往。它是原始社会普遍流行的一种信仰习俗,也是后世中国吉祥文化的源头之一。

恩格斯在《家庭、私有制和国家的起源》的序言中指出:"根据唯物主义观点,历史中的决定性因素,归根结蒂是直接生活的生产和再生产。但是生产本身又有两种。一方面是生活资料即食物、衣服、住房以及为此所必需的工具的生产;另一方面是人自身的生产,即种的蕃衍。"[3]在原始社会,生产力极端低下,人就是生产力的全部,人口的多少、体质的强弱决定氏族或部落的兴衰。告子曰:"食色,性也。"[4]《礼记·礼运》云:"饮食男女,人之大欲存焉。"[5]吃饭、性欲是人的两大本能,前者保证个体的生存,后者保证群体的延续。

在母系氏族社会,人们不理解生育的奥秘,认为一些女性始祖因图腾对象而受孕,图腾实际上扮演着男性始祖的角色。进入父系氏族社会,人

---

[1] 参见许成、卫忠编著:《贺兰山岩画》,文物出版社,1993年。
[2] 参见汪宁生:《云南沧源崖画的发现与研究》,文物出版社,1985年。
[3] 《马克思恩格斯选集》第4卷,人民出版社,1972年,第2页。
[4] 《孟子·告子章句上》引,《孟子注疏》卷十一上,《十三经注疏》,中华书局,1980年影印本。
[5] 《礼记正义》卷二十二。

图 2-2 宁夏贺兰山岩画（局部）

图 2-3 云南沧源岩画（局部）

们对男女性行为在繁殖中的作用有了进一步的了解,男女的性器官成为崇拜对象。在新石器时代的岩画和雕塑中就有对生殖崇拜的表露,如石祖、陶祖等夸张的生殖器以及乳房、臀部等与生殖有关的部位,表露方式大多是赤裸裸的。在中国西北和西南山区的岩画中有不少直接表现男女性交、人兽杂交、动物交配的画面,多被解释为生殖崇拜的象征(图2-4)。新疆呼图壁县康家石门子岩画是原始社会后期父权时代的作品,面积120多平方米,其间满布300余个大小不等、动作各异的人物形象,有男有女,或站或卧,或衣或裸(图2-5)。岩画的主题是生殖崇拜,突出地表现男性生殖器,生殖器几乎都指向女性。在一对做交媾状男女的下面,是两排做舞蹈状的小人,十分明白地揭橥古代先民祈求生殖繁育、人丁兴旺的强烈愿望,标举出这片岩画的主题。整个画面,既有男女交媾的情状,又有双头同体人的形象,也有男女并卧一起的构图。画面所见人物与动物,或阳具勃起,或两两交媾。这是一幅国内乃至世界罕见的生殖崇拜岩画[1]。这处岩雕画面,是新疆地区的古代先民存在生殖崇拜,并进行生殖崇拜活动的一个重要标本。西藏日土县任姆栋1号岩画中有非常清楚的两性生殖器图像,做欲交媾状,又有成排的绵羊,是祈求人畜兴旺而举行祭祀的写照。阴山岩画中亦有表现两性性器官和性交的场面。如画一持弓男子,其生殖器挺直,长如小臂。这显然是对生殖繁衍的一种赞美。

1982年,在辽宁喀左东山嘴红山文化晚期的祭祀遗址中发掘出两件小型孕妇裸体陶塑像。一件高5厘米(图2-6),另一件高6.8厘米。两件人物雕塑的头及右臂均残缺,腹部隆起,臀部肥胖,左手贴于上腹,有表现阴部的记号,其中一件乳房损缺,另一件乳房残留下部,呈耸起状[2]。这显然是为了祈求生育而雕塑的女神像,其所表征的生殖崇拜的观念是鲜明确定的,有力地证实了生殖崇拜在中国原始社会的存在。1974年,青海乐都柳湾原始墓地发掘出一件人像彩陶壶,通高34厘米,壶的外观被塑

---

[1] 参见王炳华:《呼图壁县康家石门子生殖崇拜岩雕刻画》,许海生主编《新疆古代民族文化论集》,新疆大学出版社,1990年,第35—63页。
[2] 参见郭大顺、张克举:《辽宁省喀左县东山嘴红山文化建筑群址发掘简报》,《文物》1984年第11期。

图2-4 岩画中的"生殖崇拜图"

图2-5 新疆康家石门子岩画(局部)

成男女一体的人像，乳房、脐、阴部及四肢袒露，双手捧腹。生殖器既有男性特点，又明显具有女性特征，两性器官合而为一。[1]（图2-7）结合此壶背面的蛙纹分析，应是生殖崇拜的表现。女裸体塑像在世界各地文化史上具有共同的象征意义，即它们都是祈求生育与丰产的象征符号。

半坡时代，人的平均寿命只有二三十岁，生育是既神秘又急迫的事情，所以鱼、蛙这些多产的动物就成了多生多育的象征。有学者认为，中国考古发现的原始器物绘画形象中，鱼纹是女阴的象征，而鱼又多子，繁殖能力强，通过崇拜鱼的繁殖能力，产生功能转化效应，使女性也能多育多生。蛙纹也是代表生殖的特殊符号，因为蛙腹与孕妇腹部皆浑圆膨大，而且生殖力很强[2]。在民族学的材料中，中国纳西族妇女有在河沟里掬饮蝌蚪的习俗，认为蝌蚪有旺盛的生殖力，不孕妇女饮食蝌蚪后，便会产生旺盛的生殖能力，从而繁育多产。

汉代吉祥文化中，鱼、蛙、麒麟、桑、伏羲、女娲、西王母等都具有生殖吉祥的寓意。伏羲女娲交尾画像，代表了渴求子孙繁衍的吉祥意愿，是一种典型的原始生殖崇拜的延续。

图腾崇拜是原始宗教的主要形态之一，是在先民们探寻氏族来源和统一性的驱动下产生的。图腾崇拜的主要动因就是希望氏族得到图腾护佑和赐福，因而图腾崇拜无疑是吉祥文化的一个重要源头，图腾也是最初的吉祥符号。闻一多先生指出："图腾式的民族社会早已变成了国家，而封建王国又早已变成了大一统的帝国，这时一个图腾生物已经不是全体族员的共同祖先，而只是最高统治者一姓的祖先，所以我们记忆中的龙凤，只是帝王与后妃的符瑞和他们及她们宫室舆服的装饰'母题'，一言以蔽之，它们只是'帝德'与'天威'的标记。"[3]孙作云说："所谓祥瑞，其说话的主要形式，大致不外说某某圣君御世之时，德及万物，因而也感动了万物，

---

[1] 参见青海省文物管理处、中国社会科学院考古研究所：《青海柳湾——乐都柳湾原始社会墓地》，文物出版社，1984年。
[2] 参见赵国华著：《生殖崇拜文化论》第五章，中国社会科学出版社，1990年。
[3] 闻一多：《龙凤》，《闻一多全集》，生活·读书·新知三联书店，1982年，第70页。

图 2-6 辽宁东山嘴出土红山文化晚期的孕妇塑像

图 2-7 青海柳湾原始墓地出土的"裸体人像"彩陶壶

所以某某动物来归或某某植物出现。后来,人们把这种传闻当作真的事实看待,便以某种动物或植物的出现,以为治世圣王的象征或代表。但我们一考察这种思想的底蕴,马上就呈露出它的罅漏来。我以为这种思想或传说不外是在图腾社会的时代,某一部剪灭其他一部落,此被剪灭的部落,因为他们以某种动植物作图腾,就无异等于说这种动植物为战胜者所攫有,所独占。也等于说,某一动植物在某一大君御世之时恰巧呈露。这种动植物本来都是氏族的徽号,他们本来都是人,而不是动植物,不过等图腾制度消灭了,后人对于这些太古的事实都有些茫然,然而在口碑传说之中,尚保留若干影响,于是乎就将错就错地或不求甚解地,把这些太古的事实,造成一种不合理的迷信。传说一定型,故事一改变,就以讹传讹地传下来了,这就是后代所说的祥瑞。"[1]孙作云先生的这段话旨在说明,文明时代的吉祥物有许多是由图腾转化而来的,从而精辟地阐明了吉祥物与图腾的关系。在原始社会人们的观念里,没有什么吉祥或祥瑞概念,但他们把图腾视为本氏族的保护神,这种保护神就是后世所谓的吉祥物。

图腾(totem)是北美阿尔哥昆恩人(Algonquian)的奥吉布瓦(Ojibwas)部族方言"奥图特曼"(ototeman)的音译,意为"他的亲族"。所谓图腾,就是原始时代的人们把某些动物、植物或非生物或自然现象等当作自己的亲属、祖先或保护神,相信它们有一种超自然力,会保护自己,并且还能获得它们的力量和技能。图腾对内是一个氏族想象中的始祖和保护神,对外是区别于其他氏族的标志。当时的很多事情如婴儿诞生、成年礼仪、结婚、死亡以及播种、收获、狩猎、建房等都要祭祀图腾。

图腾崇拜的对象有动物、植物、非生物、自然现象,其中以动、植物居多,动、植物中又以动物图腾占绝大多数。动、植物崇拜是从先民们狩猎和采集的原始生产方式中产生的,狩猎产生动物崇拜,采集产生植物崇拜。这时的人们不知道人类的生育是两性关系的作用,往往以为自身来源于某种动物或植物,是某种自然物进入妇女体内的结果,这些自然物到了

---

[1] 孙作云著:《中国古代图腾研究》,载《孙作云文集》第3卷《中国古代神话传说研究》上,第54页。

母系氏族社会晚期便成了氏族的图腾。

图腾崇拜是世界性的原始宗教信仰。在古埃及，鹰、人相交的传说非常盛行，许多王室后代都认为自己是母亲与神兽交合的产物。古希腊最早的居民皮拉司吉人的图腾是蛇，后来迈锡尼文明继承了对蛇的崇拜，雅典人的始祖克洛普斯的形象就是人首蛇尾。不少英格兰人都以动物、植物为自己的姓氏，这些均是图腾崇拜的遗俗。在澳洲土著居民的社会生活中，图腾崇拜是最主要的宗教信仰，他们笃信人类群体与某一动物之间存在着超自然的血缘关系。澳洲土著崇拜的图腾对象主要是动物。据统计，澳洲740个图腾部落中，以动物作为崇拜对象的有648个，有少数地区的人们以植物为图腾，也有些地区奉自然现象为图腾。美洲的印第安人从社会组织到生产、生活习俗的各个方面，都能找到图腾崇拜的印迹，各部落把动物、植物或非生物当作图腾崇拜，并以图腾物的名称命名本氏族。生活在南非洲的布须曼人喜欢描绘兽头人身的图像。图像多为幻想中的动物和披着兽皮、戴着动物面具的舞蹈人物，有的化妆成各种野生动物，手上还拿着弓和矛，有的身体上部用羽毛作为装饰，有的头部被画成鸵鸟，也有佩戴羚羊或公牛头面具的人物形象。根据布须曼人的神话传说，这些半人半兽的图像是他们崇拜的图腾。

中国母系氏族社会的图腾原本很多，随着向父系氏族社会的过渡和氏族扩大为部落或部落联盟，又随着部族的不断融合，许多图腾发生了变化，有的消失了，有的变形了，有的合并了。如黄河和渭河流域的炎帝部落以羊为图腾，西北的黄帝部落以熊为图腾，黄河下游的少昊部落以鸟为图腾，江淮流域的太昊部落以龙为图腾。内蒙古三星他拉村出土的龙形玉、辽西东山嘴出土的双龙首玉璜、牛河梁出土的猪龙形玉饰等（图2-8），很可能就是当时辽河流域氏族的图腾标识。

半坡出土的许多陶盆上都画有鱼纹图案，这些鱼纹是半坡彩陶最有代表性的纹饰，其中人面鱼纹图是一种人与鱼结合的图案，应与当时的图腾崇拜和经济生活有关。半坡人在河谷阶地营建聚落，过着以农业生产为主兼营采集和渔猎的定居生活，鱼纹装饰是他们生活的写照。在人面鱼纹图

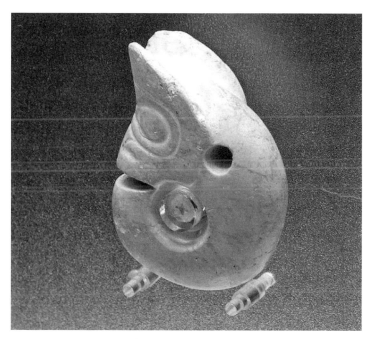

图 2-8 辽宁牛河梁出土的红山文化猪龙形玉饰

二 汉代以前的吉凶观念与吉祥文化

中，人头上奇特的装束大率是在进行某种宗教活动的化妆形象，而稍有变形的鱼纹很可能代表鱼神，表达出以鱼为图腾的主题。这种鱼纹大概含有"寓人于鱼"或"鱼生人"之意，体现了人鱼同祖的观念。《西安半坡》考古发掘报告的编写者提出半坡氏族可能是以鱼为图腾的说法。[1] 石兴邦先生认为，彩陶上的"动物图像可能是动物崇拜的反映，是图腾信仰一种的标记"[2]。后来的相关研究认为，鱼纹、鹿纹、蛙纹、鸟纹为仰韶文化时期的四大图腾现象。

在良渚文化浙江余杭反山墓地及其他遗址中，多处发现刻有"神人兽面纹"的玉器。纹饰多以神人和兽面组成（图2-9），实质上是神人和兽面结合的形象。杨伯达先生认为："良渚文化玉器中的兽面图案，非人非兽应是原始图腾。"[3] 这种神人兽面纹后来发展为商周时期的饕餮纹，再发展为汉代的铺首纹，一路走来都有辟凶驱邪的吉祥含义。在考古发掘中，发现许多新石器时代动物形象的绘画和雕塑，"虽不可遽断为图腾物，但至少是吉祥物"[4]。中国远古图腾中的龙、凤、熊、鹿、羊、鱼等都是汉代吉祥文化中同类吉祥动物的源头。

中国古文献中存在着大量图腾方面的信息。古籍中记载的许多动物，实际上是早期氏族或部落的名号，是以动物图腾作为该氏族或部落的神徽。时间久了，人们忘掉了它们的原始含义，简单地把它们看作动物本身。《左传·昭公十七年》说："昔者黄帝氏以云纪，故为云师而云名。炎帝氏以火纪，故为火师而火名。共工氏以水纪，故为水师而水名。大皞氏以龙纪，故为龙师而龙名。我高祖少皞挚之立也，凤鸟适至，故纪于鸟，为鸟师而鸟名。凤鸟氏，历正也。玄鸟氏，司分者也。伯赵氏，司至者也。青鸟氏，司启者也。丹鸟氏，司闭者也。祝鸠氏，司徒也。鴡鸠氏，司马也。鸤鸠氏，司空也。爽鸠氏，司寇也。鹘鸠氏，司事也。五鸠，鸠民者也。五雉，为五工正，利器用，正度量，夷民者也。"[5] 这里说的云、火、水、龙、

---

[1] 参见中国科学院考古研究所、陕西省西安半坡博物馆编：《西安半坡——原始氏族公社聚落遗址》。
[2] 石兴邦：《有关马家窑文化的一些问题》，《考古》1962年第6期。
[3] 杨伯达：《中国古代玉器面面观》，《故宫博物院刊》1989年第1期。
[4] 牟钟鉴、张践著：《中国宗教通史》上，社会科学文献出版社，2000年，第33页。
[5] 《春秋左传正义》卷四十八。

图 2-9 良渚文化玉琮上的神人兽面纹

鸟等,都是不同氏族的崇拜物,也可理解为不同氏族的图腾。所谓"纪"就是标识,也就是图腾。所谓某师而某名,就是以其所崇拜的事物命名其氏族团体。用今天的眼光看,所谓五鸠五雉乃是少皞部落内十个氏族的十个图腾,皆为鸟类而又不同。《左传·昭公二十九年》记有豢龙氏、御龙氏,当是以龙为徽号的氏族。古黄帝号"有熊",乃是说黄帝是以熊为图腾的氏族首领。熊也是夏禹氏族的图腾[1]。《汉书·武帝纪》颜师古注云:"禹治鸿水,通轘辕山,化为熊。谓涂山氏曰:'欲饷,闻鼓声乃来。'禹跳石,误中鼓。涂山氏往,见禹方作熊,惭而去,至嵩高山下化为石,方生启。"[2] 商周时期还保留着一些以动物命名的方国,如凤方、虎方、犬戎、羌等。其中的虎方是商代的重要方国,西周时期还依然存在,主要活动在江淮、江汉地区。从虎方的命名来看,当是以虎图腾崇拜为特征的国族。《史记·周本纪》记周穆王征犬戎,"得四白狼四白鹿以归"[3]。魏晋时人韦昭以为白狼、白鹿是指较珍稀的动物。而实际上周穆王俘获的可能是四个白狼氏族和四个白鹿氏族的首领。《说文》云:"南方蛮闽从虫,北方狄从犬,东方貉从豸,西方羌从羊。"这似乎表明中国古代四境曾有以虫、犬、豸、羊为图腾的部族。此外,古代有许多感生神话,这些神话的源头当在母系氏族社会,正是图腾盛行之际,感生神话中使女性始祖怀孕的动物、植物及其他自然物大率都是氏族的图腾。中国人有许多以动、植物为姓的,动物有牛、马、羊、龙、虎、熊、鹿等,植物有杨、花、李、梅、叶、蒲等,这些姓氏似乎都隐含有远古图腾的痕迹。

  20世纪50年代,中国许多少数民族的文化习俗尚保留不少原始形态,存在着自然崇拜、鬼神崇拜、图腾崇拜、祖先崇拜、生殖崇拜及万物有灵观念。在图腾崇拜方面,主要是动物和植物,其中动物崇拜实例较多。例如彝族、纳西族、普米族、哈尼族、白族、拉祜族等许多民族有虎图腾崇拜的遗风。其他动物图腾还有牦牛、熊、狼、鹿、猴、水牛、羊、鹰、蟾

---

[1] 按:禹为黄帝后裔。李石《续博物志》卷六曰:"黄帝产昌意。昌意产高阳,是为颛帝","颛帝产鲧。鲧产文命,是为禹。"(《丛书集成初编》,中华书局,1985年新1版,第73页)
[2] 《汉书》卷六。
[3] 《史记》卷四。按:此记又见《史记·匈奴列传》《汉书·匈奴传》《后汉书·西羌传》。

蛏、鼠等。植物图腾，如彝族、傈僳族、阿昌族等少数民族各以竹、茶树、紫柚树、荞麦、大麻、葫芦、松树等作为他们的氏族名称，并认为是他们源出的祖先，他们与这些植物有血缘关系。这些少数民族的图腾与汉代的吉祥物有着非常相似的象征寓意。

进入文明时代，图腾崇拜呈现衰减的趋势，商、西周青铜器上各种各样的动物纹，已由图腾逐渐变为通天的神灵，但它们蕴含的吉祥意味不但没有减弱，反而有所增强。西周天道观的形成，为部分图腾向吉祥物转变起到了催化作用。孙作云先生说："年来执笔为文，颇触及于所谓祥瑞问题，知道中国人心目中的神兽、神禽以及神草、神木、神石等，其先多是从图腾变化出来的。这些动物，甚至于植物，在渔猎社会时代以及初期农业社会时代是被人们崇为图腾的。人类既然把它们当作图腾，认为氏族之所自出，于是乎就把它们当作神物，以为它们有神力，能作威作福，而加以种种崇拜。"[1] 有学者认为，图腾与部分祥瑞物是这样一种发展和演变关系：由氏族图腾发展演变为部落图腾，由部落图腾发展演变为部落联盟图腾，由部落联盟图腾发展演变为部落联盟首领的个人图腾，最后首领个人图腾演变发展为国家王者的符瑞[2]。由此看来，部分图腾转变为吉祥瑞物是一种历史发展必然。总之，吉祥文化特别是吉祥瑞物的形成与图腾崇拜有着必然的渊源关联，汉代及以后的许多吉祥瑞物都是远古图腾的演变和升华。

人类从母系氏族社会过渡到父系氏族社会，男性始祖代替了原有的图腾，图腾崇拜向祖先崇拜过渡。原始社会末期，随着社会生产力的提高，人与自然的关系发生了变化，人类有了初步征服自然的能力，他们不再那么盲目膜拜自然物，开始崇拜人类自身。随着图腾崇拜与母权制逐渐衰亡，父权制兴起，祖先崇拜也随之产生。

---

[1] 孙作云：《说丹朱——中国古代鹤氏族之研究——说高跷戏出于图腾跳舞》，《历史与考古》第1号，沈阳博物院编委会，1946年，第81—82页。
[2] 参见龚世学：《图腾崇拜与符瑞文化的产生》，《天府新论》2011年第1期。

祖先崇拜又叫灵魂崇拜。它源自对先人的怀念，把梦中的情景理解为先人的灵魂作祟而产生。在母系氏族社会向父系氏族社会演进的过程中，确立了父权制，原始家庭制度趋于明朗、稳定和完善，人们逐渐有了其父亲家长或氏族中前辈长者的灵魂可以庇佑本族成员、赐福子孙后代的观念，并开始祭拜、祈求其祖宗亡灵的宗教活动。这种对于祖先的崇拜与祭祀从其本身目的性上讲就是为了避凶求吉。

祖先是本族繁衍的源头，也是降福子孙的神灵。人类最早崇拜的是女性祖先。1983年，辽西牛河梁红山文化遗址出土的女神塑像，是原始祖先女神崇拜的典型例证。其中一尊彩绘女神头像，残高22.5厘米，宽16.5厘米，用黄黏土掺草禾塑成，外表打磨光滑，面部施红彩。方圆形脸孔，平鼻阔嘴，五官比例和谐，头顶有发饰。眼睛用玉片镶嵌而成，炯炯有神[1]（图2-10）。这尊女神头像的出土，使我们看到了5000年前女性祖先的具体形象。女神庙还出土了女神塑像残件，从这些残件看，女神的生育器官都没有被刻意夸大，所以她们不是严格意义上的生殖女神，而是始祖女神，是氏族的保护神。另外，中国古文献中记载的许多感生神话，其部族始祖往往被说成女性与某种神物交感而诞生的，从一个方面表现出古人的女始祖崇拜。而后，由于父权制的建立，女性祖先崇拜逐渐被男性祖先崇拜所替代。

传说中的男始祖往往是半人半兽的形象，商代器物上的人形纹证实了这一点。人形纹一般都作半人半兽状、或人面兼马身、羊身、龙身、兽身，实即人兽合体的神人形象，反映出人类从图腾崇拜向祖先崇拜的转变。男始祖是氏族或部落群体的代表，他们不只形象神奇，还有神奇的能力，为氏族文明的创造做过突出贡献，因而对他们进行祭祀，如有巢氏、燧人氏。《韩非子·五蠹第四十九》曰："上古之世，人民少而禽兽众，人民不胜禽兽虫蛇。有圣人作，构木为巢，以避群害，而民悦之，使王天下，号之曰有巢氏。民食果蓏蚌蛤腥臊恶臭，而伤害腹胃，民多疾病。有圣人作，

---

[1] 孙守道、郭大顺：《牛河梁红山文化女神头像的发掘与研究》，《文物》1986年第8期。

图 2-10　辽宁牛河梁出土的红山文化女神头像

钻燧取火，以化腥臊，而民说之，使王天下，号之曰燧人氏。"[1]其他诸如伏羲、炎帝、黄帝、颛顼、帝喾、尧、舜等都是为氏族做出过突出贡献的男性始祖，也受到祭祀。《国语·鲁语上》曰："夫圣王之制祀也，法施于民则祀之，以死勤事则祀之，以劳定国则祀之，能御大灾则祀之，能扞大患则祀之。非是族也，不在祀典……故有虞氏禘黄帝而祖颛顼，郊尧而宗舜；夏后氏禘黄帝而祖颛顼，郊鲧而宗禹；商人禘舜而祖契，郊冥而宗汤；周人禘喾而郊稷，祖文王而宗武王。"[2]这些人物在长期的祭祀中增加了神异性。

祖先崇拜最初表现为对同族死者的关怀和追念，后来萌生了祖先灵魂不死、庇佑子孙后代的观念。人们崇拜祖先、祭祀祖先的目的已不再是单纯追念祖先而是祈求在祖先的庇佑下五谷丰登、人畜平安、家族兴旺。祖先在长期的传颂祭祀中由神异人物变成了人们心目中的吉祥人物。祖先崇拜是汉代吉祥文化中吉祥人物的源头，如女娲、伏羲、炎帝、黄帝等。

吉祥文化的起源亦与原始巫术有关，特别是那些辟凶驱邪类的吉祥文化应起源于原始巫术。最初的巫术是原始先民与自然做斗争的一种补充手段，也是人类祖先求生存的辅助手段。巫术通过某些动作强迫、压制自然界和神灵。作为一种社会文化现象，早期巫术是原始宗教的一部分，是原始人基于错误的因果认知而采取的虚妄的控制自然的方法，也是人类建立在信仰的基础上，幻想依靠某种力量或超自然力，对客体施加影响与控制的一种行为。施密特说："当自然或个人意识的常规，为一种非常情况所推翻时，法术的思想与行为因此才形成。这些意外的现象被类别为好或坏，为幸或不幸；同时并产生与此相应的愿望与惧怕"，"作为获得幸运与避免不幸的方法；这就是法术的开始。"[3]实际上，原始社会的法术与巫术在目的性上是十分接近的，都含有辟凶趋吉的目的。

---

[1]《韩非子集解》卷十九。
[2] 董立章：《国语译注辨析》，暨南大学出版社，1993年，第175页。
[3] 施密特著：《原始宗教与神话》，萧师毅、陈祥春译，第154页。

巫是古代从事祈祷、卜筮、星占并兼用药物为人求吉却灾、治病疗疾的人，也是人与神鬼相联系的媒介。《说文》曰："巫，祝也。女能事无形，以舞降神者也。"《公羊传·隐公四年》何休注曰："巫者事鬼神祷解，以治病请福者也。"[1] 巫起源很早，可以说有了原始宗教活动，便有了巫师，人们依赖巫师才能与鬼神沟通。从早期的绘画中我们可以窥见古代巫术之豹斑。在云南沧源新石器时代后期的壁画里，有头饰牛角或羽翎体态硕大做舞蹈状的人物，大约是巫师在跳神（图2-11）。阴山岩画中有仿牲舞蹈，也是巫师带领人们进行的娱神活动。甘肃秦县五营乡大地湾遗址曾发现一幅仰韶文化晚期的居址地画。地画正中有一个身躯魁伟的男性人物，手持尖棒状器物，作舞步；左则有一女性，细腰凸胸，形体略小，手亦持一尖棒状器物，姿态大致与男性人物同。地画下部有一木棺状长方框，内有两个俯卧人物，棺状物左前方有一反"丁"字形器物。[2] 这处地画描绘的大概是一幅巫觋为死者驱除邪祟、保佑生者平安的巫术场面。考古证实，中国早在原始社会已有巫术活动，并建造了大量的祭坛。良渚文化浙江余杭瑶山遗址位于瑶山山顶的西北部，里外三层，约400平方米，最里层的红土台平面略呈方形，应为巫师祭祀天地的祭坛。

中国占卜是巫术的一种表现形式，它是借助一定的方法和手段，通过观察烧灼后龟甲或兽骨裂纹来预言吉凶的一种巫术。已发现的年代较早的卜骨是河南淅川下王岗遗址出土仰韶文化时期的羊肩胛骨，上有烧灼的痕迹，距今约有6000年。江苏南京北阴阳营遗址出土一块大龟的腹甲，其背面有火烧过的斑痕，正面有坼纹，距今也有五六千年。龙山文化山东龙山城小崖遗址曾出土牛或鹿的肩胛骨，上面有示兆的裂纹，大约是用烧灼的方法造成的，有的还有钻孔。在河北邯郸涧沟遗址龙山文化层中，发现大量卜骨，用猪、羊、鹿和牛的肩胛骨做成，有火灼的痕迹，表明占卜活动已达到一定规模。卜骨的发现，说明至少在新石器时代晚期，人们就已经通过巫师向上天卜问凶吉了。

---

［1］《春秋公羊传注疏》卷二，《十三经注疏》，中华书局，1980年影印本。
［2］ 参见甘肃省文物工作队：《大地湾遗址仰韶晚期地画的发现》，《文物》1986年第2期。

图 2-11 云南沧源岩画中的"巫师跳神"岩画

领导巫术活动的人是氏族和部落的首领（酋长）或巫觋[1]。巫觋被视为能降神的人，他们的职能是为本氏族祈福禳灾，庇护本氏族的安全和人口的繁衍。传说黄帝时有一个著名神巫叫巫咸。《归藏》曰："昔者黄帝与炎帝争斗涿鹿之野，将战，筮于巫咸。"[2]商周时代，巫具有很高的社会政治地位，他们垄断着在当时社会政治、经济生活中起重要作用的卜、筮、占、祝等活动，是统治者与上天鬼神沟通的执行者。因巫有辟除凶邪的能力，所以他们常在君主左右。《礼记·丧服大记》曰："巫止于门外，君释菜，祝先入，升堂。"郑玄注云："君行必与巫，巫主辟凶邪也。释菜，礼门神也。"[3]春秋战国时代，随着君主专制的加强与中央集权政体的出现，新兴的封建君主们在将世俗权力集于一身的同时，也将神权与其他种种天人之间、神人之间甚至鬼人之间的权力集于一身，而巫觋则越来越依附于君主集权政治，成为君主的附属品。

就两汉社会而言，乃是巫与巫术的黄金时代，尚巫之风流行于两汉全境及朝野上下。鲁迅先生说："中国本信巫，秦汉以来，神仙之说盛行，汉末又大畅巫风，而鬼道愈炽……"[4]据《汉书·地理志下》载，陈国"好祭祀，用史巫，故其俗巫鬼"。楚地"信巫鬼，重淫祀"[5]。齐地的巫与巫术之盛，在汉代为天下之最，西汉著名方士李少翁、公孙卿、栾大都是齐地人，"齐人之上疏言神怪奇方者以万数"[6]。此外，东汉末年太平道在齐地兴起也与齐地民俗尚巫不无关系。汉代，民间社会中巫术已形成一种职业，巫术成为谋生的手段。《盐铁论·散不足第二十九》曰："世俗饰伪行诈，为民巫祝，以取厘谢，坚额健舌，或以成业致富。故惮事之人，释本相学，是以街巷有巫，闾里有祝。"[7]汉代武帝以后，随着儒家学说定于一尊，巫与巫术在官方舞台上逐渐受到排斥。到东汉时期，巫的功能进一

---

[1]《国语·楚语下》云："在男曰觋，在女曰巫。"董立章：《国语译注辨析》，第655页。
[2]《太平御览》卷七十九引。
[3]《礼记正义》卷四十五。
[4] 鲁迅：《中国小说史略》，《鲁迅全集》第9卷，人民文学出版社，1973年，第183页。
[5]《汉书》卷二十八下。
[6]《汉书·郊祀志上》卷二十五上。
[7]《盐铁论》卷六，《诸子集成》卷八，上海书店出版社，1986年影印本。

步下移，成为民间的一个社会阶层。民间社会充满着浓厚的神鬼气氛，巫与巫术盛行。巫蛊术、祝诅术、降神术都与民众生活息息相关，成为人们生活的有机组成部分。

汉代吉祥文化中一些祝福祈祥、打鬼辟邪的铺首、方相氏、神荼郁垒、方士、龙虎等吉祥瑞物都与原始巫术有一定的渊源关系。

一些原始宗教信仰用语言表达便是神话。在文字尚未出现之前，人们只能靠口耳相传的语言形式来表述，经过不断想象、补充、提炼，最终形成了生动的神话传说。神话传说是原始先民集体信仰的产物，是一种具有统一性的综合意识形态，包括原始先民的全部自然科学和社会科学，因此反映出一定时代的精神风貌，被称作那个时代的"百科全书"。神话写下了人类文化史的第一篇章，不仅为宗教之萌芽、美术之缘起、文章之渊源，也是吉祥文化的源头之一，吉祥文化中的许多神仙人物、祥禽瑞兽都是由神话中人物、动物衍化而来。神话同吉祥文化的关系不仅表现在时间的先后上，还表现在神话同吉祥文化一样都是用"象征""寓意"等手法来表达深刻思想内涵的。

神话分为原生神话和再生神话，原生神话是指原始社会自发产生流行的神话，再生神话是指文明社会后起之神话。原生神话产生于母系氏族社会，这时的人们已经有了初步的思维和语言表达能力。到了民族学上划分的野蛮时期、考古学上划分的新石器时期，原生神话的创作进入高潮阶段，也是原生神话的黄金时期，这个时期的神话令人目不暇接。原生神话是人类童年时期的口头文学，它包含着先民关于人类与自然界相抗争的充满奇特瑰丽想象的故事，是先民基于原始思维的愿望、意志、企盼和憧憬的记录，也是原始社会生活的曲折反映，其中有许多神话在后来的演化中被赋予了吉祥寓意。中国神话传说的主要内容是以万物有灵为基础的灵物崇拜，几乎所有的灵物崇拜都伴随着一个神话故事。后人在远古神话的基础上附会、制造出许多灵异吉瑞，许多神话中的动、植物成了后来的吉祥动、植物，人物成了后来的吉祥人物。

在文献史料中，神话具有最悠久的历史。先秦时期的许多文献中都有关于神话内容的记录与描述，如《诗》《书》《易》《山海经》《楚辞》等。《山海经》《楚辞》《穆天子传》《淮南子》是几种保存古代神话较多的历史文献。约成书于西周至西汉初期的《山海经》，是一部上古神话总集。其中有关历史、地理、物产、医药、宗教等方面的内容，都具有荒诞的色彩，保存最多的是兽形神话、两种以上动物合体神话以及人兽合体神话。此外，还有植物神话、海外神话、巫术风俗神话等。在这些神话中，记载了许多吉祥动物和吉祥植物。《楚辞》中有东皇太一、云中君、河伯、山鬼等神话，《穆天子传》有关于西王母的神话。其他还有《淮南子》中关于月亮与蟾蜍的神话、《庄子》关于鲲鹏的神话等。汉代的主流神话主要记载于《史记·封禅书》和《汉书·郊祀志》中。在中国早期的小说中，志怪一类所占比重最大，它们多为方士所作，这些志怪小说中也存在着大量的神话故事。

原始神话大体包括开天辟地神话、人类起源神话、氏族和民族起源神话、天体神话和英雄神话等。开天辟地神话是解释宇宙起源的，如盘古开天辟地、女娲炼石补天。人类起源神话是解释人类如何产生的，有诸神造人说、自然生人说、动物变人说、洪水与人类再传说。氏族和民族起源神话是解释特定的氏族和民族来源的，这类神话多与图腾崇拜和祖先崇拜相关。如夏氏族、商氏族、周氏族的神话传说，其中蕴含着许多吉祥的故事。所谓燧人氏、有巢氏、伏羲、神农、黄帝一类的史前人物，都是来自殷商王朝的祭典之神或更取证于当时民族的宗教神话而逐渐演绎为古圣先王的。天体神话是解释日月星辰起源和天体运行、天文现象的，如日月神话、星辰神话、风雨雷电神话。英雄神话主要是指有大功大德于民和创造了惊天动地业绩的非凡人物的神话，如精卫填海、夸父追日、刑天断首、后羿射日、仓颉造字、大禹治水等[1]。

中国先民经历了以神话为史、传说为史的时代，然后才有文字记载的

---

[1] 以上参见牟钟鉴、张践著：《中国宗教通史》上，第57—68页。

历史。波兰著名历史学家科西多夫斯基指出："有经验的历史研究者知道，神话传说常常是诗化了的历史，在神话和传说中常常包含着历史的真实。"[1]神话既有虚构与演义，又曲折地表现了上古社会历史的真实，它们不是故意的捏造，而是原始信仰支配下的产物。"原始宗教和原始神话有很深的渊源，先有原始神话，后有原始宗教，原始宗教脱胎于原始神话。"[2]神话给后代的宗教、哲学、文学、史学、民俗等以重大影响，也是汉代吉祥文化的源头之一。汉代吉祥文化中的伏羲女娲、炎帝黄帝、东王公西王母、神荼郁垒、三足乌、玉兔等吉瑞都来自神话传说。

所谓"原始宗教"之"原始"，是一个历史范畴，本意是指产生于原始社会的宗教形态，它是人类宗教和一切文化的发端。牟钟鉴等认为，中国原始宗教与世界各地原始宗教主要共同性有四点，即自发性、氏族性、地域性和实用性。所谓实用性即"人们崇拜神灵的目的主要不是为了精神的解脱，而是为了让神灵帮助解决现实生产和生活中遇到的难题，达到消灾免祸、治病去邪、人丁兴旺、五谷丰收、六畜繁盛、社会安宁的目的"[3]。简言之，崇拜神灵的目的也就是为了避灾趋吉。这种原始宗教的实用性与汉代及后世吉祥文化的实用性是一脉相承的。所以我们说吉祥文化源于原始宗教信仰。原始宗教随原始社会的发展而演变，但并不随原始社会发展为阶级社会而消亡。作为一种文化现象，它的许多因素和表现形式都经过变形而沉淀于后代的宗教信仰之中。即使在20世纪末的中国社会，在黄河流域地区的民间艺术中仍能看到大量与原始宗教信仰相关的造型纹样，如陕北的"转九曲"、"马社火"剪纸中大量的龟、蛇、鱼、蛙造型，以及"回头鹿""鹿头花""蛇盘兔""生命扶桑树"等剪纸纹样。

在人类文明产生以前的考古遗迹、遗物本身并不能直接陈述原始人宗教中的吉凶意识，但是我们可以根据与之处于同一文化时代的近代原始民

---

[1] 科西多夫斯基著：《圣经故事集》，张会森、陈启民译，新华出版社，1981年，第13页。
[2] 李炳海：《原始宗教灵物崇拜的载体》，《世界宗教研究》2005年第1期。
[3] 牟钟鉴、张践著：《中国宗教通史》上，第75页。

族宗教中的吉祥信仰，通过类比的方法来做出诠释。换言之，也就是说民族学的资料可以为我们研究原始人类的吉凶意识提供一定的根据和参照系数。20世纪50年代的中国，仍有一些少数民族的文化停留在原始社会阶段，据统计，当时有45个民族、三个族群（僜人、夏尔巴人、克木人）仍保存着不同程度的原始文化形态。他们是原始文化和原始宗教的"活化石"。如要探索吉祥文化的源头，我们不妨对各民族原始文化形态中的宗教信仰给予应有的关注。这些民族的生殖崇拜、图腾崇拜、祖先崇拜、原始巫术以及各种各样吉凶观都是探寻吉祥文化源头的重要资料。

2. 夏、商、西周时期的吉祥文化

中国的吉祥文化大约出现于中华文明初期。中华文明初期，夏、商、西周王朝继承了原始社会的宗教观念，在信仰上依然表现出多神性，但对神灵的信仰趋向人格化、世俗化、社会化。从内容上说，主要是生殖崇拜、祖先崇拜、天帝崇拜、鬼神崇拜和圣贤崇拜；从仪式上讲，主要是郊祀和庙祭，并出现了巫、祝、卜、史等宗教神职人员，他们规天命，测天道，卜吉凶，占祸福。这一时期，在吉凶观念的基础上，出现了寓意鲜明的吉祥纹饰和吉祥文字。如果说原始社会人类趋吉避凶的生存本能是中国吉祥文化的萌芽阶段，那么夏商周时期吉祥文化已经破土而出，进入成长时期，追求吉祥已经成为人们的一种自觉行为。《史记·龟策列传》曰："自三代之兴，各据祯祥。涂山之兆从而夏启世，飞燕之卜顺故殷兴，百谷之筮吉故周王。"[1]

约公元前21世纪，夏禹的儿子启继承父位，建立起中国历史上第一个王朝——夏（约前2070年—前1600年）。

---

[1]《史记》卷一百二十八。

因资料稀缺我们对夏王朝知之甚少,其实际面貌尚不清晰。孔子说:"夏礼,吾能言之,杞,不足征也……文献不足故也,足,则吾能征之矣。"[1] 考古学一般以河南偃师二里头文化即龙山文化后期阶段(或称为河南龙山文化)作为夏代的历史时期。河南偃师二里头遗址,是夏代后期都邑所在,是夏人具有代表性的考古学文化。从考古发掘看,夏文化已有一定的发展,生产有一定的提高。其青铜器、玉器、陶器、石器、牙骨器等,都达到一定水平,特别是青铜器的制造和使用,开创了中国古代文化的新纪元。夏代的青铜器有炊煮器、食器、酒器、盛器等多种,已出现兵器、礼器,为其后商代青铜器的发展奠定了基础。《左传·宣公三年》云:"昔夏之方有德也,远方图物,贡金九牧,铸鼎象物,百物而为之备,使民知神、奸。"[2] 夏代器物的纹样以动物纹为主,主要有兽面纹、鱼纹、龙纹等;又有弦纹、篮纹、绳纹、方格纹等几何纹样。[3] 1984年,偃师二里头M11:7出土一件镶嵌绿松石的兽面纹铜牌饰,纵16.5厘米,横11厘米。形象对称涡卷,非常精美(图2-12)。鱼纹有的刻画在陶器上,有的锲刻在骨片上。在二里头文化的器物上,曾发现有双身龙纹[4](图2-13),虽不多见,却是值得注意的文化现象,这应与夏代崇龙,以龙作为氏族的图腾和国王的象征有关。

　　夏代统治者顺乎自然,尊崇天命。《尚书·召诰》曰:"有夏服天命。"[5] 意思是说夏朝的存在受命于天。这似乎在说夏朝统治者已认为其君权为神授,或者说天命观已经出现。夏代大概已有至上神。不过,夏代的至上神并不叫"天"。"天"作为至上神的名称,是西周时才出现的。夏代的至上神叫什么,已不可得知。《礼记·表记》曰:"子曰,夏道尊命,事鬼敬神而远之。"[6] 讲的是夏代统治者顺乎自然,事鬼敬神以配合国家的治理。

---

[1]《论语·八佾第三》,《论语注疏》卷三。
[2]《春秋左传正义》卷二十一。
[3] 参见田自秉、吴淑生、田青著:《中国纹样史》,高等教育出版社,2003年,第67页。
[4] 参见中国社会科学院考古研究所:《偃师二里头1959年—1978年考古发掘报告》,中国大百科全书出版社,1999年。又参见田自秉、吴淑生、田青著:《中国纹样史》,第67页,图3-3。
[5]《尚书正义》卷十五。
[6]《礼记正义》卷五十四。

图 2-12 河南偃师二里头出土的夏代"兽面纹"铜牌饰

图 2-13 河南偃师二里头出土的夏代双体龙纹（摹本）

夏代的历史多为神话传说，这些传说到汉代有的被演绎成吉瑞故事，如著名的"大禹治水"。《孟子·滕文公章句上》载："当尧之时，天下犹未平，洪水横流，泛滥于天下，草木畅茂，禽兽繁殖，五谷不登，禽兽逼人，兽蹄鸟迹之道交于中国。"鲧治水未成。他的儿子禹"疏九河，瀹济、漯而注诸海，决汝、汉，排淮、泗而注之江，然后中国可得而食也。当是时也，禹八年于外，三过其门而不入"[1]。汉代，大禹治水故事被演绎，说由于大禹对人类做出了非凡的贡献，天就降吉瑞于他。《礼含文嘉》曰："禹卑宫室，垂意于沟洫，百谷用成，神龙至，灵龟服，玉女敬养天赐。"[2]《宋书·符瑞志上》说帝禹时"有白狐九尾之瑞"，天赐"河图""玄珪"，"洛出龟书"[3]（参见表一）。

具有深远影响并富有神秘色彩的夏代神话传说还有祥瑞"洛书"。"洛书"是古代儒家对《洪范》来源的传说。《汉书·五行志上》载："禹治洪水，赐《洛书》，法而陈之，《洪范》是也。"[4]传说禹时有神龟从洛水出现，背负"洛书"。《尚书·洪范》孔安国传曰："天与禹，洛出书，神龟负文而出。"[5]

约公元前16世纪，居住在黄河下游的商部落灭亡了夏朝，建立商朝（约前1600年—前1046年）。

孔子曰："殷因于夏礼，所损益，可知也。"[6]关于商王朝的文化，《诗经》《尚书》里有一些信息，殷墟甲骨文、《史记·殷本纪》有一定的记载，再加上发现的大量商代遗迹、遗物，我们基本上可以勾勒出商王朝文化的大体轮廓。殷人因其属东夷游牧民族而崇拜天神、动物。殷人尊神，其宗教表现形态是以神为本的天命观。在殷人观念中，有一个无所不能、

---

[1]《孟子注疏》卷五下。
[2] 孙毂辑：《古微书》，《纬书集成》，第250页。
[3]《宋书》卷二十七。
[4]《汉书》卷二十七上。
[5]《尚书正义》卷十二。
[6]《论语·为政第二》，《论语注疏》卷二。

威力无比的至上神"帝"或"上帝"。据郭沫若《卜辞通纂》考证，在出土的殷商甲骨卜辞中，有大量关于"帝"与"上帝"的记录。如"帝令雨足年"，"帝令雨弗其足年"（第363片）；"帝佳（唯）癸其雨"（第364片）；"今二月帝不令雨"（第365片）；"王封邑，帝若"（第373片）；等等[1]。殷人认为，冥冥之中有一个司祸福、主吉凶的"帝"，他是人间和大自然的真正主宰，天时上的风雨晦明、人事上的吉凶祸福，都由其决定。从《尚书·汤誓》"予畏上帝"中商汤对上帝的态度可窥殷人对上帝敬畏之一斑。

殷人除信仰上帝外，还笃信鬼、神。认为人间任何事情都要受到冥冥之中鬼神的支配。用是，商人对上至国家大事，下至帝王贵族的私人生活，诸如战争、农业、祸福、凶吉、狩猎、疾病等都要频繁地举行大规模的祭祀活动。从商代甲骨文等资料看，殷人实行的是多神崇拜，其中祖先神"人鬼"是他们崇拜的主要神灵。《礼记·表记》载："殷人尊神，率民以事神，先鬼而后礼。"郑玄注曰："'先鬼后礼'，谓内宗庙外朝廷也。"[2] 即言殷人将祖先神尊崇放在一切活动之先。殷人相信祖先之灵与自己最为亲近，所有涉及子孙后代生存问题的事祖先神灵都会过问。殷人用丰厚的祭品、隆重的祭典，来取悦祖先人鬼以获得保佑，用祭祀求吉避凶。这是殷商时期宗庙祭祀活动大量使用礼器的内在动因。殷商统治者强化王权与神权的结合，善于利用宗教信仰的内聚力，率民以事鬼、神。在商代，"山林、川谷、丘陵能出云，为风雨，见怪物，皆曰神"[3]。殷人对鬼、神十分敬畏，在日常生活中经常通过特殊的仪式与鬼、神进行沟通交流，听取鬼、神的意见，祈求鬼、神令雨受年，保佑降福，以求吉祥。他们相信历代先王都是神灵，并通过祖先的神灵向法力无穷、威力无比的至上神上帝"请示""汇报"。

考古资料表明，殷人尊神尚鬼，相信吉凶有兆、祸福有征，凡事由卜官向天神人鬼卜问凶吉祸福。出土的十几万片卜甲上常有"吉""大吉"之

---

[1] 参见郭沫若：《卜辞通纂·天象》，《郭沫若全集》（考古编·第2卷），科学出版社，1982年，第93—94页。
[2] 《礼记正义》卷五十四。
[3] 《礼记·祭法》，《礼记正义》卷四十六。

类的卜辞,是当时人们求问凶吉的有力证明。在甲骨刻辞中有一片非常著名的"小臣墙刻辞",内容为一次战争的俘获与赏赐记录。"小臣墙刻辞"中有"又白䴠于大乙"之辞,意为"以白䴠侑祭于大乙"。刘钊认为,"白䴠"应释为"白麟",这是出土文献中最早而且是目前仅见的关于"白麟"祥瑞的记录,同时也是中国历史上最早的祥瑞记录[1]。《诗·商颂·长发》曰:"濬哲维商,长发其祥。"笺云:"深知乎维商家之德也,久发见其祯祥矣。"[2]大意是说商朝世世有深厚的道德,代代有聪明才智的国王,长久以来一直呈现着许许多多的祯祥。

历史文献中言商代吉瑞者亦多有之。如《史记》记载有商人祖先契出生时的吉瑞。《史记·殷本纪》载:"殷契,母曰简狄,有娀氏之女,为帝喾次妃。三人行浴,见玄鸟坠其卵,简狄取吞之,因孕生契。"[3]传说商王朝兴起的时候有"白云""白狼""白虎"以及"黄鱼黑玉"之瑞[4](见表一)。《春秋演孔图》曰:"夏民不康,天果命汤,白虎戏朝,白云入房。"[5]据《竹书纪年》载,殷商成汤时,有天神手牵白狼,狼口衔金钩,进入汤宫廷。《尚书璇玑钤》曰:"汤受金符帝箓,白狼衔钩入殷朝。"[6]《帝王世纪》曰:"汤得天下要地,有神牵白狼衔钩入殷朝。乃东观沉璧于洛,获黄鱼黑玉之瑞,于是始受命称王。"[7]孙柔之《瑞应图》曰:"白狼,金精也。汤都于亳,有神人牵白狼口衔钩入汤庭。王者仁德明哲则白狼见。一曰,王者进退依法度则至。"[8]《史记·殷本纪》记有汤王德及鸟兽的事,曰:"汤出,见野张网四面。祝曰:'自天下四方皆入吾网。'汤曰:'嘻,尽之也!'乃去其三面,祝曰:'欲左,左。欲右,右。不用命,

---

[1] 参见刘钊:《"小臣墙刻辞"新释——揭示中国历史上最早的祥瑞记录》,《复旦学报》2009 年第 1 期。
[2] 《毛诗正义》卷二十。
[3] 《史记》卷三。
[4] 详见《宋书·符瑞志上》卷二十七。
[5] 乔松年辑:《纬捃》,《纬书集成》,第 1444 页。
[6] 孙毂辑:《古微书》,《纬书集成》,第 173 页。
[7] 皇甫谧撰:《帝王世纪》,《丛书集成初编》,第 20 页。
[8] 马国翰辑:《玉函山房辑佚书》。

乃入吾网。'诸侯闻之，曰：'汤德至矣，及禽兽。'"[1]这就为后代的帝王德至鸟兽就会有鸟兽祥瑞出现埋下了伏笔。《史记·殷本纪》又载："帝武丁祭成汤，明日，有飞雉登鼎耳而呴，武丁惧。祖己曰：'王勿忧，先修政事。'……武丁修政行德，天下咸欢，殷道复兴"，"祖己嘉武丁之以祥雉为德，立其庙为高宗。"[2]这是帝王修德致祥的早期记录。

殷人用占卜预测吉凶。《礼记·表记》载："三代明王，皆事天地之神明，无非卜筮之用。"[3]《史记·龟策列传》曰："王者决定诸疑，参以卜筮，断以蓍龟，不易之道也。"[4]占卜起源于原始宗教信仰范畴中的前兆迷信。原始人类在与自然界的交往及生存活动中，往往把一些毫无因果联系的事象的偶合视为鬼神所征兆，久之乃产生了利用占具作为中介，进行人与鬼神之间的意识沟通，用来预测未来的吉凶祸福，其目的是为了趋吉避凶。占，是指用蓍草数目变化的程序，得出卦象，推测吉凶，称为筮或占筮。《汉书·艺文志》曰："蓍龟者，圣人之所用也……《易》曰：'定天下之吉凶，成天下之亹亹者，莫善于蓍龟。"[5]卜，是将龟甲或兽骨钻孔，以火烤之，依其周围呈现的裂纹形状，推断所问之事的吉凶，并将过程与结果用文字刻在龟甲兽骨上，称之为"甲骨文"或"甲骨卜辞"[6]。实际上，"占卜的卜纹就具备早期吉祥图案的性质"[7]。趋利避害是人类的一种本能，古人在对自然界运行的因果规律尚不能把握的情况下，往往把自然界或社会生活领域中的某些怪异现象当成吉凶的征兆。有些现象有恒常性，可以约定俗成地认定为吉兆或凶兆。但是更多的现象则有较大的偶然性和特殊性，意蕴并不明确，一般人无法用常识判断其吉凶，需要专业的巫师

---

[1]《史记》卷三。
[2]《史记》卷三。
[3]《礼记正义》卷五十四。
[4]《史记》卷一百二十八。
[5]《汉书》卷二十。
[6] 按：目前已知最早的卜骨是河南淅川下王岗遗址出土的属于仰韶文化时期的羊肩胛骨，上有烧灼的痕迹，距今约6000年。最早的卜甲，是江苏南京北阴阳营遗址出土的一块大龟的腹甲，其背面有火烧过的斑痕，正面有坼纹，距今5000—6000千年。
[7] 邵巍巍：《"吉祥"追溯》，《苏州大学学报》2003年第3期。

来说明,于是占卜便产生了。传说"伏羲始造龟卜"[1]。据考古发现,早在原始社会,就存在动物卜、植物卜等占卜形式。商代占卜十分流行,商王朝统治者在面临生老病死、出入征伐、立邑任官、田猎农作、天象变幻、婚姻嫁娶、祀神祭祖等事件时,每以甲骨占卜,问吉凶,占祸福,决犹豫,定嫌疑,贞卜事情的可能性。下面几辞是占卜农业收成的:

己巳王卜,贞今岁商受年。王占曰:吉。

东土受年。

南土受年。吉。

西土受年。吉。

北土受年。吉。(以上见《合集》36975)

辞中所谓"受年",是商人卜问农作物禾的丰稔"吉"与"不吉"。

　　商代青铜器种类繁多,多为礼器和兵器。青铜器上的纹饰非常丰富,大致可分为动物类、几何类,其中以动物类为主。另有少量的花草纹,如柿蒂纹、蕉叶纹、叶纹等。动物纹中的兽面纹(饕餮纹)、龙纹、凤鸟纹、虎纹、鱼纹、龟纹等,都是通天的中介,是沟通人与祖先及神灵的灵物。这些纹饰与青铜器本身一样具有寄意吉祥、借以祈福的寓意,是商代的吉祥纹饰。特别是大量采用的想象中的兽面纹(图2-14),是殷人尚神畏鬼

图2-14　河南安阳出土商代青铜器上的兽面纹(摹本)

---

[1]　陈元龙撰:《格致镜原》卷九十四引《物原》,《文渊阁四库全书》第1032册,第698页。

吉凶心态在艺术中的典型反映。北京平谷、河南郑州等地出土的商代铜器上，都有首尾相接的鱼纹，反映出鱼在当时人们心目中的吉祥寓意或吉祥象征，借鱼腹多子这一生物特征，寄寓人们祈求多子多福的美好愿望和憧憬。

殷人的吉祥观念、商代器物上的吉祥图案与吉祥文字，是中国进入文明社会后吉祥文化最早的表现形态，也是汉代吉祥文化、吉祥图案和吉祥文字的先声。

约公元前11世纪，周武王灭商，建都镐京，史称西周（约前1046年—前771年）。

孔子曰："周因于殷礼，所损益，可知也。"[1]周人继承了商代以上帝崇拜、祖先崇拜为核心的宗教信仰，变殷人的至上神"帝"为"天"，认为天人关系就是神人关系。这种天神观念衍生出"天命""天数""天道"等天命观，"天休于宁王""惟天降命""天乃大命文王"等均是天命观的明证。在商代，人与神之间没有血缘关系，人只能通过祖灵向上帝转达自己的诉求，鬼治重于人治。周代逐渐摆脱鬼神对人的主宰，提高人的地位，以人为本。《左传·桓公六年》曰："夫民，神之主也，是以圣王先成民，而后致力于神。"[2]这里神的作用已放到次位，人升至主要地位。殷人的上帝主要是自然神，威严肃穆，喜怒无常，令风令雨，降馑降灾，使人恐怖畏惧。而周人的天神既能降祸又能降福，行赏行罚以统治者自身行为为依据，即所谓"祸福无门，唯人所召"，这正是汉代"天人感应"和大量天降祥瑞的先声。换言之，西周天道观的形成，为汉代"王权天授"等祥瑞文化的兴起奠定了基础。西周初年，经周公宗教改革，古代宗教开始走上伦理化道路。统治者提出"以德配天"的观念，强调"皇天无亲，惟德是辅"，这是后代祥瑞文化重要理念之一"君德致祥"理论的根源。

周人将王权与天命结合起来，宣扬王权天授，开启了其后几千年吉祥

---

[1]《论语·为政第二》，《论语注疏》卷二。
[2]《春秋左传正义》卷六。

文化将祥瑞作为天命皇权的一项重要理论依据的端倪。同时，周人又提出德行观念，强调以德配天，施行德政，从而将天命、君德与王权三者完美地结合在一起。《国语·周语上》载：周惠王"十五年，有神降于莘，王问于内史过，曰：'是何故？固有之乎？'对曰：'有之。国之将兴，其君齐明、衷正、精洁、惠和，其德足以昭其馨香，其惠足以同其民人。神飨而民听，民神无怨，故明神降之，观其政德而均布福焉。国之将亡，其君贪冒、辟邪、淫佚、荒怠、粗秽、暴虐；其政腥臊，馨香不登；其刑矫诬，百姓携贰。明神不蠲而民有远志，民神怨痛，无所依怀，故神亦往焉，观其苛慝而降之祸。'"[1]这里周大夫提出，如果国君贤明有道，上天就会褒奖；反之，就会降下灾祸惩罚。这种天命、君德与王权正是中国千百年来吉祥文化中皇家祥瑞的核心理念[2]，为中国皇家祥瑞文化的形成奠定了基础。

周人提倡"礼制"，所谓"礼"是周人政治制度、经济制度、生活方式的综合概念，以及为此原则而规定的典章和执行的方法。周人尊礼，以人为本的宗教观取代了殷商时代的神本宗教观。《礼记·表记》曰："殷人尊神，率民以事神，先鬼而后礼"，"周人尊礼尚施，事鬼敬神而远之，近人而忠焉。"[3]虽然对上帝鬼神产生怀疑，但周人还是承袭了商代祭天祀祖、敬事鬼神和君权神授的观念，同时强调宗法、天命，形成一整套礼治、德治、敬天、保民的思想，显示出周代重人文、重自力的礼制特色。综观周之王政，无非祈于神、亲于民两端。《尚书·泰誓上》曰："惟天地万物父母，惟人万物之灵。亶聪明，作元后，元后作民父母。"[4]在上述礼制观念的指导下，周代逐渐形成较为完备的明堂报享、南郊祭天、泰山封禅等祭祀制度，并以此来求吉祥祈福祉。《周礼》有所谓"吉、嘉、宾、军、凶"五礼。周人将祭祀天神、地祇、人鬼之礼称为吉礼，是古代五种礼仪

---

[1] 董立章：《国语译注辨析》，第32页。
[2] 参见龚世学：《中国古代祥瑞文化产生原因探析——以周初天道观的形成为基点》，《天府新论》2012年第5期。
[3] 《礼记正义》卷五十四。
[4] 《尚书正义》卷十一。

中最为重要的一种。为什么将祭祀之礼称为吉礼呢？古人谓祭祀求吉祥，故称吉礼。按照《周礼·春官·大宗伯》的说法，吉礼用以"事邦国之鬼神示（祇）"，所以是祝祈福祥之礼。古人认为天神、地祇、人鬼关系到国家的命运、宗族的吉凶，所以将祭祀之礼称为吉礼。

周的先祖弃、文王姬昌的出生都有吉兆，长大有吉相。《史记·周本纪》载："姜原出野，见巨人迹，心忻然说，欲践之，践之而身动如孕者。居期而生子，以为不祥，弃之隘巷，马牛过者皆辟不践；徙置之林中，适会山林多人，迁之；而弃渠中冰上，飞鸟以其翼复荐之。姜原以为神，遂收养长之。初欲弃之，因名曰弃。"又曰："太姜生少子季历，季历娶太任，皆贤妇人，生昌，有圣瑞。"[1]《帝王世纪》曰："季历之妃生文王昌，龙颜虎肩，身长十尺，胸有四乳。敬老慈幼，晏朝不食，以延四方之士。"[2]

周王朝的兴起亦有许多吉祥征兆。文王有"赤爵衔书"，"九尾狐"，"鸑鷟鸣于岐山"；武王有"白鱼""赤乌"；成王有"神鸟凤皇见，蓂荚生"，"玄龟青龙苍兕止于坛"，"麒麟游苑，凤皇翔庭"等[3]（见表一）。《国语·周语上》云："周之兴也，鸑鷟鸣于岐山。"[4]《说文》："鸑鷟，凤属，神鸟也。"汉王褒《四子讲德论》曰："昔文王应九尾狐，而东夷归周；武王获白鱼，而诸侯同辞；周公受秬鬯，而鬼方臣；宣王得白狼，而夷狄宾。"[5]传说周将兴起的时候，有一只赤雀衔着朱砂写的天书飞到周文王门口，书中的内容是周当兴、殷将亡。《帝王世纪》载："文王自程徙都酆，季秋之月甲子，赤雀衔丹书入酆，止于文王之户，言天命归周之意。"[6]《尚书帝命验》云："季秋之月甲子，赤爵衔丹书入于酆，止于昌户。其书云：'敬胜怠者吉，怠胜敬者灭；义胜欲者从，欲胜义者凶。凡事不强则枉，不敬则不正。枉者废灭，敬者万世。以仁得之，以仁守之，其量百世。

---

[1]《史记》卷四。
[2] 皇甫谧撰：《帝王世纪》，《丛书集成初编》，第26页。
[3] 详见《宋书·符瑞志上》二十七。
[4] 董立章：《国语译注辨析》，第32页。
[5]《文选》卷五十一。
[6] 皇甫谧撰：《帝王世纪》，《丛书集成初编》，第28页。

以不仁得之，以仁守之，其量十世。以不仁得之，不仁守之，不及其世。'此盖圣瑞。"[1] 又有狐瑞。《春秋元命苞》曰："天命文王以九尾狐。"[2] 孙柔之《瑞应图》曰："周文王拘羑里，散宜生诣涂山，得青狐以献，纣免西伯之难。"[3] 又有五星聚房之瑞。《帝王世纪》曰："文王在丰，九州诸侯咸至，五星聚于房。"[4] 房为二十八宿东方七宿之一，五星聚房在古代被视为一种天象符瑞。传说武王伐纣，兵到盟津。渡黄河时，有一条白鱼跳入他的船中。渡河之后，有一团火降到他的屋顶上，变成一只红色的乌鸦[5]。《汉书·董仲舒传》："《书》曰'白鱼入于王舟，有火复于王屋，流为乌'，此盖受命之符也。"[6]《帝王世纪》曰："周时有天火降于王屋，流为赤乌，为周瑞也。"[7]（图2-15）又有越裳向周成王献白雉之说，白雉亦为祥瑞。《孝经援神契》曰："周成王时越裳献白雉，去京师三万里。王者祭祀不相逾，宴食衣服有节则至。"[8] 又有白狼、白鹿之瑞。《国语·周语上》说，周穆王征犬戎"得四白狼、四白鹿以归"[9]。白狼、白鹿在汉代被视为祥瑞。《宋书·符瑞志中》曰："白狼，宣王得之而犬戎服。"[10] 孙柔之《瑞应图》曰："王者仁德明哲则白狼见。一曰，王者进退依法度则至。周宣王得之而犬戎服。"[11] 内蒙古和林格尔东汉壁画墓"祥瑞图"榜题有"白狼"字样。

周代设有专门观察天象的官员。《周礼·春官·保章氏》载："保章氏掌天星，以志星辰日月之变动，以观天下之迁，辨其吉凶。"[12] 观察天象

---

[1]《史记·周本纪》卷四正义引。
[2] 乔松年辑：《纬捃》，《纬书集成》，第1450页。
[3] 马国翰辑：《玉函山房辑佚书》。
[4] 皇甫谧撰：《帝王世纪》，《丛书集成初编》，第28页。
[5] 孙毂辑《古微书》中《尚书刑德放》曰："火者，阳也。乌有孝名，武王卒大业，故乌瑞臻。"（《纬书集成》，第174页）
[6]《汉书》卷五十六。
[7] 皇甫谧撰：《帝王世纪》，《丛书集成初编》，第29页。
[8] 赵在翰辑：《七纬》，《纬书集成》，第1024页。
[9] 董立章：《国语译注辨析》，第6页。
[10]《宋书》卷二十八。
[11] 马国翰辑：《玉函山房辑佚书》。
[12]《周礼注疏》卷二十六。

图 2-15　陕西宝鸡茹家庄出土西周三足鸟形青铜尊

的直接目的是为了占卜吉凶。周代还设有祈福祥的官员。《周礼·春官》曰："大祝掌六祝之辞，以事鬼神示，祈福祥，求永贞。一曰顺祝，二曰年祝，三曰吉祝，四曰化祝，五曰瑞祝，六曰策祝"，"小祝掌小祭祀，将事侯禳祷祠之祝号，以祈福祥，顺丰年，逆时雨，宁风旱，弥灾兵，远罪疾。"[1] 所谓"六祝"，据《独断》说："顺祝，顺丰年也；年祝，求永贞也；告祝，祈福祥也；化祝，弭灾兵也；瑞祝，逆时雨，宁风旱也；策祝，远罪病也。"[2]

周人同殷人一样，通过占卜来预测吉凶。《史记·齐太公世家》载："武王将伐纣，卜，龟兆不吉，风雨暴至。群公尽惧，唯太公强之劝武王，武王于是遂行。"[3]《论衡·死伪篇》曰："周公请命，史策告祝，祝毕辞已，不知三王许已与不，乃卜三龟，三龟皆吉，然后乃喜。"[4] 西周初年，成王重建洛邑，委派召公主持工程。召公到达洛邑，卜问所选地址，得到吉兆。后周公又全面考察洛邑。他先占卜涧水以东、瀍水以西地区，结果仅有洛地吉利。他又占卜瀍水以东地区，也仅有洛地吉利。于是向成王献上卜兆。成王看了卜兆，以为吉利[5]。周代，天子祭祀、出行都要选择吉日。《穆天子传》曰："吉日甲申，天子祭于宗周之庙"，"吉日丁酉，天子入于南郑"，"吉日辛卯，天子入于南郑。"[6]

出土的周代器物上有着大量的装饰纹样，这些纹样大致可分为动物纹和几何纹两大类。动物有龙、凤、象、鹿、虎、兔、蝉、蚕、鱼、龟、蟾蜍等，几何纹有弦纹、条纹、瓦纹、方格纹等。动物纹中的大部分含有吉祥寓意，几何纹中的一些纹样演变为后来的吉祥纹饰。

---

[1]《周礼注疏》卷二十五。
[2]《独断》卷之上，程荣纂辑：《汉魏丛书》，吉林大学出版社，1992年影印本。
[3]《史记》卷三十二。
[4] 北京大学历史系《论衡》注释小组：《论衡注释》，第1214页。
[5] 参见《尚书·洛诰》，《尚书正义》卷十五。
[6] 郭璞注，洪颐煊校：《穆天子传》卷四、卷六，《丛书集成初编》，中华书局，1985年，第24、39页。

3. 春秋、战国时期的吉祥文化

公元前770年，西部犬戎攻破镐京，周平王东迁洛邑，史称东周（前770年—前221年）。东周又分为春秋（前770年—前476年）与战国（前475年—前221年）两个时期。春秋战国时期，"周衰，天子微弱，诸侯力政，大夫专国，士专邑，不能行度制法文之礼"。[1] 在"礼崩乐坏"、诸侯争霸的时势下，周王室不求修德，而专注于五德兴替的"祥瑞""表征"，借以粉饰自己的统治。

春秋以前的所谓"天道"，是以"天道"的变化来说明人事的吉凶祸福。关于这一点，清钱大昕有过扼要的考证。他说："古书言天道者，皆主吉凶祸福而言。《古文尚书》：'满招损，谦受益，时乃天道。''天道福善而祸淫。'《易传》：'天道亏盈而益谦。'《春秋传》：'天道多在西北。''天道远，人道迩。''灶焉知天道！''天道不谄。'《国语》：'天道赏善而罚淫。''非我瞽史，焉知天道？'《老子》：'天道无亲，常与善人。'皆论吉凶之数与天命之性。"[2] 这时还没有《论语》《老子》中所说的抽象之"道"，"天道"是具体的，古人相信天上有"帝"或"上帝"在那里主宰着人世间的吉凶祸福。春秋以降，"天道"观衰微，疑天、怨天情绪遍及世间，导致抑天尚土，人本思想兴起，"轻天重民"，"民为神主"，对神灵的信仰日趋人格化、世俗化、社会化。在思想和文化学术上，百家争鸣，辩家鹊起，创造了辉煌的先秦文化。文化上的"百家争鸣"，反映出信仰上的异彩纷呈。诸子百家，尤其是几个大的思想流派的代表人物，继承了商、西周时期已十分流行的吉祥信仰，对后世产生很大影响。

春秋时，孔子以儒为业，他"畏天命""敬鬼神"，同时也精通吉、凶各类礼仪。虽说"子不语怪、力、乱、神"[3]，但他却祈祷神灵，希冀吉

---

[1]《春秋繁露·王道第六》，苏舆撰，钟哲点校：《春秋繁露义证》卷四，第107页。
[2] 钱大昕著：《十驾斋养新录·天道》卷三，上海书店出版社，1983年，第45页。
[3]《论语·述而第七》，《论语注疏》卷七。

祥。《论语·述而第七》曰:"子疾病,子路请祷。子曰:'有诸?'子路对曰:'有之。诔曰:祷尔于上下神祇。'子曰:'丘之祷久矣。'"这段话的意思是说,孔子病重,子路请求向神灵祈祷,孔子说:"我早就祈祷过了。"又《论语·子罕第九》:"凤鸟不至,河不出图,吾已矣夫!"[1]孔子这句话的意思是说:象征吉祥的凤鸟不来,象征瑞应的河图不出现,我这一辈子也就完了。《文选》载杜预《春秋左氏传序》曰:"麟凤五灵,王者之嘉瑞也。今麟出非其时,虚其应而失其归,此圣人所以为感也。"[2]《吕氏春秋·慎行论·壹行》曰:"孔子卜,得《贲》。孔子曰:'不吉。'子贡曰:'夫贲亦好矣,何谓不吉乎?'孔子曰:'夫白而白,黑而黑,夫贲又何好乎?'"[3]《礼记》《史记》等记载的几件事也可说明孔子并非不语"怪、力、乱、神"。《礼记·祭义》载"宰我曰:'吾闻鬼神之名,不知其所谓。'子曰:'气也者,神之盛也。魄也者,鬼之盛也。合鬼与神,教之至也。'"[4]《史记·孔子世家》有这样几处记载:

> 季桓子穿井得土缶,中若羊,问仲尼云"得狗"。仲尼曰:"以丘所闻,羊也。丘闻之,木石之怪夔、罔阆,水之怪龙、罔象,土之怪坟羊。"
>
> 吴客曰:"谁为神?"仲尼曰:"山川之神足以纲纪天下,其守为神,社稷为公侯,皆属于王者。"
>
> 丘闻之也,刳胎杀夭则麒麟不至郊,竭泽涸渔则蛟龙不合阴阳,覆巢毁卵则凤皇不翔。何则?君子讳伤其类也。
>
> 鲁哀公十四年春,狩大野。叔孙氏车子锄商获兽,以为不祥。仲尼视之,曰:"麟也。"取之。[5]

---

[1] 以上见《论语注疏》卷七、卷九。
[2] 《文选》卷四十五。
[3] 《吕氏春秋》卷二十二。
[4] 《礼记正义》卷四十七。
[5] 以上见《史记》卷四十七。

《说苑·辨物》载:"楚昭王渡江,有物大如斗,直触王舟,止于舟中。昭王大怪之,使聘问孔子。孔子曰:'此名萍实,令剖而食之,惟霸者能获之,此吉祥也。'"[1]《论衡·福虚篇》曰:"宋人有好善行者,三世不解。家无故黑牛生白犊,以问孔子。孔子曰:'此吉祥也,以享鬼神。'"[2] 从以上文字可以看出,孔子不但希冀吉祥,而且对吉祥还颇有研究。

儒家代表人物之一的荀子对吉凶有着自己的看法,他说:"天行有常,不为尧存,不为桀亡。应之以治则吉,应之以乱则凶。"[3] 就是说圣贤之世,天不会降吉瑞;暴君当道,天也不会降灾异。以礼义来配天就会吉祥,不以礼义来配天就会有凶险。

墨家相信天和君王间的天人感应,讲祥瑞褒奖和灾异谴告。墨子说,百姓、里长、乡长直至天子,都要服从"天志",服从"天志"就会受到奖赏,逆"天志"就会受到惩罚。对于天与祥瑞的关系,墨子认为,如果天子能"求兴天下之利,而除天下之害。是以天为寒热也节,四时调,阴阳雨露也时,五谷孰,六畜遂,疾菑戾疫凶饥则不至"[4]。他还讲述了周王朝将要兴起而出现的符瑞:"赤乌衔珪,降周之岐社,曰:'天命周文王伐殷有国。'泰颠来宾,河出绿图,地出乘黄。"[5] 赤乌衔珪降在周社是吉兆;"泰颠来宾"是指贤者协助周王室,是大瑞;河出图,地出乘黄,都是符瑞。这段话的大意是说,周王朝将要兴起,就有赤乌衔珪、泰颠来宾、河出图、地出乘黄这些符瑞降临。

阴阳家邹衍则结合阴阳、五行论说祥瑞灾异。邹衍把土、木、金、火、水五种自然物质抽象为哲学理念,形成五德终始的历史观。五德终始说认为,帝王得到某一德,上天就会有相应的符瑞出现。"凡帝王者之将兴也,天必先见祥乎下民。"如黄帝为土德,就会有大螾大蝼出现;大禹为木德,

---

[1] 《说苑》卷十八,程荣纂辑:《汉魏丛书》,吉林大学出版社,1992年影印本。
[2] 北京大学历史系《论衡》注释小组:《论衡注释》,第341页。
[3] 《荀子·天论篇第十七》,《荀子集解》卷十一,《诸子集成》卷二,上海书店出版社,1986年影印本。
[4] 《墨子间诂·天志中》卷七,《诸子集成》卷四,上海书店出版社,1986年影印本。
[5] 《墨子间诂·非攻下》卷五。

就会有草木茂盛之瑞应；汤为金德，就会有银山自溢之瑞应；文王为火德，就会有赤乌之瑞应。

道家理论系统形成于春秋时期。道家通过天干地支阴阳五行的生克制化来推论人事的吉凶祸福。道家认为，"道法自然"就可以运化万千，使宇宙和谐，大道流行，天人协调，六畜兴旺，万木长青，同时可以给人类带来福音，带来吉祥。道家说把握了"道"，"能无卜筮而知吉凶"[1]。说明道家也非常关注吉凶祸福。道家的方术更是战国神仙吉祥的思想根源。

春秋战国时期，随着神灵的增多与抑天尚土、人本思想的兴起，神灵的地位继续下降，人的地位持续上升。《左传·庄公三十二年》曰："国将兴，听于民；将亡，听于神。"[2]《孝经·圣治章》载"子曰：'天地之性人为贵。'"[3]《春秋繁露·人副天数第五十六》曰："天地之精所以生物者，莫贵于人。"[4]对一些神灵的祭祀不再是至高无上的王权的专利，呈现一种从最高统治层向下滑行延展的态势。但这种滑行扩散并没有改变古代信仰的实质，而是扩大了其祭祀的范围，增加了其世俗性，为世人所用，进而促使一些神灵向世俗吉祥物转变。《国语·楚语下》曰："古者先王日祭、月享、时类、岁祀。诸侯舍日，卿、大夫舍月，士、庶人舍时。天子遍祀群神品物，诸侯祀天地、三辰及其土之山川，卿、大夫祀其礼，士、庶人不过其祖……天子禘郊之事，必自射其牲，王后必自舂其粢；诸侯宗庙之事，必自射牛、刲羊、击豕，夫人必自舂其盛。况其下之人，其谁敢不战战兢兢，以事百神！天子亲舂禘郊之盛，王后亲缲其服，自公以下至于庶人，其谁敢不齐肃恭敬致力于神！"[5]《礼记·曲礼下》说："天子祭天地，祭四方，祭山川，祭五祀，岁遍。诸侯方祀，祭山川，祭五祀，岁

---

[1]《庄子·杂篇·庚桑楚第二十三》，《庄子集释》卷八。
[2]《春秋左传正义》卷十。
[3]《孝经注疏》卷五。
[4] 苏舆撰，钟哲点校：《春秋繁露义证》卷十三，第354页。
[5] 董立章：《国语译注辨析》，第671—672页。

遍。大夫祭五祀,岁遍。士祭其先。"[1]《春秋考异邮》曰:"僖公三年春夏不雨,于是僖公忧闷,玄服避舍,释更徭之逋,罢军寇之诛,去苛刻峻文惨毒之教,所蠲浮令四十五事。曰:'方今天旱,野无生稼,寡人当死,百姓何罪?不敢烦人请命,愿抚万人害,以身塞无状。'祷已,舍斋南郊,雨大澍也。"[2]这种祈祷实际上是商王求雨的变本。僖公本一诸侯,而模仿商王求雨,这是神权向下扩延的实证。

诸侯王凡事要问个吉凶。《史记》记载了宋襄公七年发生在宋国的两件"怪事",一是有五颗陨石落在了宋国,二是有六只鹢鸟倒着飞过宋国的都城,因而引起了国人的好奇和恐惧[3]。宋襄公问内史叔兴此事主何吉凶,曰:"是何祥也?吉凶焉在?"叔兴曰:"君失问。是阴阳之事,非吉凶所生也。吉凶由人,吾不敢逆君故也。"[4] 其实鹢鸟退着飞是因为风的缘故,鹢鸟要去的目标方,恰好与风向一致,如果顺飞,毛羽则不能顺,故用退飞的办法继续向目的地飞翔。《论衡·纪妖篇》中有一则晋公子重耳失国复得的故事,曰:"晋公子重耳失国,乏食于道,从耕者乞饭。耕者奉块土以赐公子,公子怒。咎犯曰:'此吉祥,天赐土地也。'其后公子得国复土,如咎犯之言。"[5]《史记·封禅书》载:"齐桓公既霸,会诸侯于蔡丘,而欲封禅……(管仲)曰:'古之封禅,鄗上之黍,北里之禾,所以为盛;江淮之间,一茅三脊,所以为藉也。东海致比目之鱼,西海致比翼之鸟,然后物有不召而自至者十有五焉。今凤皇麒麟不来,嘉谷不生,而蓬蒿藜莠茂,鸱枭数至,而欲封禅,毋乃不可乎?'于是桓公乃止。"[6]这则记载说明,古代封禅要有祥瑞出现,如果没有祥瑞出现,诸侯王即使称霸天下也不能封禅。

---

[1]《礼记正义》卷五。
[2]《后汉书·郎顗襄楷列传》卷三十下注引。
[3]《史记·宋微子世家》:"(宋)襄公七年,宋地陨星如雨,与雨皆下,六鹢退飞,风疾也。"(《史记》卷三十八)
[4]《左传·僖公十六年》,《春秋左传正义》卷十四。
[5] 北京大学历史系《论衡》注释小组:《论衡注释》,第 1263 页。以上事又见《左传·僖公二十三年》《国语·晋语四》。
[6]《史记》卷二十八。

《淮南子·人间训》曰："荆人鬼，越人机。"[1]（机：福、祥）这是说，荆人信鬼神，越人信机祥。《吴越春秋·勾践归国外传第八》曰："越王乃召相国范蠡、大夫种、大夫郢，问曰：'孤欲于今日上明堂，临国政，专恩致令，以抚百姓。何日可矣？惟三圣纪纲维持。'范蠡曰：'今日丙午日也，丙阳将也，是日吉矣。'"[2]《越绝书·外传记吴王占梦第十二》说，吴王夫差，"道于姑胥之门，昼卧姑胥之台。觉寤而起，其心惆怅，如有所悔。即召太宰而占之，曰：'……吉则言吉，凶则言凶，无谀寡人之心所从。'"太宰嚭占之，曰吉。"吴王大悦，而赐太宰嚭杂缯四十匹。"又使公孙圣占之，曰凶。"吴王忿圣言不祥，乃使其身自受其殃。"[3]在这里，吴王夫差只是想听吉祥话，公孙圣没有揣摩透吴王的心事，用是"自受其殃"。又《吴越春秋·夫差内传第五》曰：吴王夫差坐于殿上，"见四人相背而倚，闻人言则四分走矣。（伍）子胥曰：'如王言将失众矣。'吴王怒，曰：'子言不祥。'"[4]以上几例说明越王勾践、吴王夫差都十分迷信吉凶征兆。

这一时期，吉祥文化已渗透到人们生活的各个方面，做什么都要讲吉凶。《论衡·实知篇》曰："春秋之时，卿、大夫相与会遇，见动作之变，听言谈之诡，善则明吉祥之福，恶则处凶妖之祸。"[5]《淮南子·人间训》曰："鲁哀公欲西益宅，史争之，以为西益宅不祥。"[6]《大戴礼逸》曰："晋献公欲以骊姬为夫人，卜之不吉，筮之吉。公曰：'从筮筮短，龟长，不如从长。'"[7]《史记·陈杞世家》曰："齐懿仲欲妻陈敬仲，卜之，占曰：'是谓凤皇于飞，和鸣锵锵。有妫之后，将育于姜。五世其昌，并于正卿。八世之后，莫之与京。'"[8]《史记·晋世家》曰："毕万卜仕于晋国，

---

[1]《淮南子注》卷十八。
[2] 赵晔撰：《吴越春秋》卷五，《丛书集成初编》，第168页。
[3]《越绝书》卷十，《丛书集成初编》，中华书局，1985年，第51、52页。
[4] 赵晔撰：《吴越春秋》卷三，《丛书集成初编》，第102页。
[5] 北京大学历史系《论衡》注释小组：《论衡注释》，第1485页。
[6]《淮南子注》卷十八。
[7] 刘学宠辑：《诸经纬遗》，《纬书集成》，第1058页。
[8]《史记》卷三十六。又见《史记·田敬仲完世家》卷四十三。

遇《屯》之《比》。辛廖占之曰：'吉。屯固比入，吉孰大焉。其后必蕃昌。'"[1]《史记·赵世家》载："赵衰卜事晋献公及诸公子，莫吉；卜事公子重耳，吉，即事重耳。"[2] 做梦也有吉凶。《诗·小雅·斯干》曰："吉梦维何？维熊维罴，维虺维蛇。大人占之：维熊维罴，男子之祥；维虺维蛇，女子之祥。"笺云："熊罴之兽，虺蛇之虫，此四者，梦之吉祥也。"[3] 以上数例足以说明春秋战国时期吉祥信仰在人们心中影响之大。

战国末年，"亡国乱君相属，不遂大道而营于巫祝，信机祥"[4]。这一时期上层社会对吉祥的体认是，"富贵显荣，成理万物，使各得其所；性命寿长，终其天年而不夭伤；天下继其统，守其业，传之无穷；名实纯粹，泽流千里，世世称之而无绝，与天地始终。岂道德之符而圣人所谓吉祥善事者与"[5]。这是燕国蔡泽与秦国宰相范雎的一段对话，意思是说：位居富贵显赫荣耀，治理一切事物，使它们都能各得其所；性命活得长久，平安度过一生而不会夭折；天下都继承他的传统，固守他的事业，并永远流传下去；名声与实际相符完美无缺，恩泽远施千里之外，世世代代称赞他永不断绝，与天地一样长久。这难道不是推行正道广施恩德的效果而圣人所说的吉祥善事吗？

出土的春秋战国时期的帛画和一些器物纹样有许多吉祥文化的表现。1981年，江陵马山东周楚墓出土了大量的绣品，绣品的主要纹样为龙、凤，一件蟠龙飞凤纹绣是其中的佳作。图案上部是一条作反S形盘旋状的大龙口衔一条小龙的尾部，小龙作S形，回首与大龙相顾。图案的下部是一只高冠、展翅而飞的凤鸟，喙部与上面大龙的尾部相衔。凤鸟下部是一条卷曲的小龙。中间有花枝和十字形作为对称轴。[6]（图2-16）1965年，

---

[1]《史记》卷三十九。又见《史记·魏世家》卷四十四。
[2]《史记》卷四十三。
[3]《毛诗正义》卷十一。
[4]《史记·孟子荀卿列传》卷七十四。
[5]《史记·范雎蔡泽列传》卷七十九。
[6] 湖北省荆州地区博物馆：《江陵马山一号楚墓》，文物出版社，1985年，第58页，图四五、彩板二五之3、4。

湖北江陵望山一号战国楚墓出土一件"彩绘木雕漆座屏",此屏高15厘米,长51.8厘米,上宽3厘米,下宽12厘米,用镂空的手法以凤鸟为中心浮雕出51只动物,表现鹿、凤、雀、蛇、蛙等吉祥物穿插重叠、追逐嬉戏的情态,是一件杰出的吉祥器物雕刻佳作。[1](图2-17)1949年,湖南长沙东南郊一座战国楚墓出土了一幅"人物龙凤"帛画,纵28厘米,横20厘米。画上一女子博袖长裙,立于新月形物上,其发髻后垂,两手作合掌状,上饰云气纹。女子左上方有一龙一凤。龙无角,夭矫直上;凤有冠,作探爪攫拿状。(图2-18)1973年,湖南长沙子弹库一座战国中晚期楚墓出土了一幅"人物御龙"帛画,纵37.5厘米,横28厘米。画面绘一男子高冠长袍,手抚佩剑,御龙而行。龙作舟形,顶有伞盖,其下有鱼,尾端有鹤。(图2-19)这两幅帛画散发着淡淡的吉祥意味,画上的龙、凤、鹤、鱼等都是吉祥动物。战国曾侯乙墓的内棺漆画上绘有龙、蛇、鸟、鹿、凤、鱼等动物895个,还绘有16个神兽、羽人。[2]这些都已经很近似于汉代的祥禽瑞兽。

值得注意的是,战国时期的植物纹较之商周有所增多,主要有梅、莲、花朵、花叶、柿蒂、藻、树等。树纹反映在半瓦当上,呈现挺直的树干、对称的枝条,树两边或有猎骑,或系双马,或有奔鹿,有的树上还点缀禽鸟。(图2-20)铜镜的纽座多饰柿蒂纹。春秋战国纹样显示出的另一个独特现象就是人物纹较多,主要表现在铜器、玉器、漆器、石刻以及丝织品上,多见于攻占、宴乐、狩猎之类的图像中。春秋战国吉祥文化中的吉祥植物与吉祥人物为汉代同类吉祥物的前导。

在春秋战国时期的纹饰中,几何纹独具特色并十分发达,有波纹、弦纹、绳纹、勾连纹、锯齿纹、螺旋纹、棋格纹、圆圈纹、回纹、瓦纹、菱形纹等。这些纹饰与汉代吉祥文化中的同类吉祥纹饰一脉相承。

与商、西周不同的是,春秋战国时期留下许多历史文献,这些文献如《诗经》《山海经》《礼记》等已明确记载有一些吉祥事物。

---

[1] 参见湖北省文化局文物工作队:《湖北江陵三座楚墓出土大批重要文物》,《文物》1966年第5期。
[2] 参见湖北省博物馆:《曾侯乙墓》上,文物出版社,1989年,第41页。

图 2-16　湖北江陵马山一号东周楚墓出土"蟠龙飞凤纹"绣（复原图）

图 2-17　湖北江陵战国楚墓出土刻有吉祥动物的漆座屏

二　汉代以前的吉凶观念与吉祥文化

图 2-18　湖南长沙出土战国"人物龙凤"帛画　　图 2-19　湖南长沙出土战国"人物御龙"帛画

图 2-20　战国"树、双马纹"瓦当

悬象著明

大约成书于春秋中期的《诗经》,记录有许多吉祥物,如《周南·麟之趾》中的麒麟、《召南·驺虞》中的驺虞、《大雅·卷阿》中的凤凰、《大雅·生民》中的秬秠、《周颂·振鹭》中的白鹭、《周颂·载见》中的龙、《周颂·思文》中的赤乌、《周书·泰誓》中的白鱼等等;亦出现大量的吉祥语,如"万寿无疆""天子万寿""南山之寿"等。《尚书·洪范》中提到"五福",曰:"五福。一曰寿,二曰富,三曰康宁,四曰攸好德,五曰考终命。"疏曰:"五福者,谓人蒙福祐有五事也。一曰寿,年得长也。二曰富,家丰财货也。三曰康宁,无疾病也。四曰攸好德,性所好者美德也。五曰考终命,成终长短之命,不横夭也。"[1]五福道出了这一时期人们对生命存在价值的体认,在他们心目中,长寿、富裕,全家人健康和睦地生活在一起,有好的名声和家风,老来没有疾病与痛苦安详地死去,对生活中的各方面都感到顺心,就是福,也就是祥。后世民间又从这五福观念中衍化出福、禄、寿、喜、财之说。

成书于西周至西汉初期的《山海经》是一部"巫觋之书"。其中提到的吉祥动物有凤凰、鸾鸟、文鳐鱼、狡、当康、鶔、延维、九尾狐、应龙、乘黄、玄龟、三足龟等,吉祥植物有建木、扶桑、不死树、寻木、三珠树、沙棠、蓍草等,吉祥人物有女娲、西王母等。动物鹿蜀"佩之宜子孙"。九尾狐"食者不蛊",就是说吃了它的肉,就会平平安安,不会遇到任何妖邪之气。凤凰、鸾鸟"见则天下安宁"。文鳐鱼、当康"见则天下大穰",狡"见则其国大穰",它们的出现是丰年的象征。乘黄"乘之寿二千岁"。应龙,"旱而为应龙之状,乃得大雨",即旱时,人们装扮成应龙的样子来求雨,往往能如愿以偿。延维"人主得而飨食之,伯天下",就是说,国君得到它,祭祀祖先后把它吃掉,就可以称霸天下。此外,鸛、冉遗鱼、孟槐等可以"御凶",鳛鳛鱼、窃脂等"可以御火",驳、寓鸟、飞鱼"可以御兵",又有旋龟"佩之不聋",猲狙"佩之不畏"。植物沙棠"可以御水,食之使人不溺",蓍草"食之已劳"。汉代吉祥文化中作为吉祥物的比目鱼、

---

[1]《尚书正义》卷十二。

比翼鸟、比肩兽、白虎在此书中也已提到，但似乎还没有吉祥意义。由此可以看出，春秋战国时期的吉祥文化对吉祥物的附会正处于发展之中。

我们再来看看这一时期的其他文献对吉祥物的记载。《墨子·非攻下》："赤鸟衔珪，降周之岐社。曰：'天命周文王伐殷有国。'泰颠来宾，河出绿图，地出乘黄……天赐武王黄鸟之旗。"[1] 这里的吉祥瑞物有圭、赤鸟、绿图、乘黄、黄鸟等，既有吉瑞动物又有吉瑞器物，并将这些吉物与朝代更替、社稷兴盛联系起来。

《礼记·中庸》："国家将兴，必有祯祥。"这里把吉祥瑞物的出现说成"国之将兴"的征兆。《礼运》曰："麟凤龟龙，谓之四灵。"又"天不爱其道，地不爱其宝，人不爱其情。故天降膏露，地出醴泉，山出器车，河出马图，凤皇麒麟皆在郊棷，龟龙在宫沼，其余鸟兽之卵胎，皆可俯而窥也"。《礼器》曰："因天事天，因地事地，因名山升中于天，因吉土以飨帝于郊。升中于天，而凤凰降，龟龙假；飨帝于郊，而风雨节，寒暑时。是故圣人南面而立，而天下大治。"[2]《礼记》这几卷中提到的吉瑞之物有甘露、醴泉、马图、器车、凤凰、麒麟、龟、龙等，在动物、器物之外又增加了甘露、醴泉等自然现象。

这一时期的文献中出现了有关祥瑞"河图""洛书"的记载。《易·系辞上》曰："河出图，洛出书，圣人则之。"[3]《管子·小匡第二十》曰："昔人之受命者，龙龟假，河出图，洛出书，地出乘黄。"[4]《文子·道德》："老子曰，至德之世……风雨不毁折，草木不夭死。河出图，洛出书。"[5]《随巢子》曰："姬氏之兴，河出绿图"，"殷灭，周人受之，河出圆图也。"[6] "图""书"被认为是帝王圣者受命之大瑞。

《楚辞》中多次提到吉祥物。如屈原《离骚》云："为余驾飞龙兮，杂

---

[1]《墨子间诂》卷五。
[2]《礼记正义》卷五十三、卷二十二、卷二十四。
[3]《周易正义》卷七。
[4]《管子校正》卷八，《诸子集成》卷五，上海书店出版社，1986年影印本。
[5] 文子著，李定生、徐慧君校释：《文子校释》卷五，上海古籍出版社，2004年，第195页。
[6]《墨子》载《随巢子》佚文，《墨子间诂·后语下》附录。

瑶象以为车。"又云："驾八龙之婉婉兮，载云旗之委蛇。"宋玉《九辩》："左朱雀之茇茇兮，右苍龙之躍躍。"[1] 姜亮夫在《楚辞通故》中统计，"龙字在全部《楚辞》中，凡二十四见"，"《楚辞》凤字凡二十四见"[2]。

古文献中还记述了春秋时期于腊月驱鬼逐疫的风俗。《论语·乡党第十》说，孔子见"乡人傩，朝服而立于阼阶"[3]，这是民间的傩。在官方，宫廷中的大傩场面要宏大得多。《周礼·夏官·方相氏》云："方相氏掌蒙熊皮，黄金四目，玄衣朱裳，执戈扬盾，率百隶而时难，以索室驱疫。"郑玄注："蒙，冒也。冒熊皮者以惊驱疫疠之鬼，如今魌头也。时难，四时作方相氏以难却凶恶也。"[4] 无论是民间的傩，还是宫廷的傩，都是为了驱凶求吉，是当时吉祥文化的一种表现形式。

夏、商、周时期依旧流行自然崇拜、祖先鬼神崇拜。自然崇拜中的动植物崇拜对动植物吉祥产生深远影响，它们由天地人神的使者逐渐转化为吉祥的象征。甲骨文、金文中所记龙、凤、虎、鹿、羊、马、龟、鱼等动物，在这一时期出土的文物造型及纹饰中也能看到，如鸮尊、虎尊、双羊尊等，造型生动逼真，反映了动物崇拜在人们心目中的重要地位。龙、凤由氏族图腾转化为最高统治者一姓之祥瑞。这种观念在后世得到进一步延伸，直至成为封建帝王和后妃政治权力的象征。

商、周对祖先崇拜已形成一套礼仪、祭祀制度，这种礼仪、祭祀其实质是一种求吉行为，是一种人与神的求索酬报关系。这在《诗经》的《周颂》中可略见一斑。《周颂》三十一篇，有近一半篇章是描写周王祭祀先祖的。如《丰年》《有瞽》《载芟》《潜》是描写祀先祖的，《思文》是描写祀后稷的，《清庙》《维天之命》《维清》《我将》《雍》《赉》是描写祀文王的，《闵予小子》是描写祭文王、武王的，《有客》是描写祭武王的。这种祖先

---

[1] 洪兴祖撰：《楚辞补注》卷一、卷八，《丛书集成初编》，中华书局，1985年新1版，第32、34、152页。
[2] 姜亮夫：《楚辞通故》第三辑，《姜亮夫全集》，云南人民出版社，2002年，第558、496页。
[3] 《论语注疏》卷十。
[4] 《周礼注疏》卷三十一。

崇拜与祭祀为汉代吉祥文化中吉祥人物的出现打下坚实的基础。

商周时期,宗教神权被统治者所垄断,据《国语·楚语下》说,远古之时,曾有一个"民神杂糅""夫人作享,家为巫史"的阶段,那时,人人都可以与天对话,家家都有男觋女巫。随着国家观念的产生、等级制度的进一步确立,产生了一场"绝地天通"的宗教变革[1]。所谓"绝地天通",即断绝民间人神交通对话的自由,剥夺平民百姓通神的权利,"民神异业",与天神交通对话成了统治阶级的特权,因而作为这一时期的吉祥文化多表现为统治阶级的吉祥文化,吉祥物也多出现于统治阶级的遗物之中。

---

[1] 以上参见董立章:《国语译注辨析》,第657页。又,《史记·历书》曰:"少暭氏之衰也,九黎乱德,民神杂扰,不可放物,祸灾荐至,莫尽其气。颛顼受之,乃命南正重司天以属神,命火正黎司地以属民,使复旧常,无相侵渎。"(《史记》卷二十六)

三
两汉时期不同阶级、不同阶层的吉祥文化

1. 帝王祥瑞与皇室贵族的吉祥文化

皇室贵族的吉祥文化是以帝王祥瑞文化为代表的吉祥文化。《礼含文嘉》曰："龙马金玉，帝王之瑞也。"[1] 早在3000多年前的商代末年，周武王伐纣就以"凤鸣岐山"的瑞应来制造舆论，表明自己顺应天意，是未来的天子。后来的历代统治者都利用各种所谓的瑞应，来虚构某种传闻或制造某种假象，散布"天人感应"，鼓吹君权神授，并以此作为政治手段，用来夺取政权，或达到皇权永固的目的。汉代也不例外。西汉建国初期的六十多年加上汉武帝统治的五十多年，这一百多年正是中国历史文化的渐变时期，也是各种文化交汇、磨合、吸纳、扬弃以至逐渐产生一种新文化——汉文化的时期。汉代文化的核心是皇权文化，所以从整体上看汉代的吉祥文化主要是皇家的吉祥文化，皇家吉祥文化以祥瑞的出现为主要表征，以皇权、君德为基本内核。

汉代统治者热衷吉瑞，年号多以吉瑞命名。班固《两都赋序》曰："白麟、赤雁、芝房、宝鼎之歌荐于郊庙，神雀、五凤、甘露、黄龙之瑞以为年纪。"[2] 如汉武帝，见天空中出现亮星，即改元"元光"；狩猎获一角

---

[1] 赵在翰辑：《七纬》，《纬书集成》，第872页。
[2] 《文选》卷一。

兽,以为麒麟,改年号为"元狩"[1];在汾阳发现一宝鼎,以为吉祥,又改元为"元鼎"[2]。汉昭帝因东海发现祥瑞凤凰而改元为"元凤"[3]。宣帝的七个年号中,就有"神爵""五凤""甘露""黄龙"四个是以祥瑞命名的。《后汉书·光武帝纪下》载:"孝宣帝每有嘉瑞,辄以改元,神爵、五凤、甘露、黄龙,列为年纪,盖以感致神祇,表彰德信。"[4]"神爵"是因为神雀集于长乐宫故改元,"五凤"是因为凤凰五至而改元,"甘露"是因为甘露降集京师而改元,"黄龙"是因为黄龙见于新丰以冠元。东汉章帝也因屡见祥瑞而改元。整个汉代,寓意吉祥的年号几乎成了一种皇帝向天地祖宗祈福求祉、避凶禳灾的祝祷词,成了借以振激民心、鼓舞士气的标语口号。

汉代国都、城门、宫殿、楼宇的名字多有吉祥寓意。如西汉初年国都"长安"二字就寓意吉祥,是欲其子孙长安都于此地之意。长安城的城门多用吉祥文字命名,如南门的中门为"安门",左门为"覆盎门",右门为"西安门";东有"清明门""宣平门",西有"章门""雍门",北有"洛门""利门"。长安城中许多宫殿的名字多含有吉祥寓意,如长乐宫、未央宫、明光宫,它们分别寓意"长久怡乐""未尽无止""明光普照",企祝刘氏子孙幸福万年。宫内殿宇楼台的名称,如长乐宫的永寿、永宁、宣德、鸿台,未央宫的麒麟、凤皇、白虎、承明、万岁、寿安、清凉、天禄、宣室等都含有吉祥之意。又有麒麟阁、天禄阁,金马门,玄武、苍龙二阙,朱鸟堂等。[5]张衡《西京赋》曰:"麒麟朱鸟,龙兴含章。"李善注:"龙兴、含章皆殿名也。汉宫阙名有麒麟、朱鸟殿。"[6]后妃寝居有椒房、昭阳、飞

---

[1]《汉书·终军传》曰:"上幸雍祠五畤,获白麟,一角而五蹄。时又得奇木,其枝旁出,辄复合于木上。上异此二物,博谋群臣。(终)军上对曰:'……今郊祀未见于神祇,而获兽以馈,此天之所以示飨,而上通之符合也。宜因昭时令日,改定告元……'对奏,上甚异之,由是改元为元狩。"(《汉书》卷六十四下)
[2]《汉书·武帝纪》:"元鼎元年,夏五月,赦天下,大酺五日。"应劭曰:"得宝鼎故,因是改元。"(《汉书》卷六)
[3]《汉书·昭帝纪》:始元六年"八月,改始元为元凤"。应劭曰:"三年中,凤凰比下东海海西乐乡,于是以冠元焉。"(《汉书》卷七)
[4]《后汉书》卷一下。
[5] 以上参见《三辅黄图·汉宫》,何清谷撰:《三辅黄图校释》卷二,中华书局,2005年。
[6]《文选》卷二。

翔、增成、合欢、兰林、披香、鸳鸯等殿，其名称也都显有吉祥之意。其中椒房殿为皇后所居，以椒和泥涂壁，取温、香、多子之意。甚至连宫殿的砖瓦上都刻印有吉祥图案、吉祥文字，使得这些砖瓦都具有了吉祥意义，如果宫瓦自坠地，则以为不祥[1]。皇家园林的选景、造景多用象征吉祥、长寿的形象，或以神仙命名，或以神话故事营造神仙意境。《史记·封禅书》载，汉武帝"令长安则作蜚廉桂观，甘泉则作益延寿观，使卿持节设具而候神人。乃作通天茎台，置祠具其下，将招来仙神人之属"[2]。《汉书·郊祀志下》曰："作建章宫……其北治大池，渐台高二十余丈，名曰泰液，池中有蓬莱、方丈、瀛州、壶梁，像海中神山龟鱼之属。"[3]

皇家吉祥文化突出表现在帝王祥瑞方面。汉代许多皇帝的出生与经历都具有神异色彩，充斥着吉祥瑞应（参见表二、表三）。《论衡·恢国篇》曰："高祖母妊之时，蛟龙在上，梦与神遇。好酒贳饮，酒舍负雠。及醉留卧，其上常有神怪。夜行斩蛇，蛇妪悲哭。与吕后俱之田庐，时自隐匿，光气畅见，吕后辄知。始皇望见东南有天子气。及起，五星聚于东井。楚望汉军，云气五色。光武且生，凤皇集于城，嘉禾滋于屋。皇妣之身，夜半尤烛，室中光明。初者，苏伯阿望春陵气，郁郁葱葱。光武起，过旧庐，见气憧憧上属于天。五帝三王初生始起，不闻此怪（祥瑞）。尧母感于赤龙，及起，不闻奇祐。禹母吞薏苡，将生，得玄圭。契母咽燕子，汤起，白狼衔钩。后稷母履大人之迹，文王起，得赤雀，武王得鱼、乌。皆不及汉太平之瑞。"[4]明杨循吉说："斩蛇事，沛公自托以神灵其身，而骇天下之愚夫妇耳。大虹、大霓、苍龙、赤龙、流火之鸟、跃舟之鱼，皆所以兆帝王之兴起者，此斩蛇计所由设也。"[5]揭露了统治者假借符瑞托于神灵

---

[1] 孙毅辑《古微书》之《春秋潜潭巴》曰："宫瓦自坠至地不祥。"（《纬书集成》，第213页）
[2] 《史记》卷二十八。
[3] 《汉书》卷二十五下。
[4] 北京大学历史系《论衡》注释小组：《论衡注释》，第1119—1120页。
[5] 司马迁撰，泷川资言考证，水泽利忠校补：《史记会注考证附校补》引，上海古籍出版社，1986年，第234页。

的骗人伎俩。

文帝母薄姬有吉相，许负相之，当生天子。后薄姬梦"青龙据心"，高帝幸之，一御而生文帝。文帝前十五年，"黄龙见成纪"[1]。事情是这样的，鲁人公孙臣上书曰："汉当土德，土德之应黄龙见"，"后三岁，黄龙见成纪。文帝乃召公孙臣，拜为博士，与诸生草改历服色事。"[2] 后来"赵人新垣平以望气见，因说上设立渭阳五庙。欲出周鼎，当有玉英见"。又，"十七年，得玉杯，刻曰'人主延寿'。于是天子始更为元年，令天下大酺"。这些事实上都是新垣平搞的鬼，"其岁，新垣平事觉，夷三族"[3]。

汉武帝从出生到即位一路无不伴随着吉祥瑞应。《汉武帝内传》曰："孝武皇帝，景帝子也。未生之时，景帝梦一赤彘从云中下，直入崇芳阁。景帝觉而坐阁下。果有赤龙如雾，来蔽户牖。宫内嫔御，望阁上有丹霞蓊蔚而起。霞灭，见赤龙盘回栋间。景帝召占者姚翁以问之，翁曰：'吉祥也。此阁必生命世之人，攘夷狄而获嘉瑞，为刘宗盛主也。然亦大妖。'景帝使王夫人移居崇芳阁，欲以顺姚翁之言也。乃改崇芳阁为猗兰殿。旬余，景帝梦神女捧日以授王夫人，夫人吞之，十四月而生武帝。景帝曰：'吾梦赤气化为赤龙，占者以为吉，可名之吉。'"[4]

《汉书·郊祀志上》曰："武帝初即位，尤敬鬼神之祀。"[5] 晋张华曰："汉兴多瑞应，至武帝之世特甚，麟凤数见。"[6] 武帝在泰山封禅时放养大批祥瑞，以示吉祥。[7]《风俗通义·正失第二》说："孝武皇帝封……纵远方奇兽飞禽及白雉，加祠兕牛犀象之属。"[8] 汉武帝封泰山为什么要放养这么多祥瑞呢？顾颉刚先生认为"就是希望受命的天子得到他的符应"[9]。

汉武帝问董仲舒贤良对策时，一开始就问："三代受命，其符安在？灾

---

[1]《史记·孝文本纪》卷十。
[2]《史记·封禅书》卷二十八。
[3]《史记·孝文本纪》卷十。
[4] 班固撰，钱熙祚校：《汉武帝内传》，《丛书集成初编》，中华书局，1985年，第1页。
[5]《汉书》卷二十五上。
[6]《博物志·杂说上》，张华撰，范宁校证：《博物志校证》卷九，第105页。
[7]《史记·封禅书》曰，武帝封泰山"纵远方奇兽蓲禽及白雉诸物，颇以加礼"。(《史记》卷二十八)
[8] 应劭撰，吴树平校释：《风俗通义校释》，天津古籍出版社，1980年，第55页。
[9] 顾颉刚：《汉代学术史略》，东方出版社，1996年，第7页。

异之变,何缘而起?"符,即符瑞。董仲舒对曰:"臣闻天之所大奉使之王者,必有非人力所能致而自至者,此受命之符也。天下之人同心归之,若归父母,故天瑞应诚而至。《书》曰:'白鱼入于王舟,有火复于王屋,流为乌。'此盖受命之符也。"[1]汉武帝时,天空出现亮星、狩猎获一角兽、汾阳发现宝鼎都被视为符瑞,甚至连在孔子旧宅里发现的古书也被视为符瑞。《论衡·佚文篇》说:"孝武皇帝封弟为鲁恭王。恭王坏孔子宅以为宫,得佚《尚书》百篇、《礼》三百、《春秋》三十篇、《论语》二十一篇……此则古文不当掩,汉俟以为符也。"[2]

西汉帝王中,宣帝祥瑞最多。《汉书·何武传》曰:"宣帝时,天下和平,四夷宾服,神爵、五凤之间屡蒙瑞应。"[3]早在昭帝时,就有泰山大石自立,上林苑卧柳自起,虫啮树叶成文,被视为宣帝将登王位的瑞应。宣帝即位,"神爵、五凤之间,天下殷富,数有嘉应"[4]。《论衡·指瑞篇》曰:"孝宣皇帝之时,凤皇五至,骐驎一至,神雀、黄龙、甘露、醴泉,莫不毕见,故有五凤、神雀、甘露、黄龙之纪。"[5]王充说:"孝宣皇帝元康二年,凤皇集于太山,后又集于新平。四年,神雀集于长乐宫,或集于上林,九真献麟。神雀二年,凤皇、甘露降集京师。四年,凤皇下杜陵及上林。五凤三年,帝祭南郊,神光并见,或兴于谷,烛耀斋宫,十有余刻。明年,祭后土,灵光复至,至如南郊之时。甘露、神雀降集延寿、万岁宫。其年三月,鸾凤集长乐宫东门中树上。甘露元年,黄龙至,见于新丰,醴泉滂流。彼凤皇虽五六至,或时一鸟而数来,或时异鸟而各至,麒麟、神雀、黄龙、鸾鸟、甘露、醴泉,祭后土天地之时,神光灵耀,可谓繁盛累积矣……如以瑞应效太平,宣、明之年倍五帝、三王也。"[6]

其他西汉帝王在位期间也常见祥瑞(参见表二)。如成帝鸿嘉元年(公

---

[1]《汉书·董仲舒传》卷五十六。
[2] 北京大学历史系《论衡》注释小组:《论衡注释》,第1167—1168页。
[3]《汉书》卷八十五。
[4]《汉书·王褒传》卷六十四下。
[5] 北京大学历史系《论衡》注释小组:《论衡注释》,第980页。
[6]《论衡·宣汉篇》,北京大学历史系《论衡》注释小组:《论衡注释》,第1100页。

元前 20 年)"冬,黄龙见真定"。元延四年(公元前 9 年)"甘露降京师"。[1] 永始元年(公元前 16 年)九月"黑龙见东莱"。谷永曰:"汉家行夏正,夏正黑色,黑龙,同姓之象也。龙阳德,由小之大,故为王者瑞应。"[2] 至于平帝,"政自莽出……休征嘉应,颂声并作"[3]。

西汉末年,王莽可以说是以祥瑞篡汉,以祥瑞执政,又以祥瑞灭亡的。王莽专政,"麟凤龟龙,众祥之瑞,七百有余"。王莽"风益州令塞外蛮夷献白雉,元始元年正月,莽白太后下诏,以白雉荐宗庙……于是群臣乃盛陈'莽功德致周成白雉之瑞,千载同符'"。王莽欲以祥瑞登皇帝位,又要取得王太后的支持,于是率群臣奏言王太后盛言祥瑞吉征,曰:"今幸赖陛下德泽,间者风雨时,甘露降,神芝生,蓂荚、朱草、嘉禾,休征同时并至。"王莽为夺取政权笼络支持自己的朋党儒生,鼓动他们上书颂扬自己的功德,一时间,各地献祥瑞、呈符命者络绎于途。一些大臣也借祥瑞献媚,中郎将平宪曰:"太皇太后圣明,安汉公至仁,天下太平,五谷成熟,或禾长丈余,或一粟三米,或不种自生,或茧不蚕自成,甘露从天下,醴泉自地出,凤皇来仪,神爵降集。"[4] 王莽摄政,为掩人耳目,说这些祥瑞是王太后临政所致,大诰天下说:"昔我高宗崇德建武,克绥西域,以受白虎威胜之瑞,天地判合,乾坤序德。太皇太后临政,有龟龙麟凤之应,五德嘉符,相因而备。《河图》《洛书》远自昆仑,出于重野。古谶著言,肆今享实。此乃皇天上帝所以安我帝室,俾我成就洪烈也。"[5]

"新室既定,神祇欢喜,申以福应,吉瑞累仍。"始建国元年秋,王莽"遣五威将王奇等十二人班《符命》四十二篇于天下。德祥五事,符命二十五,福应十二,凡四十二篇。其德祥言文、宣之世黄龙见于成纪、新都,高祖考王伯墓门梓柱生枝叶之属。符命言井石、金匮之属。福应言雌鸡化为雄之属。其文尔雅依托,皆为作说,大归言莽当代汉有天下云。总而说

---

[1] 参见《汉书·成帝纪》卷十。
[2] 《汉书·谷永传》卷八十五。
[3] 参见《汉书·平帝纪》卷十二。
[4] 以上参见《汉书·王莽传上》卷九十九上。
[5] 《汉书·翟方进传》卷八十四。

之曰：'帝王受命，必有德祥之符瑞，协成五命，申以福应，然后能立巍巍之功，传于子孙，永享无穷之祚。故新室之兴也，德祥发于汉三七九世之后。肇命于新都，受瑞于黄支，开王于威功，定命于子同，成命于巴宕，申福于十二应，天所以保佑新室者深矣，固矣！武功丹石出于汉氏平帝末年，火德销尽，土德当代，皇天眷然，去汉与新，以丹石始命于皇帝。皇帝谦让，以摄居之，未当天意，故其秋七月，天重以三能文马。皇帝复谦让，未即位，故三以铁契，四以石龟，五以虞符，六以文圭，七以玄印，八以茂陵石书，九以玄龙石，十以神井，十一以大神石，十二以铜符帛图。申命之瑞，浸以显著，至于十二，以昭告新皇帝……新室既定，神祇欢喜，申以福应，吉瑞累仍……'"王莽坐上皇帝宝座后大量借用符命、祥瑞等字眼改换郡县名称，如沛郡称吾符，符离称符合，樊舆称握符，等等。《汉书·王莽传中》载："郡县以亭为名者三百六十，以应符命文也。"[1] 通过以官方正式文件的方式颁布《符命》，及大量以符命任官、改地名等行为，王莽极大地扩大和深化了"符命"在社会各阶层中的影响。

晋张华曰："王莽时，郡国多称瑞应，岁岁相寻，皆由顺时之欲，承旨求媚，多无实应，乃使人猜疑。"[2] 新朝末年，起义军隗嚣等檄书告郡国，说王莽"矫托天命，伪作符书，欺惑众庶，震怒上帝。反戾饰文，以为祥瑞"[3]。以此来为推翻王莽新朝造舆论。

东汉光武帝刘秀的出生与中兴伴随着许多吉兆。《论衡·吉验篇》说："光武帝，建平元年十二月甲子生于济阳宫后殿第二内中，皇考为济阳令，时夜无火，室内自明。皇考怪之，即召功曹吏充兰，使出问卜工。兰与马下卒苏永俱之卜王长孙所。长孙卜，谓永、兰曰：'此吉事也，毋多言。'是岁，有禾生景天中，三本一茎九穗，长于禾一二尺，盖嘉禾也。元帝之初，有凤凰下济阳宫，故今济阳宫有凤凰庐。始与李父等俱起，到柴界中，

---

[1] 以上见《汉书》卷九十九中。
[2] 《博物志·杂说上》，张华撰，范宁校证：《博物志校证》卷九，第105页。
[3] 《后汉书·隗嚣传》卷十三。

遇贼兵,惶惑走济阳旧庐。比到,见光若火正赤,在旧庐道南,光耀憧憧上属天,有顷不见。王莽时,谒者苏伯阿能望气,使过舂陵,城郭郁郁葱葱。及光武到河北,与伯阿见,问曰:'卿前过舂陵,何用知其气佳也?'伯阿对曰:'见其郁郁葱葱耳。'盖天命当兴,圣王当出,前后气验,照察明著。继体守文,因据前基,禀天光气,验不足言。创业龙兴,由微贱起于颠沛若高祖、光武者,曷尝无天人神怪光显之验乎!"[1]有关刘秀兴起之符瑞《宋书·符瑞志上》记述较《论衡·吉验篇》更为详尽,此不复述[2]。

刘秀即帝位后笃信谶纬,由于谶纬多与瑞应有关,故其统治时期多有祥瑞出现,只是由于光武帝"常自谦无德,每郡国所上,辄抑而不当,故史官罕得记焉"[3]。即便是这样,我们还是在文献中看到,建武十二年(公元36年)"六月,黄龙见东阿"。十三年"九月,日南徼外蛮夷献白雉、白兔"。十七年十月"有五凤皇见于颍川之郏县"[4]。中元元年(公元56年)夏,"京师醴泉涌出,饮之者固疾皆愈……又有赤草生于水崖。郡国频上甘露"[5],等等。

东汉光武帝后,祥瑞频出,不绝于载(参见表三)。《论衡·讲瑞篇》曰:"永平之初,时来有瑞,其孝明宣惠,众瑞并至。至元和、章和之际,孝章耀德,天下合洽,嘉瑞奇物,同时俱应,凤皇、骐驎,连出重见,盛于五帝之时。"[6]《拾遗记·后汉》说:"明、章两主,丕承前业,风被四海,威行八区,殊边异服,祥瑞辐凑。"[7]

"孝明之时,众瑞并至。"[8]明帝永平六年(公元63年)"二月,王雒山出宝鼎,庐江太守献之"。永平十一年"𣵥湖出黄金,庐江太守以献。时

---

[1] 北京大学历史系《论衡》注释小组:《论衡注释》,第137页。
[2] 详见《宋书·符瑞志上》卷二十七。
[3] 《后汉书·光武帝纪下》卷一下。
[4] 《后汉书·光武帝纪下》注引《东观记》曰:"凤高八尺,五彩,群鸟并从,行列盖地数顷,停一十七日。"
[5] 以上参见《后汉书·光武帝纪下》卷一下。
[6] 北京大学历史系《论衡》注释小组:《论衡注释》,第974页。
[7] 王嘉撰,萧绮录,齐治平校注:《拾遗记》卷六,《古小说丛刊》,中华书局,1981年,第146页。
[8] 《论衡·须颂篇》,北京大学历史系《论衡》注释小组:《论衡注释》,第1159页。

麒麟、白雉、醴泉、嘉禾所在出焉"，"十七年春正月，甘露降于甘陵……是岁，甘露仍降，树枝内附，芝草生殿前，神雀五色翔集京师"[1]。《后汉书·贾逵传》说，东汉明帝时"有神雀集宫殿官府，冠羽有五彩色，帝异之，以问临邑侯刘复，复不能对，荐（贾）逵博物多识，帝乃召见逵，问之。对曰：'昔武王终父之业，鸑鷟在岐，宣帝威怀戎狄，神雀仍集，此胡降之征也。'帝敕兰台给笔札，使作《神雀颂》，拜为郎"[2]。据贾逵的解释，这些神雀的出现，是戎狄归降汉朝的吉兆。《论衡·宣汉篇》说："孝明时虽无凤皇，亦致麟、甘露、醴泉、神雀、白雉、紫芝、嘉禾，金出鼎见，离木复合。五帝三王，经传所载瑞应，莫盛孝明。"[3] 王充《论衡》大约成书于元和三年（公元86年），章帝在位期间的祥瑞还没有定论，所以言"五帝三王，经传所载瑞应，莫盛孝明"。实际上东汉出现祥瑞最多的是章帝时期。

据《后汉书·肃宗孝章帝纪》载，章帝"在位十三年，郡国所上符瑞，合于图书者数百千所"[4]。章帝在位十三年，约四千七百多天，如果有符瑞"数百千所"，岂不平均几天就有一符瑞出现？这还不包括不合于图书者。看来《后汉书》所记实有虚张之嫌。不过，在《后汉书·章帝纪》中，记载章帝年间出现的祥瑞还真是不少（见表三）。如，章帝建初三年（公元78年），"零陵献芝草"；建初四年，"甘露降泉陵、洮阳二县"；建初五年，"献芝草。有八黄龙见于泉陵"[5]。元和元年（公元84年），"日南徼外蛮夷献生犀、白雉"[6]。元和二年，"凤皇集肥城"，"五月戊申，诏曰：'乃者凤皇、黄龙、鸾鸟比集七郡，或一郡再见，及白乌、神雀、甘露屡臻。'"九月，又诏曰："凤皇、黄龙所见亭部无出二年租。"元和四年，又

---

[1] 以上参见《后汉书·显宗孝明帝纪》卷二。按："内附"谓木连理也。
[2] 《后汉书》卷三十六。
[3] 北京大学历史系《论衡》注释小组：《论衡注释》，第1100页。
[4] 《后汉书》卷二。
[5] 《后汉书·肃宗孝章帝纪》注引伏侯《古今注》曰："见零陵、泉陵相水中，相与戏。其二大如马，有角；六枚大如驹，无角。"
[6] 《后汉书·肃宗孝章帝纪》注引刘欣期《交州记》曰："犀，其毛如豕，蹄有三甲，头如马，有三角，鼻上角短，额上、头上角长。"

诏曰："乃者凤皇仍集，麒麟并臻，甘露宵降，嘉谷滋生，芝草之类，岁月不绝。朕夙夜祗畏上天，无以彰于先功。今改元和四年为章和元年。"[1]《后汉书·乐恢传》载，章帝元和中，"京师及四方累有奇异鸟兽草木，言事者以为祥瑞"[2]。王充在《论衡·恢国篇》中说："今上（章帝）嗣位，元二之间，嘉德布流。三年，零陵生芝草五本。四年，甘露降五县。五年，芝复生六本；黄龙见，大小凡八。前世龙见不双，芝生无二，甘露一降，而今八龙并出，十一芝累生，甘露流五县，德惠盛炽，故瑞繁夥也。"又《验符篇》说，东汉章帝"建初三年，零陵、泉陵女子傅宁宅，土中忽生芝草五本，长者尺四五寸，短者七八寸，茎叶紫色，盖紫芝也。太守沈酆遣门下掾衍盛奉献，皇帝悦怪，赐钱衣食。诏会公卿，郡国上计吏民皆在，以芝告示天下。天下并闻，吏民欢喜，咸知汉德丰雍，瑞应出也。四年，甘露下泉陵、零陵、洮阳、始安、泠道五县，榆柏梅李，叶皆洽溥，威委流瀸，民噉吮之，甘如饴蜜。五年，芝草复生泉陵男子周服宅上六本，色状如三年芝，并前凡十一本"[3]。《东观汉记·肃宗孝章皇帝》曰："章帝时，凤凰见百三十九，麒麟五十二，白虎二十九，黄龙三十四，青龙、黄鹄、鸾鸟、神马、神雀、九尾狐、三足乌、赤乌、白兔、白鹿、白燕、白鹊、甘露、嘉瓜、秬秠、明珠、芝英、华苹、朱草、连理实，日月不绝，载于史官，不可胜纪。"[4]以此观之，章帝年所出祥瑞无论是名物之多还是数量之大都堪称汉代之最。

和帝执政时祥瑞出现不多。《后汉书》只载有永元六年（公元94年）正月，"永昌徼外夷遣使译献犀牛、大象"一条。然又说和帝在位"前后符瑞八十一所，自称德薄，皆抑而不宣"[5]。《宋书·符瑞志下》曰："汉和帝在位十七年，郡国言瑞应八十余品，帝让而不宣。"[6] 和帝在位十七年，

---

[1] 以上参见《后汉书·肃宗孝章帝纪》卷三。
[2] 《后汉书》卷四十三。
[3] 北京大学历史系《论衡》注释小组：《论衡注释》，第1123、1140—1141页。
[4] 班固等撰：《东观汉记》卷二，《丛书集成初编》，中华书局，1985年新1版，第20页。
[5] 以上见《后汉书·孝和孝殇帝纪》卷四。
[6] 《宋书》卷二十九。

即便是祥瑞出现81次，平均每年出现祥瑞也有四五次。这显然是史官的曲笔阿世、谀言媚主之辞。

"衰世好信鬼，愚人好求福。"[1]东汉自和帝以降，政教陵迟，然而祥瑞却频频出现。安帝未即帝位时就有征祥见之。《后汉书·孝安帝纪》载："帝自在邸第，数有神光照室，又有赤蛇盘于床笫之间。"即位后，元初三年（公元116年），"东平露上言木连理"。延光元年（公元122年），"九真言黄龙见无功"。二年，"九真言嘉禾生"。三年春二月，"济南上言，凤皇集台县丞霍收舍树上"。夏四月，"沛国言甘露降丰县"。秋七月，"冯翊言甘露降频阳、衙。颍川上言木连理。白鹿、麒麟见阳翟"。八月，"颍川上言麒麟一、白虎二见阳翟"。九月，"济南上言黄龙见历城"。十月，"新丰上言凤皇集西界亭"。十二月，"琅邪言黄龙见诸县"。四年春正月，"东郡言黄龙二、麒麟一见濮阳"[2]。

桓帝刚即位的建和元年（公元147年）二月，"沛国言黄龙见谯"。二年夏四月"嘉禾生大司农帑藏"，秋七月"河东言木连理"。元嘉二年（公元152年）"八月，济阴言黄龙见句阳，金城言黄龙见允街"。永兴元年（公元153年）"春二月，张掖言白鹿见"。永寿元年（公元155年）"夏四月，白乌见齐国"。延熹三年（公元160年）"夏四月，上郡言甘露降"。延熹八年"二月己酉，南宫嘉德署黄龙见"。永康元年（公元167年）"秋八月，魏郡言嘉禾生，甘露降。巴郡言黄龙见"。《后汉书》注引《续汉志》曰："时人欲就沱浴，见沱水浊，因相戏恐：'此中有黄龙。'语遂行人间，闻郡，欲以为美，故上言之，时史以书帝纪。桓帝政化衰缺，而多言瑞应，皆此类也。先儒言瑞兴非时，则为妖孽，而人言生龙，皆龙孽也。"[3]一语道破桓帝祥瑞的真相。

灵帝熹平五年（公元176年）"沛国言黄龙见谯"。光和四年（公元181年）"二月，郡国上芝英草"；"秋七月，河南言凤皇见新城，群鸟随

---

[1] 《论衡·解除篇》，北京大学历史系《论衡》注释小组：《论衡注释》，第1438页。
[2] 以上参见《后汉书》卷五。
[3] 以上参见《后汉书·孝桓帝纪》卷七。

之"[1]。

汉代帝王活着有祥瑞相随，死后也以祥瑞为伴，甚至连裹尸的玉衣上也刻出龙凤龟麟。《西京杂记》曰："汉帝送死皆珠襦玉匣。匣形如铠甲，连以金缕。武帝匣上皆镂为蛟龙鸾凤龟麟之象，世谓为'蛟龙玉匣'。"[2]

东汉时期，臣子上疏每言"皇天降祉，嘉瑞并臻"，帝王下诏每曰"鸾凤仍集，麟龙并臻，甘露宵降，嘉谷滋生，赤草之类，纪于史官"[3]。这甚至成为一种惯例。

汉承周制，亦有记录祥瑞的官员。《后汉书·百官二》载："太史令一人，六百石……凡国有瑞应、灾异，掌记之。"[4] 由于太史令一类记录祥瑞官员的"勤奋"，在《汉书》《后汉书》中均有大量的关于祥瑞的记载，且远远超过其前任何一个朝代。王充在《论衡·恢国篇》中说："黄帝、尧、舜，凤皇一至。凡诸众瑞，重至者希。汉文帝黄龙、玉棓（杯）。武帝黄龙、麒麟、连木。宣帝凤皇五至，麒麟、神雀、甘露、醴泉、黄龙、神光。平帝白雉、黑雉。孝明麒麟、神雀、甘露、醴泉、白雉、黑雉、芝草、连木、嘉禾，与宣帝同奇，有神鼎、黄金之怪（祥瑞）。一代之瑞，累仍不绝，此则汉德丰茂，故瑞祐多也。"[5] 汉代帝王十分注重祥瑞灾异的出现，祥瑞集，则喜，乃颁布天下，赏赐有差；灾异出，则惊，乃战栗恐惧，引咎自责。统治者这么看重祥瑞，汉代吉祥文化何愁不兴？

汉代，连一些皇妃、诸侯也时有吉祥征兆。《史记·外戚世家》载："汉王心惨然，怜薄姬，是日召而幸之。薄姬曰：'昨暮夜妾梦苍龙据吾

---

[1] 以上参见《后汉书·孝灵帝纪》卷八。
[2] 葛洪撰：《西京杂记》卷一，《古今逸史精编》，第106页。
[3] 参见《后汉书·张曹郑列传》卷三十五。
[4] 《后汉书》志第二十五。
[5] 北京大学历史系《论衡》注释小组：《论衡注释》，第1122—1123页。按，黄龙、玉棓：据《史记·孝文本纪》载，汉文帝十五年（前165年），有象征祥瑞的黄龙出现在成纪。十七年（前163年）得到一个玉杯，上刻"人主延年"四个吉祥文字。神光：传说汉宣帝于公元前55年祭天和公元前54年祭地的时候，空中都有祥光出现。神鼎、黄金之怪：据《后汉书·显宗孝明帝纪》载，汉明帝时，在庐江郡境内挖出一个铜鼎，在巢湖中发现了黄金十余斤，皆被视为祥瑞。

腹。'高帝曰：'此贵征也，吾为女遂成之。'一幸生男，是为代王。"文帝是也。孝景帝为太子时，"王美人梦日入其怀。以告太子（孝景帝），太子曰：'此贵征也。'未生而孝文帝崩，孝景帝即位，王夫人生男"[1]。武帝是也。"武帝赵婕妤，家在河间，生而两手皆拳，不可开。武帝巡狩过河间，望气者言，此有奇女天子气。召而见之。武帝自披其手，既时申，得一玉钩。由是见幸，号曰'拳夫人'。进为婕妤，居钩弋宫，大有宠。十四月生男，是为昭帝。"元帝王皇后，其母"李氏方任身，梦月入其怀，生女，是为元后。每许嫁，未行，所许者辄死。卜相者云：'当大贵。'遂为元帝皇后，生成帝"[2]。《汉书·外戚传下》在记述成帝为中山孝王娶卫子豪少女时说："成帝时，中山孝王无子，上以卫氏吉祥，以子豪少女配孝王。"[3]《汉书·王莽传上》载，平帝纳采之后，"有诏遣大司徒、大司空策告宗庙，杂以卜筮，皆曰：'兆遇金水王相，卦遇父母得位，所谓"康强"之占、"逢吉"之符也。'"[4]东汉和帝邓皇后做梦进入了天界，诏占梦者占之，占者言："尧梦攀天而上，汤梦及天而咶之，斯皆圣王之前占，吉不可言。"东汉顺帝梁皇后，"生，有光景之祥"，"永建三年，与姑俱选入掖庭，时年十三。相工茅通见后，惊，再拜贺曰：'此所谓日角偃月，相之极贵，臣所未尝见也。'"[5]古代相术称，天庭左方的左额隆起如日状谓日角，天庭右方的右额隆起如月牙状谓偃月。"日角偃月"指极其富贵之面相。

《礼含文嘉》曰："诸侯有德，当益其地，不过百里，后有功，加以九锡，皆如其德，则阴阳和，风雨时，则有景星之应、秬鬯之草是也。"[6]《汉书·东方朔传》说，吴王行仁政三年，"凤凰来集，麒麟在郊，甘露既降，朱草萌牙"[7]。

---

[1]《史记》卷四十九。
[2] 以上见《宋书·符瑞志上》卷二十七。
[3]《汉书》卷九十七下。
[4]《汉书》卷九十九上。
[5] 以上见《后汉书·皇后纪下》卷十下。
[6] 乔松年辑：《纬捃》，《纬书集成》，第1487页。
[7]《汉书》卷六十五。

西汉景帝之子鲁恭王刘余在鲁国曲阜建造灵光殿，其建筑规模宏大，雄伟壮观，为当时国内较大的建筑物之一。东汉王延寿在《鲁灵光殿赋》中说："乃立灵光之秘殿……永安宁以祉福，长与大汉而久存。实至尊之所御，保延寿而宜子孙。"[1]道出了鲁灵光殿所蕴含的吉祥寓意。

河南永城芒砀山柿园西汉梁共王刘买墓主室室顶绘有龙、白虎、朱雀、瑞兽、灵芝及云气等组成的吉瑞图案。壁画正中绘一巨龙，双翼展开，口吐长舌，作奔游状；其左侧绘一朱雀，背对巨龙，口衔龙角；右侧为一白虎，作腾云状，一足踏云彩，一足攀神树，树上生长灵芝；周围饰以祥云。（图3-1）主室南壁壁画也有吉瑞题材，如斑豹、朱雀、灵芝、神山等。同一地点的保安山二号梁孝王王后墓一号陪葬坑出土了15件铜质鎏金车牌饰，其上透雕仙人、仙树、仙山、熊、虎、翼龙、马、羊、麒麟、凤鸟、龟、异兽、祥云等吉瑞画像。[2]以上壁画和铜车牌饰画像一是反映梁王的吉祥信仰，画像中雕绘的大量祥禽瑞兽，是为了达到趋吉辟凶的目的；二是体现梁王的成仙思想，无论壁画还是车牌饰上的仙人、仙树、仙山、祥云等图案，描绘的都是天界仙国的景象，而那些龙、虎、凤鸟、麒麟等则可能是护送引导梁王升入天国的吉祥物。

从历史文献及考古资料上看，中国祥瑞文化在汉代已经形成，并促进形成中国吉祥文化史上第一个高峰。特别是武帝以后，祥瑞已成为封建上层政治生活中不可或缺的重要组成部分。汉王充说："案武王之符瑞不过高祖。武王有白鱼、赤乌之祐，高祖有断大蛇、老妪哭于道之瑞。武王有八百诸侯之助，高祖有天下义兵之佐。武王之相，望羊而已，高祖之相，龙颜、隆准、项紫、美须髯，身有七十二黑子。高祖又逃吕后于泽中，吕后辄见上有云气之验，武王不闻有此。夫相多于望羊，瑞明于鱼、乌，天下义兵并来会汉，助强于诸侯。"又说："五帝三王，经传所载瑞应，莫盛孝明。如以瑞应效太平，宣、明之年倍五帝、三王也。"又曰："文武受命之降怪（祥瑞），不及高祖、光武初起之祐（祥瑞）；孝宣、孝明之瑞，美于

---

[1]《文选》卷十一。
[2] 详见阎根齐主编：《芒砀山西汉梁王墓地》，文物出版社，2001年，第115—119页、47—49页。

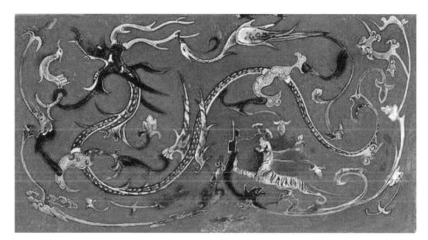

图 3-1 河南永城芒砀山西汉梁王墓中的吉瑞壁画(摹本)

三 两汉时期不同阶级、不同阶层的吉祥文化

周之成、康、宣王。孝宣、孝明符瑞，唐、虞以来，可谓盛矣。"[1] 晋张华曰："汉兴多瑞应，至武帝之世特甚，麟凤数见。王莽时，郡国多称瑞应，岁岁相寻，皆由顺时之欲，承旨求媚，多无实应，乃使人猜疑。"[2] 唐刘知几曰："泊汉兴，儒者乃考《洪范》以释阴阳。其事也如江璧传于郑客，远应始皇；卧柳植于上林，近符宣帝。门枢白发，元后之祥；桂树黄雀，新都之谶。举夫一二，良有可称。"[3] 近人谢国桢说："光武中兴，革除新莽，所谓革除新莽者，仅废除新莽之制度而已，新莽谶纬迷罔之旨，根本未能废除。而统治之增强，政治之腐败，尤且过之。新莽笃信阴阳五行之说，而光武何尝不嗜谶纬之旨，不然凤凰、麒麟、木连理、比目鱼等等祥瑞之图，何以不见于光武之前，而独昭于光武之后。"[4] 尽管汉代至魏晋时期对祥瑞的附会在很大程度上是为了歌颂封建帝王的"丰德"，渲染"天命"思想，但从历史发展的角度看，汉代皇家的祥瑞文化对后世确实产生了深远影响。

2. 官僚士大夫、豪强地主的吉祥文化

西汉初，贾谊受周勃、灌婴排挤，由太中大夫贬为长沙王太傅。"为长沙傅三年，有服飞入谊舍，止于坐隅。服似鸮，不祥鸟也。""发书占之，谶言其度。曰'野鸟入室，主人将去'。"[5] 贾谊以为不吉，曰："祸兮福所倚，福兮祸所伏；忧喜聚门兮，吉凶同域。"[6] 长沙古俗，认为鹏鸟是不祥之鸟，至人家，主人死。贾谊对此深信不疑，因作《鹏鸟赋》。这则史

---

[1]《论衡·语增篇》《宣汉篇》，北京大学历史系《论衡》注释小组：《论衡注释》，第440—441、1100、1105页。
[2]《博物志·杂说上》，张华撰，范宁校证：《博物志校证》卷九，第105页。
[3]《史通·书志第八》，《史通通释》卷三。
[4] 谢国桢：《汉代画像考》上编，载周珏良等编辑：《周叔弢先生六十生日纪念论文集》，自印本，1950年，第347页。
[5]《汉书·贾谊传》卷四十八。按：鹏鸟即猫头鹰。
[6]《史记·屈原贾生列传》卷八十四。

料从一个侧面反映出贾谊对吉凶祸福的迷信。

司马相如著作中充斥着吉瑞文字。《汉书·兒宽传》曰："司马相如病死，有遗书，颂功德，言符瑞。"[1]所谓遗书即《封禅文》，是司马相如临终前留下的散文，为阐明请求武帝封禅的主张而作。文中大肆铺陈武帝时的种种符瑞。如"囿驺虞之珍群，徼麋鹿之怪兽，导一茎六穗于庖，牺双觡共抵之兽，获周余珍，收龟于岐，招翠黄乘龙于沼。鬼神接灵圉，宾于闲馆，奇物谲诡，俶傥穷变"。又有"甘露时雨，厥壤可游"，"嘉谷六穗，我穑曷蓄"，"濯濯之麟，游彼灵畤"，"宛宛黄龙，兴德而升"等[2]。这些颂辞说明，西汉初期的司马相如对当时的祥瑞知之甚详，并能驾轻就熟地运用到文章之中。

董仲舒的《春秋繁露》是大家熟知的著作，据说是他梦见蛟龙进入自己的怀中才作此书的。《西京杂记》曰："董仲舒梦蛟龙入怀，乃作《春秋繁露》词。"[3]在《春秋繁露》中董仲舒熟练地将阴阳五行、"大人感应"与君德、符瑞糅合在一起，认为符瑞的出现是帝王恩德惠及万物所致。他说："恩及草木，则树木华美，而朱草生；恩及鳞虫，则鱼大为，鳣鲸不见，群龙下"，"恩及于火，则火顺人而甘露降；恩及羽虫，则飞鸟大为，黄鹄出见，凤凰翔"，"恩及于土，则五谷成，而嘉禾兴。恩及倮虫，则百姓亲附，城郭充实，圣贤皆迁，仙人降"，"恩及于金石，则凉风出；恩及于毛虫，则走兽大为，麒麟至"，"恩及于水，则醴泉出；恩及介虫，则鼋鼍大为，灵龟出。"[4]这里董仲舒将帝王的恩德按木、火、土、金、水分类，每类都有不同的祥瑞对应，可见董仲舒对祥瑞的附会。

司马迁认为，符瑞是"至明天子"的瑞应，他说："汉兴已来，至明天子，获符瑞，封禅，改正朔，易服色……"[5]他在《史记》一书中记述了

---

[1]《汉书》卷五十八。
[2] 参见《史记·司马相如列传》卷一百一十七。
[3] 葛洪撰：《西京杂记》卷二，《古今逸史精编》，第113页。
[4] 参见《春秋繁露·五行逆顺第六十》，苏舆撰，钟哲点校：《春秋繁露义证》卷十三，第372—380页。
[5]《汉书·司马迁传》卷六十二。

许多"国家将兴，必有祯祥"的瑞应，此不赘述。

一些谋臣对祥瑞的附会甚至促成汉武帝改元。《汉书·终军传》载："上幸雍祠五畤，获白麟，一角而五蹄。时又得奇木，其枝旁出，辄复合于木上。上异此二物，博谋群臣。（终）军上对曰：'……今郊祀未见于神祇，而获兽以馈，此天之所以示飨，而上通之符合也。宜因昭时令日，改定告元……'对奏，上甚异之，由是改元为元狩。"[1]

西汉成帝时，刘向所著《洪范五行传》是集上古至秦的符瑞灾异之作。《汉书·楚元王传》载："（刘）向乃集合上古以来历春秋六国至秦汉符瑞灾异之记，推迹行事，连传祸福，著其占验，比类相从，各有条目，凡十一篇，号曰《洪范五行传论》，奏之。"[2] 这是刘向集合上古以来历春秋六国以至秦汉符瑞灾异的专著，可惜书已散佚[3]。

西汉末年，"莽篡位，谈说之士用符命称功德获封爵者甚众"[4]，"是时争为符命封侯，其不为者相戏曰：'独无天帝除书乎？'"[5] 从上述记载看出，王莽时期，奢谈符命已经成了士人进身的捷径，在官僚、士大夫中，如果谁没有符命呈献就被作为谈笑之资。

《论衡·佚文篇》载："永平中，神雀群集，孝明诏上《神爵颂》。百官颂上，文皆比瓦石，唯班固、贾逵、傅毅、杨终、侯讽五颂金玉，孝明览焉。"[6] 这说明班固、贾逵、傅毅等大家皆善写称颂符瑞的文章。班固所著《典引》充斥着祥文瑞辞，"是以来仪集羽族于观魏，肉角驯毛宗于外囿，扰缛文皓质于郊，升黄辉采麟于沼，甘露宵零于丰草，三足轩翥于茂树。若乃嘉谷灵草，奇兽神禽，应图合谍，穷祥极瑞者，朝夕坰牧，日月邦畿，卓荦乎方州，洋溢乎要荒"[7]。班固还有《宝鼎诗》《白雉诗》《郊

---

[1] 《汉书》卷六十四下。
[2] 《汉书》卷三十六。
[3] 按：刘向的《洪范五行传论》完本今已不见，有明张溥《汉魏六朝百三家集·刘子政集》、叶绍泰《增定汉魏六朝别解》、清王谟《汉魏遗书钞》、陈寿祺《左海全集》和黄奭《黄氏逸书考》等辑本。这些辑佚文字大多出于班固《汉书·五行志》，其中班固引述达152条之多。
[4] 《汉书·扬雄传下》卷八十七下。
[5] 《汉书·王莽传中》卷九十九中。
[6] 北京大学历史系《论衡》注释小组：《论衡注释》，第1171页。
[7] 《文选》卷四十八。

祀灵芝歌》等诗,皆为赞美祥瑞之作。

　　汉代社会发展演变的过程,可说是逐渐走向以豪族为中心的社会形态的过程。西汉中期以后,随着封建经济的高度发展,导致了豪强势力的扩张,富商大贾"大者倾郡,中者倾县,下者倾乡里者,不可胜数"[1]。至东汉时期,豪强大族兴起,土地兼并日趋严重,大庄园经济快速发展。当此之时,"豪人之室,连栋数百,膏田满野,奴婢千群,徒附万计。船车贾贩,周于四方,废居积贮,满于都城。琦赂宝货,巨室不能容;马牛羊豕,山谷不能受。妖童美妾,填乎绮室;倡讴伎乐,列乎深堂。宾客待见而不敢去,车骑交错而不敢进。三牲之肉,臭而不可食;清醇之酎,败而不可饮。睇盼则人纵其目之所视,喜怒则人随其心之所虑"[2]。这些豪强地主不但在经济上雄踞一方,在文化和信仰上也跃跃欲试。在这种情景下,祥瑞的降临不再是帝王的专利,郡县官吏、豪强地主由于其社会地位的提高,为标榜自己清明,谋取政治利益,也借助一些祥瑞来吹嘘自己的"德行"。

　　西汉宣帝时,"(黄)霸以外宽内明得吏民心……有诏归颍川太守官,以八百石居治如其前。前后八年,郡中愈治。是时凤皇神爵数集郡国,颍川尤多。天子以霸治行终长者,下诏称扬……"[3]说的是黄霸任颍川(禹州一带)太守,任职八年,政治清明,颍川出现了"太平盛世",凤凰、神雀等祥瑞数集颍川,职是,宣帝专门下诏书称扬他。

　　东汉初年,秦彭转任颍川太守,政令清明,治民良法得吏民称道,因而凤凰、麒麟、嘉禾、甘露等祥瑞出现在他做官的地方。章帝看到颍川繁荣,百姓安居乐业,先后两次巡行颍川,赏赐秦彭以示奖励。《后汉书·循吏列传》载,秦彭"转颍川太守,乃有凤皇、麒麟、嘉禾、甘露之瑞,集其郡境。肃宗巡行,再幸颍川,辄赏赐钱谷,恩宠甚异"[4]。

　　明帝永平年间,成都人王阜为重泉令,"政治肃清,举县畏惮,吏民向

---

[1] 《史记·货殖列传》卷一百二十九。
[2] 《后汉书·仲长统传》卷四十九。
[3] 《汉书·循吏传》卷八十九。
[4] 《后汉书》卷七十六。

化,鸾鸟集于学宫。阜使五官掾长沙叠为张雅乐,击磬,鸟举足垂翼,应声而舞,翩翔复上县庭屋,十余日乃去"。章帝元和年间,王阜为益州太守,"政教清静,百姓安业,神马四出滇河中,甘露降,白乌见,连有瑞应,世谓其用法平正宽慈惠化所致"[1]。《后汉书·南蛮西南夷列传》亦载:"肃宗元和中,蜀郡王追为太守,政化尤异,有神马四匹出滇池河中,甘露降,白乌见。"[2]

东汉初年,司徒蔡茂"初在广汉,梦坐大殿,极上有三穗禾,茂跳取之,得其中穗,辄复失之。以问主簿郭贺,贺离席庆曰:'大殿者,官府之形象也。极而有禾,人臣之上禄也。取中穗,是中台之位也。于字禾失为秩,虽曰失之,乃所以得禄秩也。衮职有阙,君其补之。'"[3] 按主簿郭贺的解释,这无疑是司徒蔡茂的一个吉梦,"三穗禾"是他升官的瑞应。

《后汉书·应劭传》曰:"中兴初,有应妪者,生四子而寡。见神光照社,试探之,乃得黄金。自是诸子宦学,并有才名,至场七世通显。"[4] 这段记载说的是,东汉初年少妇应氏在守寡育子艰难之时忽见神光普照而得黄金,自是得以教子宦学,四个儿子个个成才。到应场的时候,前后七代人,皆官位高、名声大。这里把神光、黄金视为应氏兴旺的吉祥物。

建初七年(公元82年)中牟令鲁恭家侧室庭中长出了嘉禾,河南尹袁安上报于章帝。《后汉书·鲁恭传》曰:"是岁,嘉禾生恭便坐廷中,安因上书言状,帝异之。"[5]

一些官吏出生时有吉兆,长大有吉相。东汉初期贤臣司徒虞延出生时有吉象。《后汉书·虞延传》载:"虞延字子大,陈留东昏人也。延初生,其上有物若一匹练,遂上升天,占者以为吉。"[6]《后汉书·窦武传》载:"武母产武而并产一蛇,送之林中。后母卒,及葬未窆,有大蛇自榛草出,

---

[1] 班固等撰:《东观汉记·王阜》卷十八,《丛书集成初编》,第164、165页。按:王阜,《后汉书·南蛮西南夷列传》作王追。
[2] 《后汉书》卷八十六。
[3] 《后汉书·蔡茂传》卷二十六。
[4] 《后汉书》卷四十八。
[5] 《后汉书》卷二十五。
[6] 《后汉书》卷三十三。

径至丧所，以头击枢，涕血皆流，俯仰蜷曲，若哀泣之容，有顷而去。时人知为窦氏之祥。"[1] "广文伯，河东蒲坂人也，其生亦以夜半时。适生，有人从门呼其父名。父出应之，不见人，有一木杖植其门侧，好善异于众。其父持杖入门而示人，人占曰：'吉。'文伯长大学宦，位至广汉太守。文伯当贵，故父得赐杖，以杖当得子之力矣。"[2] 这段话是说广文伯在半夜出生。刚出生，有人从门外喊他父亲的名字。他父亲出去答应，不见人，只见一根木杖立在他的门边，木杖质好形美与众不同。他父亲拿着木杖进门来给人看，有人推测说"吉利"。文伯长大学做官，官做到广汉太守。文伯该富贵，所以他父亲能得赐予木杖，以木杖为吉物。《后汉书·李固传》曰："固貌状有奇表，鼎角匿犀，足履龟文。"注曰："鼎角者，顶有骨如鼎足也。匿犀，伏犀也。谓骨当额上入发际隐起也。足履龟文者两千石，见《相书》。"[3]

东汉末，曹植曾上《贺瑞表》，曰："臣闻凤凰复见邺南，黄龙双出于清泉，圣德至理，以致嘉瑞。"[4] 这些嘉瑞成了曹丕禅汉的天意。

有些官僚，想祥瑞想昏了头，稍见异物则言瑞应。《后汉书·朱浮传》载，光武帝时大将军彭伯通以为功高天下。"往时辽东有豕，生子白头，异而献之，行至河东，见群豕皆白，怀惭而还。"[5] 此说大将军彭伯通在辽东见到一只白脑袋的猪，以为祥瑞，准备把它献给皇帝，走到河东这个地方时，见到一群白猪，心里感到很惭愧，于是返回。

官僚的吉凶祸福是与君主相关联的。《论衡·偶会篇》曰："人臣命有吉凶，贤不肖之主与之相逢。文王时当昌，吕望命当贵；高宗治当平，傅说德当遂。非文王、高宗为二臣生，吕望、傅说为两君出也，君明臣贤，光曜相察，上修下治，度数相得。"[6] 章帝年间，杨终因替人游说，犯法，

---

[1]《后汉书》卷六十九。
[2]《论衡·吉验篇》，北京大学历史系《论衡》注释小组：《论衡注释》，第136页。
[3]《后汉书》卷六十三。
[4]《艺文类聚》卷九十八引。
[5]《后汉书·朱浮传》卷三十三。
[6] 北京大学历史系《论衡》注释小组：《论衡注释》，第141—142页。

被贬到偏远的地方做官。后来皇帝出游,见凤凰、黄龙,杨终上书赞颂祥瑞,因而官复原职。[1]

从汉代一些官僚士大夫、豪家大族的遗迹、遗物中,也能看到他们生前对吉祥的不懈追求,以至死后其墓室中、随葬器物上刻绘有众多吉祥瑞物。

1976年发掘的洛阳卜千秋壁画墓为西汉中后期官僚或大族的墓葬,墓中壁画绘有龙、凤、虎、三足乌、桂树、蟾蜍、方相氏、伏羲、女娲等吉祥瑞物[2]。河南荥阳苌村东汉壁画墓墓主为齐相,还做过巴郡和济阴郡太守等两千石官吏。墓内甬道及其前室券顶和周壁绘满壁画,并附有大量榜题。墓室壁画以起券处为界,分成上下两部分:上部绘天界,下部绘墓主生活场景。在上部壁画中绘有麒麟、天马、翼虎、比肩兽、玉兔、飞鸟等吉瑞。[3] 1971年发掘的内蒙古和林格尔东汉壁画墓,从墓室壁画的榜题我们知道,墓主人历任郎官、西河长史、属国都尉、繁阳令、护乌桓校尉等官职,最高的是护乌桓校尉(秩两千石)。在他的墓中,前室绘有青龙、白虎、朱雀、凤凰、白象、麒麟,后室绘有青龙、白虎、朱雀、玄武。中室从西壁延伸到北壁,专门绘有一组"祥瑞图",残存榜题49项,能辨识的祥瑞有青龙、麒麟、灵龟、木蒉荚、神鼎、醴泉、三足乌、九尾狐、白狼、比翼鸟、木连理、比肩兽等三十余种[4]。

山东嘉祥东汉武氏祠中刻有大量的祥瑞画像。据武氏诸碑文记载,拥有这些画像的武氏家族中,前石室主人武荣曾官"执金吾丞",左石室主人武开明官"吴郡府丞",武班官"敦煌长史",皆为六百石至千石的官秩。其中武梁祠的拥有者武梁官位最低,曾做过州郡的从事,后隐居不仕,所

---

[1]《后汉书·杨终传》曰:"终兄凤为郡吏,太守廉范为州所考,遣凤候终,终为范游说,坐徙北地。帝东巡狩,凤凰黄龙并集,终赞颂嘉瑞,上述祖宗鸿业,凡十五章,奏上,诏贳还故郡。"(《后汉书》卷四十八)
[2] 参见洛阳博物馆:《洛阳西汉卜千秋壁画墓发掘简报》,《文物》1977年第6期。
[3] 详见郑州市文物考古研究所、荥阳市文物保护管理所:《河南荥阳苌村汉代壁画墓调查》,《文物》1996年第3期。
[4] 参见内蒙古自治区文物考古研究所:《和林格尔汉墓壁画》,文物出版社,2007年。

以他的祠堂小于前石室和左石室。武梁曾专心研究韩诗、河图洛书及诸子传记，他的祠堂西壁、东壁和后壁雕刻了几十个故事和数以百计的人物，并多有榜题。武梁热衷于谶纬祥瑞，其祠堂顶部的前、后坡面石绘刻有目前发现的汉代祥瑞最为集中的两幅画像石"祥瑞图"，大有祥瑞天降之意。根据榜题和宋元旧拓，这两块屋顶坡面石上刻有蓂荚、黄龙、神鼎、狼井、六足兽、银瓮、比目鱼、白鱼、比肩兽、比翼鸟、玄圭、璧流离、木连理、赤羆、玉英、玉马、玉胜、泽马、白马、渠搜、巨畅等祥瑞四十多种，多数都有数字榜题[1]，榜题文字与《宋书·符瑞志》仿佛，似为石刻版的符瑞图。

浙江海宁长安镇画像石墓是一座东汉末期的墓葬，墓中出土两方祥瑞比较集中的画像石，画像保存基本完好。一方为墓葬前室西壁上层石刻，画面自右至左刻有比肩兽、白马朱鬣（或泽马、玉马）、九尾狐、玄武、飞燕、不死鸟、麒麟、凤鸟、朱雀、兔、平露、鹿、明珠、玉函、比目鱼、胜、大贝、灵芝等。另一方为前室北壁上层石刻，画面上层自右至左为执幢骑士、祥瑞植物、龙驹、朱雀、蓂荚、凤鸟、嘉禾、符拔、熊、青龙、白虎等。除此两方"祥瑞图"外，墓室中其他石刻有的也刻有瑞物[2]。

东汉灵帝时期的《李翕五瑞碑》，是证明官吏"德治"政绩致瑞的显例。它确切地证明了随着汉代向以豪族为中心的社会形态发展，至东汉后期，祥瑞已不再是皇帝的专利，一些官僚士大夫也可以利用祥瑞来为自己歌功颂德这一事实。

李翕，东汉后期渑池县令，后迁武都太守，传称他"德治精通，至黄龙、白鹿之瑞"。事迹见闻名于世的《李翕五瑞碑》（图3-2），此碑原在甘肃省成县鱼窍峡摩崖上，是当时为颂扬李翕等为民兴利除险修治道路这一福善之事，于汉灵帝建宁四年（公元171年）六月十三日刻绘的。石刻为长方形，最上面中间有隶书"黄龙"榜题，左上方刻一龙；右上方刻一鹿，鹿上有隶书"白鹿"榜题；左下方刻有两棵枝干相连的树木，其左有隶书"木连理"榜题；右下方有一棵树，树下一人手举一盘，其上方有隶书"承露人"，

---

[1] 详见蒋英炬、吴文祺著：《汉代武氏墓群石刻研究》，第58—60页。
[2] 详见周保平：《浙江海宁汉画像石墓两幅祥瑞图考辨》，《东南文化》2008年第5期。

图 3-2 甘肃成县东汉"李翕五瑞碑"(拓本)

人与树之间有隶书"甘露降"榜题；在木连理与承露人之间，有一棵一茎九穗禾，左有隶书"嘉禾"榜题。画面左侧刻有文字："君昔在渑池，修崤嵚之道，德治精通，致黄龙、白鹿之瑞，故图画其像。"[1]（图3-3）

一些官僚士大夫常在使用的器物上刻绘吉祥语和吉祥画像。如一件西汉铜洗上刻一鱼，鱼的两边有"吉羊"二字[2]（图3-4）。吉羊，即吉祥。一件东汉时期的"双鱼洗"，中间为"太岁在甲戌初平五年吴师作宜子孙"[3]的吉祥铭文，铭文两边各一象征吉祥的鱼。一件"汉宜侯王洗"，中间为"富贵常宜侯王"的吉祥铭文，两边为象征吉祥的鱼。一件"汉宜子孙洗"，中间为"君宜子孙"的吉祥文字，文字两边为象征吉祥的鱼。一件"汉吉羊洗"，中间为一羊，羊上有"吉羊"二字，羊前为一株嘉禾。此种祝颂吉祥、图文并茂的汉洗还有很多，兹不赘举。[4] 铜镜中流行的植物纹镜、动物纹镜、仙人镜等都是以吉祥为主题的画像镜。南阳博物馆藏的两面分别有"建宁元年"和"中平四年"纪年的铜镜上都有"大吉羊"的字样。汉代的漆器上有的写着有关器物用途的文字，马王堆1号汉墓出土的90件漆耳杯中，有40件书有"君幸酒"（图3-5），50件书有"君幸食"；宁波汉墓中

---

[1] 见冯云鹏、冯云鹓著：《金石索·石索二》卷八，王云五主编《万有文库》第一集，商务印书馆，1929年影印本，第114—115页。
[2] 王磊义编绘：《汉代图案选》，文物出版社，1989年，第72页，图167。
[3] 按：此处"初平五年"有误，汉献帝初平年号共四年（公元190—193年）；又，汉献帝甲戌年为公元194年，即汉献帝兴平元年。此误可能是因为作镜者远离京师，消息闭塞，不知改元，故云"甲戌初平五年"。
[4] 参见冯云鹏、冯云鹓著：《金石索·金索三》卷三，王云五主编《万有文库》第一集。

图3-3 甘肃成县东汉"李翕五瑞碑"(《金石索》摹本)

图3-4 西汉铜洗上的吉祥图案(摹本)

的漆杯也有"宜酒"的字样,"它们都兼有祝福吉祥的意思"[1]。

图3-5 绘有吉祥图案的西汉漆耳杯

汉代,官僚、豪族的参与为附着于各种遗迹、遗物上的吉祥纹样这一吉祥文化现象的普及与兴盛,提供了充裕的物质条件、普遍的政治基础和广阔的社会空间。研究汉代吉祥文化,要特别注意当时的官僚、地主阶层,因为在他们的墓葬中,出土了很多与吉祥文化相关的文物和画像,他们最清楚刻绘这些吉祥物的含义。他们上通下联,在他们的行为准则中,既有皇权统治的规范,又有民间俗信的影响。他们是国家行政的具体管理者和执行者,受过良好的传统教育,是各种信仰的代表和文化的传播者。这个阶层注重祭祖仪式,流行的宗教观是儒家的"天人感应"、谶纬神学和道家的神秘主义,以及各种巫术和民间吉祥信仰。

需要说明的是,汉代并不是所有的官僚士大夫都迷信吉祥瑞应,也有一些头脑清醒者。如东汉的何敞。《后汉书·何敞传》载,章帝元和中,"京师及四方累有奇异鸟兽草木,言事者以为祥瑞。敞通经传,能为天官,意甚恶之。乃言于二公曰:'夫瑞应依德而至,灾异缘政而生。故鹳鹆来

---

[1] 王仲殊:《汉代考古学概说》,中华书局,1984年,第46页。

巢，昭公有乾侯之厄；西狩获麟，孔子有两楹之殡。海鸟避风，臧文祀之，君子讥焉。今异鸟翔于殿屋，怪草生于庭际，不可不察。'"[1]

3. 民间的吉祥文化

民间信仰习俗是中国绝大多数人的信仰习俗，也是最接近事实原貌的信仰习俗。汉代的吉祥文化具有浓厚的世俗信仰色彩。在汉代，吉祥对于统治阶级和下层人民同样重要。统治阶级利用祥瑞维护其统治，标榜其统治的合法性、合理性及优越性；绝大多数下层人民信仰吉祥则是现世生活的实际需求和对美好未来的憧憬，如民间信仰的为官富贵、子孙繁昌、益寿安康、辟邪禳灾、太平丰稔等。汉代，民间社会流传着大量的吉祥信仰和鬼神之道，处处事事都希求吉祥。与统治阶层"受命之符""君德全瑞"的祥瑞文化不同，汉代民间吉祥文化的主要内涵是求吉、纳福、辟邪。《越绝书·吴人内传第四》曰："庶人，皆当和阴阳四时之变，顺之者有福，逆之者有殃。"[2]王充说："凡人在世，不能不作事，作事之后，不能不有吉凶"，"积祸以惊不慎，列福以勉畏时"，"见吉，则指以为前时择日之福；见凶，则刺以为往者触忌之祸。"[3]

汉代民间一些节日时令中有许多吉祥习俗。《易通卦验》曰："正月五更，人整衣冠，于家庭中爆竹，帖画鸡子，或镂五色于户上，厌不祥也。"[4]这是说正月初一新年的吉祥习俗。汉代民间还有于三月上旬巳日于水滨洗濯，以祓除不祥的习俗。上巳节原是上古时期的择婚节，时间在三月上旬的巳日，后演变为官吏百姓到水边嬉戏以祓灾祈福的修禊节。《后汉书·礼仪上》注引《韩诗》曰："郑国之俗，三月上巳，之溱、洧两水之

---

[1]《后汉书》卷四十三。
[2]《越绝书》卷三，《丛书集成初编》，第18页。
[3] 以上参见《论衡·辨祟篇》，北京大学历史系《论衡》注释小组：《论衡注释》，第1386页。
[4]《太平御览》卷二十九引。

上,招魂续魄,秉兰草,祓除不祥。"[1]东汉时,三月上巳日祓禊节已成为全民性的重大活动。《后汉书·礼仪上》曰:"是月上巳,官民皆絜于东流水上,曰洗濯祓除去宿垢疢(灾)为大絜。絜者,言阳气布畅,万物讫出,始絜之矣。"[2]京城洛阳大禊活动尤为盛行,人们成群结队来到洛水禊灾,祓除不祥。蔡邕在《禊文》中描述洛阳人大禊时的场景时说:"洋洋暮春,厥日除巳。尊卑烟骛,惟女与士,自求百福,在洛之涘。"[3]

在巫术占卜之风盛行的汉代,由于相信吉凶祸福,民间各种禁忌多如牛毛,搬家、盖房、祭祀、丧葬、嫁娶、生子、远行,甚至沐浴、裁衣等等,都要择吉日,避忌讳。《论衡·辨祟篇》曰:"起功、移徙、祭祀、丧葬、行作、入官、嫁娶,不择吉日,不避岁月,触鬼逢神,忌时相害。"[4]

男婚女嫁有吉凶之说。汉代,给女方送聘礼时,除聘金以外,还要送寓意吉祥的礼物。据清严可均《全后汉文》载汉代婚礼礼物及礼辞,礼物30种,有羊、雁、粳米、稷米、卷柏、嘉禾、长命缕、胶、漆、九子墨、金钱、舍利、凤凰、鸳鸯、鱼、女贞、燧阳等,礼物各有谒文和赞文,以解释礼物的吉祥寓意。谒文、赞文多为吉祥之语,如羊的谒文:"羊者,祥也,群而不党,跪乳有敬。"《初学记》载有汉郑众关于"羊"的赞文:"郑氏《婚礼谒文赞》曰,群而不党,跪乳有敬,礼以为贽,吉事之宜。"[5]又如雁,"雁候阴阳,待时乃举,冬南夏北,贵其有所"[6]等。其他谒文如"清酒降幅","禄得香草为吉祥","凤凰雌雄伉合俪","九子墨长生子孙","嘉禾颁禄",等等。[7]纳聘之后要通过占卜选择婚期,婚期当然要选择吉日。1975年12月湖北云梦睡虎地发掘出土一批秦代竹简,习称

---

[1] 《后汉书》志第四。
[2] 《后汉书》志第四。
[3] 蔡邕撰,高均儒辑:《蔡中郎外集》卷一,《丛书集成续编·集部》第98册,上海书店出版社,1994年,第407页。
[4] 北京大学历史系《论衡》注释小组:《论衡注释》,第1385页。
[5] 徐坚辑:《初学记》卷二十九,京华出版社,2000年,第534页。
[6] 《艺文类聚》卷九十一引郑众《郑氏婚礼谒文赞》。
[7] 以上参见郗文倩、杨景霞:《婚礼的"关键词"——关于汉代婚礼礼物及礼辞的考察》,《福州师范大学学报》,2014年第4期。

"睡虎地秦墓竹简",共有1155枚。其内容涉及当时的法律、行政文书、文化、军事等社会生活诸方面,分为编年纪、秦律十八种、为吏之道、日书甲种、日书乙种等篇。11号秦墓出土的秦简《日书》说,若在非吉日结婚,将导致包括妻亡、夫死、离异、贫困、妻子妒忌等一系列不吉利后果;而在吉日结婚,将意味着夫妻恩爱的美满结局。[1]据《日书》载,春季婚嫁吉日有13例,夏季吉日3例,秋季吉日8例,冬季吉日11例。汉代民间认为,如果嫁娶时"不择吉日,不避月岁",便会"触鬼逢神,忌时相害",给家庭乃至整个家族招致"发病生祸,绊法入罪,至于死亡,殚家灭门"的灾难[2]。西汉武帝以前,五行、堪舆、建除、丛辰、历、天人、太一七家对婚日吉凶的解释不同,结果纷纭扰乱,引致社会生活中的诸多不便,以致武帝出面亲自裁定。《史记·日者列传》载:"孝武帝时,聚会占家问之,某日可娶妇乎?五行家曰可,堪舆家曰不可,建除家曰不吉,丛辰家曰大凶,历家曰小凶,天人家曰小吉,太一家曰大吉。辩讼不决,以状闻。制曰:'避诸死忌,以五行为主。'"[3]此后,五行占卜遂成为选择婚姻吉日的主要方法。

结婚以后要生子,汉代生子也要讲求吉凶。《史记·日者列传》曰:"产子必先占吉凶,后乃有之。"[4]古人十分在意生子的时间,据睡虎地秦简《日书》甲种《生子》篇载,生子时日决定后代未来的吉与不吉。如己未生子"吉",丙子生子"不吉"等。《西京杂记》曰:"王凤以五月五日生,其父欲不举,曰:'俗谚,举五日子,长及户则自害,不则害其父母。'其叔父曰:'昔田文以此日生,其父婴敕其母曰,勿举。其母窃举之。后为孟尝君,号其母为薛公大家。以古事推之,非不祥也。'遂举之。"[5]五月正处春夏之交,气候湿润多变,蚊蝇滋生。在医疗卫生水平极低的古代,人们很难适应这种气候的转换,常常会在五月生病,甚至死去。久而久之,

---

[1] 详见睡虎地秦墓竹简整理小组编:《睡虎地秦墓竹简》,文物出版社,1990年,第180—228页。
[2] 参见《论衡·辨祟篇》,北京大学历史系《论衡》注释小组:《论衡注释》,第1385页。
[3] 《史记》卷一百二十七。
[4] 《史记》卷一百二十七。
[5] 葛洪撰:《西京杂记》卷二,《古今逸史精编》,第115页。

人们就视五月为恶月,而五月五日更是恶月中的恶日。王凤于五月五日生,他父亲以为此日所生的孩子不吉利,害其父母,不愿意喂养他。王凤的叔父则以为不然,并举出孟尝君的例子证明,于是王凤的父亲放弃了丢弃王凤的念头。王凤后来成为西汉后期的一代权臣。

出行要择吉日,吉日的选择可通过卜筮等方术来确定。蔡邕《祖饯祝文》曰:"令岁淑月,吉日良辰。爽应孔嘉,君当迁行。神龟吉兆,休气煌煌。著卦利贞,天见三光……"[1]《后汉书·郭陈列传》注引《阴阳书·历法》曰:"归忌日,四梦在丑,四仲在寅,四季在子,其日不可远行归家及徙也。"[2]

丧葬要选择吉日、吉地。《论衡·讥日篇》引《葬历》曰:"日吉无害,刚柔相得,奇偶相应,乃为吉良。不合此历,转为凶恶。"[3]《后汉书·袁安传》载:"初,安父没,母使安访求葬地,道逢三书生,问安何之,安为言其故,生乃指一处,云'葬此地,当世为上公'。须臾不见,安异之。于是遂葬其所占之地,故累世隆盛焉。"[4]《葬书·内篇》曰:"地有吉气,土随而起;支有止气,水随而比。势顺形动,回复始终。法葬其中,永吉无凶。"又《杂篇》说,穴有三吉,"藏神合朔,神迎鬼避,一吉也","阴阳冲和,五土四备,二吉也","目力之巧,工力之具,趋全避缺,增高益下,三吉也"。

汉代,民间对吉祥的附会达到一种泛化的程度,甚至连染布、裁衣都有吉凶。《论衡·量知篇》曰:"染练布帛,名之曰采,贵吉之服也。无染练之治,名縠粗,縠粗不吉,丧人服之。"《讥日篇》:"裁衣有书,书有吉凶。凶日制衣则有祸,吉日则有福。"[5]

汉代把五行、五方和按五音区别的姓氏牵强附会地拼凑在一起,利用五行相生相克的方法推算住宅的吉凶。住宅的方位必须与主人的姓氏所属

---

[1] 邓安生编:《蔡邕集编年校注》,河北教育出版社,2002年,第235页。
[2] 《后汉书》卷四十六。
[3] 北京大学历史系《论衡》注释小组:《论衡注释》,第1354页。
[4] 《后汉书》卷四十五。
[5] 北京大学历史系《论衡》注释小组:《论衡注释》,第709、1363页。

的五音相宜，即符合五行相生的原则，这样就可以"富贵昌盛"，否则住宅的主人就会遭到"甲乙之神"的惩罚，"疾病死亡，犯罪遇祸"。《论衡·诘术篇》曰："宅有五音，姓有五声，宅不宜其姓，姓与宅相贼，则疾病死亡，犯罪遇祸。"又曰："图宅术曰，商家门不宜南向，徵家门不宜北向。则商金，南方火也；徵火，北方水也。水胜火，火贼金，五行之气不相得，故五姓之宅，门有宜向。向得其宜，富贵吉昌；向失其宜，贫贱衰耗。"[1]

汉代人甚至认为眼跳耳鸣也是吉凶的征兆。《焦氏易林·乾之第一》云："目瞤足动，喜如其愿，举家蒙宠。"（按：瞤，眼皮跳动）又《蒙之第四》云："目动睫瞤，喜来加身，举家蒙欢，吉利无殃。"[2]《西京杂记》曰："目瞤得酒食，灯火华得钱财，干鹊噪而行人至，蜘蛛集而百事喜。小既有征，大亦宜然。故目瞤则咒之，火华则拜之，干鹊噪则喂之，蜘蛛集则放之。"[3] 喜鹊兆喜这种吉祥习俗在隋唐时期继续流行。五代后周王仁裕《开元天宝遗事》卜云："时人之家，闻鹊声，皆为喜兆，故谓'灵鹊报喜'。"[4] 这一习俗一直延续到近现代。在农村，当喜鹊飞入家院树上喳喳叫个不停时，人们便会说喜鹊报喜，有客人要来。在民间美术中，将喜鹊刻绘在梅花枝头的图案，谐音"喜上眉梢"；将喜鹊与方孔铜钱组合在一起，则寓意"喜在眼前"。

汉代民间还有一些专卖吉祥物的小商贩。《潜夫论·浮侈第十二》曰：今民"或裁好缯，作为疏头，令工采画，雇人书祝，虚饰巧言，欲邀多福。或裂拆缯彩，裁广数分，长各五寸，缝绘佩之。或纺彩丝而縻，断截以绕臂。此长无益于吉凶，而空残灭缯丝，萦悷小民"[5]。汉铜镜中常有"买人大富""买者常宜子孙""买者延寿万年""买者大富且昌，长宜子孙，延寿命长"等吉语铭文[6]，用以讨得口彩，吸引购买者。以上都反映出汉代

---

[1] 北京大学历史系《论衡》注释小组：《论衡注释》，第1416—1431页。
[2] 焦延寿撰：《焦氏易林》卷一，《丛书集成初编》，第1、18页。
[3] 葛洪撰：《西京杂记》卷三，《古今逸史精编》，第122页。
[4] 王仁裕纂：《开元天宝遗事》，《丛书集成初编》，中华书局，1985年，第27页。
[5] 《潜夫论笺校正》卷三。
[6] 以上参见刘永明编著：《汉唐纪年镜图录》，江苏古籍出版社，1999年。

民间生活琐事中的吉祥文化。

禁忌是人们出于趋利避害而自我约束行为的一种习俗。王充在《论衡》中记述了一些汉代民间有趣的吉凶禁忌。如《四讳篇》记述了汉代的四种迷信忌讳：第一是住宅西边扩建新房，第二是受过刑的人去上坟，第三是看到产妇，第四是养育一月和五月出生的孩子。说："讳西益宅。西益宅谓之不详，不祥必有死亡，相惧以此，故世莫敢西益宅。"所谓"西益宅"是指在原有宅舍西面扩建住宅，汉代人认为在原有宅舍西面扩建住宅不吉利[1]。又说："讳妇人乳子，以为不吉。将举吉事，入山林，远行，度川泽者，皆不与之交通。乳子之家，亦忌恶之……"又有"讳作豆酱恶闻雷"，"讳历刀井上"，"毋承屋檐而坐"，"毋反悬冠"，"毋偃寝"等[2]。"毋反悬冠"，即不要倒挂帽子，因为其似死人的服饰。"毋偃寝"，即不仰卧，因为其像死者停尸。

东汉时流行大量的"日禁之书"，规定做事要回避凶日，选择吉日。《诗·小雅·吉日》曰："吉日维戊，既伯既祷。"[3]是说戊辰是个吉祥的日子，既可以祭祀，又可以祈祷。《论衡·讥日篇》说："举事曰凶，人畏凶有效；曰吉，人冀吉有验。祸福自至，则述前之吉凶以相戒惧。"这段话的意思是说，办一件事情，历书上说将会遇到凶祸，人们就害怕凶祸果真发生；历书上说将会遇到吉祥，人们又希望吉祥真能出现。等到事后祸福自然而然到来，人们就谈论事前历书上所说的吉凶（如何灵验），以此相互警告和恫吓。又曰："世俗既信岁时，而又信日。举事若病、死、灾、患，大则谓之犯触岁月，小则谓之不避日禁。岁月之传既用，日禁之书亦行。世俗之人，委心信之。"甚至连洗头、写字都有吉凶。人们沐浴也要选择良日吉时，"沐书说：'子日沐，令人爱之；卯日沐，令人白头。'"[4]东汉还有"堪舆历"，也是一种选择吉日的历书。

---

[1] 按应劭的说法，"宅不西益"的原因是"西者为上，上益宅者，妨家长也"。（参见应劭撰，吴树平校释：《风俗通义校释》辑《风俗通义》佚文，第435页。）
[2] 以上详见北京大学历史系《论衡》注释小组：《论衡注释》，第1323—1340页。
[3] 《毛诗正义》卷十。
[4] 以上参见《论衡·讥日篇》，北京大学历史系《论衡》注释小组：《论衡注释》，第1352—1366页。

汉代民间还出现一些能预知吉凶祸福的工伎之家，就是以宣扬迷信禁忌、替人推算吉凶祸福为职业的人。《后汉书·方术列传上》称，汉代流行"河洛之文、龟龙之图、箕子之术、师旷之书、纬候之部、钤决之符……其流又有风角、遁甲、七政、元气、六日七分、逢占、日者、挺专、须臾、孤虚之术，及望云省气，推处祥妖，时亦有以效于事也"。关于这些方术，唐李贤注曰："风角谓候四方四隅之风，以占吉凶也。星算谓善天文算数也"；"遁甲，推六甲之阴而隐遁也"；"七政，日、月、五星之政也。元气者，谓开闭阴阳之书也"；逢占，"逢人所问而占之也"；"日者，卜筮掌日之术也"；"挺专，折竹卜也"；"须臾，阴阳吉凶立成之法也"；"孤虚者，孤谓六甲之孤辰，若甲子旬中，戌亥无干，是为孤也，对孤为虚"[1]。东汉安帝时，郎宗"善风角、星算、六日七分，能望气占候吉凶，常卖卜自奉"；任文孙"明晓天官风角秘要"；高获"善天文，晓遁甲，能役使鬼神"；樊英"善风角、星算，《河》《洛》、七纬，推步灾异"[2]。以上诸术都是通过一定的方法给人们提供关于吉凶的信息，其中风角、遁甲等术皆用以预测吉凶，使人可为之备。

占卜算卦在汉代很流行。卜筮自古以来就是占问吉凶的重要方法，经商、周至汉而兴。《史记·龟策列传》曰："自三代之兴，各据祯祥。涂山之兆从而夏启世，飞燕之卜顺故殷兴，百谷之筮吉故周王。王者决定诸疑，参以卜筮，断以蓍龟，不易之道也。"又《日者列传》曰："自古受命而王，王者之兴何尝不以卜筮决于天命哉！其于周尤甚，及秦可见。代王之入，任于卜者。太卜之起，由汉兴而有。"[3]据载，西汉初，有一个叫司马季主的楚人曾卜于长安东市。时大夫宋忠、博士贾谊"二人即同舆而之市，游于卜肆中。天新雨，道少人，司马季主闲坐，弟子三四人侍，方辩天地之道、日月之运、阴阳吉凶之本。二大夫再拜谒。司马季主视其状貌，如

---

[1] 以上参见《后汉书》卷八十二上。
[2] 以上参见《后汉书·郎顗传》卷三十下、《方术列传上》卷八十二上。
[3]《史记》卷一百二十八、一百二十七。

类有知者,即礼之,使弟子延之坐。坐定,司马季主复理前语,分别天地之终始、日月星辰之纪,差次仁义之际,列吉凶之符,语数千言,莫不顺理"[1]。

不光是帝王将相、国家大事要卜筮吉凶,汉代民间也流行占卜。《论衡·卜筮篇》曰:"俗信卜筮,谓卜者问天,筮者问地,蓍神龟灵,兆数报应,故舍人议而就卜筮,违可否而信吉凶。"又曰:"吉人钻龟,辄从善兆;凶人揲蓍,辄得逆数","高祖龙兴,天人并祐,奇怪既多,丰、沛子弟,卜之又吉。"[2] 在民间,人们用卜筮来"定祸福,决嫌疑,幽赞于神明,遂知来物者也"[3]。放马滩秦简《日书》的占卜内容有迁徙、疾病、丧葬、狱事、"男子望妻"等[4],皆属于民间占卜之列。《史记·龟策列传》记录的占卜事项包括天气、作物收成、渔猎收获、求取财物、买卖臣妾马牛、出行吉否、居家室吉凶、瘟疫、兵事、是否释放囚犯、击盗、居官吉凶、见贵人吉不吉、请谒于人得否、追亡人当得否等,其中多数与普通百姓日常生活息息相关。

相术是汉代流行的预测吉凶的方术。它主要是通过对人们的体貌特征、言行举止等来观察预测人的吉凶祸福、贫贱富贵。相术起源很早。《大戴礼记·少闲》引孔子语曰:"昔尧取人以状,观其容状施发。舜取人以色,禹取人以言,汤取人以声,文王取人以度。"[5] 这段话表明,上古的尧、舜二帝以及夏、商、周三代是通过观察人物状貌、面色、言语、声音、风度来甄选人才的。这种通过观察人物状貌、面色、言语、声音、风度甄选人才的方法,可看作古代相术的萌芽,对相术后来的发展产生了深远影响。从《左传》《国语》等文献记载看,相人术在春秋时期已经普遍存在。《左

---

[1] 《史记·日者列传》卷一百二十七。
[2] 以上见北京大学历史系《论衡》注释小组:《论衡注释》,第1367—1368、1374页。按:卜,是通过灼龟甲后观察甲的裂纹来判断吉凶;筮,是以蓍草为占具,以《易》为占理的卜术。兆,古人灼龟甲占卜吉凶,龟甲被灼后出现的裂纹叫兆,占卜的人根据它来推测吉凶。数,指算卦的人按照规定办法分配50根蓍草得出的构成卦象的数目,算卦的人根据它来推测吉凶。
[3] 《后汉书·方术列传上》卷八十二上。
[4] 参见何双全:《天水放马滩秦简综述》,《文物》1989年第2期。
[5] 戴德撰,卢辩注:《大戴礼记》卷十一,《丛书集成初编》,中华书局,1985年,第190—191页。

传·文公元年》提到，周王室内史叔服通过相面预测鲁卿公叔敖名"谷"的儿子因下颌丰满而"必有后于鲁国"。《国语·晋语八》载，晋国名臣叔向的弟弟叔鱼从出生之时就被其母羊舌姬认为不吉，理由就是他的相貌"虎目而豕喙，鸢肩而牛腹"。即生得虎眼猪嘴，鹰肩牛腹。擅长相面之术的羊舌姬由此预测他是一个贪得无厌的人，"溪壑可盈，是不可餍也"，日后必将因为受贿而死。后来发生的事验证了她的话，叔鱼因在处理诉讼纠纷时接受贿赂而被人杀死。在相术出现的同时也出现了从事相术活动的相士。《左传》《荀子》《史记》等历史文献中都有关于相士活动的记载，如最早见诸记载的相士周王室内史叔服，其他著名相士还有姑布子卿、唐举等。当时不但出现了一些专门从事相术活动的相士，甚至出现了专门讨论这一问题的著述，《汉书·艺文志》所载形法六家著作中就有《相人》二十四卷，已佚[1]。

古人认为，人之命运穷通，与人之骨相、命相息息相关，人的夭寿贫富、吉凶妖祥等可以通过人的骨骼和面相反映出来。《荀子·非相篇第五》曰："古者有姑布子卿，今之世梁有唐举，相人之形状颜色，而知其吉凶妖祥。"[2]《吕氏春秋·不苟论·贵当》曰："荆有善相人者，所言无遗策，闻于国。庄王见而问焉。对曰：'臣非能相人也，能观人之友也。观布衣也，其友皆孝悌纯谨畏令，如此者，其家必日益，身必日荣矣，所谓吉人也。观事君者也，其友皆诚信有行好善，如此者，事君日益，官职日进，此所谓吉臣也。观人主也，其朝臣多贤，左右多忠，主有失，皆交争证谏，如此者，国日安，主日尊，天下日服，此所谓吉主也。"[3]史籍记载了汉高祖刘邦一家微时为相者所贵的故事。《论衡·骨相篇》载："高祖为泗上亭长，当告归之田，与吕后及两子居田。有一老公过，请饮，因相吕后曰：'夫人，天下贵人也。'令相两子。见孝惠曰：'夫人所以贵者，乃此男也。'相鲁元，曰：'皆贵。'老公去。高祖从外来，吕后言于高祖。高祖追及老

---

[1] 参见刘玉堂、刘金华：《汉代相术管窥》，《江汉论坛》2006年第11期。
[2]《荀子集解》卷三。
[3]《吕氏春秋》卷二十四。

公,止使自相。老公曰:'乡者夫人婴儿相皆似君,君相贵不可言也。'后高祖得天下,如老公言。推此以况,一室之人,皆有富贵之相矣。"[1]

汉代,中国相术呈现出第一个高峰期。许多知名相士常能出入王公贵族府第。汉文帝曾召善相人者为宠臣邓通看相。"相人者相通,曰:'当贫饿死。'"[2]周亚夫任河内太守时请许负为其相面,许负称:"君后三岁而侯。侯八岁,为将相,持国秉,贵重矣,于人臣无二。后九年而饿死。"[3]《史记·张丞相列传》载:"长安中有善相工田文者,与韦丞相、魏丞相、邴丞相微贱时会于客家,田文言曰:'今此三君者,皆丞相也。'其后三人竟更相代为丞相。"[4]民间也有许多善相人者。吕后的父亲吕公"好相人",高祖微时,他就相其有吉相,不顾妻子的反对,硬是把女儿嫁给刘邦。西汉大将卫青为奴时,有钳徒为其相面,曰:"贵人也,官至封侯。"[5]汉代人通常对相面的结果十分相信。黄霸少为阳夏游徼(乡官),与善相人者共载出,见一妇人。相者言:"此妇人当富贵,不然,相书不可用也。"黄霸遂以此女为妻。后黄霸果然官至丞相,封建成侯。[6]

相术包括面相、手足相、骨相等。汉代以"骨法之度数""以求其声气贵贱吉凶"[7]。如相者谓班超"燕颔虎颈,飞而食肉,此万里侯相也"[8]。

占梦是占术的一种,是通过人梦境中的情景来预测吉凶休咎。占梦在殷代甲骨卜辞中就多次出现,但只问凶不问吉,只占忧不占喜。周代,在周人的政治生活中占梦占有重要地位,占梦活动也极为频繁,并设有专门职掌占梦的官员。周王对梦的态度,似比殷王更为虔敬。据说周文王的正妃,周武王的母亲太姒做了一个周人代殷的吉梦,文王对于太姒之梦格外重视,与武王一起祭拜,并告诫武王借助吉梦而更加黾勉从事。周王占梦

---

[1] 北京大学历史系《论衡》注释小组:《论衡注释》,第161页。
[2] 《汉书·佞幸传》卷九十三。
[3] 《汉书·周勃传》卷四十。
[4] 《史记》卷九十六。
[5] 《汉书·卫青霍去病传》卷五十五。
[6] 参见《汉书·循吏传》卷八十九。
[7] 《汉书·艺文志》卷三十。
[8] 《后汉书·班超传》卷四十七。

与殷王不同的是既问凶又问吉。据说，周文王和周武王都做过不少预兆周人代殷的吉梦。《墨子·非攻下》说："武王践功，梦见三神曰，予既沉渍殷纣于酒德矣，往攻之，予必使汝大勘之。武王乃攻狂夫。"[1]《诗经》《尚书》《周礼》等经书中就有许多天子占梦的记载，如商高宗武丁因梦得到贤德的丞相傅说；周文王梦见天帝赐予他九年的寿辰，因而活了97岁；武王因为做梦与占卜相同，才开始伐纣。周宣王拷问牧人，牧人说自己梦见很多蝗虫、鱼类和旗帜，这与梦见熊罴虺蛇一样是吉祥之兆，宣王于是招来大臣元老，询问这样的梦如何占卜。春秋战国时代已出现占梦的书。《晏子春秋·内篇杂下第六》记齐景公梦与二日斗，不胜，请占者占梦，"占梦者曰：'请反具书。'晏子曰：'毋反书，公所病者，阴也。'"[2] 所谓"反书"，就是翻检占梦之书的意思。《汉书·艺文志》载有《黄帝长柳占梦》十一卷、《甘德长柳占梦》二十卷，两书分别署黄帝和战国时期的星占家和天文学家甘德所著，皆已亡佚。

汉代人认为，梦是人的精神在自己身体内产生的吉凶征兆。《论衡·论死篇》曰："梦者，精神自止身中为吉凶之象。"[3] 汉代流行以梦象来推断吉凶祸福的占梦术。当时的人认为，梦是上天通过梦境对人发出的告诫，梦境体现天意。云梦睡虎地11号秦墓出土的秦简《日书》乙种有当时占梦的零散记录：

> 丙丁梦□，喜也，木金得也。
> 戊己梦黑，吉，得喜也。
> 庚辛梦青黑，喜也，木水得也。
> 壬癸梦日，喜也，金得也。[4]

《潜夫论·梦列第二十八》说，梦境"清洁鲜好，貌坚健，竹木茂美，宫室

---

[1]《墨子间诂》卷五。
[2]《晏子春秋校注》卷六，《诸子集成》卷四，上海书店出版社，1986年影印本。
[3] 北京大学历史系《论衡》注释小组：《论衡注释》，第1202页。
[4] 详见睡虎地秦墓竹简整理小组编：《睡虎地秦墓竹简》，第247页。

器械，新成方正，开通光明，温和升上，向兴之象，皆为吉喜，谋从事成。诸臭污腐烂，枯槁绝雾，倾倚征邪，劓刖不安，闭塞幽昧，解落坠下，向衰之象，皆为计谋不从，举事不成。妖孽怪异，可憎可恶之事，皆为忧。图画恤胎，刻镂非真，瓦器虚空，皆为见欺绐。倡优俳舞，俟小儿所戏弄之象，皆为欢笑"，"夫占梦必谨其变，故审其征候，内考情意，外考王相，即吉凶之符，善恶之效，庶可见也"[1]。西汉文帝"梦欲上天，不能，有一黄头郎推上天，顾见其衣尻带后穿"，醒后见邓通"其衣后穿，梦中所见也"，遂"尊幸之"[2]。邓通从此官运亨通，就是因为文帝一个吉梦。东汉和帝邓皇后，未入宫前，"尝梦扪天，荡荡正青，若有钟乳状，乃仰嗽饮之。以讯诸占梦，言尧梦攀天而上，汤梦及天而咶之，斯皆圣王之前占，吉不可言。又相者见后惊曰：'此成汤之法也。'家人窃喜而不敢宣"[3]。

风角乃是根据风的方向、强弱、状态以及声音等因素来占候吉凶的一种方术。李贤注《后汉书·郎顗传》说："风角谓候四方四隅之风，以占吉凶也。"[4]说得具体一点，就是把风在特定的时空中刮来的方向、风力的大小、风速的迟疾、所表现的形态等作为依据，来预测事情的吉凶。占候的时间是正月旦、立春和腊日。风角术或用于预测生活中的诸种祸福，或用于遥知异地吉凶。西汉的京房著有《风角》一书，早佚。汉代的郎宗、李南、杨由、樊英、任文公、谢夷吾等人，均擅长风角之术。如谢夷吾用风角占候预知乌程长在三十日至六十日内"当死"；杨由见风吹削哺而知将有人献橘；李南以"善风"晨起告知太守无祸；李南之女见风吹灶而知"此祸为妇女主爨者，妾将亡之应"；樊英见暴风从西方起而知"成都市火甚盛"[5]。汉代有"祥风""瑞风""景风"之说，古人认为，政治清明，大自然便刮祥和之风。以上所述，足见风角是汉代人预知吉凶的重要方术。

---

[1]《潜夫论笺校正》卷七。
[2]《汉书·佞幸传》卷九十三。
[3]《后汉书·皇后纪上》卷十上。
[4]《后汉书》卷三十下。
[5] 以上详见《后汉书·方术列传上》卷八十二上。

睡虎地秦简《日书》甲种说，在"良日"祠父母"不出三月有大得"[1]。应劭也谈到"俗说曰，凡祭祀先祖，所以求福"[2]，反映普通民众祭祀祖先时的求吉心态。汉代画像石墓中常常设有祠堂，祠堂中常刻画有墓主人的画像以供后人祭祀，表现出汉代人对祖先的尊敬，然而这种祭祀还有另外一种功利目的，就是祈求祖先神灵庇护家族后人，以求家族世代兴盛吉祥。

一些汉代文物上的纹饰与文字也反映出汉代中下阶层的吉祥信仰，特别是汉代铜镜。铜镜是汉代各个阶层普遍使用的梳妆、整容用具，铜镜上的纹饰与文字多与现实生活习俗息息相关。东汉的画像镜、神兽镜等，大部分以为官富贵、子孙繁昌、益寿安康、辟邪禳灾、太平丰稔等吉祥语为主，反映的是中下阶层人民的吉祥愿望，是我们研究汉代中下层人民吉祥文化的重要文物资料。

新莽时期流行的规矩镜，多饰有祥禽瑞兽。如一枚"新家"规矩镜，圆钮，钮座外置八乳钉，间有"长宜子孙"四字。主纹饰为规矩纹，内有青龙、白虎、朱雀、瑞兽等，外一周铭文为："新家有善铜出丹阳，取之为镜清如明，左龙右虎备四旁。"东汉，铜镜上的植物、动物、人物往往都是作为吉祥物铸造上去的。有的铜镜铭文自身就说明了这一点。如"吾作铜镜，幽涑三商，雕刻无极，伯牙作乐，众神见容，天禽并存，福禄自从，富贵安同，增新益昌，其师命长"。又如"吾作明镜自有尚，工师刻象主文章，上有古兽辟非祥，服之寿考宜侯王"[3]等。

浙江省杭州市余杭区星桥镇曾发现一座东汉墓（M8），从墓葬的形制和规模及出土文物判断，应该属于东汉中下阶层墓葬[4]。墓中出土了一枚"天禄"铜镜，直径13.7厘米，厚1厘米。铜镜保存基本完好，正面光亮，

---

[1] 参见睡虎地秦墓竹简整理小组编：《睡虎地秦墓竹简》，第194页。
[2] 参见应劭撰，吴树平校释：《风俗通义校释》辑《风俗通义》佚文，第429页。
[3] 引自王士伦：《汉六朝镜铭初探》，《考古通讯》1958年第9期。
[4] 杭州市文物考古研究所等：《余杭星桥里山汉墓发掘简报》，《东方博物》第54辑，中国书店，2015年。

绿锈沁入镜体；背面除边缘及纽有绿锈沁入外，其余均呈青黑色。半球形纽，圆纽座。纽座外饰两只张口相向、交尾一体的有翼神兽，形象基本相同，皆为龙首，曲身，体生翼，长尾卷曲。一只头生双角，躯体较长；一只头生独角，身体稍小；角均向后倾斜，伸入铭文带中。神兽头部中间有"天禄"二字竖向排列。神兽外侧为一周铭文，共37字，其文曰："古氏作竟（镜）四夷服，多贺国家人民息，胡虏殄灭天下复，风雨时节五谷孰（熟），官位尊显蒙禄食，吉利。"铭文带外饰一周辐线纹。铜镜边缘纹饰由内向外分别为锯齿纹、禽兽纹和弦纹带。禽兽纹带最宽，纹饰浅，其中有比目鱼、凤鸟、犀牛、象、蛇等。（图3-6）这枚铜镜中的"天禄"、比目鱼、凤鸟、犀牛、象、蛇等都是汉代中下阶层人民信仰的吉祥物，其铭文则反映出中下层人民冀望国家安定、五谷丰登、仕宦富贵的吉祥信仰。

图3-6 浙江杭州星桥镇出土的东汉"天禄"铜镜

西汉早期的铜镜铭文比较简单，多为大乐富贵、长乐未央、宜酒食等祝福语，表达了现实生活中人们朴实的趋吉愿望。西汉晚期规矩镜上开始出现记述历史事件的铭文，如"新兴辟雍建明堂"，"铸成错刀天下喜"等。后来出现专以铭文带为主题纹饰的铜镜。东汉的画像镜、神兽镜等，其铭文大部分以为官富贵、子孙繁昌、益寿安康、辟邪禳灾、太平丰稔等吉祥语为主，反映的是中下阶层人民的吉祥愿望。如"吾作铜镜，幽涑三商，配象万疆，统德序道，敬奉贤良，雕刻无极，百身长乐，众事主阳，福禄正明，富贵安乐，益寿增年，侯王长富，子孙蕃昌，贤者高显，士至公卿，与师命长"；"尚方作镜大毋伤，左龙右虎辟不羊。子孙备具居中央，长保二亲乐富昌，寿似金石如侯王"；"尚方作镜真大好，上有仙人不知老，渴饮玉泉饥食枣。浮游天下遨四海，寿如金石父母保"；等等。

四
汉代吉祥文化中的吉祥瑞应

1. 吉瑞植物

汉代吉祥文化中的吉瑞植物相对而言并不算多,《宋书·符瑞志》所载祥瑞植物有福草、嘉禾、嘉谷、嘉麦、嘉粟、嘉黍、嘉瓜、嘉瓠、嘉莲、嘉柰、嘉橘、并蒂莲、安石榴、木连理、芝草、秬秠、华平、蓂荚、萐莆、朱草、芝英等二十多种。根据《史记》《汉书》《后汉书》等一些文献记载,汉代真正出现过的祥瑞植物,主要有木连理、芝草、嘉谷、朱草、蓂荚、芝英、华平、嘉麦、嘉瓜、秬秠等十来种。出土的汉代文物中刻绘的吉瑞植物画像也不多,目前能够确认的有芝草、嘉禾、蓂荚、萐莆、木连理、摇钱树、扶桑、桂树、松柏、茱萸、平露、华苹等十几种。[1] 其中有些是现实中存在的,如灵芝、嘉禾、木连理、松柏、桂树、茱萸等;有些是想象出来的,如蓂荚、萐莆、摇钱树、扶桑、不死树、不死草、平露、华苹等。对于这些植物的吉祥寓意,由于各种原因,迄今研究者甚少。[2]

原始先民的生产方式是狩猎和采集,狩猎产生动物崇拜,采集产生植物崇拜。植物崇拜是原始宗教信仰中自然崇拜的组成部分。植物在人类生存、成长和发展过程中一直占有十分重要的地位,撇开它对祖先生存环境

---

[1] 以上吉祥植物的研究详见周保平:《汉代吉祥画像研究》第七章,天津人民出版社,2012年。
[2] 参见周保平:《汉代画像中的吉祥植物》,《农业考古》2008年第1期。

的影响不谈,单就其作为先民们生活的物质来源讲,在相当长的一段历史时期内,植物对于人类是十分重要且必不可少的。农业文明之前,人类栖居在森林里,仰赖森林的庇护,采集植物的果实、根、叶、茎充饥,植物是人类最主要的食物来源之一。进入农耕社会以后,人们开始定居生活,采集、农耕渐渐成为人类食物的主要来源,且关乎人类的生存,植物也越来越多地引起人类的特别关注。通过与植物长期接触,人同植物建立了密切的关系,在愚昧状态下,先民们认为植物也像人一样有生命、有情感,于是把它们视为祖先或神的化身,使植物有了文化和宗教意义,产生了植物崇拜,出现了植物图腾、植物神,萌芽着植物吉祥。植物崇拜的对象主要是木本和草本植物,当然还有一些想象中的植物。就人类发展的一般规律而言,植物崇拜晚于动物崇拜,数量亦较少。在植物崇拜中,草本植物崇拜又晚于木本植物崇拜。

最早的植物崇拜产生于对植物的敬畏。在人类社会的采集阶段,他们看到有的植物高大挺拔,枝叶茂盛;有的植物冬枯春荣,周而复始。凡此种种,植物便引起人们的崇敬。英国人类学家弗雷泽在其代表作《金枝》中谈到人类崇拜植物的原因时说,"在原始人看来,整个世界都是有生命的,花草树木也不例外。它们跟人们一样都有灵魂,从而也像对人一样对待它们";"在原始社会常常把树木看作神,认为它是帝王神人的体现。在这种树神崇拜中,巫术信仰和万物有灵观融为一体,树木崇拜不仅见于野蛮民族,而且在欧洲农村的许多仪式中也有遗迹可寻。这些树被认为是灵魂长期的或临时的住所。圣树的灵魂对于五谷丰登、人畜兴旺颇具影响";"欧洲的若干民族,在春季常常表演由人改扮的植物神的结婚活动,希望借此产生一种巫术力量,使庄稼丰产,牲畜兴旺"[1]。弗雷泽描写的这些现象保留在世界各地民族的原始文化习俗之中,如古埃及把柳、芦苇和大枫树作为图腾崇拜,北美奥马哈的印第安人把红玉米视为祖先,古代斯堪的纳维亚人把桉树作为生命之树,孟加拉人古代新婚习俗中有先要和大树结

---

[1] 以上见弗雷泽著:《金枝》,徐育新等译,第169页;"序文"第7、8页。

婚的习俗，德国人为婴儿洗礼必须种圣诞树等。

1979年11月，在江苏连云港将军崖发现可能出自龙山文化晚期（原始社会末期）的"稷神崇拜图"岩画，岩画刻有星象和人面植物纹。前者与天体崇拜有关，后者则疑似谷神崇拜的遗迹。这组岩画共刻有人面植物十面，人面大小不等，最大的一面高90厘米，宽110厘米；最小的高18厘米，宽16厘米。最大的人面形作老妪模样，双目眯成鱼形，额头刻菱形双圈纹饰带，额头两边各有一缕发辫形装饰，脸颊口鼻部位刻以交叉网状线条，颇似鲸面。其余九面双目皆成圆球状，脸上亦布满网状纹。十个人面形与地上草状植物相连，均无耳朵，犹如植物结出来的果实。（图4-1）人面与植物相连，反映了原始人类与农业的关系，说明与植物崇拜有关，就像人面兽身与动物崇拜有关一样。俞伟超先生认为，头像下的禾苗，"暗示出这种头像同某种农作物有血缘般的联系"，"很像是某种农神的象征物"[1]。宁夏贺兰山相当于商周至秦汉时期的岩画中也有人面与禾苗组成的图案，只是组合与连云港将军崖岩画相反，是禾苗在上，人面在下，但表现的也是拟人化的禾神。

中国幅员辽阔，植物种类和植被类型丰富多样。三国东吴陆机曾著《毛诗草木鸟兽虫鱼疏》，专门对《诗经》中记述的动植物进行注解，被称为中国第一部有关动植物的专著。全书共记载动植物174种，分布地域遍及全国，甚至涉及现在的朝鲜和越南，其中草本植物80种，木本植物34种，鸟类23种，兽类9种，鱼类10种，虫类18种。[2]成书于秦汉之际的辞书《尔雅》"释草""释木"诸篇中，记述植物200余种。晋代嵇含编撰的世界最早的地区植物志《南方草木状》，记载了生长在中国广东、广西等地以及越南的植物80种。据现代的科学统计，中国的高等植物约有30 000种，民间草药在11 000种以上，这些植物在中华民族形成和发展的

---

[1] 参见俞伟超：《连云港将军崖东夷社祀遗迹的推定》，载俞伟超著《先秦两汉考古学论集》，文物出版社，1985年，第60页。
[2] 参见陆机撰：《毛诗草木鸟兽虫鱼疏》，《丛书集成初编》，中华书局，1985年。

图 4-1 江苏连云港将军崖龙山文化"植物纹"岩画

过程中一直起着重要作用。

在古人眼里，"树木是被看作有生命的精灵，它能够行云降雨，能使阳光普照，六畜兴旺，妇女多子"，"树神能保佑庄稼丰收"[1]。在中国南方，苗族人居住地区每个村庄的村口都有一棵神树，村里居民相信他们最早祖先的灵魂就住在其中，并能保佑他们的命运。傣族把自己村寨附近的一处原始森林奉为神山，即神居住的地方。这个地方的动植物都是神的家园里的生灵，是神的伴侣，受到爱护和崇拜。侗族聚居在生产杉木的密林之中，在他们古老的神话和传说中，有很多关于杉树是生命之树、侗族之源的故事。纳西族视黄栗为天神、柏木为帝王、松树为战神，严禁任何人砍伐神树，认为砍了神树就会刮大风、下大雨。彝族最重山林崇拜，澄江地区的彝族每年农历的三月三日，全族12岁以上的男子，都要在长老的率领下，对崇拜的松树图腾进行大祭。云南少数民族中还有许多将植物作为氏族图腾的，如楚雄昙化山一带的里濮氏族以马缨花为图腾，他们相信，他们是依赖于马缨花而生存下来的。拉祜、基诺、佤、彝和阿克人等视葫芦的果实为图腾，传说其祖先都是藏于葫芦中逃避洪水而幸存下来的。[2]

中国的古代文献中，有一些关于植物图腾的记载。如女嬉吞薏苡而生禹的传说。《白虎通·姓名》载："禹姓姒氏，祖昌意，以薏苡生。"[3]《吴越春秋·越王无余外传第六》亦有相似的记载，曰："鲧娶于有莘氏之女，名曰女嬉，年壮未孳。嬉于砥山得薏苡而吞之，意若为人所感，因而妊孕，剖胁而产高密（禹）。"[4]从以上文献记载得知，禹的母亲因为吞吃了薏苡，于是受孕生下了禹，并姓"姒"，因此夏人很可能以薏苡为始祖图腾。古代西南夜郎国将竹奉为民族的来源。《后汉书·南蛮西南夷列传》载："夜郎者，初有女子浣于遁水，有三节大竹流入足间，闻其中有号声，剖竹

---

[1] 弗雷泽著：《金枝》，徐育新等译，第178、179页。
[2] 以上详见陈重明等编著：《民族植物与文化》，东南大学出版社，2004年，第8、168、26页。
[3] 班固等撰：《白虎通》卷三下，《丛书集成初编》，第224页。按：薏苡俗称"车前子"，是一种多年生草本植物，夏日结子，每穗子甚多，相传有宜子的功能。
[4] 赵晔撰：《吴越春秋》卷四，《丛书集成初编》，第123—124页。

视之,得一男儿,归而养之。及长,有才武,自立为夜郎侯,以竹为姓。"[1]

虽然早在原始社会植物已作为装饰纹样装饰在陶器上,但在商周时期,装饰纹样中植物花纹非常少见,汉代装饰纹样中植物花纹亦相对不多。自隋唐开始,植物作为装饰纹样主题才大量出现,进入装饰纹样的所谓花草纹时期。

格罗塞在《艺术的起源》一书中指出:"从动物装潢变迁到植物装潢,实在是文化史上一种重要进步的象征——就是从狩猎变迁到农耕的象征。"[2]在中国原始社会文化遗存的装饰图案中,植物是一类重要的装饰纹样。浙江余姚的河姆渡、安徽蚌埠的双墩、西安的半坡、山西洪赵地区的秦壁村、河南陕县的庙底沟、陕西华县的泉护村、江苏邳州的大墩子等新石器时期遗址出土的原始陶器上,植物纹屡屡可见。中国大约在一万年前的旧石器时代末期和新石器时代初期发明了农业。距今约10000至8700年前的湖北武安磁山新石器时期遗址,发现了世界上最早栽培的农作物黍。浙江省金华市浦江县上山遗址的稻谷遗存证明,早在10000年前水稻在中国已被驯化。湖南道县玉蟾岩遗址发现了距今10000年人工栽培的稻粒标本。距今7000年前的浙江余姚河姆渡新石器时代文化遗址出土的陶片上有稻穗图像、植物叶子图像和象形的植物符号(图4-2)。河姆渡文化早期所见的稻穗纹,一般出现在陶盆上,多

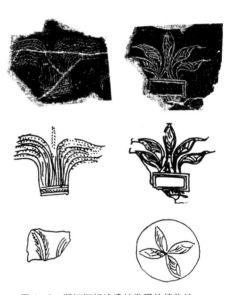

图4-2 浙江河姆渡遗址发现的植物纹

---

[1]《后汉书》卷八十六。
[2] 格罗塞著:《艺术的起源》第六章,第116页。

用阴线刻装饰在盆的外壁。稻谷呈捆状，中间稻穗直立，两边的稻穗多向左右弯垂，表现谷粒的沉甸甸与饱满。稻穗纹是河姆渡原始氏族进入农耕社会后典型的谷物崇拜表现。仰韶文化庙底沟类型的一些陶器上，出现许多别具一格的花瓣纹和叶形纹等植物花纹，其中有木本类的玫瑰花、草本类的菊花等。苏秉琦先生认为这就是华族花图腾的表现。古"华""花"一字，中华民族的名称就来自古代以植物花为图腾的华族。庙底沟类型遗存的分布中心在今陕西的华山附近，华山可能由于是华族最初所居之地而得名。在中国古代神话传说中有华胥履大人迹而生伏羲的神话，华胥应是远古花氏族或花部落的女酋长。大汶口文化彩陶中的花纹图案是以植物花纹和几何形花纹为主的，植物纹多为花卉植物纹样，花朵一般由几个花瓣组成。山东莒县陵阳河大汶口文化遗址曾发现一件大陶尊，器身上刻有一棵树，这棵树"显然是树神信仰的产物，即所谓'社树'，为史前树神崇拜提供了实物佐证"[1]。中国原始彩陶中的植物纹千变万化，常见的有花瓣纹、豆荚纹、花叶纹、谷纹、叶形纹、叶茎纹、花卉纹、树纹、勾叶纹，还有禾苗纹、草木纹、藤须纹等，将这么多植物刻绘在器物上，反映出原始先民对植物的崇拜。

进入文明社会以来，史料中不乏植物的记录。甲骨文中有"禾"形植物禾、秝、黍、粟，"木"形植物桑、栗、杞、柏等。出土的商代器物上有少量的植物纹，如柿蒂纹、蕉叶纹、叶纹等。中国古代有崇拜蓍草的习俗，蓍草又称锯齿草、蚰蜒草，是一种多年生直立菊科草本植物，高三尺余，羽状叶脉互生，夏秋之际开白花，深秋枯槁，逢春又生。相传这种草能生长千年而茎数三百。蓍草被视为一种能知吉凶的灵草，据说用蓍草占卜很是灵验。《春秋繁露·奉本第三十四》曰："蓍百茎而共一本。"义证引"《大传》：'蓍之为言蓍也。百年一本生百茎，此草木之寿，亦知吉凶者。圣人以问鬼神。'《艺文类聚》八十二引《逸礼》云：'蓍十岁三白茎者先知

---

[1] 陈文华：《新石器时代的农事崇拜、祭祀和宗教萌芽》，《农业考古》2003年第1期。

也。'又引《史记》云：'天下和平，蓍茎长一丈，其聚生百茎共根。'"[1]《史记·龟策列传》说："王者决定诸疑，参以卜筮，断以蓍龟，不易之道也。"[2]《博物志·杂说上》说："蓍一千岁而三百茎，其本以老，故知吉凶。"[3]

  大约从春秋时起，许多植物就有了明确的象征意义。《诗经》中记有黄河流域中、下游和长江以北地区的植物桃、栗、枣、桑、荷、兰、蓍、萱草、瓜等约130种，并有不少诗句直接咏唱植物。《诗·大雅·绵》有"绵绵瓜瓞"的句子。绵绵，延续不断的样子；瓞，小瓜。瓜类藤蔓连绵，节节有花有果，种子又多，古人视为子孙绵延、家道兴旺的象征。后引用为祝颂子孙昌盛的吉语。《楚辞》里提到的植物也非常多，有兰、蕙、菊、橘、木兰等，并有"颂橘""颂梅"之辞。这里的很多植物都具有象征意义，如用香草比喻君子，用臭草比喻小人。《山海经》中记载了许多植物神话，这些植物有的吃了令人不患疾病，有的吃了可以御凶，有的吃了能使人变美。其中《中次七经》记载了一则䔰草神话，曰："姑媱之山。帝女死焉，其名曰女尸，化为䔰草，其叶胥成，其花黄，其实如菟丘，服之媚于人。"就是说服用了这种草就能使人漂亮而讨人喜爱。《山海经》中还记有多种含有吉祥寓意的植物，如建木、若木、扶木、扶桑、不死树、寻木、三珠树、三桑、丹木等。《西次三经》云："昆仑之丘……有木焉，其状如棠，黄华赤实，其味如李而无核，名曰沙棠，可以御水，食之使人不溺。有草焉，名曰薲草，其状如葵，其味如葱，食之已劳。"[4]《庄子·逍遥游》中记有一种大椿树，说这种树"八千岁为春，八千岁为秋"，也是一种神奇树木。出土的战国瓦当中有树纹、叶纹、花瓣纹等植物纹样。战国青铜器上有"采桑图"，如河南省汲县山彪镇出土的"水陆攻战纹青铜鉴"、成都百花潭出土的"习射采桑宴乐攻战纹青铜壶"、北京故宫博物院收藏的

---

[1] 苏舆撰，钟哲点校：《春秋繁露义证》卷九，第277页。
[2] 《史记》卷一百二十八。
[3] 张华撰，范宁校证：《博物志校证》卷九，第105页。
[4] 以上见袁珂译注：《山海经全译》，贵州人民出版社，1991年，第142、38页。

"宴乐渔猎攻战纹青铜壶"等。莲花的形象见于1923年河南新郑出土的春秋早期的"青铜莲鹤方壶",此壶高126厘米,重64.28公斤,盖顶中央立一鹤,四周为骈列镂空的双层莲瓣,格调端庄整丽,造型写实。

我们知道,"社稷"一词是国家的代称,而它的原意是指古代帝王和诸侯祭祀的土神和谷神。"社"的意思是土地之神,"稷"是高粱一类的农作物,古人把稷视为"五谷之长",敬为农神。《白虎通·社稷》曰:"王者所以有社稷何?为天下求福报功。人非土不立,非谷不食,土地广博,不可遍敬也,五谷众多,不可一一而祭也。故封土立社,示有土也。"[1]国家无土不能立国,人民没有谷物不能生存,因而祭社祀谷。在长期的祭祀中,一些植物有了神性,人们相信祭祀特定植物能带来五谷丰登、安乐康泰,进而将这些被祭祀的植物视为吉祥。《礼稽命征》曰:"王者得礼之宜,则宗庙生祥木。"[2]

中国古代立社、祭社普遍存在封土为坛、立社种树之俗。社本方坛,露天,无屋,以使受风霜雨露,达天地之气。大约从西周开始,社与树融为一体,树成了社的标志。《周礼》记述,在氏族聚居地"树之田主,各以其野之所宜木,遂以名其社与其野"[3]。这就是说,当地有什么树就把什么树奉为社神。最常见的有松、柏、栗等。《论语·八佾第三》载:"哀公问社于宰我。宰我对曰:'夏后氏以松,殷人以柏,周人以栗。'"[4]《淮南子·齐俗训》亦曰,"有虞氏之祀,其社用土","夏后氏其社用松","殷人之礼,其社用石","周人之礼,其社用栗"[5]。反映出植物在社中的作用。树木的不同还是区别社坛方位和大小的重要标志。《尚书·逸篇》曰:"大社唯松,东社唯柏,南社唯梓,西社唯栗,北社唯槐。"[6]社坛之所以要立树作为标志,是因为当时的人们认为树是让人尊奉崇敬的象征物。正

---

[1] 班固等撰:《白虎通》卷一上,《丛书集成初编》,第38页。
[2] 孙毂辑:《占微书》,《纬书集成》,第259页。
[3] 《周礼·地官·大司徒》,《周礼注疏》卷十。
[4] 《论语注疏》卷三。
[5] 《淮南子注》卷十一。按:土即"杜",即以杜树为社。
[6] 班固等撰:《白虎通·社稷》卷一上引,《丛书集成初编》,第43页。

如《白虎通·社稷》所言："社稷所以有树何？尊而识之也，使民望见即敬之，又所以表功也。"[1] 民间社坛的社树往往被人们当作社的标识和社神的化身，所有的祭社活动均在社树旁进行，久而久之，人们就认为社树能给宗族带来吉祥，社树也成了吉祥的象征。

春秋时期，已存在桃可禳除凶邪的说法及其相关习俗。《左传·昭公四年》载："桃弧棘矢，以除其灾。"杜预注："桃弓棘箭，所以禳除凶邪。"孔颖达疏引东汉服虔云："桃，所以逃凶也。棘矢者，棘赤有箴，取其名也。盖出冰之时，置此弓矢于凌室之户，所以禳除凶邪。"[2]《庄子》曰："插桃枝于户，连灰其下，童子入不畏，而鬼畏之。"[3] 考古发现也证明这一古俗的存在。长沙马王堆汉墓出土的医书《五十二病方》有一条："魅：禹步三，取桃东枳（枝），中别为□□□之倄，而笄门户上各一。"[4] 药方的内容是驱鬼，驱鬼时门上插桃枝。桃木驱鬼的习俗虽然出现在春秋时期，但究其缘起当会更早。古代的道路草棘蕃茂，群兽蛇虫出没其间，成为交通障碍，因此人们往往手持木棒出行。持棒探路，可以辟草，也可以投击蛇兽，起着手杖的作用。传说夸父与日逐走，道渴而死，弃其杖。《淮南子·诠言训》曰："羿死于桃棓。"高诱注："棓，大杖，以桃木为之，以击杀羿，由是以来鬼畏桃也。"[5] 后世用桃棓驱邪，实由手杖投击蛇兽衍化而来。

以桃驱鬼的习俗在汉代十分流行。《荆楚岁时记》云："帖画鸡，或斫镂五彩及土鸡于户上，悬苇索于其上，插桃符其傍，百鬼畏之。"[6]《太平御览》卷九百六十七引《典术》云："桃者，五木之精也，故厌伏邪气者也。桃之精，生在鬼门，制百鬼。故今作桃人梗著门，以厌邪，此仙木也。"驱鬼所用的"桃弓""桃苅""桃杖"都用桃木做成。《春秋内事》曰："夏后氏金行，初作苇茭，言气交也。殷人水德，以螺首慎其闭塞，使如螺

---

[1] 班固等撰：《白虎通》卷一上，《丛书集成初编》，第42页。
[2]《春秋左传正义》卷四十二。
[3]《艺文类聚》卷八十六引《庄子》佚文，今本无。
[4] 参见马王堆汉墓帛书整理小组编：《马王堆汉墓帛书［肆］》，文物出版社，1985年，图版第36页。
[5]《淮南子注》卷十四。
[6] 宗懔著：《荆楚岁时记》，姜彦稚辑校，岳麓书社，1986年，第6页。

也。周人木德，以桃为梗，言气相更也。今人元日以苇插户，螺则今之门环也，桃梗今之桃符也。"[1] 张衡《东京赋》描写大傩打鬼时说："侲子万童，丹首玄制。桃弧棘矢，所发无臬。"[2] 所谓"桃弧棘矢"就是桃木弓、枣木箭，是用来射杀魑魅魍魉的。又崔豹《古今注·舆服第一》曰："桃弓苇矢，所以祓除不祥也。"[3] 郭璞《玄中记》曰："东南有桃都山，上有大树，名曰桃都，枝相去三千里……下有二神，左名隆，右名突，并执苇索，伺不祥之鬼，得而煞之。今人正朝作两桃人立门旁，以雄鸡毛置索中，盖遗象也。"[4] 桃不仅能辟邪，而且还是长寿吉祥的象征。《拾遗记·周穆王》曰："扶桑东五万里，有磅磄山。上有桃树百围，其花青黑，万岁一实。"[5]《神异经·东荒经》曰："东方有树，高五十丈，叶长八尺，名曰桃。其子径三尺二寸，和核羹食之，令人益寿。"[6]

《太平御览》卷九百九十四引《王逸子》曰："木有扶桑、梧桐、松柏，皆受气淳美，异于群类者也。"这些植物，或为通天地之桥梁，或为食之不老之仙草，或为驱鬼之灵木，表现出古人对植物的崇拜，蕴含着吉祥寓意。

汉代，吉祥文化盛行，上至帝王侯爵，下至平民百姓，无不在追逐附会着吉祥，对古祥植物的信仰也在其列。

汉代人认为，许多植物与皇权、君德吉祥有关。《拾遗记·前汉下》曰："宣帝之世，有嘉谷玄稷之祥。"[7] 王莽辅政的五年中，发现祥瑞七百多件，其中祥瑞植物或禾长丈余，或一粟三米，或禾不种而自生。这些都被说成明君在世、"天人感应"的结果。国家博物馆藏有一件新莽时期的始建国铜方斗，全长 23.92 厘米，宽 14.77 厘米，高 11 厘米。斗的前外壁铸有凸起的祥瑞凤凰，左壁有嘉禾、嘉麻，右壁有嘉麦、嘉豆，后壁柄下有

---

[1] 孙毂辑：《古微书》，《纬书集成》，第 222 页。
[2] 《文选》卷三。
[3] 崔豹著：《古今注》卷上，《丛书集成初编》，中华书局，1985 年新 1 版，第 1 页。
[4] 鲁迅著：《古小说钩沈》，《鲁迅辑录古籍丛编》第一卷，人民文学出版社，1999 年，第 454 页。
[5] 王嘉撰，萧绮录，齐治平校注：《拾遗记》卷三，《古小说丛刊》，第 66 页。
[6] 东方朔撰：《神异经》，《丛书集成初编》，中华书局，1985 年，第 5 页。
[7] 王嘉撰，萧绮录，齐治平校注：《拾遗记》卷六，《古小说丛刊》，第 135 页。

嘉黍等图。在其对应的图下用篆书刻有"嘉禾""嘉麻""嘉麦""嘉黍""嘉豆"等文字。上口横书篆文"始建国元年正月癸酉朔日制"。[1]（图4-3a、b、c）这件铜方斗上的吉祥植物都刻绘得十分夸张，植物的茎秆都因结实累累而向下弯曲，表达出冀望五谷丰登的吉祥寓意。东汉光武帝生于济阳宫，是时嘉禾生于屋。"安帝元初三年，有瓜异本共生，八瓜同蒂，时以为嘉瓜。"[2]《春秋繁露·五行顺逆第六十》曰："恩及草木，则树木华美，而朱草生""恩及土，则五谷成，而嘉禾兴。"[3]《白虎通·封禅》云："德至地，则嘉禾生，蓂荚起。"[4]《孝经援神契》曰："德至于地则华苹感，嘉禾生，蓂荚出，巨鬯滋。"注引《瑞应图》曰："秬鬯者，三隅之黍，一稃二米，王者宗庙修则生。"又"昭穆序，祭祀宰，人咸有敬让礼容之节、威仪之美，则秬鬯生"。又"王者节敬，礼仪度，亲疏有别则秬鬯生。黄帝时，南夷乘白鹿来献秬鬯"。[5]另有一种叫屈轶的植物，也是汉代传说中的瑞草。太平盛世生于帝庭，主指佞人，佞人入朝此草指之。《论衡·是应篇》曰："太平之时，屈轶生于庭之末，若草之状，主指佞人。佞人入朝，屈轶庭末以指之，圣王则知佞人所在。"[6]

汉代，很多平时常见的植物被赋予吉祥寓意。《论衡·初禀篇》曰："朱草之茎如针，紫芝之栽如豆，成为瑞矣。"[7]这是说朱草的茎像针一样粗细，紫芝的幼苗像豆一样大小的时候，就都已是瑞物了。《孝经援神契》曰："椒姜御湿，菖蒲益聪，巨胜延年，威喜辟兵，此皆上圣之至言、方术之实录也。"[8]《瑞应图》记有许多祥瑞植物。比如："紫脱者，王者仁义行则常见""延嬉，王者孝道行则至。威香者，王者礼备则常生。王者尽人伦，则威蕤生于殿前。屈轶者，太平之代生于庭前，有佞人则草指

---

[1] 国家计量总局、中国历史博物馆、故宫博物院主编：《中国古代度量衡图集》，文物出版社，1984年，第84—85页。
[2] 《后汉书·五行二》志第十四。
[3] 苏舆撰，钟哲点校：《春秋繁露义证》卷十三，第372、375页。
[4] 班固等撰：《白虎通》卷三上，《丛书集成初编》，第144页。
[5] 以上见孙毂辑：《古微书》，《纬书集成》，第330—331页。
[6] 北京大学历史系《论衡》注释小组：《论衡注释》，第1001页。
[7] 北京大学历史系《论衡》注释小组：《论衡注释》，第181页。
[8] 刘学宠辑：《诸经纬遗》，《纬书集成》，第1060页。

图4-3a　刻有吉瑞植物的新莽始建国铜方斗

图4-3b　新莽始建国铜方斗上的凤凰、嘉禾、嘉麻画像

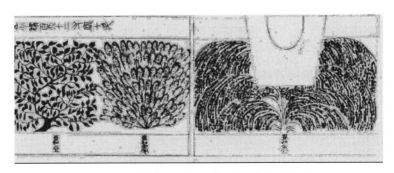

图4-3c　新莽始建国铜方斗上的嘉黍、嘉麦、嘉豆画像

四　汉代吉祥文化中的吉祥瑞应

之。"[1]此皆福祥之草。

受神仙思想的影响，汉代的许多吉祥植物与长生不死有关，如通天的神树建木。《淮南子·墬形训》说："建木在都广，众帝所自上下。日中无景，呼而无响，盖天地之中也。"[2]《汉武帝内传》说长生仙药有"太微嘉禾""八石十芝""松柏之膏""刍草""朱英""萎蕤"，"得服之，可以延年"[3]。《孝经援神契》卷下曰："巨胜延年，威喜辟兵。"[4]巨胜就是黑芝麻，威喜即茯苓，服之皆能长生。《神仙传》言康风子、朱孺子皆以服菊花成仙。《列仙传》言赤松子食柏实，齿落更生，行及奔马。

植物吉祥的产生与一些植物的特性有关。《论语·子罕第九》云："岁寒，然后知松柏之后凋也。"[5]松柏为常青树，是生命不朽的象征。在中国，进入文明社会以来，一直流传一种在坟地植树以安死者灵魂的习俗。《乐府诗集·杂曲歌辞》载古辞《焦仲卿妻》曰："两家求合葬，合葬华山傍。东西植松柏，左右种梧桐。"[6]松柏四季常青，千年不朽，所以坟地四周多种松柏。坟地松柏的枯荣，反映着死者灵魂的安否。梧桐能引凤，将梧桐植于墓地，以求凤凰引导墓主升仙。因之，历代帝王、公卿及士大夫都在自己的陵墓周围广植松柏、梧桐。《礼含文嘉》曰："天子坟高三仞，树以松；诸侯半之，树以柏；大夫八尺，树以栾；士四尺，树以槐；庶人无坟，树以杨柳。"[7]

汉代吉祥植物与吉祥动物表示吉祥寓意的方法有些不同，吉祥植物鲜有通过谐音来表示吉祥的，主要是通过植物的形态、生态和价值，以及征兆、功用、特征和传说附会来寓意吉祥。

有些植物在汉代人眼里既是吉物，又是凶物。《论衡·异虚篇》说："夫王者有过，异见于国；不改，灾见草木；不改，灾见于五谷；不改，灾

---

[1] 孙毂辑：《古微书》，《纬书集成》，第267页。
[2] 《淮南子注》卷四。
[3] 参见班固撰，钱熙祚校：《汉武帝内传》，《丛书集成初编》，第5—6页。
[4] 马国翰辑：《玉函山房辑佚书》，《纬书集成》，第1370页。
[5] 《论语注疏》卷九。
[6] 《乐府诗集》卷七十三，中华书局，1979年。
[7] 赵在翰辑：《七纬》，《纬书集成》，第870页。

至身。"如桑谷，传说商朝武丁当政时，宫廷里突然长出桑谷，被认为是上天的惩罚、商朝将要灭亡的预兆。《论衡·异虚篇》说："殷高宗之时，桑谷俱生于朝，七日而大拱。高宗召其相而问之，相曰：'吾虽知之，弗能言也。'问祖己，祖己曰：'夫桑谷者，野草也，而生于朝，意朝亡乎！'"[1]《汉书·五行志中之下》曰："桑犹丧也，谷犹生也……近草妖也。一曰，野木生朝而暴长，小人将暴在大臣之位，危亡国家，象朝将为虚之应也。"[2]

2. 吉瑞动物

汉代吉祥文化中的吉瑞之物，最丰富、最生动的非动物莫属。吉瑞动物为汉代吉祥物之大宗，其吉祥含义鲜明，内涵丰富，表达了人们的生活愿望、情感需求和精神祈盼[3]。在《宋书·符瑞志》所载一百多种祥瑞中，大多数为动物，有麒麟、凤凰、龙、龟、九尾狐、龙马、白鹿、獬豸、虎、赤兔、比肩兽、比翼鸟、比目鱼、三足乌、白雉、白鹊、白鼠等七十多种。根据《史记》《汉书》《后汉书》等一些文献记载，汉代出现的吉瑞之物多为动物，主要有赤鸟、龙、麟、象、天马、赤雁、黄鹄、凤凰、白鹤、神雀、白虎、白雉、白乌、白兔、白鹿、三足乌、神鱼、犀牛等三十多种。目前发现的汉代文物中的吉瑞之物也以动物为主，有虎（白虎）、羊、猴、马（玉马、泽马、白马朱鬣）、鹿（白鹿）、熊（赤熊）、象（白象）、兔（玉兔）、龟（玄武）、蟾蜍、鱼、鹤、白雉、鸡、龙、麒麟、九尾狐、獬豸、铺首、比肩兽、六足兽、比目鱼（白鱼）、凤（朱雀）、三足乌、比翼鸟等三十多种。[4] 汉代的吉瑞动物，大致可以分为自然界中存在的动物、以自然界中存在动物为原型变化了的动物，以及虚拟想象的动物等三

---

[1] 以上见北京大学历史系《论衡》注释小组：《论衡注释》，第293、285页。
[2] 《汉书》卷二十七中之下。
[3] 参见周保平：《试论汉画像石中的吉祥动物》，徐州师范大学学报1992年第3期。
[4] 以上诸吉瑞动物的研究详见周保平著：《汉代吉祥画像研究》第八章。

大类。自然界中存在的吉祥动物有虎、羊、鱼、猴等,以自然界中存在动物为原型的吉祥动物有九尾狐、三足乌、比翼鸟、比肩兽、天马等,虚拟想象的吉祥动物有龙、凤、麒麟、铺首、獬豸等。其实严格地讲,虚拟想象的动物也是以自然界的动物为原型的。

动物吉祥源于原始社会自然崇拜中的动物崇拜。恩格斯说:"人在自己的发展中得到了其他实体的支持,但这些实体不是高级的实体,不是天使,而是低级的实体,是动物。由此就产生了动物崇拜。"[1]动物崇拜是最原始的,几乎所有原始部落最早出现而又最普遍崇拜的就是动物。动物和人类一开始就处在一种对立统一的生存竞争中。当"人"还没有进化为人的时候,是与动物混杂的;待脱离动物界而成为人的时候,是在动物包围之中的。现在我们在人和低等动物之间划有严格的界限,但对于原始的野蛮人来说这种界限并不存在。原始社会,人类进步造成的与其他动物之间的差距没有今天这样大,在动物眼中,人类并不十分可怕;在人类眼中,动物与人是平等的,和人一样有思想、有感情、有灵魂,它们驾驭自然的能力甚至比人更优越,如猛兽力大凶猛,鸟类展翅飞翔,鱼儿水中畅游。人们对这些现象不能做出正确的解释,且又望尘莫及,因而把这些动物视为神灵的代表,加以氏族的崇拜和敬仰,意欲借助它们超人的能力来抵御凶险,庇护本氏族,希冀给氏族带来吉祥。弗雷泽说:"原始人普遍认为动物和人一样也具有灵魂和才智,所以对动物自然也同样尊重","对于他们有用的,或其形体、力量和凶猛程度非常可怕的动物的灵魂,格外敬重。"[2]

动物崇拜产生于原始社会的狩猎活动。费尔巴哈说:"动物是人所必需的东西;没有动物,人就不能存在,更不消说过人的生活了。"[3]远古时期,在采集狩猎社会,"禽兽多而人少","同与禽兽居"[4]。先民们生活在恶劣的环境中,与动物为伴,过着"食草木之食、鸟兽之肉,饮其血,茹

---

[1] 《马克思恩格斯全集》,人民出版社,1972年,第27卷,第63页。
[2] 弗雷泽著:《金枝》,徐育新等译,第324页。
[3] 荣震华、李金山等译:《费尔巴哈哲学著作选集》下卷,商务印书馆,1984年,第543页。
[4] 《庄子·杂篇·盗跖第二十九》《庄子·外篇·马蹄第九》,《庄子集释》卷九下、卷四中。

其毛，未有麻丝，衣其羽皮"[1]的生活。他们受着凶猛禽兽的威胁，又从它们身上获得食物和羽皮，他们崇拜这些动物，将其刻绘下来，表示他们与这些动物共生，又能战胜这些动物，从而产生了最早的动物崇拜图画。

动物是世界上最古老的艺术题材。在旧石器时代的绘画和雕刻中，植物形象只有极少几例，人物占的比例也不多，只有动物出现最多。1879年，在西班牙阿尔塔米拉山洞里发现了约为公元前3万年—前1万年左右的旧石器时代晚期的壁画，壁画绘有野马、野猪、赤鹿、山羊、野牛和猛犸象等神态各异的动物形象。这也是被发现最早的旧石器时代的动物画像。1940年，在法国多尔多涅省蒙尼克镇附近的拉斯科山坡发现了拉斯科洞穴，洞穴从洞顶到洞壁四周布满了千余幅绚丽的岩画和雕刻画，均为记号和动物形象，动物以野马出现频率最高，其他还有野牛、驯鹿、洞熊、狼、鸟等，在一个不规则的圆厅顶部，画有马匹、红鹿、野牛等65头大型动物形象。经考证，这些动物画大约创作于距今1.5万—1万年前的旧石器时代晚期。

原始狩猎经济逐渐向原始农业、畜牧业经济过渡后，对动物的崇拜并未减弱。在中国发现的多处新石器时代的岩画，多以动物为题材，表现出以原始狩猎经济为主的先民对动物的关注和崇拜。盖山林说："在已发现的阴山岩画中，以动物作题材的画面占有很大比重，大约占全部岩画的90%左右，表现对动物题材的特别重视。"[2]其他已发现的岩画大多也是描写动物的。这些岩画除去有记事的目的外，或兼有动物崇拜的意涵。

考古发掘显示，在距今8000多年前的裴李岗文化发现了陶猪头、陶羊头。北方红山文化发现的玉器中有龙、鸟、鸮、蝉、龟等动物形象。黄河流域的陕西、甘肃等地原始文化遗址出土的彩陶上有鱼纹、蛙纹、蛇纹、鸟纹、鹿纹、羊纹等多种动物纹样。1987年，在河南濮阳西水坡遗址仰韶文化层中发现三组用蚌壳摆塑的具有原始宗教意义的动物图案。第一组图

---

[1]《礼记·礼运》，《礼记正义》卷二十一。
[2] 盖山林著：《阴山岩画》，第364页。

案位于45号墓中,在男性墓主人左右两侧分别用蚌壳摆塑出一虎一龙。虎四肢交替,如疾走状。龙曲颈弓身,似腾飞状。(图4-4)第二组图案位于第一组南面20米处,用蚌壳摆塑出一龙一虎一鹿。第三组图案位于第二组南面25米处,用蚌壳摆塑出一龙一虎一人,人骑于龙背之上。[1]长江流域浙江余姚河姆渡文化遗址出土的器物上有鸟、猪、羊、狗、鱼等动物形象。有一件长方形陶钵外壁两侧各刻一猪,猪长嘴大眼,脊上鬃毛后倾,身上有涡毛,四肢直立作行走状。[2](图4-5)狗纹一般捏塑成陶器的盖纽,狗昂首竖耳,表现出伏卧小憩的形象。反映出河姆渡先民对动物的崇拜。据田自秉等统计,原始社会的动物纹样有鱼纹、鲵鱼纹、蛙纹、龟纹、贝纹、蝌蚪纹、蜥蜴纹、壁虎纹、虎纹、鹿纹、犬纹、猪纹、牛纹、羊纹、鸟纹、燕纹、鸮纹、鹰纹、鹳纹、鹭鸶纹、水虫纹、蚕纹等[3]。这些动物形象表现出原始人借动物以通神的宗教观念,使我们依稀看到吉祥动物的源头。

  中国少数民族中有许多动物崇拜的例子。在南方,瑶族、畲族、黎族以及苗族的一部分都以盘瓠为图腾,奉盘瓠为始祖神。盘瓠神话在《风俗通义》《搜神记》《后汉书》等诸多古籍中都有记载。《后汉书·南蛮西南夷列传》载:"昔高辛氏有犬戎之寇,帝患其侵暴,而征伐不克。乃访募天下,有能得犬戎之将吴将军头者,购黄金千镒,邑万家,又妻以少女。时帝有畜狗,其毛五彩,名曰槃瓠。下令之后,槃瓠遂衔人头造阙下,群臣怪而诊之,乃吴将军首也。帝大喜,而计槃瓠不可妻之以女,又无封爵之道,议欲有报而未知所宜。女闻之,以为帝皇下令,不可违信,因请行。帝不得已,乃以女配槃瓠。槃瓠得女,负而走入南山,止石室中……经三年,生子一十二人,六男六女。槃瓠死后,因自相夫妻。织绩木皮,染以草实,好五色衣服,制裁皆有尾形。其母后归,以状白帝,于是使迎致诸子。衣裳斑兰,语言侏离,好入山壑,不乐平旷。帝顺其意,赐以名山广

---

[1] 参见濮阳市文物管理委员会、濮阳市博物馆、濮阳市文物工作队:《河南濮阳西水坡遗址发掘简报》,《文物》1988年第3期。
[2] 浙江省文物考古研究所:《河姆渡——新石器时代遗址考古发掘报告》下册,彩版一四:2。
[3] 详见田自秉、吴淑生、田青著:《中国纹样史》,第59页。

图4-4 河南濮阳西水坡遗址出土用蚌壳摆塑的龙、虎

图4-5 浙江河姆渡遗址出土刻有猪纹的陶器

泽。其后滋蔓，号曰蛮夷。"[1]瑶族的口头传说与古籍的记载极为相似。后"盘瓠"音转为"盘古"，成为中华民族共同的祖先。侗族中有些部落以蛇为图腾，自称为蛇家。它们以蛇为祖先，崇拜祭祀蛇。彝族崇拜的动物有虎、鹿、猴、水牛、绵羊、岩羊、獐子、熊、鼠、鹰、白鸡、绿斑鸠等，彝族人至今仍喜欢戴鸡冠帽。壮族中崇拜蛇的民众每年三月三日要举行对蛇图腾的祭祀，至今左江一带还有"三月三，龙拜山"的说法。在北方，古代羌人崇拜羊，喜欢戴羊头帽子。东北边境的鄂温克族与鄂伦春族把熊视为祖先，他们称公熊为祖父、舅舅，称母熊为祖母。赫哲族崇拜的动物也很多，有鹰、杜鹃、金钱豹、虎、狼、犬、野猪、龟、虾等。许多少数民族在长期的动物崇拜中，逐渐建立起受崇拜动物能帮助本民族趋吉辟邪的吉祥信仰，进而把崇拜动物视为吉祥物。

中国古文献中记有许多动物感生神话，透露出远古动物崇拜的印迹。如炎帝母女登见神龙首而生炎帝，尧母庆都感赤龙而生尧，契母简狄吞燕卵而生契等。《诗·商颂·玄鸟》云："天命玄鸟，降而生商，宅殷土芒芒。"[2]意思是说，上天派遣玄鸟下凡，诞生了商民族的始祖。《史记·殷本纪》曰："殷契，母曰简狄，有娀氏之女，为帝喾次妃。三人行浴，见玄鸟坠其卵，简狄取吞之，因孕生契。"《史记·秦本纪》说："秦之先，帝颛顼之苗裔孙曰女修。女修织，玄鸟陨卵，女修吞之，生子大业。"[3]以上记载说明商族、秦族都是以鸟为图腾的氏族，在这些鸟崇拜的基础上形成了鸟神话，衍生出鸟吉祥。《史记·周本纪》说周有鸟鱼之瑞。《论衡·初禀篇》曰："文王得赤雀，武王得白鱼、赤乌。儒者论之，以为雀则文王受命，鱼、乌则武王受命。"又曰："文王赤雀及武王白鱼，非天之命，昌炽祐也。"[4]祐，福祐，这里指祥瑞。这句话的意思是说，文王的赤雀和武王的白鱼，并不是天的有意授命，而是象征昌盛的祥瑞。

---

[1]《后汉书》卷八十六。
[2]《毛诗正义》卷二十。
[3]《史记》卷三、卷五。
[4] 北京大学历史系《论衡》注释小组：《论衡注释》，第176、184页。

夏、商、西周时期，青铜器的纹饰是以动物为主题的，一些青铜器也是以动物为造型的。夏代的青铜器发现不多，表现动物的纹饰仅有兽面纹、龙纹、凤纹、鱼纹、鸟纹等几种。商代晚期青铜器的动物纹发展到高峰，成为装饰纹样的显著特征。这一时期的动物纹极为庞杂，大略有兽面、龙、象、犀、虎、熊、鹿、猴、兔、马、牛、羊、猪、犬、鱼、蛙、龟、鳖、蛇、虫、蚕、蝉、凤、鹰、雁、鸮、鹤、鸳鸯、鹭鸶、鹦鹉、鸭、鹅等。西周青铜器的动物纹有龙、凤、兽面、象、犀、虎、鹿、兔、牛、羊、鸟、鱼、蛙、虫、蝉等。除青铜器外，商周的玉器中也有许多动物纹样。杨伯达先生说，殷墟出土的商代后期的佩戴和插嵌用的装饰玉器中，"有虎、象、鹿、猴、马、牛、狗、兔、羊头、蝠、乌、鹤、鹰、鸥鹉、鹦鹉、雁、鸽、燕雏、鹅、鸭、鱼、蛙、龟、鳖、蝉以及龙凤等形象"[1]。

商周青铜器是人通神、人通天地之灵器，同样，青铜器上的动物纹饰也是作为人与祖先及天地沟通的神灵刻画上去的。刘敦愿说："中国古代青铜器装饰艺术中的动物纹样，大都有特定的宗教神话的含义。"[2]张光直指出："如果青铜礼器是巫觋沟通天地所用配备的一部分，那么毫不奇怪，上面所铸的动物纹样也有对此予以辅助的功用。"又说："商周艺术中的动物是巫觋沟通天地的主要媒介，那么，对带有动物纹样的青铜礼器的占有，就意味着对天地沟通手段的占有，也就意味着对知识和权力的控制。占有的动物越多越好……"[3]正因为动物是沟通人与神以及祖先的中介神物，所以在商周时期，不但礼器上刻画动物形象，而且占卜时用动物的骨骼，祭祀时用动物作牺牲。这一时期，动物由图腾的意义转变为神灵的意义，许多动物作为祭祀的牺牲，成了与神灵对话、与天建立联系的神物，并有了吉祥寓意。

春秋战国时期的铜器承袭了商、西周青铜器的纹饰，以铜镜为例，常见的有蟠螭纹、虺纹、兽纹、狩猎纹等动物纹饰。然而由于天道观衰微，

---

[1] 参见杨伯达：《中国古代玉器面面观》，《故宫博物院院刊》1989年第1期。
[2] 刘敦愿著：《美术考古与古代文明》，人民美术出版社，2007年，第139页。
[3] 张光直著：《美术、神话与祭祀》，辽宁教育出版社，2002年，第45、58页。

抑天尚土、人本思想兴起,许多商、西周时期通天神物的地位开始下降,向为人所用的吉祥物转变。《易·乾卦》有"潜龙勿用""见龙在田""或跃在渊""飞龙在天""亢龙有悔""群龙无首"等句子,说明了龙这种神物在从地至天不断发展运动的过程中,有了比喻人行为吉凶的含义,已经衍生出吉祥寓意。随着神仙思想的流行,人们可以借用龙这种神物来往于天地之间。《易·乾卦》曰:"时乘六龙以御天。"[1]

春秋战国时期,中国先民早已进入农耕社会,但人们对动物的关注依然不减。在大约成书于春秋中叶的《诗经》中,出现于黄河流域中下游和长江以北地区的各种动物名称有龙、麟、象、熊、鹿、兔、虎、马、牛、羊、凤、鱼、龟等112种之多[2]。秦汉之际,释经的辞书《尔雅》在"释虫""释鱼""释鸟""释兽""释畜"诸篇中,记述动物一百余种。《山海经》中提到的有明确吉祥意义的动物有鹿蜀、凤凰、鸾鸟、文鳐鱼、狡、当康、鹕、延维、九尾狐、应龙、乘黄、玄龟、三足龟等。《山海经·东次四经》载:"钦山……有兽焉,其状如豚而有牙,其名曰当康,其鸣自叫,见则天下大穰。"郝懿行云:"当康大穰,声转义近,盖岁将丰稔,兹兽先出以鸣瑞,故特记之。"又《中次三经》:"青要之山……畛水出焉,而北流注于河。其中有鸟焉,名曰鹕,其状如凫,青身而朱目赤尾,食之宜子。"又《海内经》:"有神焉,人首蛇身,长如辕,左右有首,衣紫衣,冠旃冠,名曰延维,人主得而飨食之,伯天下。"[3]战国初期的曾侯乙墓,内棺上绘有895个动物。其中,龙549个,蛇204个,鸟110个,鸟首兽24个,鹿、凤、鱼及鼠形兽各2个。[4]战国时期的瓦当中有许多动物纹,如麋鹿、双獾、犬、虎、蛇、蟾蜍、凤鸟、雁等。1965年,湖北江陵望山1号战国楚墓出土一件"彩绘木雕漆座屏",此屏高15厘米,长51.8厘米,上宽3厘米,下宽12厘米。用镂空的手法浮雕鹿、凤、雀、蛇、蛙等吉祥动物51只,它们穿插重叠,追逐嬉戏,形态十分生动,是一件杰出的动物吉

---

[1]《周易正义》卷一。
[2] 详见高明乾、佟玉华、刘坤著:《诗经动物释诂》,中华书局,2005年。
[3] 袁珂译注:《山海经全译》,第111、123—124、335页。
[4] 详见湖北省博物馆:《曾侯乙墓》上,第41页。

祥佳作（见图 2-17）。

汉代，受阴阳五行、"天人感应"、谶纬神学以及道家神仙思想的影响，各种动物被进一步涂上神秘色彩，并将其作为灾祥的象征，其中大量动物成为吉祥瑞应。汉王延寿的《鲁灵光殿赋》记有西汉鲁恭王灵光殿壁画中的许多动物，曰："飞禽走兽，因木生姿。奔虎攫拏以梁倚，仡奋鬐而轩鬐。虬龙腾骧以蜿蟺，颔若动而躨跜。朱鸟舒翼以峙衡，腾蛇蟉虬而绕榱。白鹿孑蜺于欂栌，蟠螭宛转而承楣。狡兔跧伏于柎侧，猨狖攀橼而相追。玄熊舑舕以断断，却负载而蹲跠。"[1]考古发掘中，满城西汉墓出土的动物纹有龙、虎、熊、羊、鹿、豹、猿、马、牛、骆驼、野猪、狐、兔、蟾蜍、鱼、凤、鸡、鸠、仙鹤、雁、鸳鸯、鹭、蝉等24种之多[2]。南阳汉画馆藏品中有关动物的画像有766幅，占石刻画像总数的40%以上[3]。山东嘉祥宋山东汉安国祠堂题记中有这样的铭文："交龙逶迤，猛虎延视，玄猿登高，狮熊嗥戏，众禽群聚，万兽云布……"[4]以上列举的动物许多含有吉祥寓意是毋庸置疑的。

有一些动物，如黄鹄、大螺、宝鸡、白燕等，文献记载不多，出土的文物中也很少见，它们也都是汉代的吉瑞动物。《三辅黄图·池沼》说："昭帝始元元年春，黄鹄下建章宫太液池。"注曰："黄鹄下太液池，汉廷以为祥瑞，加以庆贺。《西京杂记》卷一云：'始元元年，黄鹄下太液池，上为歌曰：黄鹄飞兮下建章，羽肃肃兮行跄跄，金为衣兮菊为裳；唼喋荷行，出入蒹葭，自顾菲薄，愧尔嘉祥。'"[5]古人所谓的鹄即天鹅。南阳市王庄汉画像石墓曾出土一幅"五鹄图"，纵63厘米，横170厘米。画面刻绘五鸟，四前一后展翅飞翔，以其形象应是古代被称为鹄的鸟。画像左下角

---

[1]《文选》卷十一。
[2] 吴杏全:《满城汉墓出土动物纹装饰艺术初探》，《文物春秋》1995年第3期。
[3] 李建:《汉画像石中动物形像的文化涵义》，顾森、邵泽水主编《大汉雄风——中国汉画学会第十一届年会论文集》，高等教育出版社，2008年，第285页。
[4] 济宁地区文物组、嘉祥县文管所:《山东嘉祥宋山1980年出土的汉画像石》，《文物》1980年第5期。
[5] 何清谷撰:《三辅黄图校释》卷四，第264、265页。

一鹄的尾部有三星连线,与右下角的二星连线构成一二度娄宿的天仓星座。画像右上角一鹄的上部另外刻饰二星,空白之处刻绘云气。[1](图4-6)这幅画像中刻绘的天仓星座与鹄均取吉祥之意,因此,也可以说它是一幅吉瑞图。南阳汉画馆收藏有六幅刻有大螺的画像[2],如南阳市邢营1号汉画像石墓出土的两幅刻有大螺的画像。其一,画像纵57厘米,横160厘米。画面左刻三首神人,其右下方刻人首龙身仙人,右上方刻一轮状大螺。其二,画像纵40厘米,横126厘米。画面左刻一大螺,螺身人首,应为螺神;右一物漫漶,似为一应龙[3](图4-7)。大螺为汉代人心目中的吉瑞动物。《拾遗记·蓬莱山》云:"有大螺名裸步……明王出世,则浮于海际

图4-6　河南南阳王庄汉画像石墓出土的"五鹄图"

图4-7　河南南阳邢营汉画像石墓出土的"大螺、应龙图"

---

[1] 南阳市博物馆:《南阳市王庄汉画像石墓》,《中原文物》1985年第3期。
[2] 详见杨远:《论汉代的螺神画像及其符号功能》,中国汉画学会、四川博物院编《中国汉画学会第十二届年会论文集》,中国国际文化出版社,2010年,第177页。
[3] 南阳汉画馆编著:《南阳汉代画像石墓》,河南美术出版社1998年,第219页图七、221页图一三。

焉。"[1]内蒙古和林格尔东汉壁画墓"祥瑞图"榜题有"白燕"。《宋书·符瑞志下》曰:"白燕者,师旷时,衔丹书来至。"又曰:"章帝元和中,白燕见郡国。"[2]

动物在汉代主要通过谐音、生态特征来寓意吉祥,如虎威猛勇武,能镇祟辟邪、保佑平安;"鱼"与"余""裕"谐音,通过谐音寓意"富贵有余""富裕"。张学增等在《南阳吉祥汉画浅析》一文中列出了象征、寓意、谐音、比拟、表号、文字等六种汉代动物吉祥的表现手法[3],可供参考。

汉代一些吉瑞动物的异常出现有时也预示灾祸。《春秋合诚图》曰:"苍帝将亡,则麒麟见绁"(按:继,捆、拴也);"白帝亡,则白虎至";"黄帝将亡,则黄龙坠";"玄帝将亡,则虚龟执";"白帝将亡,则蛇有足,伏如人"[4]。《后汉书·杨赐传》曰:"大皇极不建,则有蛇龙之孽。"[5]《汉书·五行志中之下》曰:"史记鲁定公时,季桓子穿井,得土缶,中得虫若羊,近羊祸也。"[6]《后汉书·孝桓帝纪》注引《五行传》曰:"弃法律,逐功臣,时则有羊祸,时则有赤眚赤羊。"[7]《汉书·五行志下之上》引《传》曰:"时则有射妖,时则有龙蛇之孽,时则有马祸。"又曰:"《左氏传》昭公十九年,龙斗于郑时门之外洧渊。刘向以为近龙孽也。"[8]《后汉书·五行志二》曰:"桓帝元嘉元年十一月,五色大鸟见济阴已氏。时以为凤皇。此时政治衰缺,梁冀秉政阿枉,上幸亳后,皆羽孽时也";"灵帝光和四年秋,五色大鸟见于新城,众鸟随之,时以为凤皇。时灵帝不恤政事,常侍、黄门专权,羽孽之时也。"[9]

那么怎样辨别哪些是吉瑞动物,哪些不是呢?东汉王充在其著述的

---

[1] 王嘉撰,萧绮录,齐治平校注:《拾遗记》卷十,《古小说丛刊》,第223页。
[2] 《宋书》卷二十九。
[3] 《美术研究》1994年第2期。
[4] 赵在翰辑,《七纬》,《纬书集成》,第970页。
[5] 《后汉书》卷五十四。
[6] 《汉书》卷二十七中之下。
[7] 《后汉书》卷七。
[8] 《汉书》卷二十七下之上。
[9] 《后汉书》志第十四。

《论衡·讲瑞篇》中专门介绍了判定"祥瑞"动物的方法。一是看它自身的特征,二是看它与外部的关系。

王充说:"如有大鸟,文章五色,兽状如獐,首戴一角,考以图象,验之古今,则凤、麟可得审也。"我们通常说"凤毛麟角",凤凰的羽毛、麒麟的独角都是它们的显著特征,通过翎毛、独角即可判定凤凰和麒麟。王充认为,大凡祥瑞,必有奇形怪状的外貌,他说:"鸟兽奇骨异毛,卓绝非常,则是也。"就是说看到一个长相奇异的动物,即使不能确切地知道它叫什么名字,但起码可以判定它是祥瑞。

王充还认为,祥瑞非是凡间的俗物,因其"神圣有异",所到之处必有鸟兽等群物相随。"如见大鸟来集,群鸟附之,则是凤凰……夫凤凰与骐骥同性,凤凰见,群鸟从,骐骥见,众兽亦宜随。"即如果看到一群动物跟随某一动物,且后者表现得非同寻常,则可以判定为祥瑞。他在《论衡·讲瑞篇》中说:"夫上世之名凤凰、骐骥,闻其鸟兽之奇者耳。毛角有奇,又不妄翔苟游,与鸟兽争饱,则谓凤凰、骐骥矣。"[1]

3. 吉瑞人物

汉代人信仰的古圣先贤包括历史传说人物、神话仙话人物、历史故事人物,其中历史传说人物有伏羲、女娲、炎帝、黄帝、尧、舜、禹等;神话仙话人物有东王公、西王母、羽人、玉女、方士、方相氏、神荼、郁垒等;历史故事人物有孔子、老子、周成王、齐桓公、管仲、吴王、韩王、蔺相如、范雎、秦王、荆轲等。这些人物有的带有吉祥寓意,是汉代人心目中的吉祥人物[2]。有的在汉代并不是吉祥人物,但已经有了吉祥寓意,在后代成为人们信仰中的吉祥人物。

---

[1] 以上参见北京大学历史系《论衡》注释小组:《论衡注释》,第 950—976 页。
[2] 对一些汉代吉祥人物的研究详见周保平著:《汉代吉祥画像研究》第九章。

中国吉祥文化中丰富多彩的吉祥人物追根溯源大多与原始宗教的祖先崇拜和巫术有关。祖先崇拜肇始于人类学蒙昧时期的高级阶段母系氏族社会后期，相当于考古学的新石器时代初期。原始先民认为，祖先是本族繁衍的源头，也是降福子孙的神灵。祖先在长期崇拜过程中逐渐被神化，神化了的祖先也就有了吉祥的意味。

自父系氏族时期起，有许多氏族部落的首领、文化英雄或传说人物因对人类的发展做出过贡献，在人类迷茫的记忆中被一代代传颂。如"燧人始钻木取火，炮生为熟，令人无腹疾"，"伏羲始别八卦，以变化天下"，"神农修德作耒耜"，"禹卑宫室，尽力乎沟洫"[1]等。《韩非子·五蠹第四十九》说："上古之世，人民少而禽兽众，人民不胜禽兽虫蛇。有圣人作，构木为巢，以避群害，而民悦之，使王天下，号曰有巢氏。民食果蓏蚌蛤，腥臊恶臭，而伤害腹胃，民多疾病。有圣人作，钻燧取火，以化腥臊，而民说之，使王天下，号之曰燧人氏。"[2]

一些氏族部落的首领、文化英雄或传说人物，在长期传颂中增加了神奇性、神异性，渐与常人不同，故而被以神对待之。斯宾塞在《社会学原理》中说："凡是超越普通的一切，野蛮人就以为是超自然的或神的，超群的名人也是如此。这名人也许是一位创立部族的远祖；也许是一位勇敢有力而成名的领袖；也许是一位很有名的巫医；也许是某些新东西的发明者；也许是一位带来了超越的艺术与知识的异乡人；也许是优越的胜利民族中的一分子。不拘他是上述的哪一种人物，生前先为人所敬畏，死后所受的敬畏便愈增加……"[3]如黄帝"生而神灵"，"成而聪明"；颛顼"疏通而知事"，"履时以象天"；帝喾"仁而威，惠而信，修身而天下服"；尧"其仁如天，其知如神"；舜"畏天而爱民，恤远而亲近"[4]。《论衡·吉验篇》曰："传言黄帝妊十二月而生，生而神灵，弱而能言。长大率诸侯，诸侯归之。教熊罴战，以伐炎帝，炎帝败绩。性与人异，故在母之身留多十月；

---

[1] 参见乔松年辑：《纬捃》之《礼含文嘉》，《纬书集成》，第1486页。
[2] 《韩非子集解》卷十九。
[3] 转引自施密特著：《原始宗教与神话》，萧师毅、陈祥春译，第81—82页。
[4] 详见戴德撰，卢辩注：《大戴礼记·五帝德》卷七，《丛书集成初编》，第115、116、117页。

命当为帝,故能教物,物为之使";"尧体就之如日,望之若云……有殊奇之骨,故有诡异之验;有神灵之命,故有验物之效";"舜未逢尧,鳏在侧陋。瞽瞍与象,欲谋杀之……使入大麓之野,虎狼不搏,虺蛇不噬,逢烈风疾雨,行不迷惑。夫人欲杀之,不能害,之毒螫之野,禽虫不能伤。率受帝命,践天子祚";"后稷之母,履大人迹,或言衣帝喾之服,坐息帝喾之处,妊身。怪而弃之隘巷,牛马不敢践之。置之冰上,鸟以翼覆之,麋集其身。母知其神怪,乃收养之,长大佐尧,位至司马。"[1]

许多远古民族领袖既是人又是神,人神一体,神人不分。所谓的神就是有神性和超自然力量的人,"是在传统的迷雾中放大了的人"[2]。莫莱说:"无论是神奇,还是神秘,都与历史存在的本身直接相关。神奇是出于对历史的崇敬,人就是神,因而出现了神奇的历史,只要消除神的光环,也就成为人的历史;而神秘则是基于对历史的迷恋,神就是人,因而出现了神秘的历史,必须进行人的参照,才可能使人的历史还原。"[3]只要把神看作同自己近似的存物,而不把神抬到自己之上高不可及的地位,人就相信他们之间有人死后甚至活着的时候便可以超越凡人,跻于神的行列。弗雷泽在《金枝》一书中说:"在原始人或野蛮人的社会里,常常发现有一些被他们的同伴按迷信想法说成为具有控制自然一般进程的力量,因而被当作神受人信奉";"当时的人们认为,神也同人们自己一样,神和人没有绝对的差别。只要是比集团中的其他成员更为优异的人,便可以在他们生前或死后升格为神。这一类的造神活动,自然多见于巫术时代向宗教时代过渡的漫长历史阶段,在这样一种相信神是以人的形象出现的社会信仰中,唯有帝王们最能坐收渔人之利,成为被崇拜的对象。"[4]

一些祖先人物经过一代又一代的神化过程,影响日益扩大,成为人们长期固定祭祀的对象,被列于祀典。王国维说:"盖古之有天下者,其先皆

---

[1] 北京大学历史系《论衡》注释小组:《论衡注释》,第123—126页。
[2] 弗雷泽著:《金枝》,徐育新等译,第410页。
[3] 苏拉米·莫莱著:《破译〈圣经〉——在远古的死海荒漠,寻找上帝的天国》,方晋译,吉林摄影出版社,1999年,第239页。
[4] 弗雷泽著:《金枝》,徐育新等译,第388页、"序文"第7—8页。

有大功德于天下，禹抑鸿水，稷降嘉种，爰启夏、周。"[1]《国语·鲁语上》曰："夫圣王之制祀也，法施于民则祀之，以死勤事则祀之，以劳定国则祀之，能御大灾则祀之，能扞大患则祀之。"[2]《汉书·郊祀志上》载："祀者，所以昭孝事祖，通神明也。"又曰："自共工氏霸九州，其子曰句龙，能平水土，死为社祠。有烈山氏王天下，其子曰柱，能殖百谷，死为稷祠。"[3]历史上的文化英雄有许多是真实存在的，本来并没有神话色彩，但是，一旦他们作为祭祀供奉的对象，就渐渐地有了神性。先民们认为，始祖或氏族首领死后，他的灵魂能够继续存活，人们怀念他、传颂他、祭祀他，以求保佑和赐福后代子孙，于是他就渐渐成了圣人、成了神，也就有了吉祥意味。对祖先的崇拜和祭祀在周代被制度化，祖先崇拜和宗法礼制成为当时政教、文化的核心。《礼记·郊特牲》曰："万物本乎天，人本乎祖。"[4]其天命观认为天的主宰是上帝，上帝实际上是祖先形象的抬升，上帝与王族的祖先之间有确切的血缘关系。他们祭祀祖先就是因为他们认为可以借此得到祖先的保佑，从而得到上帝的保佑，给他们带来吉祥。《诗·商颂·烈祖》曰：

  嗟嗟烈祖！有秩斯祜。申锡无疆，及尔斯所。既载清酤，赉我思成。

  亦有和羹，既戒既平。鬷假无言，时靡有争。绥我眉寿，黄耇无疆。

  约𨍎错衡，八鸾鸧鸧。以假以享，我受命溥将。自天降康，丰年穰穰。

  来假来飨，降福无疆。顾予烝尝，汤孙之将！[5]

---

[1] 王国维：《观堂集林》卷九，中华书局，1959年，第417页。
[2] 董立章：《国语译注辨析》，第175页。
[3] 《汉书》卷二十五上。
[4] 《礼记正义》卷二十六。
[5] 《毛诗正义》卷二十。

以上是春秋时代祭祀成汤时的祷辞,其大意是期盼祖灵降临,享受子孙祭祀,赐福祥于后代,保佑现任国王长命百岁,万寿无疆;保佑五谷丰登,国家安宁。《诗经》中《颂》和《大雅》的颂辞中不乏这样的语句。如《鲁颂·閟宫》:"是飨是宜,降福既多。周公皇祖,亦其福女。"[1] 至汉代,敬祖祈福的功利思想更加盛行。张衡《南都赋》曰:"皇祖歆而降福,弥万祀而无衰。"[2] 这种敬祖祈福活动进一步催生出所敬之祖的吉祥神性,使之成为吉祥人物。

春秋战国时期,随着神灵的增多与抑天尚土、人本思想的兴起,神灵的地位开始下降,人的地位开始上升,天道远,人道迩,政治家们把人看得高于一切,人晋升为神的可能性大大增加。《尚书·泰誓上》:"惟天地万物父母,惟人万物之灵。"传曰:"天地所生,惟人为贵。"疏曰:"人是万物之最灵。"[3] 孔子曰:"天地之性人为贵。"[4] 董仲舒说:"天地之精所以生物者,莫贵于人。"[5]

战国、秦汉之际,三皇、五帝、三王等被奉为神明,列入祀典,进行祭祀。据《史记》载:"秦灵公作吴阳上畤,祭黄帝;作下畤,祭炎帝。"刘邦"祠黄帝,祭蚩尤于沛庭,而衅鼓旗,帜皆赤"[6]。在夏、商时代,炎帝和黄帝神话的影响力十分有限,他们不仅与至上神无缘,在流传至今的夏、商神话里,神坛上似乎没有他们的地位。他们的影响在春秋战国才不断发展,而于汉代达到独尊。汉得天下,因代秦之水德必以土,土之色黄,故立黄帝为正宗。炎、黄遂成为汉代人尊崇的两大祖神。

秦汉之际,往往将一些奉为神明的古代帝王尊称为圣人。所谓圣人,《宋书·符瑞志上》曰:"体睿穷几,含灵独秀,谓之圣人。"[7]《大戴礼

---

[1]《毛诗正义》卷二十。
[2]《文选》卷四。
[3]《尚书正义》卷十一。
[4]《孝经·圣治章》引,《孝经注疏》卷五。
[5]《春秋繁露·人副天数第五十六》,苏舆撰,钟哲点校:《春秋繁露义证》卷十三,第354页。
[6] 以上分别见《史记·封禅书》卷二十八、《高祖本纪》卷八。
[7]《宋书》卷二十七。

记·易本命》曰:"倮之虫三百六十,而圣人为之长。"[1]《吕氏春秋·孟夏纪》称神农、黄帝、颛顼、帝喾、尧、舜、禹、汤、文王、武王、周公等11人为圣人。《汉书·古今人表》将太昊(伏羲)、炎帝、黄帝、少昊、颛顼、帝喾、尧、舜、夏禹、商汤、周文王、周武王、周公、仲尼等14人列为上上圣人。《论衡·骨相篇》列黄帝、颛顼、帝喾等为"十二圣",曰:"斯十二圣者,皆在帝王之位,或辅主忧世,世所共闻,儒所共说,在经传者,较著可信。"[2]在汉代人看来,一些有德行的帝王皆为圣人。《白虎通·圣人》曰:"何以知帝王圣人也?《易》曰:'古者伏羲氏之王天下也,于是始作八卦。'又曰:'圣人之作《易》也。'又曰:'伏羲氏没,神农氏作。神农没,黄帝尧舜氏作。'文具言作,明皆圣人也。《论语》曰:'圣乎尧舜,其由病诸。'何以言禹汤圣人?《论语》曰:'巍巍乎,舜禹之有天下而不预焉。'与舜比方,巍巍知禹汤圣人。《春秋传》曰:'汤以圣德,故放桀。'何以言文王、武王、周公皆圣人?《诗》曰:'文王受命。'非圣不能受命。《易》曰:'汤武革命,顺乎天。'汤武与文王比方。《孝经》口:'则周公其人也。'下言夫圣人之德,又何以加于孝乎?"[3]

在频繁的造神运动中越来越多地赋予这些圣人吉祥内涵,使之成为吉祥人物。《吕氏春秋·开春论·开春》曰:"王者厚其德,积众善,而凤皇圣人皆来至矣。"[4]这里的凤凰、圣人都是王者"厚其德,积众善"的瑞应。《淮南子·泰族训》云:"圣人者,怀天心,声然能动化天下者也。故精诚感于内,形气动于天,则景星见,黄龙下,祥凤至,醴泉出,嘉谷生,河不满溢,海不容波。"[5]

圣人出生有吉兆,长大有吉相,做事有瑞应,因而,泛言之,这些圣人都可以视为吉祥人物。

圣人的出生非同一般,都有吉祥征兆。《论衡·奇怪篇》曰:"圣人之

---

[1] 戴德撰,卢辩注:《大戴礼记》卷十二,《丛书集成初编》,第228页。
[2] 北京大学历史系《论衡》注释小组:《论衡注释》,第158页。
[3] 班固等撰:《白虎通》卷三上,《丛书集成初编》,第176—177页。
[4] 《吕氏春秋》卷二十一。
[5] 《淮南子注》卷二十。

生，奇鸟吉物之为瑞应。"[1]《拾遗记·春皇庖牺》曰："圣人生皆有祥瑞。"[2] 甚至连他们生母的受孕也与众不同。《路史·前纪六》曰："伏羲高辛，俱感巨迹；神农唐尧，俱感赤龙；黄帝有虞，咸因大虹；少昊伯禹，咸䚯流星。"[3] 传说伏羲之母华胥，履雷泽之大迹而生伏羲。神龙感女登而生炎帝。电光绕北斗枢星，照郊野感附宝，而生黄帝于寿丘。《拾遗记·商汤》曰："商之始也，有神女简狄，游于桑野，见黑鸟遗卵于地，有五色文，作'八百'字，简狄拾之，贮以玉筐，覆以朱绂。夜梦神母谓之曰：'尔怀此卵，即生圣子，以继金德。'狄乃怀卵，一年而有娠，经十四月而生契。"[4]《河图》载："汤母扶都，见白气贯月，意感而生汤。"[5]《史记·周本纪》说："周后稷，名弃。其母有邰氏女，曰姜原。姜原为帝喾元妃。姜原出野，见巨人迹，心忻然说，欲践之，践之而身动如孕者。居期而生子……名曰弃。"[6] 一些纬书把圣人的出生更是描绘得神乎其神。《诗含神雾》曰："大迹出雷泽，华胥履之，生宓牺。大电光绕北斗，枢星照野，感附宝而生黄帝。瑶光如蜺，贯月正白，感女枢生颛顼。庆都以赤龙合昏，生赤帝伊祁尧。握登见大虹，意感而生舜于姚墟。大禹之兴，黑风会纪，玄鸟翔水遗卵，流娥简狄吞之生契封。"[7] 纬书中关于圣人出生的奇妙记载还有很多，此不赘述。

圣人的长相很是特别，有吉相。如"尧眉八彩"，"舜二瞳子"，"禹耳参漏"，"文王四乳"，"皋陶马喙"[8]。《论衡·骨相篇》曰："传言黄帝龙颜，颛顼戴干，帝喾骈齿，尧眉八采，舜目重瞳，禹耳三漏，汤臂再肘，文王四乳，武王望阳，周公背偻，皋陶马口，孔子反羽。"[9] 所谓龙颜，

---

[1] 北京大学历史系《论衡》注释小组：《论衡注释》，第226页。
[2] 王嘉撰，萧绮录，齐治平校注：《拾遗记》卷一，《古小说丛刊》，第1页。
[3] 罗泌撰：《路史》卷六，《文渊阁四库全书》第383册，第41页。
[4] 王嘉撰，萧绮录，齐治平校注：《拾遗记》卷二，《古小说丛刊》，第40页。
[5] 《艺文类聚》卷十引。
[6] 《史记》卷四。
[7] 孙毂辑：《古微书》，《纬书集成》，第293—294页。
[8] 《淮南子·修务训》，《淮南子注》卷十九。
[9] 北京大学历史系《论衡》注释小组：《论衡注释》，第158页。

形容眉骨突出，像龙的样子。戴干，是说前额宽阔，像顶着一块盾牌。骈齿，牙齿连成一片。八采，八种颜色。重瞳，每个眼睛有两个重叠的瞳仁。耳三漏，是说耳朵有三个耳孔，能聪听，无不通晓。臂再肘，每只胳臂上有两个肘。"文王四乳"是说文王有四个乳头，象征他能哺乳天下人。望阳，形容眼睛的位置高，不用抬头就可以看到天。偻，弯曲。马口，形容嘴像马嘴。"羽"通"宇"，屋檐。反羽，形容头顶中间凹，四周高，像翻过来的屋顶。甚至连一些皇后、将相大臣也有吉相。如东汉顺帝梁皇后，"永建三年，与姑俱选入掖庭，时年十三。相工茅通见后，惊，再拜贺曰：'此所谓日角偃月，相之极贵，臣所未尝见也。'"[1]"汉相萧何，长七尺八寸，昴星精生，耳三漏，月角，火形。"[2]《续博物志》曰："伍子胥长一丈，眉间一尺。韩王信八尺九寸。金日䃅八尺二寸。东方朔九尺三寸。"[3]

圣人即帝位有吉兆。《大戴礼记·诰志》曰："圣人有国，则日月不食，星辰不孛，海不运，河不满溢，川泽不竭，山不崩解，陵不阤，川谷不处，深渊不涸。于时龙至不闭，凤降忘翼，鸷兽忘攫，爪鸟忘距，蜂虿不螫婴儿，螣虵不食夭驹，洛出服，河出图。"[4]《春秋元命苞》曰，黄帝时"凤皇衔图置帝前，黄帝再拜受"；"尧坐中舟，与太尉舜临观，凤皇负图授"。又曰："尧游河渚，赤龙负图以出，图赤如绨状。龙没图在，与太尉舜等百二十人发视之"；"天命文王以九尾狐"；"凤皇衔丹书游于文王之都，西伯既得丹书，于是称王"[5]。

一些圣人被说得神乎其神，一生中充斥着吉祥瑞应。《论衡·实知篇》曰："儒者论圣人，以为前知千岁，后知万世，有独见之明，独听之聪，事来则名，不学自知，不问自晓，故称圣则神矣。"[6]《易·乾·文言》曰：

---

[1]《后汉书·皇后纪下》卷十下。
[2] 赵在翰辑：《七纬》之《春秋佐助期》，《纬书集成》，第986页。
[3] 李石撰：《续博物志》卷三，《丛书集成初编》，第33页。
[4] 戴德撰，卢辩注：《大戴礼记》卷九，《丛书集成初编》，第154页。
[5] 赵在翰辑：《七纬》，《纬书集成》，第926—927页。
[6] 北京大学历史系《论衡》注释小组：《论衡注释》，第1477页。

"夫大人者，与天地合其德，与日月合其明，与四时合其序，与鬼神合其吉凶。"[1]《汉书·翼奉传》说："圣贤在位，阴阳合，风雨时，日月光，星辰静，黎庶康宁，考终厥命。"[2]《尸子》曰："神农理天下，欲雨则雨，五日为行雨，旬为谷雨，旬五日为时雨，正四时之制，万物咸利，故谓之神。"[3]《轩辕黄帝传》说黄帝时"风不鸣条"，"雨不破块"[4]。《拾遗记·唐尧》曰："尧在位七十年，有鸾雏岁岁来集，麒麟游于薮泽，枭鸱逃于绝漠。"[5]《述异记》曰："尧为仁君，一日十瑞。宫中刍化为禾，凤凰止于庭，神龙见于宫沼，历草生阶，宫禽五色，乌化白。神木生莲，蓂蒲生厨，景星耀于天，甘露降于地，是为十瑞。"[6]《吴越春秋·越王无余外传第六》曰，禹之时"凤凰栖于树，鸾鸟巢于侧，麒麟步于庭，百鸟佃于泽"；"禹崩之后，众瑞并去"[7]。王充认为，"仁圣之物至，天下将为仁圣之行"，符瑞与圣人"犹吉命之人逢吉祥之类"[8]。西汉后期开始，在谶纬神学的影响下，老子、孔子、孟子等一些历史上的真实人物也被神化，被描写成吉祥神奇的样子，使得他们也有了吉祥的色彩。如《春秋演孔图》说，孔子母徵在与黑帝梦交，生孔子于空桑之中，首类尼丘故名，孔子胸有文曰："制作定，世符运。"又说："孔子论经，有鸟化为书，孔子奉以告天，赤雀集书上，化为黄玉。刻曰：孔提命作，应法为赤制。"[9]孔子在这里完全成了吉祥的化身。其他一些此类事例不再赘举。

圣人中对人类生存和发展做出重大贡献的有的成为吉祥人物，如女娲、伏羲为始祖吉祥人物，炎帝、黄帝为氏族吉祥人物，以至尧舜。《礼含文嘉》曰："伏羲德洽上下，天应以鸟兽文章，地应以河图洛书。"又曰："神

---

[1]《周易正义》卷一。
[2]《汉书》卷七十五。
[3] 马骕撰，王利器整理：《绎史·炎帝纪》卷四引，中华书局，2002年，第28页。
[4] 见《先秦史参考资料八种》，北京图书馆出版社，2007年，第36页。
[5] 王嘉撰，萧绮录，齐治平校注：《拾遗记》卷一，《古小说丛刊》，第24页。
[6]《述异记》卷上，程荣纂辑：《汉魏丛书》，吉林大学出版社，1992年影印本。
[7] 赵晔撰：《吴越春秋》卷四，《丛书集成初编》，第133—134页。
[8] 参见《论衡·指瑞篇》，北京大学历史系《论衡》注释小组：《论衡注释》，第986、985页。
[9] 赵在翰辑：《七纬》，《纬书集成》，第904页。

农作田道，就耒耜，天应以嘉禾，地应以醴泉"；"黄帝修兵革，以德行，则黄龙至，凤皇来仪"；"尧德匪懈，醴泉出"；"舜损己以安百姓，致鸟兽鸧鸧，凤皇来仪"；"舜卑宫室，垂意沟洫，百谷用成，神龙至，灵龟服，玉女敬养，天赐妾"[1]。《尚书中候》卷上曰："帝尧即政七十载，景云出翼，凤皇止庭，朱草生郊，嘉禾孳连，甘露润液，醴泉出山。"[2]《宋书·符瑞志上》记有上古以来有德行的帝王在位时的祥瑞。伏羲氏"有景龙之瑞"。炎帝时"嘉禾生，醴泉出"。黄帝"有景云之瑞"；"麒麟在囿，神鸟来仪"；"龙图出河，龟书出洛"。少昊氏"有凤皇之瑞"。尧"在帝位七十年，景星出翼，凤凰在庭，朱草生，嘉禾秀，甘露润，醴泉出，日月如合璧，五星如连珠"；又有"萐莆""蓂荚""河图"之瑞。舜"即帝位，蓂荚生于阶，凤皇巢于庭，击石拊石，百兽率舞，景星出房，地出乘黄之马，西王母献白环、玉玦"，"黄龙负图"。帝禹"有白狐九尾之瑞"，天赐"河图""玄珪""洛出龟书"。商有"黄鱼""黑鸟""黑龟""白狼衔钩"之瑞。周文王时"赤爵衔书"，"鸑鷟鸣于岐山"。周武王有"白鱼""赤乌"之瑞。周成王时"神鸟凤皇见，蓂荚生"；"玄龟青龙苍兕止于坛"；"麒麟游苑，凤皇翔庭"等。[3]（参见表一）

自原始社会以来，先民们就利用各种材质和手段来表现对自然和社会的理解，其中表现祖先、神灵的造型艺术层见叠出。1984年，辽西牛河梁红山文化遗址发现的女神塑像是原始祖先女神的典型例证。其中一尊彩绘女神头像，高22.5厘米，面部五官完好生动，类同真人，用淡青色圆饼状玉片镶嵌的眼睛炯炯有神（见图2-10）。这尊女神头像的出土，使我们看到了5000年前女祖先的具体形象。新石器时代的彩陶和岩画中，人物图像占有相当重要的地位。1973年，在青海省大通县上孙家寨新石器时代遗址的一座墓葬中发现了一件绘有舞蹈图案的彩陶盆。盆高14厘米，直径29

---

[1] 赵在翰辑：《七纬》，《纬书集成》，第871页。
[2] 马国翰辑：《玉函山房辑佚书》，《纬书集成》，第1193页。
[3] 以上详见《宋书》卷二十七。

厘米，卷唇平底，内壁绘有三组舞蹈人物，每组五人，舞者头上有发辫，体侧有一尾状物，每组人物手牵着手作跳舞状，表现的大约是巫师娱神的情景。（图4-8）

新石器时期用玉制作的人和人纹实物在一些出土和传世品中时有发现，其中较为重要的有20余例，如山东省滕州大汶口文化遗址出土的玉人面形饰、四川巫山大溪文化墓葬出土的玉面纹饰、陕西省神木县石峁龙山文化墓葬出土的玉人头等[1]。

在商代后期的青铜器纹饰或雕塑中，常见有人形。1959年，湖南宁乡出土一件人面方鼎，鼎腹四面浮雕人面像，颧骨较高，耳部下有手爪，鼎腹内壁有"大禾"二字铭文，故称"大禾人面方鼎"（图4-9）。商代的人形纹，一般都作半人半兽状，或人面兼马身、羊身、龙身、鱼身、兽身，实即人兽合体的神人形象。周代，祭祀盛行，殿堂庙宇中布满尧、舜、禹等人物画像和天地山川神灵的画像。《孔子家语·观周》说周明堂"有尧舜之容，桀纣之像，而各有善恶之状，兴废之诫焉。又有周公相成王，抱之而负斧扆，南面以朝诸侯之图焉……"[2]王逸在《楚辞·天问·序》中描写楚先王之庙及公卿祠堂所画的古圣贤人物时说："楚有先王之庙及公卿祠堂，图画天地山川神灵琦玮僪佹，及古贤圣怪物行事。"[3]据说，屈原正是看了这些壁画后，才创作了《天问》。战国时期的"人物龙凤""人物御龙"帛画都绘有形象鲜明的人物画像。

汉代，将历史的或神话传说中的帝王、贤哲、英雄或其他著名人物以画像的形式绘于、雕于、塑于一定的场所，以供后人瞻仰。汉武帝曾"作甘泉宫，中为台室，画天、地、太一诸鬼神，而置祭具以致天神"[4]。司马迁曾于未央宫前殿正室看到张良的画像。《论衡·实知篇》说："太史公之见张良，观宣室之画也。"[5]王延寿《鲁灵光殿赋》曰："上纪开辟，遂

---

[1] 详见周南泉：《新石器时期玉器中的人物题材初探》，《故宫博物院院刊》1993年第2期。
[2] 陈士珂辑：《孔子家语疏证》卷三，《国学基本丛书选印》，第72页。
[3] 洪兴祖撰：《楚辞补注》卷三，《丛书集成初编》，第67页。
[4] 《史记·封禅书》卷二十八。
[5] 北京大学历史系《论衡》注释小组：《论衡注释》，第1493页。

图 4-8 青海大通出土的新石器时代"舞蹈纹"彩陶盆

图 4-9 湖南宁乡出土的商代"大禾人面方鼎"

古之初。五龙比翼,人皇九头。伏羲鳞身,女娲蛇躯。鸿荒朴略,厥状睢盱,焕炳可观。黄帝唐虞,轩冕以庸,衣裳有殊。下及三后,媱妃乱主。忠臣孝子,烈士贞女,贤愚成败,靡不载叙。恶以诫世,善以示后。"[1] 从这段记载中我们知道西汉景帝之子鲁恭王刘余在鲁国曲阜建造的宫殿灵光殿内绘有人皇、伏羲、女娲、黄帝等传说人物。汉魏铜镜中有"周罗容象,五帝天皇,白牙弹琴,黄帝除凶,朱鸟玄武,白虎青龙"[2]铭文。山东嘉祥汉武梁祠刻有43幅历史故事画像,其中西壁第二层就刻有伏羲、女娲、祝融、神农、黄帝、颛顼、帝喾、尧、舜、禹、桀等11位帝王画像[3](图4-10)。

图4-10 山东嘉祥汉武梁祠石刻中的帝王画像

总之,或英雄人物,或有发明创造之人,或对人类有重大贡献的人死后,在长期的传颂中变成了神。人们对这些神灵的功绩和威力深信不疑,并相信这些神灵会继续给自己带来好运,于是这些神灵就成为人们崇拜、信仰的偶像,被视为吉祥人物。

4. 吉瑞器物

器物在中国原指尊彝之类。《周礼·春官·典瑞》郑玄注曰:"礼神曰

---

[1]《文选》卷十一。
[2] 转引自管维良:《汉魏六朝铜镜的社会观察》,《四川文物》1990年第3期。
[3] 参见蒋英炬、吴文祺著:《汉代武氏墓群石刻研究》,第153页,图25。

器。"又《周礼·秋官·大行人》:"三岁一见,其贡器物。"注曰:"器物,尊彝之属。"[1]后为各种工具、用具的统称。吉祥器物最初是指钟鼎彝器,后来指那些在日常生产、生活中具有吉祥寓意的工具和用具。

中国器物制造历史悠久,从原始社会的石器、陶器到商周时期的青铜器,从秦汉的玉器、漆器到唐宋的瓷器……每一个时代的器物,都映衬着那个时代的社会环境、思想意识和艺术文化内涵,都浓缩着传统文化的精华。汉代,器物与社会发展相适应,糅入更多的思想理念和信仰习俗。《易·系辞上》曰:"备物致用,立成器以为天下利。"[2]《汉书·艺文志》曰:"形法者,大举九州之势以立城郭室舍形,人及六畜骨法之度数、器物之形容以求其声气贵贱吉凶。"[3]《宋书·符瑞志》记载的祥瑞中,祥瑞器物占有较多比例,有金车、象车、根车、璧琉璃、玉英、玄圭、玉钩、玉玦、玉龟、玉玺、玉鼎、玉璧、白玉戟、玄璧、苍玉璧、金胜、丹甑、珊瑚钩、明月珠、地珠、黄银紫玉、碧石、玉瓮、山车、神鼎等近三十种。根据《史记》《汉书》《后汉书》等一些文献记载,汉代出现的祥瑞器物,主要有玉鸡、赤珠、玉杯、明珠、宝鼎、古磬、白石、丹书、石牛、雍石、玉钩、玉玦等十几种。汉代画像文物中有吉祥寓意的器物大致有神鼎、玉璧、圭、胜、云车、桃苅、绶带、钱币以及银瓮、玉英、明珠、鸠杖、鸠车、玉匣等十几种。[4]

器物经历了源远流长的发展和演变过程,是人类一切活动的物质基础之一。历代传世的器物,大到钟鼎彝器,小到碗筷、瓮罐和针剪,它们不仅仅是物质的,也是人类精神文化的见证。吉祥器物的产生源于实物崇拜,这种崇拜发生于原始文化向较高级文化的渐进时期,因而吉祥器物的出现一般要晚于吉祥植物、吉祥动物及吉祥人物的出现。吉祥植物、吉祥动物的源头可上溯到原始社会的自然崇拜,吉祥人物可上溯到原始社会的祖先

---

[1] 以上见《周礼注疏》卷二十、卷三十七。
[2] 《周易正义》卷七。
[3] 《汉书》卷三十。
[4] 详见周保平著:《汉代吉祥画像研究》第十章。

崇拜，而吉祥器物往往源于人类对器物肇始及其创造者的情结，由原始社会的法器、巫具以及古代社会的礼器演化而来，也有一些是由人们现实生活中的日用器神化而来。

在泛神信仰中，不只有生命的动物、植物有灵性，那些无生命的自然物和器物也有灵性。一件器物在长期使用中可能产生"灵性"，对有灵性的器物便会萌生崇拜。当一件器物成为一种崇拜物时，它就不再是一件简单的器物了，而是一件圣物，体现一种灵性，被赋予吉祥或避邪的意味。布赖恩说："每一个图腾崇拜的原始部族都有一些仪式供品，这些供品据信具有超自然力……它们象征着重要的英雄人物或图腾崇拜的祖先，通常都雕刻上代表部落氏族的图腾的一种图案。"[1]原始社会的一些石器、陶器既是日常用具，也是祭祀的法器，它们都寓有一定的象征意义。《礼记·郊特牲》曰："器用陶匏，以象天地之性也。"[2]中国出土有内涵丰富的原始社会的法器、明器和宗教礼器。1979年，辽宁省喀左县车山嘴红山文化祭坛遗址发掘出大量珍贵文物，其中百分之九十是陶器，这些陶器大率都是用于祭祀祈福的器物，可以作为最早的带有吉祥意味的器物实证之一。

大约距今8 000年前，中国先民们就已经能够加工制造玉器。距今5 000年左右，出于宗教目的，大量生产玉器，并用于宗教礼仪。在南方，良渚文化遗址随葬玉器数量和品种之多引人瞩目。1986年考古工作者对浙江省余杭长命乡反山良渚文化墓地进行了第一次发掘，1987年又对余杭安溪乡瑶山良渚文化遗址进行了发掘。反山墓地出土的玉器单件计数多达3 200件。玉器的种类有璧、环、琮、钺、璜、镯、带钩、柱状器、杖端饰、冠状饰、三叉形器、半圆形冠饰、镶插端饰、圆牌形饰以及鸟、鱼、蝉和各种瓣状饰组成的穿缀饰，由管、珠、坠组成的串状饰，各类玉粒组成的镶嵌件等二十余种。[3]瑶山遗址共出土玉器635件（组），器物种类有琮、钺、冠状饰、三叉形器、锥形饰、牌饰、璜、圆牌饰、镯、带钩、管（珠）

---

[1] 布赖恩·莫里斯著：《宗教人类学》，周国黎译，姜建国校，今日中国出版社，1992年，第158页。
[2] 《礼记正义》卷二十六。
[3] 浙江省文物考古研究所反山考古队：《浙江余杭反山良渚墓地发掘简报》，《文物》1988年第1期。

串饰等。[1]良渚文化出土的玉琮，一般刻有"神人兽面"图案，应是巫师通神驱鬼的法器（图4-11）。江苏吴县草鞋山遗址与上海福泉山遗址，曾出土原始先民颈项上佩戴的玉坠与倒梯形佩饰，其上分别刻有兽面纹，当是他们的族徽标志，佩戴这些玉器大概有辟邪祟、祈吉祥的用意。在北方，红山文化出土许多玉器，其中双龙首璜形玉饰和鸮形松石饰物，是两件神秘动物形象的器物，这两件器物并非寻常的装饰佩戴之物，可能是巫师祭神的法器。龙与鸟则是通天的工具，也是后世龙凤吉祥的源头之一。

进入文明社会后，吉祥器物最初主要指那些钟鼎彝器。古称铸造钟鼎彝器的金属为吉金，春秋《子璋钟铭》有"择其吉金，自作和钟"的铭文，用吉金铸造出来的器物当然是吉物。后来将钟鼎彝器通称为吉金。鼎是商、周青铜器中数量最多、地位最为重要的器物之一。鼎原本是用于烹煮和盛放食物的器具，后来成为政权的象征，演化为神物，再后来衍生出吉祥寓意，成为吉祥器物。铜镜本是古代日常用品，但由于镜子能反光，能清晰映象，因而被人们引喻出许多趋吉辟邪功能，具有破暗取明、去魔压邪的作用。镜子能驱邪照妖，是中国古代一以贯之的传统观念。很多方士修行、炼丹时都镜不离身；佛教和道教举行宗教仪轨时，铜镜亦为不可缺少的法器；有些人还以镜子作为镇宅的法器。晋葛洪《西京杂记》提到的汉宣帝所持身毒国的宝镜有照见妖魅之功能。其《抱朴子》一书亦说，道士背悬九寸明镜，老魅便不敢靠近，如果有鸟兽邪物，用镜一照，其本形俱现镜中[2]。人们认为，通过铜镜的照射，可以使一切妖魔鬼怪现出原形，不敢作祟，由此发明出八卦镜、虎头镜等照妖镜。因此，后世新娘嫁妆中少不了镜子，一来作为梳妆实用，二来可以用来辟邪。直至20世纪50年代，还常看到中国农村在家中墙上镶一面镜子，用来辟邪，以保家道兴旺，人畜平安。天津博物馆藏有一枚汉代阳燧[3]，其内周铭文为"宜子先（孙），君子宜之，长乐未央"；外周铭文为"五月五丙午，火燧可取，天火保死，

---

[1] 浙江省文物考古研究所：《余杭瑶山良渚文化祭坛遗址发掘简报》，《文物》1988年第1期。
[2] 参见《抱朴子·内篇·登涉》卷十七。
[3] 按：阳燧，古时用铜质制成的凹面镜。用以聚集日光，点燃艾绒。

图4-11 良渚文化遗址出土的玉琮

祥兮"。这些铭文皆为吉祥语[1],说明这件阳燧也是一件吉祥器物。阳遂取火于日,既为实用器,又是赐福避邪之物,故蔡邕《祖饯祝文》有"阳遂求福,蚩尤辟兵"[2]之辞。

周代的玉石雕刻甚为发达,设有专门的玉器作坊,玉礼器有璧、圭、璋、琮、环、瑗等。《周礼·春官·大宗伯》将礼仪活动中使用的玉器璧、圭、琮、璜、琥等称为"六瑞"。春官大宗伯下属有"司尊彝""典瑞","司尊彝"掌祭祀用尊、彝等宝器,"典瑞"掌祭祀所用玉器。从官名"典瑞"可知,这时已把祭祀的玉器视为吉瑞器物。战国时期,有玉辟邪之说。《山海经·西次三经》说:"峚山……丹水出焉,西流注于稷泽,其中多白玉。是有玉膏,其原沸沸汤汤,黄帝是食是飨。是生玄玉……黄帝乃取峚山之玉荣,而投之钟山之阳。瑾瑜之玉为良,坚栗精密,浊泽而有光。五色发作,以和柔刚。天地鬼神,是食是飨;君子服之,以御不祥。"[3]

河图、洛书是中国古代流传下来的两幅神秘图案(图4-12)。《易·系辞上》曰:"河出图,洛出书,圣人则之。"[4]传说上古伏羲氏时,有龙马从黄河出,背负"河图",献给伏羲,伏羲依此演成八卦。又传,大禹时有神龟从洛水出,背负"洛书",献给大禹,大禹依此治水成功,遂划九州。河图、洛书作为天赐祥瑞,秦汉时代被人们津津乐道。《汉书·翟方进传》言:"太皇太后临政,有龟龙麟凤之应,五德嘉符,相因而备。《河图》《洛书》远自昆仑,出于重野。古谶著言,肆今享实。"[5]这里河图、洛书与麟凤龟龙并提,可见在汉代河图、洛书也是祥瑞。

河图、洛书起于何时,暂无确考。1989年4月14日,《中国文物报》载文《凌家滩遗址展现了新的文明曙光》,报道称:"安徽含山县凌家滩新石器时代墓地出土了最早的玉雕人像、玉刻原始八卦图形、玉龟、玉勺等

---

[1] 参见李东琬:《阳燧小考》,《自然科学史研究》1996年第4期,第370页。
[2] 邓安生编:《蔡邕集编年校注》,第235页。
[3] 袁珂译注:《山海经全译》,第36—37页。
[4] 《周易正义》卷七。
[5] 《汉书》卷八十四。

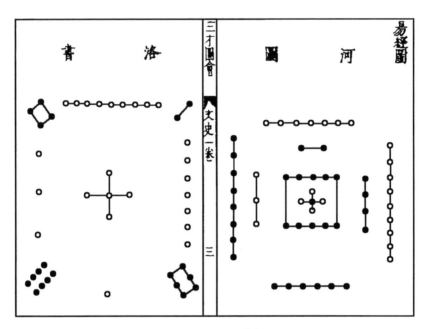

图 4-12　河图、洛书

等";"这件原始八卦图形与玉龟同出一墓……即由此可以证实,早在5000年以前,我们的祖先就已经形成了河图、洛书和八卦的观念。"[1] 河图之辞,最早见于《尚书》,又见于《易传》《论语》。《尚书·顾命》记载周康王继位大典上所陈列的各种礼器,"赤刀、大训、弘璧、琬琰,在西序;大玉,夷玉,天球、河图,在东序"[2]。《论语·子罕第九》曰:"凤鸟不至,河不出图,吾已矣夫!"注曰:"孔曰,圣人受命,则凤鸟至,河出图。今天无此瑞,吾已矣夫者,伤不得见也。"[3] 显然在春秋时期河图已被视为一种吉瑞,孔子为不能见到这样的吉瑞而叹息。《礼记·礼运》云:"故天不爱其道,地不爱其宝,人不爱其情。故天降膏露,地出醴泉,山出器车,河出马图……"[4] 这里把河图与雨露、甘泉等并列,都是指吉瑞之兆。先秦典籍中提到河图、洛书时往往是从吉瑞征兆的意义上来叙述的。如《墨子·非攻下》曰:"天命周文王伐殷有国,泰颠来宾,河出绿图,地出乘黄。"[5] 这里把"绿图""乘黄"作为周朝立国的瑞兆。《管子·小匡第二十》曰:"昔人之受命者,龙龟假,河出图,雒出书,地出乘黄。今三祥未见有者,虽曰受命,无乃失诸乎?"[6] 管仲认为,古代圣贤之君在位的时候,有出图、出书、出神马的吉兆,现在这三种祥瑞征兆一种也没出现,虽说是当上了齐国的国君,也是不会被诸侯拥护的。先秦著作中提到河图、洛书,并且从祥瑞的角度来引发议论的还有《随巢子》《文子》《吕氏春秋》等,这里不再一一引述。

什么是河图呢?"河图"是古代儒家对《周易》一书来源的传说。传说伏羲氏时有龙马负图出于河,伏羲按图绘成八卦,这就是《易》的起源。《尚书·顾命》孔安国传曰:"伏羲王天下,龙马出河,遂则其文以画八卦,

---

[1] 1987年,安徽省含山县凌家滩新石器时代遗址出土玉刻图长方形板,长11.4厘米,宽8.3厘米,厚0.7厘米。玉板片状,中部微隆起,边缘呈阶状凹下。玉板表面饰有阴线琢出的环形图案及放射形的箭头状图案。对于图案所表现的内容,学者们有多种解释,或认为是上古之时的河图、洛书,或认为是文字产生前的八卦图像,或认为另有含义。
[2] 《尚书正义》卷十八。
[3] 《论语注疏》卷九。
[4] 《礼记正义》卷二十二。
[5] 《墨子间诂》卷五。
[6] 《管子校正》卷八。

谓之河图。"[1]《汉书·五行志上》曰:"虙羲氏继天而王,受河图,则而画之,八卦是也。"[2]《论语·子罕第九》注曰:"河图,八卦是也。"[3]据说八卦标有历代帝王兴亡图画,是天赐的祥瑞。清马国翰《玉函山房辑佚书》辑《尚书璇玑钤》曰:"河图,命纪也。图天地帝王始终存亡之期。"[4]明孙毂辑《古微书》之《中候握河纪》曰:"尧即政十七年,仲月甲日至于稷,沉璧于河。青云起,回风摇落,龙马衔甲,赤文绿色,自河而出,临坛而止,吐甲回遭。甲似龟,广九尺,有文言虞、夏、商、周、秦、汉之事,帝乃写其文,藏之东序。"又辑《中候考河命》:"舜至于下稷,荣光休至,黄龙负卷于馆,图出水坛畔,赤文绿错。"又辑《中候摘雒戒》:"古周公旦,钦为皇天,顺践祚,即摄七年,鸾凤见,蓂荚生,青龙衔甲,玄龙背书以上。"[5]孙柔之《瑞应图》云:"王者承天道,四通而悉达,无益之术藏而世无浮言,言吉,则河出龙图。"[6]

什么是洛书呢?"洛书"是古代儒家对《洪范》一书来源的传说。洛书古称龟书,传说有神龟出于洛水,其甲壳上有图像。一说夏禹时洛水出现神龟,龟背负书,大禹依此治水成功,遂划天下为九州,禹又根据龟书而制出《洪范》九畴。《汉书·五行志上》载:"禹治洪水,赐《洛书》,法而陈之,《洪范》是也。"[7]明孙毂《古微书》辑《中候雒予命》曰:"汤观于洛,沉璧。而黑龟与之书,黄鱼双跃。"又辑《洛书灵准听》曰:"帝王明圣,龟书出文,天以与命,地以授瑞。"[8]以上说明河图、洛书都是帝王受命的符瑞。

沈约在《宋书·符瑞志》开篇首记河图、洛书,这是因为河图、洛书

---

[1]《尚书正义》卷十八。
[2]《汉书》卷二十七上。
[3]《论语注疏》卷九。
[4]《纬书集成》,第1207页。
[5]《纬书集成》,第175页。
[6] 马国翰辑:《玉函山房辑佚书》。
[7]《汉书》卷二十七上。
[8]《纬书集成》,第176、375页。

记载的是上帝任命君主的旨意，与朝代兴亡、皇位更迭有关，当有圣王在世时它们作为祥瑞便随之出现。《春秋命历序》曰："河图，帝王之阶图，载江河、山川、州界之分野。后尧坛于河，作《握河纪》，逮虞舜、夏、商咸以受焉。"[1]《春秋说题辞》曰："河洛受瑞，可放仁义，合者称王。符瑞应天，天下归往。"[2]《易坤灵图》曰："圣人受命，瑞应先于河。"[3]《中候握河纪》曰："尧时受河图，龙衔赤文绿色。"又曰："尧沉璧于洛，赤光起，有灵龟负书出，背甲赤文成字，止坛。"[4]

汉代是对河图、洛书演绎与附会最为活跃的时期。谶纬神学的勃兴，对于河图、洛书的传说起到了推波助澜的作用，使河图、洛书的故事更加丰富离奇。纬书中记载得到河图、洛书的圣贤有伏羲、黄帝、仓颉，其他如尧、舜、禹、商汤、周文王、周武王、周成王等也都得到过河图。另外在《尚书考灵曜》中说秦始皇也从河中得到了宝物，但没有明说这个宝物是不是河图。《河图会昌符》中说汉高祖刘邦观于汶水，一位神人问他："刘季，何不受河图？"[5]但这里没有明确记述刘邦是否得到了河图。总之，在纬书中记述的河图、洛书可以说五花八门，河图、洛书的得主涉及伏羲、黄帝等十多位圣贤帝王。传送河图、洛书的动物有龙马、神龟，还有黄龙、人卢鱼、人面鱼、河精、黑头公等。盛载河图、洛书的有玉甲、玄色丝织物、黑玉、玄甲、玉梭等。关于河图、洛书的内容也说法不一，一种说法是标有历代帝王兴亡的图画，有预测未来的性质。一种说法是记载有山川地名的地理图。还有一种说法是表示身份的象征物，预示新的事业和新的时期的开始。其说法虽然不同，但是都贯穿着一种精神，就是河图、洛书都是非常鲜明的王权符瑞征兆。

虽然河图、洛书作为大瑞在中国历史典籍中屡有记述，但我们至今没有发现汉代的河图、洛书图像，不知道汉代的河图、洛书到底是什么样子。

---

[1] 孙毂辑：《古微书》，《纬书集成》，第 228 页。
[2] 马国翰辑：《玉函山房辑佚书》，《纬书集成》，1314 页。
[3] 孙毂辑：《古微书》，《纬书集成》，第 241 页。
[4] 乔松年辑：《纬捃》，《纬书集成》，第 1432 页。
[5] 孙毂辑：《古微书》，《纬书集成》，第 366 页。

今天所能见到较早的河图、洛书是魏晋十六国时期的。如敦煌文书编号P.2683《瑞应图》中的河图、洛书[1],河西高台县地埂坡十六国墓M4壁画"祥瑞图"中的河图、洛书以及敦煌地区出土魏晋画像砖上的河图、洛书[2]。敦煌文书中编号P.2683定名为《瑞应图》写本,被认为是南北朝以来流传于敦煌及河西地区的祥瑞图籍,是图文并茂的"图录式"著作。上半幅为彩绘图像,下半幅为画像解说,记有龟、灵龟、玄武、玉龟、黄龙、神龙、青龙、黄虬、黑龙、白龙、发鸣以及河图、河书等祥瑞。文书中的"河图""河书",既有图又有题记。"河图"有三,"河书"有一。其中"河图"一,绘一龙,背负书卷,出于水沼,题记云:"旧图不载,神龙负图,水纪之精,王者德至渊泉则出矣。尧在河渚之上,神龙赤色,负图如出。""河图"二,绘一龙,颈缠巾帛。题记云:"天地之命,纪水之精也。王命后土,后土承天则河出图矣。尧坐河渚之上,神龙负图而出,江河海水山川丘泽之形,兆及王者,州国之分,天子圣人,所兴起容颊,形状也。王者承子命而行天道,四通而悉,无益之术藏,而无浮言之书,则河图出。""河图"三,龙之形状大致如前图,唯颈间无巾帛。题记云:"天地之符,水之精也。河者,地大经川地。王者奉顺后土承天,则河雒出图书矣。昔者黄帝坐玄扈,雒上凤凰衔书至尧坐中,河龙负图而出,圣人沈河雒而游者,有候望也。图河海山川国之分,圣人物起容貌尔。""河书",绘一包裹起来的图书浮于沼面,有莲叶莲花及水藻生于其间,题记云:"旧图不载,王者奉刑法则河出书。周公时,神龙解甲,入于庙宸。"[3]河西高台县地埂坡M4是一座十六国时期的壁画墓,墓中门上方绘有一幅"祥瑞图",图中间绘一条身上有翼的黄龙,龙身体直立,两条后腿作跪地状,一前肢前伸,捧一盘,另一前肢向后直伸。经考证,龙前肢所捧是河图、洛书。龙的两边绘有麒麟。被定名为"河图洛书麒麟双臻图"。敦煌

---

[1] 郑炳林、郑怡楠:《敦煌写本P.2683〈瑞应图〉研究》,樊锦诗、荣新江、林世田主编《敦煌文献·考古·艺术综合研究》,中华书局,2011年,第493—513页。
[2] 郑怡楠:《河西高台县墓葬壁画祥瑞图研究——河西高台县地埂坡M4墓葬壁画研究之一》,《敦煌学辑刊》2010年第1期。
[3] 参见饶宗颐:《敦煌本〈瑞应图〉跋》,《敦煌研究》1999年第4期。

地区魏晋墓葬出土现收藏于敦煌市博物馆的画像砖有龙、凤凰、麒麟、白虎、河图、洛书等祥瑞,有两块画像砖分别绘制一条龙,龙身上虽然没有绘画"图"或"书"等图像,但有"河图""洛书"等榜题。以上河图、洛书图像虽出现于魏晋南北朝时期的河西地区,实则是受中原汉文化的影响。

汉代一些器物上常有羊、鱼等吉祥物与一些"吉羊""大吉羊""宜侯王""宜子孙"之类的吉祥文字,这些带有吉祥物和吉祥文字的器物本身也就有了吉祥意味,成为吉祥器物。如1974年河南偃师寇店窖藏出土的东汉鎏金铜圆案,圆案直径14厘米,通高3厘米,案面中心竖写"宜子孙"三字[1]。这显然是一件吉祥器物。山东青州马家冢子东汉晚期墓出土的出廓玉璧,透雕"宜子孙"三个吉祥文字[2],也是一件吉祥器物。1974年7月,山东临沂苍山发现 把东汉永初六年(公元112年)的环首刀,全长111.5厘米,刀身宽3厘米,刀背厚1厘米,刀背上错金录书铭文:"永初六年五月丙午造卅湅大刀吉羊宜子孙。"[3]这段铭文的意思是使用此刀者"吉羊宜子孙",可见此刀是一件吉祥器物。王磊义《汉代图案选》收录一幅西汉铜熏炉画像,画像分上下两层,画面中有龙、凤、虎、九尾狐、熊、羊、猴、鹿、骆驼、羽人等,皆为吉瑞之物[4](图4-13)。这件熏炉也可

图4-13 西汉铜熏炉上的吉瑞画像(摹本)

---

[1] 偃师商城博物馆:《河南偃师寇店发现东汉铜器窖藏》,《考古》1992年第9期。
[2] 魏振圣:《山东省青州市发现东汉大型出廓玉璧》,《文物》1988年第1期。
[3] 刘心健等:《山东苍山发现东汉永初纪年铁刀》,《文物》1974年第12期。
[4] 王磊义编绘:《汉代图案选》,第50页,图76。

视为吉祥器物。泛言之，也可将大量带有吉祥文字的汉代瓦当视为吉祥器物，这与将三代带有吉祥文字的青铜器视为吉金是一个道理。

山车、象车、金车等也是汉代的祥瑞器物，虽然我们至今没有在汉代出土物中确认它们的形象，但在历史文献中却屡有记述。《礼记·礼运》云："山出器车。"[1]《孝经援神契》："木根车应载万物金车。王者志行德则出。虞舜德盛于山陵，故山车出。山者，自然之物也。山藏之精与象车相似。舜时德盛，山车有摇缓。"[2]《拾遗记·轩辕黄帝》曰："泽马群鸣，山车满野。"[3]《宋书·符瑞志下》载："山车者，山藏之精也。不藏金玉，山泽以时，通山海之饶，以给天下，则山成其车"；"象车者，山之精也。王者德泽流洽四境则出"；"金车，王者至孝则出。"[4]《宋书·礼志五》："殷有山车之瑞。"[5]浙江省海宁县长安镇汉画像石墓前室西壁第一层有一幅"祥瑞图"石刻，画像刻有金胜、玉匣、明珠、比目鱼等祥瑞，在比目鱼右侧山状画像前有两个同心圆，似为祥瑞山车，但还需进一步考证[6]（图4-14）。

图4-14 浙江海宁汉墓刻有灵芝等祥瑞的"祥瑞图"（画像局部）

珠宝玉器也是汉代重要的祥瑞之物。《洛书灵准听》曰："王者不藏金

---

[1]《礼记正义》卷二十二。
[2] 孙毂辑：《古微书》，《纬书集成》，第331页。
[3] 王嘉撰，萧绮录，齐治平校注：《拾遗记》卷一，《古小说丛刊》，第9页。
[4]《宋书》卷二十九。
[5]《宋书》卷十八。
[6] 中国画像石全集编辑委员会：《中国画像石全集》第4卷，山东美术出版社、河南美术出版社，2000年，图224。

玉，则紫玉见之深山。服饰不逾祭服，则玉英出。"[1]《论衡·无形篇》曰："汉兴，老父授张良书，已化为石，是以石之精为汉兴之瑞也。"[2]《淮南子·说山训》曰："和氏之璧，隋侯之珠，出于山渊之精，君子服之，顺祥以安宁；侯王宝之，为天下正。"[3]这里是说君子佩戴和氏璧、隋侯珠则和顺吉祥而安静；侯王重视它们，用来作为天下平正的标准。《淮南子·览冥训》曰："隋侯之珠，和氏之璧，得之者富，失之者贫。"[4]汉宣帝时，曾为隋侯珠、玉璧、宝鼎等吉祥器物立祠。《汉书·郊祀志下》曰："（宣帝）以方士言，为随侯、剑宝、玉宝璧、周康宝鼎立四祠于未央宫中。"[5]《白虎通》称珪、璧、琮、璜、璋为五瑞[6]。《史记·五帝本纪》说："揖五瑞，择吉月日，见四岳诸牧，班瑞。"《集解》引马融曰："五瑞，公侯伯子男所执，以为瑞信也。"[7]出土文物中，广州南越王墓出土的承露盘、上海博物馆所藏玉胜、扬州甘泉老虎墩汉墓出土玉辟邪丹药瓶以及东汉时期各种"延寿""长乐"吉语璧等都是汉代的吉祥器物。此外，汉代文物中虎、豹、辟邪、羊、鹿、龟等动物形制的铜镇、石镇，不仅具有实用性和装饰性，也是具有吉祥寓意的器物[8]。

汉代的吉瑞器物还有珠、珊瑚钩、玳瑁、琉璃、琅玕、碧玉等。《孝经援神契》曰："珊瑚钩，瑞宝也。神灵滋液，百珍宝用则见。神灵滋液则玳瑁背，则琉璃镜，则琅玕景，则碧玉出。"[9]浙江省海宁县长安镇汉画像石墓前室西壁第一层为一幅"祥瑞图"石刻，画像右侧山车右下方有一放着光芒的圆形物（见图4-14）。笔者认为，此物当为"明珠"一类的

---

[1] 孙毂辑：《古微书》，《纬书集成》，第380页。
[2] 北京大学历史系《论衡》注释小组：《论衡注释》，第95页。
[3] 《淮南子注》卷十六。
[4] 《淮南子注》卷六。
[5] 《汉书》卷二十五下。
[6] 《白虎通·瑞贽》曰："何谓五瑞？谓珪、璧、琮、璜、璋也。"班固等撰：《白虎通》卷三上，《丛书集成初编》，第183页。
[7] 《史记》卷一。
[8] 参见孙机：《汉镇艺术》，《文物》1983年第6期。
[9] 孙毂辑：《古微书》，《纬书集成》，第332页。注引《瑞应图》："珊瑚钩，王者恭信则见。"一本云："不珍玩弄则出。"

吉瑞[1]。

汉代，甚至连一些乐器也浸染上了吉祥色彩。《诗》曰："钟鼓锽锽，磬管锵锵，降福穰穰。"[2]《汉书·礼乐志》载："成帝时，犍为郡于水滨得古磬十六枚，议者以为善祥。"[3]刘太祥认为："四川汉画像砖中有一幅画像，画中的伏羲、女娲各举一日一月，左为伏羲，一手执鼗鼓，一手举日轮，日中有乌；右为女娲，一手执排箫，一手托月轮，月中有一树一蟾蜍。其中的伏羲、女娲均为仙人，而手中却拿鼗鼓和排箫这两种乐器，说明这两种乐器就有祈神辟邪的功能。"[4]按刘太祥的说法，这幅汉画中的乐器鼗鼓、排箫也是吉祥之物。

5. 其他吉祥瑞应

汉代吉祥物中，除吉祥植物、吉祥动物、吉祥人物、吉祥器物外，还有其他一些吉祥瑞应，如吉祥纹样、吉祥文字以及部分象征吉祥的自然现象、自然物等[5]，在这里略做探讨。

① 吉祥纹样

纹样又称纹饰、花样、花纹，也泛称图案，是装饰花纹的总称。汉代的纹饰这里主要指汉代器物及画像上的装饰纹样，如三角纹、菱形纹、垂帐纹、穿环纹、方格纹、连珠纹、回纹以及水波纹、云纹等。

在中国文化形态的演进过程中，纹样与文字就其发生来讲，都与绘画有着密切关系。象形与会意的文字无疑来源于绘画，文字造字之初"依类象形"，故文字的"文"应来自"纹"；而纹样中的一些几何形体也来源于

---

[1] 参见周保平：《浙江海宁汉画像石墓两幅祥瑞图考辨》，《东南文化》2008年第5期。
[2] 《汉书·礼乐志》卷二十二引。
[3] 《汉书》卷二十二。
[4] 刘太祥：《娱神与娱人——汉画乐舞百戏的双重愉悦功能》，中国汉画学会、南阳师范学院汉文化研究中心编《汉画研究——中国汉画学会第十届年会论文集》，第81—82页。
[5] 详见周保平著：《汉代吉祥画像研究》第十一章。

绘画，是从写实的动、植物等形象经过变形与图案化而来的。自然界中的每一事物都有固定的空间形态，这些形态是我们分辨各种不同事物的重要依据。在长期的生产与生活实践中，原始人类以空间造型的差别体认出许许多多的事物，记忆了众多自然环境事物的空间形态。人们发现，不同事物的空间形态都遵循一定的规律，由此抽象出它们所具有的共同属性和本质，总结出具有代表性的最基本的几何体，如圆形、方形、长方形、三角形、菱形、扇形等。

（1）早在原始社会的彩陶上就已经出现丰富多彩的纹样。处于蒙昧时期的先民们通过对大自然的观察与体验，创出植物纹、动物纹和几何纹等，进而产生了鸟兽鱼虫的简化变形纹饰。原始彩陶的装饰纹样从表现手法和内容上可分为两大类：一类是自然纹样，包括动物、植物、人物、自然景物，如人面纹、鹿纹、鱼纹、蛙纹、鸟纹等；另一类是由几何形的图案组成的有规律的几何纹样，如方形、圆形、菱形、三角形、多边形等。但是这两类纹样并不是截然分开，而是有一定关联的，一些几何纹也可看作从动物、植物的形态异化而来。有些自然纹样按照一定的图案结构经过变化、抽象等方法，从而规则化、定型化。变形后它们大都具有符号的作用，成为一种标识。在原始彩陶纹样中，几何纹多于自然纹。因而有研究者在对纹样发展分期时，将原始社会新石器时代称之为几何纹时期。

几何纹是以点、线、面组成的各种有规则的几何图形。如三角纹、网格纹、方格纹、圆圈纹、菱形纹、曲折纹、云雷纹、回纹等。目前，几何纹一词的称谓并不十分准确，它既包含抽象的几何纹，又包含由动植物经过简化或抽象化了的各种几何纹形态的纹饰。几何纹是原始彩陶中数量最多的纹饰，按田自秉等人的统计有点纹、弦纹、弧纹、波纹、乳丁纹、垂幛纹、涡纹、同心圆纹、网纹、棋格纹、菱形纹、折线纹、锯齿纹、八角纹、诨弧纹、四大圈纹、连珠纹、连环纹、勾云纹等二十余种[1]。浙江河姆渡文化遗址发现的几何纹有短直线、斜线、圆圈、弦纹、贝齿纹、谷粒

---

[1] 详见田自秉、吴淑生、田青著：《中国纹样史》，第59页。

纹、波纹等，而以弦纹、贝齿纹、谷粒纹居多。西安半坡仰韶文化早期类型的彩陶纹饰有宽带纹、竖条纹、三角纹、斜线纹、圆点、波折纹和月牙状纹等，几乎囊括了新石器时代早期彩陶上已出现的各种直线、波线和折线构成的几何纹。在大地湾仰韶早期等遗址发现的彩陶上已经出现绘制很标准的直角三角形、等腰三角形、长方形等。在庙底沟类型遗址出土的彩陶上出现了弧形、等边三角形、圆形等。山东和江苏大汶口文化遗存中彩陶的几何纹以菱形纹、多种三角纹和方格纹为主。其他新石器时期文化类型遗址出土的彩陶上也出现了菱形纹、椭圆形纹、正方形纹、多角形纹等纹饰。

人类体认事物的一般规律是由近及远，由我及物，由具象到抽象。由此我们得到启示，发现许多几何纹饰都是由自然物甚至工具演变而来的，是对简化了的实物的描绘。《西安半坡》排出了半坡鱼纹由写实到抽象的几何形纹饰演变图，并说："有很多线索可以说明这种几何形花纹是由鱼形的图案演变而来的。"[1]（图4-15）新石器时代文化遗存中的三角纹、菱形纹及折线纹，"它们如同半坡类型的三角纹、菱形纹及折线纹一样，都是抽象鱼纹"[2]。又如新石器彩陶上的蛙纹，它最早见于临潼姜寨遗址的半坡期，经过庙底沟，到马家窑、半山、马厂时期，作为彩陶装饰的蛙纹一步步发展，从写实到写意，从繁缛到简化，反映出原始社会纹饰的演变轨迹（图4-16）。其他如庙底沟类型的鸟纹以及各种火纹、水波纹等，这些纹饰均能找到由写实到抽象、由内容到形式的演化证据[3]。庙底沟类型的鸟纹由写实到抽象的表现手法大致有以下几类：一类是正面表现，即将鸟的头简化成圆点，身子简化为半圆，呈山字形；一类是侧面表现，也将鸟头简化为圆点，但在圆点后拖以一或数条粗的弧线，以表示鸟身；一类则是鸟纹的简化综合处理，黑白交替，勾旋连接，形成纹样的黑白双关效果，其鸟纹已多解体，变成弧边三角形，形成新的纹样组合[4]（图4-17）。严文明

---

[1] 参见中国科学院考古研究所、陕西省西安半坡博物馆编：《西安半坡——原始氏族公社聚落遗址》，第183—185页。
[2] 赵国华著：《生殖崇拜文化论》，第176页。
[3] 以上参见卞宗舜等著：《中国工艺美术史》，中国轻工业出版社，1993年，第33、34、35页。
[4] 参见田自秉、吴淑生、田青著：《中国纹样史》，第25页。

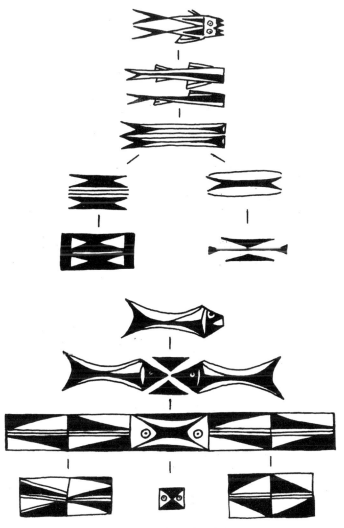

图 4-15 原始彩陶鱼纹演变图

四 汉代吉祥文化中的吉祥瑞应

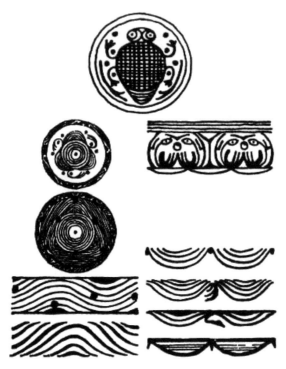

图 4-16 原始彩陶蛙纹演变图

图 4-17 原始彩陶鸟纹演变图

四 汉代吉祥文化中的吉祥瑞应

先生指出:"半坡彩陶的几何形花纹是由鱼纹变化而来的,庙底沟彩陶的几何形花纹是由鸟纹演变而来的,所以前者是单纯的直线,后者是起伏的曲线……把半坡期到庙底沟期再到马家窑的蛙纹和鸟纹联系起来看,很清楚地存在着因袭相承、依次演化的脉络。开始是写实的、生动的、形象多样化的,后来都逐步走向图案化、格律化、规范化。"[1]

德国艺术史学家格罗塞说:"匠人为了便利起见,时刻把自然的形式愈弄愈简化,一直到连模糊的形象都找不出。"[2] 我们可以这样认为,纹样与文字是同源的,一些几何纹样同文字一样是从绘画演化而来的,它们的源头都是具象的物体,只是发展方向不同,一支发展成文字,一支发展成纹样。一些纹样经历了同文字一样从具象到抽象、从象形到会意的过程,只是这种过程迄今很少有人研究。在甲骨文中,"帝"字是天神"上帝"的专称,卫聚贤认为:"人类由女子生,故崇拜女子生殖器。在新石器时代的彩陶上多有倒三角形如'▽'的花纹,即是崇拜女子生殖器的象征。此三角形后来演变为上帝的'帝'字。"[3] 这不仅说明中国的文字与纹样是同源的,而且说明其演变过程都是由具象到抽象、由象形到会意的。

原始彩陶上的纹样无疑对器物起到了装饰和美化作用。但我们认为,原始彩陶中众多的抽象几何纹在那个时代,不仅仅是古人的美术作品,或者说它们本来的情感表达、创作意图不是为了装饰,而是富含深意的。纹饰在古人眼里被看得很重要,尤其是在其精神方面占有重要地位甚至具有神圣性。因而它们似乎还应有一定的文化象征含义,否则,先民们不会如此执着地在器物上刻画这些纹饰。程金城认为:"彩陶纹饰中的母题,如鱼、鸟及其变形,如花卉和植物的茎叶及其变形,从原始艺术的彩陶纹饰中就可能已具有了特定的象征含义,就有着不仅为装饰,而且为表达某种特殊感情的代替物。"[4] 张朋川说:"彩陶上主要花纹的母题多含有一定的意义,并且提炼成简明的纹样,而在一个时期内具有共同遵循的规范、格

---

[1] 严文明:《甘肃彩陶的源流》,《文物》1978 年第 10 期。
[2] 格罗塞著:《艺术的起源》第六章,蔡慕晖译,第 117 页。
[3] 卫聚贤著:《古史研究》,商务印书馆,1936 年,第 168 页。
[4] 程金城著,《远古神韵:中国彩陶艺术论纲》,上海文化出版社,2001 年,第 228 页。

式,成为同一部族推崇的纹样。"[1] 石兴邦先生指出,马家窑文化中由鸟纹变成的螺旋纹、由蛙纹变成的曲线纹和垂幛纹,"这两类几何纹饰划分得这样清楚,大概是当时不同的氏族部落的图腾标志"[2]。何星亮认为,半坡类型彩陶上的鱼纹、蛙纹、鸟纹、鹿纹等都是图腾,或者是氏族、部落的图腾,或者是个人、家庭的图腾,也可能有一个氏族或家族奉两个图腾的现象[3]。总之,考古学家与相关学者一般认为,史前器物刻画与图腾崇拜、神灵崇拜、生殖崇拜或巫术有关。

当然,一些原始彩陶中几何形的花纹有可能是模仿编织物的肌理纹样。编织早于制陶,编织物的纹样最初就是几何形的,所以在陶器产生后,借用编织器上的纹饰是很自然的事情。原始彩陶的某些几何纹样也可能与制作过程中的印迹有关。如陶器上的圆形回纹和方形回纹可能是由指纹演化而来。河姆渡文化的齿纹可能是用蚌壳边缘压印,圆圈纹则可能是用骨管戳印,也有用指甲压印出的花纹。中国南方的傣族有一种缠有线或细绳的木拍子,用这种拍子拍打陶胎即能印上线纹或绳纹。程金城说:"彩陶纹饰的起源是多种因素的共同作用,或者是多种需求和原因促成的。比如对编织的模拟,出现了篮纹、绳纹等;对劳动节奏感的体悟,可能对纹饰的规律化和节奏产生影响;图腾崇拜及其遗迹被符号化,或者一些彩陶本身就用于图腾;更为重要的是对自然物的模仿和抽象化。"[4] 原始彩陶与雕塑中的螺旋纹、回纹、勾连纹、旋涡纹、丂形纹以及三角形、菱形等几何纹开启了中国吉祥纹样的早期原型。

夏、商、周的器物纹样继承了原始社会陶器的纹饰图案。作为夏文化的二里头遗址早期的陶器纹样有弦纹、篮纹、方格纹、绳纹与附加堆纹,并有一些回纹、云雷纹、旋涡纹、叶脉纹、圆圈纹、花瓣纹和人字纹等。商代早期陶器以满布绳纹和兼饰弦纹与附加堆纹为主,并有一些双勾纹、

---

[1] 张朋川著:《中国彩陶图谱》,文物出版社,2005年,第149页。
[2] 石兴邦:《有关马家窑文化的一些问题》,《考古》1962年第6期。
[3] 详见何星亮:《半坡鱼纹是图腾标志,还是女阴象征?》,《中原文物》1996年第3期。
[4] 程金城著,《远古神韵:中国彩陶艺术论纲》,第92页。

云雷纹。中期有方格纹、人字纹、曲折纹、花瓣纹、云雷纹、旋涡纹、连环纹、乳丁纹、蝌蚪纹、圆圈纹和火焰纹等。晚期纹饰以绳纹为主，兼施一些弦纹、附加堆纹与刻画的三角纹、人字纹、云雷纹、方格纹。西周的陶器是承袭早周的制陶工艺并吸收商代晚期的制陶工艺发展而来的。西周时期的陶器表面满饰绳纹，兼施一些弦纹、三角纹、曲折纹与附加堆纹。在表面磨光的陶器上，施用一些云雷纹、回纹、曲折纹等。

商、西周青铜器上充满了精细的几何纹样，是原始几何纹的延续和发展。但在早期作为主要纹饰的机会很少。在兽面纹、龙纹盛行的时期，它们只能作为主纹的陪衬或地纹使用，只有在这些主纹饰衰退的时代，才大量使用几何纹，各种形式的几何纹才不断出现。青铜器上常见的纹样有方格纹、菱形纹、回纹、勾云纹、连珠纹、圆涡纹、乳丁纹、弦纹、云雷纹、勾连雷纹、窃曲纹、环带纹、重环纹、四瓣花纹、鳞纹、圈带纹、网纹、棋格纹等，其中不少是原始彩陶纹样的延续。周代青铜器上常见有窃曲纹，《吕氏春秋·离俗览·适威》载："周鼎有窃，曲状甚长，上下皆曲。"[1]窃曲纹呈S形，两端微曲，故"窃"应作浅微解。窃曲纹常在纹样中饰以目纹，故窃曲纹也应是动物纹的简化和演变。窃曲纹变化较多，其纹样多构成反复的带状形式，装饰在青铜器鼎、簋、盘以及钟等器物的口沿。田自秉等认为，西周的"环带纹、窃曲纹、重环纹，虽以几何形式出现，但多为动物纹的简化和抽象化"[2]。商周的几何纹饰为后来的吉祥纹样打下了坚实的基础。

春秋时期的陶器主要饰以粗绳纹，兼有一些弦纹、附加堆纹与暗纹。战国的陶器从出土的明器看，施用暗纹和彩绘者明显增多而且盛行。暗纹的纹样有条带纹、线条纹、斜方格纹、锯齿纹、栉齿纹、水波纹、S形纹和花瓣纹等。彩陶纹样有宽窄条带纹、三角纹、旋涡纹、水波纹、矩形纹、方连纹、云雷纹、柿蒂纹、双勾纹等。春秋战国时期，青铜器中几何纹作为主体纹饰已屡见不鲜，大致有连珠纹、弦纹、直条纹、横条纹、斜条纹、

---

[1]《吕氏春秋》卷十九。
[2] 参见田自秉、吴淑生、田青著：《中国纹样史》，第95—96页。

云雷纹、百乳雷纹、曲折雷纹、勾连雷纹、三角雷纹、网纹等。其中不少为汉代的吉祥纹样的先导。

（2）汉代，吉祥纹饰常表现为一些程式化的几何符号。张理萌在《汉代漆器初探》一文中说："几何纹是汉代漆器上一种最流行的纹饰。在当时它们并非一般性的图案而有着深刻的含义。它们是原始图腾、原始巫术礼仪、原始歌舞升华后的抽象描绘，以陶器上的几何纹最为多见。几何纹是将写实的动物形象逐渐变化为抽象化的符号。"[1]

对于汉代的纹样我们研究甚少，有论及者也多从装饰艺术的角度，而从社会学的角度研究还无从谈起。由于年代久远，观念更迭，习俗变迁，汉代的一些具象纹样已使我们现代人难以释读，对于那些抽象的纹饰图案的社会学诠释就更加困难。但是，我们还是隐隐约约地感到，汉代的纹饰不仅仅是一种装饰符号，它们的背后似乎隐含有特定的象征意义和社会文化内涵，也许这种象征意义和文化内涵在汉代已不为制作者所甚解。

在汉画像石中，纹饰作为一种辅助图案一般有以下几种情况：一是作为边饰花纹，刻在主题画像的边缘，作为主题画像的外框存在。如徐州市铜山县茅村汉墓前室北壁一方画像石刻，纵56厘米，横240厘米。画面中心刻有凤鸟、九头兽、羽人、连理木等吉瑞，上、左、右边饰有幔纹、菱形纹等[2]。又如1978年陕西省米脂县尚庄村出土的一组墓门汉画像石，纵190厘米，横150厘米。墓门由门楣、门柱、门扉画像石组成，门扉画像为朱雀、铺首衔环，门楣及左右门柱皆由三角纹、菱形纹、S纹组成连续图案，具有极强的装饰效果[3]（图4-18）。二是补缀于画面之中，如云气纹。三是单独成画，即整个画面均由纹饰组成。如徐州市铜山县黄山汉墓出土的一方画像石，纵93厘米，横102厘米。画面中心为十字穿环

---

[1]《故宫博物院院刊》1989年第3期。
[2] 参见徐州市博物馆：《徐州汉画像石》，江苏美术出版社，1985年，图56。
[3] 中国画像石全集编辑委员会编：《中国画像石全集》第5卷，山东美术出版社，2000年，第33页，图四四。

纹，左、上两边饰幔纹、三角纹、菱形纹等[1]（图4-19）。汉画像石的纹饰一般有三角纹、菱形纹、穿环纹、连环纹、方格纹、连珠纹、垂帐纹、回纹等，复杂一些的还有水波纹、绳纹、双曲线纹、流云纹等。有学者认为，其中的方格纹、回字纹、菱形纹、三角纹、云纹、水波纹等都含有吉祥之意[2]。但并没有说明这些纹饰含有哪些吉祥之意，为什么含有吉祥之意。

汉画像石作为汉代兴起的一种建筑装饰材料，西汉中晚期的纹饰主要有三角纹和菱形纹等几种，山东、苏北早期石椁画像的边栏多是此种。至东汉早期，画像石的纹饰开始变得复杂起来，出现了穿璧纹、连钱纹、垂帐纹等，组合方式也多有变化。到东汉中晚期，汉画像石中所有存在的纹饰图案几乎都出现了，并形成一定的地域差异，其中以山东、苏北汉画像石的纹饰最为丰富。山东省泰安市曾出土一方汉画像石，纵105厘米，横110厘米。画面中间上刻双鱼、中刻铺首衔环、下刻二蛇缠绕，两边均为幔纹、三角纹和菱形纹[3]（图4-20）。山东安丘董家庄汉墓石刻画像的纹饰种类繁多，组合多样，所占面积较大。主要有垂帐纹、菱形纹、三角纹、双曲纹、卷云纹等[4]。南阳地区汉画像石的纹饰较为简单，多用云纹补白，这种云纹又多用在象征天界、仙界的画像中。陕北、晋西北地区的汉画像石则多用卷云纹和蔓草纹，且富于变化，常穿插于仙人和祥禽瑞兽之间。四川地区的汉画像石较少使用纹饰，但纹饰中的"胜"纹、连钱纹等是其他地区较少见的。

汉代的吉祥纹饰巧妙地运用多种象征性的手法，突出其吉庆福祥的主题含义，如由鱼的基本形态归纳提炼成的菱形纹（或二方连续纹）、由蛙抽象出的幔纹、由鸟纹演变出的旋涡纹等。其实，在很早以前的先民思维中，

---

[1] 参见江苏省文物管理委员会、南京博物院：《江苏徐州、铜山五座汉墓清理简报》，《考古》1964年第10期。
[2] 详见张学增、陈峰：《南阳吉祥汉画浅析》，《美术研究》1994年第2期。左汉中编著：《中国吉祥图像大观》"绪论"，湖南美术出版社，1998年。
[3] 中国画像石全集编辑委员会编：《中国画像石全集》第3卷，山东美术出版社，2000年，第197页，图二一二。
[4] 参见安丘县文化局、安丘县博物馆：《安丘董家庄汉画像石墓》，济南出版社，1992年。

图 4-18 陕西米脂汉画像石墓墓门上的吉祥纹饰

图 4-19 江苏徐州黄山汉画像石墓中的吉祥纹饰

四 汉代吉祥文化中的吉祥瑞应

图 4-20　山东泰安汉画像石上的吉祥纹饰

鱼、蛙、鸟都是吉祥物,这是无可争议的。由这些物象演变而来的几何纹饰,其骨子里依然含有这些物象所具有的吉祥寓意。

总之,汉代的许多纹饰作为一种装饰符号都有深远的历史渊源和丰富的文化内涵,有的是源于原始社会的图腾和图像纹饰,是从具象中提炼概括成的抽象,经过几千年的演变,渐渐变成一种文化符号,我们今天很难体会它们当初的意味。但实际上这些纹饰是以一种特殊的方式寄寓它们本身所不包含的意义,间接地表达了更为宽泛的文化内涵。

② 吉祥文字

吉祥文字就是直接用语言文字祝颂或表示吉祥。人们趋吉避邪的心理反映在图像上,形成负载这种心理的吉祥图像;反映到文字上,就出现反映这种心理的吉祥文字。文字是书面语言,语言是思维的"物质外壳",因而文字是人类思维与信仰的一种外在表现,人类的吉祥信仰也必然会表现在文字上。

(1) 文字扩大了语言在时间和空间上的交际功用,对促进人类文明起到很大作用。在中国,古人通过图像直接描绘他所看到的事物,这就是最初的汉字。已发现的可能与原始文字有关的资料,主要是原始社会遗留下来的器物上所刻画、描画的符号。距今7000年左右的裴李岗文化墓葬中出土了龟甲刻画符号。距今约7000年的安徽蚌埠双墩新石器时代遗址,出土了六百多个刻画符号,这些符号都刻在实用的碗底上,有象形类、几何类等[1]。在各处仰韶文化遗址出土的陶器上,已发现有各种各样的刻画符号52种。"这些符号,就是当时人们对某种事物在意识形态上的反映,从我国历史文化具体的发展过程来说,与我们文字有密切的关系。也很可能是我国古代文字原始形态之一。"[2] 20世纪60年代以来,在山东省莒县陵阳河遗址等古莒地大汶口文化中晚期遗址中发现了陶尊刻文17枚。经过多年研究探索,国内学界一般认为,大汶口文化出土的陶尊刻文是汉字的雏

---

[1] 参见安徽省文物考古研究所、蚌埠市博物馆编著:《蚌埠双墩——新石器时代遗址发掘报告》第八章,科学出版社,2008年。

[2] 中国科学院考古研究所、陕西省西安半坡博物馆编:《西安半坡——原始氏族公社聚落遗址》,第198页。

形,是迄今为止在中国发现的最早的文字[1],其中就有"日""火""山""炅"等字。唐兰先生认为,山东大汶口发现的陶文为黄帝统一文字后的古文字[2]。在2003年至2006年,对浙江平湖庄桥坟良渚文化遗址的发掘中,共在240余件器物上发现了刻画符号。相关专家认为庄桥坟遗址出土的刻画符号确为原始文字,是迄今为止在我国发现的最早的原始文字,比甲骨文早约1000年[3]。以上重要发现对探讨中国文字的起源有着划时代的意义,它们都是中国文字的重要源头。

吉祥文化形成之初就与语言和文字密切相关,人们借助语言文字表达、传递吉祥意识与愿望,保存、发展人类吉祥文化的成果。原始社会晚期至文明时代早期,随着物质劳动与精神劳动的分离,随着"巫""尹""史"的出现,人们的吉祥意识开始见诸文字。张光直先生讲:"一旦人发明了书写,文字本身便成了沟通天地之工具的一个组成部分。"[4]商代出现了中国最早的吉祥文字,从某种意义上讲,殷墟甲骨卜辞就是贞问吉凶的文字。商人迷信,凡事均要占卜,并把占卜的结果刻在甲骨上,是为甲骨文,又称契文或卜辞。甲骨文显示,当时统治者每天都要进行占卜,各种大大小小的事情都要请示上帝鬼神,来决定吉凶可否。甲骨文和金文中已经有了如"吉""大吉""弘吉""吉羊"之类直接表示吉祥的吉辞,又有如"其万年永宝","子子孙孙永用","万年无疆,子子孙孙永宝用"等希冀将宝器传遗子孙后代的祝愿吉语[5]。清光绪初年,山东青州府境内曾出土一批西周铸的青铜器,铭文为:

鼎铭:铸子叔黑臣肈作宝鼎,其万年眉寿,永宝用。
钟铭:铸侯求作季姜媵钟,其子子孙孙永言用之。

---

[1] 详见《山东发现最古老的文字,比甲骨文还要早一千年》,《新民晚报》1987年8月28日。
[2] 详见唐兰:《中国有六千多年的文明史》,《大公报在港复刊三十周年纪念文集》上册,香港大公报编辑部,1978年。
[3] 光明:《浙江发现中国最早文字》,《深圳晚报》2013年7月10日第B09版。
[4] 张光直著:《美术、神话与祭祀》,第61页。
[5] 详见马承源主编:《中国青铜器》第四章《青铜器铭文》,上海古籍出版社,1988年。

□铭：铸公作孟妊车母媵□，其万年眉寿，子子孙孙永宝用。[1]

1990年发掘的西周晚期至春秋早期的上村岭虢国墓地2001号大墓，出土的青铜器有"虢季作宝鼎，季氏其万年，子子孙孙永宝用享"，"虢季作宝簠，永宝用"[2]等铭文。以上都说明中国的吉祥文字几乎是与中国文明和文字一起出现的。

春秋时期，已有许多吉祥之语，如"万寿无疆""天子万寿""南山之寿"等。《诗·小雅·天保》有"如月之恒，如日之升，如南山之寿，不骞不崩。如松柏之茂，无不尔或承"[3]的诗句。这首诗是臣下对君王的祝颂辞，皆为吉祥之语。战国时期，《庄子·外篇·天地第十二》有所谓"华封三祝"的吉语，其辞曰："尧观乎华，华封人曰：'嘻！圣人！请祝圣人，使圣人寿……使圣人富……使圣人多男子。'"[4]"华"为地名，"封人"为守封边疆的人。这篇祝词是华地封人对于尧的祝颂，后来"华封三祝"传为吉语。1978年，湖北省随县战国曾侯乙墓出土了一个漆箱（E.61），箱盖上阴刻"紫锦之衣"，并绘有扶桑、太阳及射者，箱盖的左下方书有漆书20字。饶宗颐先生考释为："民祀隹坊（房），日辰于（？）维。兴岁之四（驷），所尚若敶（陈）。佳（经）天□（常）和。"[5]这是一些吉语，有五谷丰昌、天瑞祥和之意，为战国器物上的吉祥文字。战国古玺印中也有许多吉祥文字。在罗福颐主编的《古玺汇编》中，将编号4142—4926共785方古玺归入吉祥语类，其中有"出内大吉"（"出入大吉"），还有"出内吉"（"出入吉"）、"宜又万金"（"宜有万金"）、"宜官"、"长官"等印文[6]。此类吉祥文字玺印还见于吉林大学历史系文物陈列室编的《吉林大

---

[1] 转引自丁山著：《中国古代宗教与神话考》，上海文艺出版社，1988年影印本，第453—454页。
[2] 详见河南省文物研究所、三门峡市文物工作队：《三门峡上村岭虢国墓地M2001发掘简报》，《华夏考古》1992年第3期。
[3] 《毛诗正义》卷九。
[4] 《庄子集释》卷五上。
[5] 参见湖北省博物馆：《曾侯乙墓》上，第355—357页。
[6] 参见王人聪：《战国吉语、箴言玺考释》，《故宫博物院院刊》1997年第4期。

学藏古玺印选》[1]编号351、湖南省博物馆编的《湖南省博物馆藏古玺印集》[2]编号477。

（2）汉代具有吉祥含义的文字已非常多。在当时，吉、祥、瑞、祺、福、寿、富、贵等都具有吉祥的含义。另外，从文字发展的角度看，龙、虎、鹿、羊、凤、鱼等文字本身就带有吉祥意义，因为它们是从象形字发展而来，而这些动物在文字出现以前就有了吉祥意味。

汉代帝王的年号大多用吉祥文字，如西汉的元光、元狩、元鼎、元凤、神爵、五凤、甘露、黄龙、鸿嘉、元寿、天凤，东汉的永平、汉安、建康、元嘉、永兴、永寿、永康等。这些年号的背后差不多都有一个吉祥神异的故事或对美好未来的向往。统治者希图用这种方法来征吉承祥，以达到长治久安的目的。这种习俗一直贯穿于整个封建社会，封建统治者凡立年号用字皆取吉祥，只要我们浏览一下历代年号列表便可一目了然。其实，何止年号，汉代的帝号、徽号、谥号、庙号大多都以吉祥文字冠之。可见吉祥文字在汉代应用之广。

汉代器物上常见有"宜子孙""大富贵""大吉羊""宜侯王"以及"尚方作镜真大好，上有仙人不知老"，"万世昌，乐未央，辟五兵"，"君幸酒"，"君幸食"等铭文，这些铭文都是典型的吉祥文字。河南偃师寇店窖藏出土的一件东汉鎏金铜圆案，案面中心竖写"宜子孙"三个吉祥文字。山东青州马家冢子东汉晚期墓出土的出廓玉璧，透雕"宜子孙"。安徽合肥汉墓出土的钟形金饰件，竖刻朱文篆书"宜子孙"三字[3]。天津博物馆陈列的一枚汉代阳燧，其内周有"宜子先（孙），君子宜之，长乐未央"，外周有"五月五丙午，火燧可取，天火保死，祥兮"的吉祥铭文。山东苍山发现的一把东汉永初六年（公元112年）的环首刀，刀背上错金录书铭文："永初六年五月丙午造卅湅大刀吉羊宜子孙。"这显然是一段吉祥文字，寓

---

[1] 文物出版社1987年版。
[2] 上海书店出版社1991年版。
[3] 国家文物局主编：《中国文物精华大辞典·金银玉石卷》，上海辞书出版社、商务印书馆，1996年，第95页。

意使用此刀者"吉羊宜子孙"。新疆和田民丰境内的尼雅遗址发现的一块汉晋时期的织锦护臂，上有"五星出东方利中国"八个吉祥文字（见图5-22）。

考古资料显示，汉代吉祥语多出现在铜镜、瓦当、画像石、画像砖等载体上，其中以铜镜中的吉祥文字最多、最为丰富，有许多吉语都是大家耳熟能详的，如"宜侯王""长宜子孙""益寿增年""五谷成熟天下安"等。西汉时期的铜镜上多为"日光""昭明""长乐""相思"等企望生活美好的字铭。东汉时期，字铭由早期的追求美好，变为"君宜高官""长宜子孙"等祝福吉祥的文字。南阳博物馆收藏的两面分别有东汉"建宁元年"和"中平四年"纪年的铜镜铭中都有"大吉羊"的字样。汉代文字瓦当中的吉祥文字最初为"汉并天下""千秋万岁""长生无极"（图4-21）等，后由此演变出"千秋万岁"类、"长生无极"类、"长乐未央"类、"延年益寿"类等。据统计，汉代瓦当中的吉祥文字有四十多种，直接反映出当时人们对美好生活的追求与向往，代表着普遍存在的"安世""富贵""延寿""无疆"等吉祥愿望。汉画像石中常有"此上人马，皆食太仓"之类吉祥铭文。四川出土的汉画像砖上也多有吉祥文字。如清光绪三年（公元1877年）四川新繁出土、现藏重庆博物馆的一方吉祥文字汉画像砖。其24个吉祥文字为："富贵昌，宜宫堂，意气阳，宜弟兄，长相思，毋相忘，爵禄尊，寿万年。"[1]（图4-22）汉代漆器上常见写有器物用途的文字，如马王堆1号汉墓出土的90件耳杯，其中40件漆书"君幸酒"，50件漆书"君幸食"。宁波汉墓出土的漆杯也有"宜酒"的字样，"它们都兼有祝福吉祥的意思"[2]。

东汉时期，有盛行在墓中瘗埋陶瓶的习俗。陶瓶上往往书有文字，如西安东汉献帝初平四年（公元193年）尚书令王氏妻子墓出土的陶瓶书云：

先人无惊无恐，安隐（稳）如故，令后曾（增）财益□，千秋万

---

[1] 高文、王锦生编著：《中国巴蜀汉代画像砖大全》，第209页，图二〇七。
[2] 王仲殊著：《汉代考古学概说》，第46页。

岁,无有央咎。

地下死籍消除,文他央咎,转要道中人。安冢墓,利子孙,故以神瓶震(镇)郭门如律令。[1]

这显然是一段吉祥文。这段文字包括两层意思:一是祝愿故去先人安宁祥和,消除死籍,登上仙籍;二是期盼活着的子孙生活富裕,永无灾殃。

汉代的吉祥文字大致可分为五谷丰登、国泰民安类,长生不老、羽化升仙类,富贵升迁类,宜子孙、寿二亲类等。从不同角度表现出当时人们希求长生不老、富贵平安、子孙满堂、大吉大利、幸福美好的愿望,其吉祥意义直观明了。

值得一提的是,汉代的吉祥文字中常出现"大数"一类的文字,如九、千、万、大、长、永等。这些大数因其数值充足,数量大,含有满限、极限、至盛、至尊的意味,故而被视为吉祥文字。如"九"代表物之广、阳之极,有"极大""极多"的意思。人们将"九"用于一切实在的和抽象的事物,使其不再仅仅是一个数字,而是彻底将其观念化了,代表的是一种思想,一种"抽象了的逻辑理论"。[2] 简而言之,"九"在中国数文化中是一个极数、圣数、吉数。人们把这些大数与其他文字组合起来形成吉祥语,这时已不再是一些普通的数字,而是大吉大利之辞。又如"长",汉代的国都长安,就是取"长治久安"之吉祥寓意。

③ 自然现象中的吉祥瑞应

(1) 原始先民对大自然客观物质世界及人类本身缺乏体认,相信"万物有灵",出于依赖和畏惧心理,乃有多神信仰,所崇拜的对象极为广泛,但其分野不外乎自然崇拜和祖先崇拜两大类。自然崇拜就是把自然物和自然现象视作有生命、有意志和伟大能力的对象加以崇拜。天文现象中的日、月、星、云、风雨、雷电,地理现象中的山川、河流、湖泊、土石、雾露、泉水等吉祥信仰,都是由原始社会的自然崇拜演化而来的。

---

[1] 唐金裕:《汉初平四年王氏朱书陶瓶》,《文物》1980年第1期。
[2] 以上参见易兵:《中国古代模式数字"九"》,《衡阳师范学院学报》2001年第1期。

图 4-21 西汉"长生无极"吉语瓦当

图 4-22 四川汉画像砖上的吉祥文字

四 汉代吉祥文化中的吉祥瑞应

原始社会，人们几乎完全处在周围自然界和自然力量的支配之下。各种自然物和自然现象如山、石、土地、太阳以及风、雨、雷、电、洪水等，时刻都会给人们带来幸福或者苦难，甚至死亡。对于这些自然现象，原始人类既不能理解，也无法克服和防止，因而就产生了对日、月、星、云、风雨、雷电、虹等天象或气象的崇拜，对山川土石河流等自然环境的崇拜。原始人认为这些自然现象有生命、意志、情感、灵性和奇特能力，会对人的生存及命运产生各种影响，因此对之敬拜求告，希望获其佑护消灾降福。原始自然崇拜，后因对其崇拜对象的神灵化而发展出更为抽象的自然神崇拜，形成天体之神、万物之神、四季之神、气象之神等千姿百态、各种各样的自然神灵观念和与之相关的众多祭拜活动。这种具有原生态特点的宗教崇拜形式自远古社会延续下来，直至汉代，仍是人类的重要信仰之一。

在人类社会初期的遗址、墓葬中，已经反映出先民们对自然现象的观察与崇拜。如红山文化东山嘴祭祀遗址、牛河梁遗址和已发掘的积石冢的建筑形制明显反映出早期的太阳崇拜。良渚文化余杭瑶山祭坛位于瑶山山顶的西北部，平面呈方形，由里外三重组成，面积约400平方米。最里面的一重为红土台，平面略呈方形。这是"祭天祀地"的祭坛，是当时自然崇拜的遗迹。仰韶文化、大汶口文化出土的陶片上有太阳纹、云气纹。进入文明时代，湖北随州战国曾侯乙墓出土过一个漆箱，箱盖上绘有青龙、白虎、北斗图像，其外圈有二十八宿，这显然是一幅"天象图"[1]。这样的考古材料还有很多，不能一一列举。

《尚书·舜典》记虞舜"禋于六宗"，疏引贾逵语云："天宗三，日月星也；地宗三，河海岱也。"[2] 说明在上古时代中国先民已有祭祀日月星辰、河海山川的祀典。这种对自然的崇拜在进入文明社会后并没有减弱，而是更加系统化、规范化。三代自然神中，又细分出天象、气象或气候神与地上的四方神。《礼记·祭法》云："燔柴于泰坛，祭天也。瘗埋于泰折，祭地也。用骍犊。埋少牢于泰昭，祭时也。相近于坎坛，祭寒暑也。王宫，

---

[1] 参见王建民、梁柱、王胜利：《曾侯乙墓出土二十八宿青龙白虎图像》，《文物》1979年第7期。
[2] 《尚书正义》卷三。

祭日也。夜明，祭月也。幽宗，祭星也。雩宗，祭水旱也。四坎坛，祭四方也。山林、川谷、丘陵能出云，为风雨，见怪物，皆曰神。"[1]

一些古代帝王的出生也显示出先民们的自然崇拜观念。传说伏羲之母华胥，是在雷泽履大迹而生伏羲的。电光绕北斗枢星，照郊野感黄帝母附宝而生黄帝。《诗含神雾》曰："大迹出雷泽，华胥履之，生宓牺。大电光绕北斗，枢星照野，感附宝而生黄帝。瑶光如蜺，贯月正白，感女枢生颛顼……握登见大虹，意感而生舜于姚墟。"[2]《春秋元命苞》说："黄帝时，大星如虹，下流华渚，女节梦接，意感生白帝朱宣。"[3]《河图》载："汤母扶都，见白气贯月，意感而生汤。"[4] 这些神话都反映出先民的自然崇拜观念，隐含着天象吉祥。

（2）汉代乃"天人感应"盛行之时代，在这种思想的影响下，人们将天象与人事相比附，把一些天象的变化与人间的灾祥和祸福、太平与战乱、除旧与布新联系在一起，往往以天象来解释朝代兴衰、人间祸福。汉代人认为，人间的万事万物都由上天主宰，而上天的意志是由日、月、星辰、风、雨、雷、电等自然现象的变化来表示的，所以，通过对天象的观察能知晓人世间的吉凶祸福。《河图帝通纪》曰："云者，天地之本也。雨者，天之施也。风者，天之使；雷者，大地之鼓；彗星者，天之旗。"[5]《古今注·音乐第三》曰："天子之德，光明如日，规轮如月，众辉如星，沾润如海。"[6] 人们认为茫茫太空中的日、月、五星、二十八宿等都是具有意志的神，由是加以顶礼膜拜。《吕氏春秋·不苟论·当赏》曰："民无道知天，民以四时寒暑日月星辰之行知天。四时寒暑日月星辰之行当，则诸生有血气之类皆得其处而安其产。"[7] 在汉代人心目中，许多天文现象

---

[1]《礼记正义》卷四十六。
[2] 孙毂辑：《古微书》，《纬书集成》，第 293 页。
[3] 赵在翰辑：《七纬》，《纬书集成》，第 925 页。按：朱宣谓少昊。
[4]《艺文类聚》卷十引。
[5] 孙毂辑：《古微书》，《纬书集成》，第 366 页。
[6] 崔豹著：《古今注》卷中，《丛书集成初编》，第 11 页。
[7]《吕氏春秋》卷二十四。

与吉凶有关，所谓"天不言，悬象以示吉凶"[1]。从周代开始就设有星官之职，职责便是"观天下之迁，辨其吉凶"。《周礼·春官·保章氏》载："保章氏掌天星，以志星辰日月之变动，以观天下之迁，辨其吉凶。"[2]《汉书·艺文志》说得更明白："天文者，序二十八宿，步五星日月，以纪吉凶之象，圣王所以参政也。"[3]《后汉书·天文上》注引张衡《灵宪》曰："日月运行，历示吉凶，五纬经次，用告祸福。"[4]《孝经内事图》曰："慧在月中者，君有德，天下欣心，大丰盛。"[5]《尚书考灵曜》曰："五星若编珠，旋玑中星星调，则风雨时。"[6]《孝经钩命诀》曰："禹时五星累累若贯珠，炳炳若连璧。"[7]"五星连珠"是一种吉瑞现象。所谓"五星"，是指辰星、太白星、荧惑星、岁星和镇星，就是现代天文学中的水星、金星、火星、木星和土星。"连珠"是指同时出现在天空同一方。此象不常有，一旦出现，古人便以为祥应。《汉书·律历志上》曰："日月如合璧，五星如连珠。"[8]《拾遗记·虞舜》曰："舜乃置五星之祠以祭之。其夜有五长星出，薰风四起，连珠合璧，祥应备焉。"[9]后人以此推广到只要五星各居一宫相连不断也叫"连珠"。《尚书考灵曜》曰："岁星得度五谷挚，荧惑顺行甘雨时"；"镇星得度地无灾，太白出入当，五谷成熟人民昌"。《礼含文嘉》曰："天子崇有德，彰有道，显有功，褒有行，则太微七星明，少微处士有德星应。"[10]陈江风认为，汉代画像中有月亮与东宫苍龙星座中尾宿共处的现象，尾宿是代表女性的星宿。它在天为女性保护神，在朝喻后妃，在野指主妇。因而，它在汉墓中经常与表示阴性的月亮同时出现。女宿又称婺女或须女，汉代人认为它主布帛、裁制、嫁娶，在汉墓中常出

---

[1]《后汉书·天文中》志第十一注引《李氏家书》。
[2]《周礼注疏》卷二十六。
[3]《汉书》卷三十。
[4]《后汉书》志第十。
[5] 孙毂辑：《古微书》，《纬书集成》，第349页。
[6] 刘学宠辑：《诸经纬遗》，《纬书集成》，第1047页。
[7] 孙毂辑：《古微书》，《纬书集成》，第341页。
[8]《汉书》卷二十一上。
[9] 王嘉撰，萧绮录，齐治平校注：《拾遗记》卷一，《古小说丛刊》，第25页。
[10] 以上见赵在翰辑：《七纬》，《纬书集成》，第842、872页。

现在月亮旁,所以,它蕴含保佑后代婚姻嫁娶、繁衍昌盛的精神寄托。日月合璧画像是汉民族追求"和谐"的哲学思想在丧葬意识中的表现,它以日月象征阴阳之分、夫妇之位,以日月合璧象征后生世界的阴阳万物和谐,阴间夫妇关系和睦,并以此为中心,以理想化的方式,建立一个天地人三位一体的统一和谐的实体[1]。

一些天象与地上的瑞应是相辅相成的。《春秋运斗枢》曰,"天枢得则甘露下","凤凰翔","鸾鸟集";"璇星得则醴泉出","嘉禾液";"机星得则狐九尾","麒麟生";"衡星得则麒麟生,万人寿","百兽率舞,灵龟跃";"维星得则日月光,乌三足,礼义修,物类合";"瑶光得,陵出黑芝","海出明珠","江出大贝","朱草生";"老人星临国,则蓂荚生"。《尚书考灵曜》曰:"风雨时则草木蕃庶而百谷熟万事康也。"《易乾凿度》卷下曰:"天之将降嘉瑞应,河水清三日,青四日青变为赤,赤变为黑,黑变为黄,各各三日。"[2]《拾遗记·高辛》曰:"有丹丘,千年一烧,黄河千年一清,至圣之君,以为大瑞。"[3]

《尚书考灵曜》曰:"通天文者明,审地利者昌。明者,天之时也;昌者,地之财也。明王之治凤皇下之。"[4]为占卜吉凶,人们发明了一种通过星象变化来揣知天意的方法,就是占星术。占星,是依据星宿的移动、出没、明暗等现象,来推论人间的吉凶祸福。人们又通过观察天象气候的变化,来预卜人世间的吉凶休咎,这就是望气和风角之术。望气是根据云气变化以占吉凶,风角是通过观察自然界中的风来占卜吉凶。

古人视日月星辰的变化为国家人事变迁、上天加祸赐福的前兆。汉代在阴阳五行、"天人感应"、谶纬神学的影响下,认为很多自然现象的变化与国家的吉凶有关,是君王执掌政权的"显示器"。《论衡·命义篇》曰:"国命系于众星。列宿吉凶,国有祸福;众星推移,人有盛衰。人之有吉

---

[1] 以上详见陈江风著:《天文与人文》,国际文化出版公司,1988年,第98—106页。
[2] 以上见赵在翰辑:《七纬》,《纬书集成》,第945—947、840、796页。
[3] 王嘉撰,萧绮录,齐治平校注:《拾遗记》卷一,《古小说丛刊》,第19页。
[4] 马国翰辑:《玉函山房辑佚书》,《纬书集成》,第1212页。

四 汉代吉祥文化中的吉祥瑞应

凶，犹岁之有丰耗。"[1]《尚书考灵曜》曰："五政不失，五谷稚熟，日月光明。"[2]《春秋感精符》曰："君明，圣人道得正，则日月光明，五星有度。"《春秋潜潭巴》曰："君臣和，得道叶度，则日月大光明，天下和平，上下俱昌，延年益寿。"[3]《西京杂记》曰："太平之世，则风不鸣条，开甲散萌而已；雨不破块，润叶津茎而已；雷不惊人，号令启发而已；电不眩目，宣示光耀而已；雾不寒望，浸淫被泊而已；雪不封条，凌殄毒害而已。云则五色而为庆，三色而成裔（按：象征祥瑞的云彩）；雾则结味而成甘，结润而成膏。此圣人之在上，则阴阳和，风雨时也。"[4]孙柔之《瑞应图》曰："日月扬光者，人君之象也。君不假臣下以柄权，则日月扬光。王者动不失，日扬光也。"[5]

一些天地吉象往往与圣君有关。汉高祖将起时"五星聚于东井"[6]。《孝经援神契》曰："德至八方，则祥风至；德至山陵，则景云见。"[7]《礼斗威仪》："人君乘土而王，其政太平，则……祥风至、甘露降、嘉谷并生，蒙水出于山，河海夷晏。"[8]《焦氏易林·屯之第三》曰："甘露醴泉，太平机关，仁德感应，岁乐民安。"[9]《论衡·讲瑞篇》曰："醴泉、甘露，出而甘美也，皆泉、露生出……圣治公平，而乃沾下产出也。"[10]

（3）史籍中经常提到一些自然界的吉瑞现象，如景星、庆云、甘露、醴泉、日月合璧、五星连珠、日月光、斗极明、日报珥、星同色等，可能由于技术条件或其他方面的原因，这些吉瑞现象在出土的汉代文物中表现甚少或者未能表现出来，抑或已有所表现但还未被我们体认。

---

[1] 北京大学历史系《论衡》注释小组：《论衡注释》，第78页。
[2] 马国翰辑：《玉函山房辑佚书》，《纬书集成》，第1211页。
[3] 孙毂辑：《古微书》，《纬书集成》，第203、210页。
[4] 葛洪撰：《西京杂记》卷五，《古今逸史精编》，第132—133页。
[5] 马国翰辑：《玉函山房辑佚书》。
[6] 《论衡·恢国篇》，北京大学历史系《论衡》注释小组：《论衡注释》，第1120页。按：东井，二十八宿之一。"五星聚东井"参见《史记·张耳陈余列传》。
[7] 孙毂辑：《古微书》，《纬书集成》，第331页。
[8] 马国翰辑：《玉函山房辑佚书》，《纬书集成》，第1237页。
[9] 焦延寿撰：《焦氏易林》卷一，《丛书集成初编》，第11页。
[10] 北京大学历史系《论衡》注释小组：《论衡注释》，第965页。

出土的汉代文物中，有些纹饰是表现自然现象的，这些表现自然现象的纹饰不仅具有写实的内容，更主要是表现某种文化内涵，与当时的神话传说、吉祥信仰密不可分。《汉书·袁盎晁错传》所说的"阴阳调，四时节，日月光，风雨时，膏露降，五谷孰"[1]等都是一些显示吉祥的自然现象。《白虎通·封禅》曰："德至天，则斗极明，日月光，甘露降。"[2]明孙瑴《古微书》辑《孝经援神契》曰："王者德及于天则日抱戴，斗极明，日月光。天降甘露。"[3]清马国翰《玉函山房辑佚书》辑《礼斗威仪》曰："其政太平，则日五色无主，月圆而多耀，镇星黄而多晕，宫星黄大，其余六星光辉四起。"[4]《汉书·天文志》曰："汉元年十月，五星聚于东井，以历推之，从岁星也。此高皇帝受命之符也。"又曰："五星同色，天下偃兵，百姓安宁，歌舞以行，不见灾疾，五谷蕃昌。"又曰："五星不失行，则年谷丰昌。"又曰："星众，国吉，少则凶。"[5]《宋书·符瑞志下》："醴泉，水之精也，甘美。王者修理则出。"[6]以上文献所载的日、月、星辰、甘露、醴泉等自然现象都是汉代人津津乐道的吉祥瑞应。

南阳汉画像石中的天文图像占有较大的比例，在唐河针织厂[7]、南阳王寨[8]、南阳英庄[9]、南阳王庄[10]、南阳麒麟岗[11]等汉画像石墓中，都刻有天文图像。唐河针织厂汉画像石墓两主室顶部皆刻有天象图，图像分别由六块画像石组成。北主室顶部六块画像石所刻图像依次是四环套连、太阳神虎、菱形穿环、河伯出行、四神、长虹等。南主室顶部中间一块刻月亮、星宿，其他五块均为刻有圆星的二方连续图案。南阳麒麟岗汉画像石墓三室顶部皆刻有天文画像，尤以前室的"天象图"最为壮观。将九块

---

[1]《汉书》卷四十九。
[2] 班固等撰：《白虎通》卷三上，《丛书集成初编》，第144页。
[3]《纬书集成》，第330页。
[4]《纬书集成》，第1237页。
[5]《汉书》卷二十六。
[6]《宋书》卷二十九。
[7] 周到、李京华：《唐河针织厂汉画像石墓的发掘》，《文物》1973年第6期。
[8] 南阳市博物馆：《南阳县王寨汉画像石墓》，《中原文物》1982年第1期。
[9] 南阳市博物馆：《河南南阳英庄汉画像石墓》，《中原文物》1983年第3期。
[10] 南阳市博物馆：《南阳市王庄汉画像石墓》，《中原文物》1982年第1期。
[11] 参见南阳汉画馆编著：《南阳汉代画像石墓》，第135—158页。

画像石连成一片，合刻一幅大型"天象图"，图中有四象、伏羲、女娲、北斗、南斗、中央天地等。1933 年，南阳卧龙区阮堂出土一方"天象图"汉画像石，纵 135 厘米，横 95 厘米。此石现藏南阳汉画馆。画面上部刻一月轮，月中有蟾蜍、玉兔；下部刻一龙及众星宿，代表苍龙星座[1]。据不完全统计，在南阳发现的 3000 多块汉画像石中，与天文相关的画像有一百多块，其中有不少具有较高的天文学价值，如"彗星图""三足乌图""日月合璧图""北斗星图"等。在"天人合一"思想的影响下，这些天文图像刻绘在墓穴中，除天文学价值外，更主要的还表现出一些人文内涵和一定的吉祥寓意。如阳乌与蟾蜍相重叠的画像，古代称之为"日月合璧"。画面两端分别刻绘有太阳和月亮的画像，被附会为日月相望或日月同辉。南阳曾出土一方汉画像石，纵 32 厘米，横 180 厘米。画面左为一日轮，日内刻一金乌；右为一满月，月内刻一蟾蜍。月亮右边刻三星相连，应为心宿星。此外，日月间有云气缭绕。这是一幅典型的"日月同辉"画像[2]（图 4-23）。古人认为日月同辉是吉祥的征兆，心宿星在同一画面出现又有特殊的象征意义，因为心宿不仅象征明堂，而且象征"子属"，反映汉代人祈求子孙繁盛的吉祥信仰。陈江风认为"日月同辉"是吉祥的征兆。他说："把日月同辉的现象与心宿三星放在一起表现，是有其象征意义的。因为心宿不仅象征明堂，而且象征'子属'，这后一点与汉人祈求祖先保佑后代子孙繁盛的思想有关。从整个画面看，日为阳，月为阴，中间连接以'若烟非烟，

图 4-23　河南南阳汉画像石上的"日月同辉"画像

---

[1] 中国画像石全集编辑委员会：《中国画像石全集》第 6 卷，河南美术出版社，2000 年，第 85 页，图一一〇。
[2] 韩玉祥主编：《南阳汉代天文画像石研究》，民族出版社，1995 年，第 113 页，图版 13。

若云非云,郁郁纷纷,萧索轮囷'的卿云,领之以象征权威、象征子嗣的心宿,表示三星高照,阴阳谐调。在上可以象征君臣相和,政通人和;在下可以象征夫妇相和,子孙繁盛。因此,它可以隶属于祥瑞图一类范畴。正因为三星有如此吉祥的意义,所以古代天子的衮服总是要在阳乌之上饰以三星,以象征天子的明堂,以祈求子孙的兴旺,以保证'千秋万代'稳坐江山。"[1]因而这幅"天象图"实际上是一幅祈求吉祥的"吉瑞图"。张道一认为:"一般地说,汉画中所表现的'天象图',其目的主要不是作为当时天文学成就的记录,而是视为带有象征意义的图形……所以在墓门上常常画日月交辉;在墓室的天井上画出复杂的天象,表示是一个和祥大'空间'。"[2]陈江风指出:"对于汉画像里的天文现象,不能单纯作自然科学的理解,应该看到它们包含着丰富的社会科学内容,是社会意识的物化。"[3]刘道广说,汉画中"天象图所选择的种种星象应该说都是要带有祯祥的意义,而绝不应带有凶兆的象征才合乎情理。作为逝者固然无所知,但决定那些天象图的生人却必然要在这限的画面中选取种种含有'天下清宁''子嗣繁盛''无疾无疫'和'宜财宜官'意义的'天象'来表现'天人合一'观念制约下的心理需求"[4]。艾延丁认为,南阳市王庄汉画像石墓墓顶天文图画像的含义是"祈求天帝统领主宰人间的众神,在每年之始的春季就授民以时,风调雨顺,以至秋季得以五谷丰登"[5]。还有同志认为,"汉画中多次出现的天文星象图,并非完全为了写实的目的,而是一种吉星高照、日月同辉的吉祥表意"[6]。简言之,汉画像中的许多"天象图"实际上是汉代人吉祥观念在丧葬习俗中一种特殊的表现形式。

新疆民丰境内的尼雅遗址曾发掘出土大量精美绝伦的汉晋时期的丝绸,

---

[1] 陈江风:《南阳天文画像石考释》,南阳汉代画像石学术讨论会办公室编《汉代画像石研究》,文物出版社,1987年,第153页。
[2] 见韩玉祥主编:《南阳汉代天文画像石研究》"序"。
[3] 陈江风:《南阳天文画像石考释》,南阳汉代画像石学术讨论会办公室编《汉代画像石研究》,第143页。
[4] 刘道广:《汉代人的天象观和汉画天象图》,韩玉祥主编《南阳汉代天文画像石研究》,第35页。
[5] 艾延丁:《南阳市王庄汉画像石墓墓顶画像考释》,《中原文物》1986年第1期。
[6] 唐建:《汉画与民俗文化刍议》,《民俗研究》2002年第3期。

其中1号墓地8号墓出土了一块织锦护臂。蓝底白色织出"五星出东方利中国"八字（见图5-22）。这里的"五星"指岁星、荧惑星、填星、太白星和辰星，"出东方"是说五星同时出现在东方天空中。"五星出东方"是一种吉瑞天象，五星同时出现于东方井宿中，被认为是汉朝兴起的瑞应。"五星出东方利中国"则是一句祈祝"中国"吉祥昌盛的吉语。《史记·天官书》曰："五星分天之中，积于东方，中国利。"[1]《汉书·赵充国传》曰："五星出东方，中国大利。"[2]

---

[1]《史记》卷二十七。
[2]《汉书》卷六十九。

五
汉代文物中的吉瑞画像

出土的汉代文物特别是汉代画像中保存着大量图像化汉代文化文本，堪称这一时代最为可靠的"佚书"，翦伯赞先生称其为"绣像的汉代史"。这些图像化佚书，包括汉画像石、画像砖、墓室壁画、铜镜画像、瓦当画像等等。画像以不同于文字的具象形式记载着汉代政治、经济、文化、信仰以及大量的吉祥文化方面的信息，深藏着一个时代的文化印迹，其中的吉瑞画像同历史文献一起记录了汉代的吉祥瑞物、吉祥纹样、吉祥信仰和吉祥文化。

研究汉代吉祥文化，汉代的吉瑞画像和吉祥纹样是最恰当、最合适的切入点之一，因为在考古发掘中，出土了大量的汉画像石、汉画像砖以及汉代壁画，其中保存着大量的吉瑞画像和纹样，出土的汉代其他一些遗物如铜器、瓦当、漆器等也保留了许多吉瑞画像和纹样。从这些遗存中我们能看到两汉吉祥文化中形象鲜明的吉祥瑞物和吉祥纹样，通过这些吉瑞画像我们得以了解历史文献中记载的那些吉祥瑞物到底是什么样子，图像、纹样与文献对照，研究汉代吉祥文化就有了坚实的基础和有力的支撑。

1. 画像石、画像砖上的吉瑞画像

（1）画像石上的吉瑞画像

汉画像石是汉代的一种有特定规格和用途的建筑——主要是墓葬建筑

的建筑和装饰材料。如果说商周时期的吉瑞物象和吉祥纹样主要表现在青铜器和玉器上的话，那么，汉代画像石则是承载汉代吉瑞物象和吉祥纹样最主要的物质载体之一。

用刻画的石头作建筑材料似乎在战国时期就已经出现。《西京杂记》载："魏襄王冢，皆以文石为椁，高八尺许，广狭容四十人。"[1] 这里以"文石为椁"可能就是以刻画花纹的石头做成椁室。然而就目前的考古发现而言，画像石的真正出现是在西汉早期[2]，武帝以后开始逐渐流行，东汉中期达到鼎盛，东汉末期消失（边远地区可能晚至魏晋时期）。

据不完全统计，至20世纪末，中国已发现、发掘汉画像石墓二百余座，汉画像石阙二十余对，汉画像石总数已超过10000块[3]，主要分布在山东、苏北、河南、四川以及陕北晋西地区。其中河南南阳共计发掘汉代画像石墓五十余座，出土收集汉代画像石三千余块。汉画像石画像题材的分类有许多不同分法，大体上可分五大类：第一类是表现当时现实生活的画像，如农耕、纺织、冶铁、车马出行、庖厨宴饮、乐舞百戏以及城郭、庭院等。第二类是历史人物故事画像，如忠臣义士、孝子烈女等。第三类是神话传说、祥禽瑞兽画像，有伏羲、女娲、东王公、西王母以及各种吉瑞、灵异等。第四类是日、月、星宿、云气等天文图像。第五类是各种图案纹饰，如云纹、垂帐纹、菱形纹、三角纹等。不论怎样分，吉祥瑞应画像总是其重要的题材之一。

① 早期的汉代石刻画像除一些几何花纹外，主要有璧、树、鸟、建筑、绶带等图像，多为仿效现实生活的题材。2005年4月，在徐州市西郊韩山1号西汉早期竖穴岩坑墓的再次发掘中，出土了两块墓门画像石，现藏徐州汉画像石艺术馆。此两石画面相同，都用阴线刻画出柏树（常青树）、绶带、

---

[1] 葛洪撰：《西京杂记》卷六，《古今逸史精编》，第137页。
[2] 按：2005年4月，在徐州市西郊韩山1号汉墓的再次发掘中发现两块墓门画像石。韩山1号墓为西汉早期武帝以前刘氏家族高级成员的墓葬，两方石刻画像是目前发现的最早的汉画像石之一。此外，河南永城芒砀山西汉梁王陵墓中的柿园汉墓和保安山2号汉墓也发现四块画像石，此二墓均为西汉早期的墓葬，其中的画像石也是目前发现最早的画像石之一。
[3] 参见信立祥：《汉代画像石综合研究》，文物出版社，2000年，第13页。

玉璧、鸟（朱雀）等画像。河南永城芒砀山西汉梁王陵墓中的柿园汉墓和保安山 2 号汉墓均为西汉早期的大型横穴崖洞墓，除出土大量珍贵文物和壁画外，还发现四块画像石，其画像内容也主要是柏树（常青树）、玉璧、鸟（朱雀）、绶带、建筑等，边缘为菱形回字纹、短斜直线组成的三角纹等纹饰[1]。这些画像似含有一定的吉祥寓意。河南省南阳市唐河县湖阳镇汉墓，是一座西汉中期的画像石墓，也是目前南阳地区发现的时间较早的一座汉画像石墓，墓中画像石仅雕刻一些几何图案，没有吉祥物画像[2]。

从西汉晚期开始，随着时间的推移以及"天人感应"、谶纬神学的影响，一些寓意吉祥的画像逐渐成为汉画像石墓的重要装饰题材。如河南南阳赵寨砖瓦厂汉画像石墓[3]、南阳唐河石灰窑汉画像石墓[4]等。1972 年发掘的南阳赵寨砖瓦厂汉画像石墓，是一座西汉昭帝至宣帝时期的墓葬，共出土画像石 13 块，分别刻于五个门柱和八扇门扉上。五个门柱皆刻门阙、菱形图案。其中一方门柱下刻穿璧纹，上刻门阙，阙门中间刻铺首衔环，门柱两边刻常青树，门阙最上边刻朱雀。八扇门扉均刻有楼阁、四方连续菱形图案。画像有彩绘痕迹。此汉墓画像石上出现的吉祥物有刻画在门阙中间的铺首和门阙上面的朱雀。1978 年 12 月清理的唐河县石灰窑汉墓，是一座西汉中晚期的画像石墓，共出土画像石五块，画像六幅，全部位于东室墓门，门楣上部刻菱形套环，下部刻幔纹；门柱刻三角形图案和门吏；门扉上部刻厅堂双阙，下部刻铺首衔环，厅堂两边植树，厅堂内有人物，厅堂和双阙上各刻一只朱雀。此墓画像所刻朱雀和铺首当为吉祥物。

新莽至东汉早期，汉画像石墓中的画像题材逐渐丰富，画像的位置也不限于墓门，但吉祥画像仍多出现在墓门上，只是题材有所增加。以河南南阳汉画像石墓为例，南阳杨官寺汉画像石墓的门扉上刻画楼阁，楼阁上

---

[1] 参见郑清森：《初论河南永城芒砀山出土的西汉早期画像石》，《四川文物》2003 年第 6 期。
[2] 南阳地区文物工作队、唐河县文化馆：《唐河县湖阳镇汉画像石墓清理简报》，《中原文物》1985 年第 3 期。
[3] 南阳市博物馆：《南阳县赵寨砖瓦厂汉画像石墓》，《中原文物》1982 年第 1 期。
[4] 南阳地区文物队赵成甫、张逢西，唐河县文化馆平春照：《河南唐河县石灰窑村画像石墓》，《文物》1982 年第 5 期。

点缀朱雀，楼阁下刻一虎[1]。南阳英庄汉画像石墓四扇门扉上，有两扇分别刻画朱雀与铺首衔环，另两扇分别刻白虎与铺首衔环[2]。这一时期汉画像石墓墓门刻朱雀、铺首、白虎的情况已十分普遍，朱雀、铺首、白虎都是当时人们信仰的吉祥物，刻绘在墓门上，具有辟邪驱祟的吉祥寓意。

东汉中期，汉画像石墓中寓意吉祥的画像明显增多，几乎成了画像的主流题材。在墓门上除保留新莽和东汉早期的朱雀、铺首、白虎外，还增加了青龙、麒麟、比肩兽、羽人等。就陕北汉画像石而言，陕北汉画像石墓的墓门门扉上常刻有青龙、白虎。如1971年发掘的陕西米脂官庄3号汉画像石墓，发掘报告认为，此墓是东汉安帝永初元年（公元107年）前后的墓葬，墓中两扇门扉一扇刻朱雀、铺首衔环、青龙；另一扇刻朱雀、铺首衔环、白虎[3]。这里的青龙、白虎明显带有"左龙右虎辟不羊"之意。又如，1975年发掘清理的陕西绥德延家岔汉画像石墓，此墓是一座东汉章帝、和帝时期的墓葬，其前室西壁有一方画像石，上面刻有比肩兽、凤凰、龙、虎等吉祥物[4]。考古发掘显示，东汉中期开始，吉祥画像已不再局限于墓门，而是逐渐向墓室内延伸，题材也进一步丰富，出现了比肩兽、龙、麒麟、羽人、西王母、云车等吉瑞画像。

东汉晚期，汉画像石墓中带有吉祥寓意的题材更加丰富，几乎所有汉画像石墓都刻有吉祥瑞应画像。求吉辟邪之物充满墓室，吉瑞画像随处可见，还出现了整幅画像满布祥瑞的石刻。如山东嘉祥武梁祠祠顶的前、后两方坡面石，上面刻满了祥瑞画像，且都有榜题，从现存的榜题文字看，大多可与《宋书·符瑞志》相对应，因此可以确认，这两块汉画像石所刻为祥瑞，而并非民间信仰的吉祥物。浙江海宁长安镇汉墓前室西壁上层石刻与前室北壁上层石刻，也都满刻祥瑞画像。

东汉末年，战乱频仍，经济衰退，文化演变，汉画像石墓这一丧葬习

---

[1] 河南省文化局文物工作队：《河南南阳杨官寺汉画像石墓发掘报告》，《考古学报》1963年第1期。
[2] 南阳地区文物工作队、南阳县文化馆：《河南南阳县英庄汉画像石墓》，《文物》1984年第3期。
[3] 李林、康兰英、赵力光编著：《陕北汉代画像石》，陕西人民出版社，1995年，第15页。
[4] 戴应新、李仲煊：《陕西绥德延家岔东汉画像石墓》，《考古》1983年第3期。

俗随之衰微，附着于汉画像石上的吉瑞画像也不复存在。

② 1980年，山东省嘉祥县宋山村北山坡3号墓出土一方东汉桓帝永寿三年（公元157年）画像石。此石原为祠堂画像，纵68厘米，横108厘米，画面为减地平面阴线刻。画像左刻隶书10行462字，记曰："琢砺磨治，规矩施张，塞帷反月，右有文章。雕文刻画，交龙委蛇，猛虎延视，玄猿登高，狮熊嗥戏，众禽群居，万兽云布。台阁参差，大兴舆驾。上有云气与仙人，下有孝友贤人。""唯诸观者，深加哀怜，寿如金石，子孙万年，牧马牛羊诸童，皆良家子，来入堂中，但观尔，无得琢画。令人寿，无为贼祸，乱及孙子。"[1]题记的前段，说这座祠堂刻画有龙、虎、狮、熊、云气、仙人等吉祥物，后一段则是一些吉语。

山东嘉祥武氏墓群是东汉末年武氏家族墓地的一组石刻建筑，主要文物包括一对石阙、一对石狮和画像石46块。其画像内容丰富，构图严谨，造型生动，雕刻精细，在中国汉画像石中占有重要地位。武氏祠画像石中镌刻着大量的吉端画像。其中武梁祠祠顶的前、后两方坡面石是目前发现的祥瑞画像最为集中且有榜题的两方汉画像石。惜图像已剥蚀殆尽，绝大多数画像、榜题已不清。根据文献和宋元旧拓可知，这两方屋顶坡面石上刻有蓂荚、黄龙、神鼎、浪井、八足兽、银瓮、比目鱼、白鱼、比肩兽、比翼鸟、玄圭、璧流离、木连理、赤熊、玉英、玉马、玉胜、泽马、白马、渠搜、巨畅等四十余种祥瑞[2]。但这远不是原石所刻祥瑞的全部，据清道光年间刊印的《金石索·石索四》讲，武梁祠"祥瑞图"共有二石，每石"以汉尺度之，广九尺，高三尺，图画三层"。如"以每石三层计之，当有祥瑞七十余种。今磨泐殊甚，十存二三。取《符瑞志》对勘，追魂摄魄，于前石只得七种，此石只得十五种，合二十二种。其余车马人物器具缤纷，意必象车、根车、白鹿、白燕以及萐甫、威蕤、嘉禾、嘉瓜之类，无不零落殆尽，

---

[1] 济宁地区文物组、嘉祥县文管所：《山东嘉祥宋山1980年出土的汉画像石》，《文物》1980年第5期。图见中国画像石全集编辑委员会编：《中国画像石全集》第2卷，山东美术出版社，2000年，第100页，图一〇八（之一）。
[2] 详见蒋英炬、吴文祺著：《汉代武氏墓群石刻研究》，图22。

画不成图，字不成句，甚可惜也"[1]。除武氏祠外，在嘉祥的宋山、五老洼、纸坊敬老院等地汉画像石中也不乏仙人、嘉禾、雀马鱼龙等吉祥瑞应。

河南南阳汉画像石中，趋吉辟邪一类的题材占有相当大的比重。南阳市七一乡沙岗店村曾出土一方汉画像石，纵42厘米，横107厘米。画面分上下两层，上层刻乐舞，下层刻吉祥瑞物。下层右刻一马二羊，左刻一虎一龙，有二羽人持仙草飞翔其间[2]（图5-1）。河南商丘出土的汉画像石中，祥禽瑞兽为其主要题材[3]，被认为是商丘汉画像石能够独立命名且区别于其他地区汉画像石的主要特征之一[4]。

图5-1 河南南阳汉画像石中的吉瑞画像（画像局部）

1973年发掘的浙江海宁长安镇汉墓，被认为是东汉末期的墓葬[5]，该墓有两方"祥瑞图"画像石刻，画像保存基本完好，只是没有榜题。一方为墓葬前室西壁上层石刻，画面自右至左刻有比肩兽、白马朱鬣（或泽马、玉马）、九尾狐、玄武、飞燕、不死鸟、麒麟、凤鸟、朱雀、兔、平露、鹿、明珠、玉函、比目鱼、胜、大贝、灵芝等。另一方为前室北壁上层石刻，画面上层自右至左为执幢骑士、祥瑞植物、龙驹、朱雀、蓂荚、凤鸟、嘉禾、符拔、熊、青龙、白虎等；下层为历史故事[6]。这两方汉画

---

[1] 冯云鹏、冯云鹓著：《金石索》卷十，王云五主编：《万有文库》第一集，第28、44页。
[2] 见王建中、闪修山著：《南阳两汉画像石》，文物出版社，1990年，图116。
[3] 参见阎根齐《商丘汉画像石探源》、寿新民《商丘地区汉画像石艺术浅析》，《中原文物》1990年第1期。
[4] 参见阎根齐、米景周、李俊山编著：《商丘汉画像石》序，河南美术出版社，1992年。
[5] 张晓茹：《海宁汉画像石墓墓主身份辨析》，中国汉画学会、南阳师范学院汉文化研究中心编《汉画研究——中国汉画学会第十届年会论文集》，湖北人民出版社，2006年，第431页。
[6] 参见周保平：《浙江海宁汉画像石墓两幅祥瑞图考辨》，《东南文化》2008年第5期。图见中国画像石全集编辑委员会：《中国画像石全集》第4卷，第168—169页，图二二四、二二五。

像石所刻祥瑞仅次于山东武梁祠的两幅"祥瑞图",是研究汉代吉祥文化的重要图像资料。

1982年发掘的江苏省徐州市邳县燕子埠东汉画像石墓,是一座东汉桓帝元嘉元年(公元151年)的墓葬,墓中出土一方汉画像石,纵78厘米,横43厘米。画面分上下四格:上两格为人物,第三格刻福德羊和麒麟,近旁有"福德羊""骐驎"的榜题,第四格刻有榜题为"朱鸟""玄武""□禽"的吉祥物[1](图5-2)。这幅画像应为

图5-2 江苏徐州汉画像石中的
吉瑞画像(画像局部)

一幅"古祥瑞应图"。虽然雕刻古祥物不多,但物象旁均有榜题,为辨别汉画中的此类瑞物提供了图像学依据。此外,1984年3月清理的江苏省泗洪县重岗乡汉画像石墓,出土有一方墓门石刻画像,墓门中间刻一凤鸟,左下方刻一鸟衔鱼,右下为一只鹤。发掘报告认为,这幅墓门上的凤、鹳、鹤、鱼等画像"含祈祷、禳福、求仙之意,是一组祥瑞图像"[2]。

1958年5月清理的安徽省定远县坝王庄汉画像石墓,是一座东汉末期的墓葬,其前室北壁有一方画像石,上刻四只鸟、两只猴和两只异兽。画像的左下角隶书"大吉利"三字[3]。说明这幅画像是一幅"吉祥图",反映的是当时人们追求大吉大利的求吉思想。

在陕北晋西地区的汉画像石中,趋吉辟邪亦是其重要题材之一。这一地区的吉祥画像有吉祥植物、吉祥动物、吉祥人物、吉祥文字、吉祥纹饰

---

[1] 南京博物院、邳县文化馆:《东汉彭城相缪宇墓》,《文物》1984年第8期。
[2] 南京博物院、泗洪县图书馆:《江苏泗洪重岗汉画像石墓》,《考古》1986年第7期。
[3] 安徽省文物管理委员会:《定远县坝王庄古画像石墓》,《文物》1959年第12期。

以及一些吉祥物组成的吉祥图案，种类齐全，形象生动。1990 年清理的山西省吕梁市离石区马茂庄 2 号汉画像石墓，被认为是一座东汉桓灵之际的墓葬，其前室东西两壁均刻有吉瑞画像。其中东壁右侧"吉瑞图"的两边为勾连卷云纹，中间部分分上下五格，从上至下依次为生双翼的天马、祥云、比肩兽、肩生双翼的龙马、神龟。西壁左侧"吉瑞图"的两边亦为勾连卷云纹，中间部分亦分上下五格，自上而下依次是朱雀、祥云、赤鸟衔圭、三足乌、比翼鸟。吉祥瑞应的周围均饰有祥云纹。[1]（图 5-3）马茂庄 2 号汉画像石墓的两幅"吉瑞图"虽然没有榜题，但画像清晰、吉瑞明晰，也是我们确认此类画像的典型范例。

陕西省绥德县张家砭汉墓的墓室门壁石雕刻的几乎全是吉祥画像。其中门楣正中雕刻一只表示吉祥的羊，两边分别有仙人骑鹿、天马、日月、鹤衔鱼、博山炉等，空白处间以祥云纹。左右门柱刻有伏羲、女娲，其下部各有一门吏与鱼。二门扉刻朱雀、铺首衔环、龙、虎等。[2]（图 5-4）

1986 年，在四川省简阳市鬼头山的一座东汉崖墓中出土了六具石棺，其中 3 号石棺右侧画像为一幅"吉瑞图"。画像右上方为仙人博弈，二仙人头戴长羽冠，肩披羽饰，作对弈状。二人之间下置回纹方形局，中置六箸，上有榜题"先人博"，即"仙人博"。仙人博弈的左侧有一人骑鹿，头戴长羽冠，双手高举，神采欣悦，其右侧榜题"先人骑"，即"仙人骑"。右下方有一龙作奔腾状，龙身上方正中有一鱼，鱼头朝下，龙首下方也有一鱼，鱼头向右。画像中部上方有一车一马，马作行走状，后面两轮表示车。在马车的左侧有对称的二羽人，皆头戴羽冠，人首鸟身，腹部一圆轮。右圆轮中有金乌，左圆轮中有桂树和蟾蜍。二羽人之间有榜题"日月"。二羽人应为日神和月神。二羽人的下方有一株树，树冠由三根树枝组成，上方榜题"柱铢"。"柱"即是树，"铢"应是五铢钱，这株神树似乎就是传说的摇钱树。羽人左侧上方有一鸟，长尾羽，上方的榜题为"白雉"。羽人左侧下

---

[1] 山西省考古研究所、吕梁地区文物工作室、离石县文物管理所：《山西离石马茂庄东汉画像石墓》，图二五，《文物》1992 年第 4 期。参见中国画像石全集编辑委员会：《中国画像石全集》第 5 卷，第 186、187 页。
[2] 李林、康兰英、赵力光编著：《陕北汉代画像石》，第 102 页，图 317—321。

图 5-3 山西离石汉画像石中的吉瑞画像（局部摹本）

图 5-4 陕西绥德汉画像石墓墓室门壁上的吉瑞画像

五　汉代文物中的吉瑞画像

方有一牛状动物，颈背上有一物（似独角），连接一圆球，上方榜题"禽□（利？）"。[1]（图5-5）有学者认为，图中的"柱铢"应释为"桂树"；"禽利"应为"麒麟"。[2]近是。图中的羽人、龙、鱼、仙人骑鹿、日月、桂树、白雉、麒麟等皆为吉祥瑞物。

图5-5　四川简阳鬼头山汉代崖墓石棺上的吉瑞画像

③汉画像石不只是修筑墓室、祠堂的石刻，汉代石阙上也有许多石刻画像。阙是中国古代设置在城垣、宫殿、祠庙、陵园大门两侧的高层建筑，又称门阙。阙的出现很早，周代已成为一种常见的建筑形式。《诗·郑风·子衿》曰："纵我不往，子宁不来？挑兮达兮，在城阙兮。"[3]说明当时城门两侧已有阙这种建筑。汉代，阙的功能变得更为宽泛，除城阙之外还出现了墓阙、祠庙阙。东汉，都城、宫殿、陵墓、祠庙、衙署、贵邸以及有一定地位的官民墓地，都可以按一定等级建阙，作为地位与身份的象征。汉阙按材质可分为木结构和石结构两类。木结构阙的实物现已不存，今日见到的只有石结构的阙。据信立祥统计，中国现存汉代石阙共28处，其中19处分布在四川，著名的有雅安高颐阙、绵阳平阳府君阙、渠县冯焕阙和沈府君阙等；另有4处在河南，4处在山东，1处在北京[4]。28处阙中25处为墓阙，3处为庙阙。《古今注·都邑第二》曰："阙，观也。古每门树

---

[1]　内江市文管所、简阳县文化馆：《四川简阳鬼头山东汉崖墓》，《文物》1991年第3期。
[2]　马晓亮：《"柱铢"与"禽利"辨误》，《考古》2013年第1期。
[3]　《毛诗正义》卷四。
[4]　参见信立祥著：《汉代画像石综合研究》，第294页

两观于其前，所以标表宫门也。其上可居，登之则可远观，故谓之观。人臣将至此，则思其所阙，故谓之阙。其上皆丹垩，其下皆画云气、仙灵、奇禽、怪兽，以昭示四方焉。"[1]汉代石阙上往往刻有吉祥画像，作为石阙画像的重要组成部分。《中华古今注》曰："苍龙阙画苍龙，白虎阙画白虎，玄武阙画玄武，朱雀阙上有朱雀二枚。"[2]山东嘉祥汉武氏阙阙身刻有青龙、白虎、朱雀、玄武、麒麟、仙鹿、仙人、伏羲、女娲等吉瑞画像。[3]四川雅安的汉高颐阙是画像数量最多、配置最为复杂的石阙，石阙的主阙、子阙都配有画像。其中的吉瑞之物有青龙、白虎、三青鸟、九尾狐、仙人等。[4]河南嵩山汉太室阙画像中的吉瑞之物，也是其画像的重要组成部分，其中吉瑞画像有青龙、白虎、朱雀、玄武、麒麟、羊、仙鹤、鱼、常青树等。[5]

汉画像石是目前发现最多、数量最大，同时也是画像内容最为丰富的汉代画像载体，汉画像石上的古祥瑞应一般都表现得比较清晰，吉祥信息较为明显，是研究汉代吉祥文化重要的图像资料。

（2）画像砖上的吉瑞画像

砖是西周时期开始在建筑物上使用的。考古工作者曾在陕西省岐山县凤凰山南麓的西周贵族大墓群考古现场发现西周时期的空心砖和条砖。这是迄今为止中国发现的时代最早的砖，距今已有三千多年。战国时代的砖出土数量不多，秦早期都城雍、栎阳、咸阳以及燕国的都城燕下都等战国遗址曾出土一些铺地砖与大型空心砖。

所谓画像砖，是以墓葬为主的建筑中表面有模印、彩绘或雕刻画像的建筑用砖。它起始于战国晚期，兴盛于汉代，三国两晋南北朝时期继续流行。陕西秦咸阳宫遗址发现的大型空心画像砖有几何纹、龙凤纹等纹饰。汉代，砖的使用率增加，形制多样，有花纹的被后人称为汉画像砖。汉代

---

[1] 崔豹著：《古今注》卷上，《丛书集成初编》，第7页。
[2] 马缟集：《中华古今注》卷上，《丛书集成初编》，中华书局，1985年，第1页。
[3] 参见蒋英炬、吴文祺著：《汉代武氏墓群石刻研究》，第10—15页。
[4] 详见徐文彬等编著：《四川汉代石阙》，文物出版社，1992年，31—34页。
[5] 详见吕品编著：《中岳汉三阙》，文物出版社，1990年，第4—19页。

的画像砖在河南、四川、江苏、山东、陕西、江西、湖北、云南等省均有出土，其中以陕西、河南和四川三省出土数量最多。四川的汉画像砖以实心砖为主，一般为50厘米左右见方，个别也有长方形的，主要出土于四川的东汉墓葬。南阳的汉画像砖分实心砖和空心砖两种，以空心砖为主。除南阳新野出土的画像砖有近似四川的实心砖外，其他均为长方形的空心大砖，一般长在100—160厘米，宽在20—50厘米，厚在14—24厘米之间。

汉画像砖上的阙楼、桥梁、车骑仪仗、舞乐百戏、祥禽瑞兽、神话故事等画像，是研究中国汉代特别是东汉时期政治、经济、文化、民俗的宝贵资料。汉画像砖中的吉瑞画像与汉画像石中的基本相同，主要有女娲、伏羲、西王母、东王公、九尾狐、三青鸟、三足乌、神荼、郁垒、青龙、白虎、朱雀（凤）、玄武、天马、天鸡、仙鹤、方相氏、玉兔捣药、铺首衔环、二龙穿璧、木连理、常青树等，是研究汉代吉祥文化的重要图像资料。《陕西汉画》收录有陕西省出土的四方汉画像砖，其中两砖均纵21.5厘米，横30厘米。一方"千秋万岁"砖画像上部右为飞翔的朱雀，左为"千秋万岁"四个吉祥文字，下部为两种不同的菱形纹；一方"长乐未央"砖画像上部左为玄武，右为"长乐未央"四个吉祥文字，下部为两种不同的菱形纹。另两砖均纵26厘米，横40厘米。一方"长乐益寿"砖画面为朱雀、青龙，在朱雀、青龙间点缀"长乐益寿"四个吉祥文字；一方"万咸延益"砖画面为白虎、玄武，其间点缀"万咸延益"四个吉祥文字。[1]以上四方汉画像砖所刻显然都是吉瑞画像，并且同时用画像和文字表示吉祥。

河南郑州出土的汉画像空心砖上有许多相似的模印"吉瑞图"，如画面有九尾狐、三足乌画像的"吉瑞图"，九尾狐昂首奔跑，三足乌在扶桑树上站立。[2]（图5-6）南阳汉画像砖中既有除灾辟邪的朱雀、神兽，又有用于纳福迎祥的鱼、羊。四川成都曾出土一方"吉瑞图"汉画像砖，纵40厘米，横46厘米。图中西王母位居画面正中，端坐在龙虎座上，其下有九尾

---

[1] 以上参见张鸿修编著：《陕西汉画》，三秦出版社，1994年，图3-6。
[2] 见周到、吕品、汤文兴编：《河南汉代画像砖》，上海人民美术出版社，1985年，图八九。

图5-6 河南郑州出土汉画像砖上的"吉瑞图"

狐、蟾蜍、三足乌、玉兔和羽人等吉祥物。[1]（图5-7）在四川汉画像砖中，除一些吉瑞画像外，还有许多印有吉祥文字和钱币的画像砖[2]。《金石索·石索六》载有一方传为江苏省兴化市出土的汉画像砖，砖面模印四神纹，并有"千秋万岁""长乐未央"八个吉祥文字。[3]（图5-8）

汉画像砖的画面绝大多数为模制，极少为雕刻、彩绘。画像砖题材广泛、内容丰富，真实地反映了汉代人的生活，是研究汉代历史重要的图像资料，也是研究汉代吉祥文化的宝贵资料之一。

2. 墓室壁画中的吉瑞画像

壁画是以绘制、雕塑或其他造型手段在天然或人工壁面上制作的画。依照上述定义，上一节所述镶嵌在墓室、祠堂、石阙上的汉画像石、汉画像砖也属于壁画范畴，但本节所说的汉代壁画，主要指汉代人用毛笔和颜料在人工建筑壁面上绘制的画像。

壁画为人类历史上最早的绘画形式之一。在法国和西班牙都曾发现旧

---

[1] 龚廷万、龚玉、戴嘉陵编著：《巴蜀汉代画像集》，文物出版社，1998年，图367。
[2] 参见高文、王锦生编著：《中国巴蜀汉代画像砖大全》，国际港澳出版社，2002年。
[3] 冯云鹏、冯云鹓著：《金石索》卷十二，王云五主编《万有文库》第一集，第115页。

图 5-7 四川成都出土的"吉瑞图"汉画像砖

图 5-8 江苏兴化出土的"吉瑞图"汉画像砖

石器时代晚期的洞穴壁画。近年来，中国的许多省份先后发现了岩画，将中国绘画艺术的起源推前至新石器时代。中国还发现了新石器时代彩绘壁画的残痕，辽宁牛河梁红山文化女神庙遗址就曾发现5000年前的彩绘壁画残片，上有红、黄、白等色彩绘制的三角纹和勾连纹[1]。《易通卦验》曰："宓牺朏苍精作《易》，无书，以画事，此画之始。"[2]《文选》载汉武帝《贤良诏》曰："昔在唐虞，画像而民不犯。"[3] 商周时期，祭祀盛行，殿堂庙宇中布满古圣先贤画像和天地山川神灵图像，反映出人类对自然、祖先的崇尚。1975年，安阳殷墟小屯村北出土了一块壁画残片，发掘报告称："在一块残长22、宽13、厚7厘米涂有白灰面的墙皮上发现绘有红色花纹和黑圆点。残片上的纹饰似由对称图案组成，线条较粗，转角圆钝，应是主题中的辅助花纹。"[4] 陕西扶风杨家堡4号西周墓，曾发现白色二方连续菱格纹与宽带纹壁画残迹[5]。春秋时期，"（晋）灵公壮，侈，厚敛以雕墙"（按：雕，画也）[6]。春秋晚期，孔子适周，于雒邑周明堂内看到周代的巨幅壁画[7]。战国时期，屈原在楚先王庙及公卿祠堂，看到了图画天地山川神灵琦玮僪佹及古圣贤怪物行事画像[8]。20世纪70年代，在秦3号宫殿遗址的长廊上发现了秦代宫廷绘画的残存，其中一处为一支由七辆马车组成的行进队列，每辆车由四匹马牵引；另一处残存壁画表现的是一位宫女，此外还有植物纹饰、几何图案等。

汉代形成了中国绘画史上第一个鼎盛期。就建筑壁画而言，上至王公贵族的朝堂殿阁、衙署厅堂、宅第庙宇及墓室，下至百姓的旗亭酒店、民

---

[1] 参见辽宁省文物考古研究所：《辽宁牛河梁红山文化"女神庙"与积石冢群发掘简报》，《文物》1986年第8期。
[2] 孙瑴辑：《古微书》，《纬书集成》，第241页。
[3] 《文选》卷三十五。
[4] 中国科学院考古研究所安阳发掘队：《1975年安阳殷墟的新发现》，《考古》1976年第4期。
[5] 详见扶风县博物馆：《陕西扶风杨家堡西周墓清理简报》，《考古与文物》1980年第2期。
[6] 《史记·晋世家》卷三十九。
[7] 《孔子家语·观周》云："孔子观乎明堂，睹乎四门牖有尧舜之容，桀纣之像，而各有善恶之状，兴废之诫焉。又有周公相成王，抱之而负斧扆，南面以朝诸侯之图焉。"（陈士珂辑：《孔子家语疏证》卷三，《国学基本丛书选印》，上海书店出版社，1987年，第72页）。
[8] 王逸《楚辞·天问·序》曰，屈原放逐，彷徨山泽，"见楚有先王之庙及公卿祠堂，图画天地山川神灵琦玮僪佹，及古贤圣怪物行事"（洪兴祖撰：《楚辞补注》卷三，《丛书集成初编》，第67页）。

间屋舍，许多都绘有彩色画像，画像上亦时有题字。汉代的阳宅壁画由于建筑之不存，绝大部分我们已无法看到，但从一些历史文献中我们可以略知一二。

汉武帝时曾在甘泉宫"画天、地、太一诸鬼神，而置祭具以致天神"，"召画工图画周公负成王"[1]。"李夫人少而早卒，上怜悯焉，图画其形于甘泉宫。"[2]"（金）日䃅母教诲两子，甚有法度，上闻而嘉之。病死，诏图画于甘泉宫，署曰'休屠王阏氏'。日䃅每见画常拜，乡之涕泣，然后乃去。"[3] 从这几处不完全的记载我们知道，汉武帝时仅甘泉宫就有天、地、太一诸鬼神画像，周公负成王画像，李夫人画像，休屠王阏氏画像等。此外，未央宫麒麟阁还绘有麒麟画像。

汉宣帝曾在未央宫麒麟阁图绘苏武、赵充国等11人的画像。《汉书·赵充国传》曰："充国以功德与霍光等列，画未央宫。成帝时……乃召黄门郎扬雄即充国图画而颂之。"《汉书·苏武传》载："甘露二年，单于始入朝。上思股肱之美，乃图画其人于麒麟阁，法其形貌，署其官爵姓名。"张晏曰："武帝获麒麟时作此阁，图画其象于阁，遂以为名。"《汉书·成帝纪》载："元帝在太子宫生甲观画堂。"师古曰："画堂，但画饰耳……霍光止画室中，是则宫殿中通有彩画之堂室。"[4] 蔡质在《汉官典职》中说，明光殿"省中皆以胡粉涂壁，紫素界之，画古烈士"[5]。

东汉光武帝出生时"有凤凰集济阳，于是画宫为凤凰之象"[6]。"汉明帝雅好画图，别立画官，诏博洽之士班固、贾逵辈，取诸经史事命尚方画工图画，谓之画赞。"[7] 明帝于云台绘光武中兴二十八将画像。范晔《后汉书二十八将传论》曰："永平中，显宗追感前世功臣……乃图画二十八将

---

[1] 以上分别见《史记·封禅书》卷二十八、《外戚世家》卷四十九。
[2] 《汉书·外戚传》卷九十七上。
[3] 《汉书·金日䃅传》卷六十八。
[4] 以上见《汉书》卷六十九、卷五十四、卷十。
[5] 孙星衍等辑，周天游点校：《汉官六种》，中华书局，1990年，第204页。
[6] 《宋书·符瑞志上》卷二十七。
[7] 张彦远撰：《历代名画记》卷三，《丛书集成初编》，中华书局，1985年，第150页。

于南宫云台。"[1]灵帝"光和元年，遂置鸿都门学，画孔子及七十二弟子像"[2]。

诸侯王的宫室里也绘有壁画。《汉书·景十三王传》说，广川王刘去"殿门有成庆画，短衣大绔长剑"。画工还曾为刘去宠姬陶望卿住宅绘画。广川王刘海阳，"画屋为男女裸交接，置酒请诸父姊妹饮，令仰视画"[3]。

东汉王延寿在《鲁灵光殿赋》中描写鲁恭王刘余中元元年（前149年）的灵光殿壁画时道："图画天地，品类群生，杂物奇怪，山神海灵。写载其状，托之丹青。千变万化，事各缪形；随色象类，曲得其情。上纪开辟，遂古之初；五龙比翼，人皇九头；伏羲鳞身，女娲蛇躯。鸿荒朴略，厥状睢盱；焕炳可观，黄帝唐虞。轩冕以庸，衣裳有殊；下及三后，媱妃乱主；忠臣孝子，烈士贞女。贤愚成败，靡不载叙；恶以诫世，善以示后。"[4]从这段描述我们看出，西汉鲁恭王刘余宫室壁画内容有历史故事、生活场景、神仙鬼怪和神话传说等。

一些宠臣的府舍也雕梁画栋、贴金饰玉。西汉末年，"哀帝为董贤起大第于北阙下，重五殿，洞六门，柱壁皆画云气华花、山灵水怪，或衣以绨锦，或饰以金玉"[5]。

东汉章帝初年，益州刺史朱辅"郡尉府舍皆有雕饰，画山神海灵奇禽异兽，以眩耀之，夷人益畏惮焉"[6]。桓帝时，梁冀"大起第舍……柱壁雕镂，加以铜漆；窗牖皆有绮疏青锁，图以云气仙灵"[7]。直到三国时期，吴国的宫殿建筑依然是"雕栾镂楶，青琐丹楹。图以云气，画以仙灵"[8]。

汉代阳宅建筑壁画包括人物画、动物画、植物画、神灵怪异画以及几何纹图案等。这些绘画并不仅仅限于装饰，兼有道德教化、表彰纪念的意

---

[1]《文选》卷五十。
[2]《后汉书·蔡邕传》卷六十下。
[3] 以上见《汉书》卷五十三。
[4]《文选》卷十一。
[5] 葛洪撰：《西京杂记》卷四，《古今逸史精编》，第124页。
[6]《后汉书·西南夷传》卷八十六。
[7]《后汉书·梁冀传》卷三十四。
[8] 左思：《吴都赋》，《文选》卷五。

图。除此之外，由于"天人感应"、谶纬神学的盛行，求吉避凶同样是其绘画的重要内容，因而汉代阳宅壁画中应有不少吉瑞画像。

目前我们能看到的汉代壁画主要是阴宅——墓葬建筑内的壁画。汉代墓室壁画发现于20世纪初，而大量的发现和发掘则在1949年新中国建立以后。截至21世纪初，已发现、发掘的汉代壁画墓有八十余座。主要分布在中原、关中、东北、河西等几个地区[1]。较著名的有河南永城柿园梁共王墓、洛阳卜千秋壁画墓、洛阳老城西北壁画墓、洛阳八里台壁画墓、西安理工大学1号壁画墓、营城子壁画墓、山西平陆枣园村壁画墓、陕西千阳壁画墓、辽阳北园壁画墓、望都壁画墓、山东梁山壁画墓、辽阳棒台子屯壁画墓、辽阳三道壕壁画墓、和林格尔壁画墓、嘉峪关壁画墓、河南密县打虎亭壁画墓等。这些壁画墓大部分为西汉后期至东汉末年的墓葬。

汉代壁画墓中的壁画，多绘于墓室的四壁、顶部以及甬道两侧。一般是在墓壁上涂一层石灰，然后在上面作画。壁画的题材大体上可分为五大类：第一类为现实生活画，包括车骑出行、燕居、田猎、乐舞百戏、各类建筑以及农耕、畜牧和庄园等。第二类为历史人物故事画，包括古圣先贤、忠臣义士、孝子烈女等。第三类是神话传说和祥禽瑞兽，有伏羲、女娲、东王父、西王母及麒麟、白象、青龙、朱雀等。第四类主要是日、月、星宿、云气等天象图。第五类为一些几何纹之类的装饰纹样。

汉代的墓葬壁画，由于其时间的早晚不同，其画像内容也有所不同，但吉祥瑞应总是其重要的题材之一。

西汉早期的壁画墓较少，河南永城芒砀山柿园梁共王刘买壁画墓是这一时期的墓葬。此墓的主室顶部、南壁及西壁门道口两侧均绘有彩色壁画，其中墓室的顶部绘有一幅硕大且保存比较完好的"吉瑞图"，长5.14米，宽3.27米，总面积16.8平方米，绘有龙、虎、朱雀、瑞兽、灵芝、云气等吉瑞。壁画正中绘一巨龙，双翼展开，口吐长舌，作奔游状；其左侧绘一朱雀，背对巨龙，口衔龙角；右侧为一白虎，作腾云状，一足踏云彩，

---

[1] 参见黄佩贤：《汉代墓室壁画研究》，文物出版社，2008年。

一足攀神树，树上生长灵芝；周围饰以祥云。(见图3-1)主室南壁也有一些吉瑞题材的壁画，有斑豹、朱雀、灵芝、神山等。[1]广州象岗南越王墓也是这一时期的墓葬，但只在门楣、门扉和前室四壁及顶部绘有象征吉祥的卷云纹图案[2]。

西汉中、后期，墓室壁画逐步走向成熟，吉瑞题材也日益丰富。从已发现的洛阳卜千秋墓、洛阳八里台墓[3]、西安曲江池1号墓等墓室壁画来看，主要以表现引魂升天、仙境天界、镇墓辟邪、历史故事、祥禽瑞兽等内容为主。洛阳卜千秋壁画墓是一座西汉昭宣时期的墓葬，在墓室的后壁、脊顶和门额上绘有伏羲、女娲、羽人、日月、青龙、白虎、朱雀、九尾狐、玉兔、蟾蜍、仙人、方相氏等吉祥瑞物，使整个墓室笼罩在一种吉瑞祥和的氛围之中[4]（图5-9）。贺西林认为，洛阳卜千秋壁画墓壁画"展现了引魂升天、吉祥永生以及镇墓避邪这三大内容"[5]。这三大内容几乎全部涉及吉祥题材。

西安交通大学附小壁画墓是一座西汉后期的墓葬，在墓室的券顶及东、西、北三壁绘有壁画，其中有许多吉瑞画像。如券顶绘有一圆形环，环内南北分别绘日、月图，日中有金乌，月中有蟾蜍、玉兔；还绘有青龙、白虎、朱雀、蛇等。圆圈内外满绘祥云和飞翔的仙鹤。后壁是一幅羽人手持灵芝引导墓主升仙的画像，其下绘一卧鹿，两边为两只展翅飞翔的仙鹤。[6]

西安理工大学1号壁画墓是一座西汉晚期的墓葬，在墓门的东西两侧绘有翼龙、翼虎和云气，龙、虎应是用来镇墓辟邪的吉祥物。墓室的券顶壁画表现的是天界仙境，绘有青龙、白虎、朱雀，并与后壁的黄蛇构成四

---

[1] 参见阎根齐主编：《芒砀山西汉梁王墓地》，第115—119页。
[2] 参见广州市文物管理委员会、中国社会科学院考古研究所、广东省博物馆：《西汉南越王墓》，文物出版社，1991年。
[3] 参见汤池译：《今藏美国波士顿的洛阳汉墓壁画》，《当代美术家》1986年第3期。
[4] 洛阳博物馆：《洛阳西汉卜千秋壁画墓发掘简报》，《文物》1977年第6期。
[5] 贺西林：《洛阳卜千秋墓墓室壁画的再探讨》，《故宫博物院院刊》2000年第6期。
[6] 详见陕西省考古研究所、西安交通大学：《西安交通大学西汉壁画墓》，西安交通大学出版社，1991年。

图 5-9 河南洛阳卜千秋汉壁画墓中的吉瑞画像（壁画局部）

神。此外还有日、月、金乌、蟾蜍、玉兔、仙鹤、羽人、云气等吉瑞画像。北壁上部绘一羽人乘龙,羽人面西,红脸堂,圆眼高鼻,大耳过顶,吻前突,头发上卷前飘,肩部生翼,双臂前伸,似扶龙角,是典型的仙人形象。壁画间隙绘有云气纹。[1]

1991年发现的河南偃师辛村壁画墓是一座新莽时期的墓葬,在后室横额壁画天门两侧的三角砖上分别绘有两只口衔宝珠、翎羽华丽的朱雀。前隔梁的两块空心砖上正中绘一蹲踞的大头怪物,口大如盆,利齿如锯,狞厉恶煞。其两侧各绘一人首蛇躯的形象,蛇躯分别缠绕在怪物的两臂上。左者为一男子形象,双手托月轮,月中有桂树;右者为一女子形象,双手托日轮,日中有金乌。这两个形象应是伏羲、女娲。壁画中的西王母拱手坐在左边云柱上,身体微侧,着紫袍披蓝肩,白发戴胜,面容丰腴;右云柱上立一硕大玉兔,玉兔肩生双翼,面对西王母作捣药状(图5-10)。两柱间有一作舞蹈状紫色蟾蜍,其左侧为九尾狐。[2]

东汉时期比较著名并有部分壁画遗存下来的壁画墓有内蒙古和林格尔壁画墓、山西平陆枣园壁画墓、甘肃武威五坝山壁画墓、河南偃师杏园壁画墓、荥阳苌村壁画墓等。这些壁画墓保留了西汉时期寓意吉祥的题材,吉瑞、灵异等依然是其重要描绘对象,此外突出了墓主生活的内容,题材更加丰富多彩。

河南荥阳苌村东汉壁画墓是一座砖石混砌的横前室大型多室券拱墓。墓内甬道及其前室券顶和周壁绘满壁画,并附有大量榜题文字。前室壁画以起券处为界分成上下两部分,上部绘天界、吉瑞,下部绘墓主生活场景。在上部壁画中绘有麒麟、天马、翼虎、比肩兽、玉兔、飞鸟等吉瑞。[3](图5-11)

---

[1] 西安市文物保护考古所:《西安理工大学西汉壁画墓发掘简报》,《文物》2006年第5期。
[2] 详见洛阳市第二文物工作队:《洛阳偃师县新莽壁画墓清理简报》,《文物》1992年第12期。
[3] 详见郑州市文物考古研究所、荥阳市文物保护管理所:《河南荥阳苌村汉代壁画墓调查》,《文物》1996年第3期。

图 5-10 河南偃师辛村汉壁画墓中的吉瑞画像（壁画局部）

图 5-11 河南荥阳苌村汉壁画墓中的吉瑞画像（壁画局部）

五 汉代文物中的吉瑞画像

1971 年清理的内蒙古和林格尔东汉壁画墓[1]，是新中国成立以来发现的榜题数量最多、构图形式最为复杂的汉代壁画墓。墓室的壁、顶及甬道两侧都布满壁画，除因年久剥落及被盗掘破坏者外，共存 46 组、57 个画面，总面积百余平方米。墓室壁画题材多样，内容丰富，其中可辨识的榜题近 250 条，这是迄今考古发掘的汉墓中所仅见的。此墓也是描绘祥瑞画像最多的一座汉代壁画墓，在中室西壁至北壁绘制的"祥瑞图"中，保存有墨书榜题约 49 项，能辨认的有青龙、麒麟、灵龟、木冀芝、神鼎、醴泉、三足乌、一角羝、白狼、白鹤、白燕、比翼鸟、木连理、九尾狐、白兔、三角□、赤爵（雀）、白养（象）、比肩狩（兽）、玉圭、璧流离、赤罴（罴）、玉马、白马、□马、甘露、浪井、明珠、白狐、金□、银□、□曲、□乌、姜元等三十余种。该墓的其他墓室壁画中也有吉瑞画像，如前室绘有青龙、白虎、朱雀、凤凰、白象、麒麟；后室绘有青龙、白虎、朱雀、玄武。墓室的顶部则绘有祥云。除壁画外，此墓前、中、后三室的铺地方砖表面印有突起的菱形纹，中间隶书两行，书写"子孙繁昌，富乐未央"的吉祥文字[2]。可惜的是，壁画剥落、损坏严重，发掘报告刊印的图片不太清晰，对后来的相关研究不能不说是一种遗憾。

在中原以外比较偏远的地区也有汉代墓室壁画发现，有代表性的如甘肃武威五坝山东汉壁画墓、辽宁金县营城子东汉壁画墓等。这些墓室壁画既有中原地区的风格，也表现出某些变异独创的特点，但吉瑞画像依然是其重要的内容之一。

由于壁画是用笔直接在壁面上作画，画中的物体相对较大，线条清晰，色彩鲜艳，较之画像石、画像砖更为生动、活泼、丰富、细致，富于真实感，是研究汉代吉祥文化的重要图像资料。

---

[1] 内蒙古文物工作队、内蒙古博物馆：《和林格尔发现一座重要的东汉壁画墓》，《文物》1974 年第 1 期。

[2] 详见吴荣曾：《和林格尔汉墓壁画中反映的东汉社会生活》，《文物》1974 年第 1 期。又见内蒙古自治区文物考古研究所：《和林格尔汉墓壁画》。

3. 铜器上的吉瑞纹样

中国使用铜的历史非常悠久。大约在六七千年前先民们就发现并开始使用铜。1973年，陕西临潼姜寨新石器时代（约公元前4500年）遗址曾出土黄铜片、黄铜管。1975年，甘肃东乡林家马家窑新石器时代遗址（约公元前3000年）出土一件青铜刀。龙山文化时期的先民们已经能铸造青铜容器。大约在公元前2000年左右，中国进入青铜时代。二里头夏代文化遗存中的青铜器种类已涉及许多方面，有工具、兵器、礼器、乐器和装饰品，并出现了纹饰。至商代中期，青铜器品种已很丰富，花纹精致细腻，且出现了铭文。商代晚期至西周早期，是青铜器发展的鼎盛时期，器型多种多样，浑厚凝重，花纹种类繁多，铭文逐渐加长。随后，青铜器进入衰退期，纹饰逐渐简化。到春秋晚期至战国时代，由于铁器、漆器的推广使用，日常铜制器具越来越少。秦汉时期，随着瓷器和漆器大量进入人们日常生活，铜制容器品种减少，逐渐失去了三代礼器的意义。

青铜器的纹饰不仅是青铜器的装饰，也是统治阶级意识形态的反映和古代社会文明、时代风貌的标识。二里头遗址出土的青铜戈上已有变形的动物纹出现。商代，对天地山川和鬼神的祭祀与崇拜反映在青铜器纹饰上，出现了抽象、幻想的动物纹，显示出神秘、庄严、肃穆的气氛。商代晚期至西周早期的青铜器纹饰大致有兽面纹（饕餮纹）、凤鸟纹、龙纹、各种动物纹、火纹、各种兽体变形纹、几何纹及人物纹等。其中以兽面纹、动物纹为主。商末周初，社会动乱，以神为本的天命观动摇，从而导致了西周青铜器纹饰的变化。此时已不是狂热崇拜鬼神，而是较多关注对祖先的祭祀，作器铸铭，颂扬先人的功德，宣扬政权符合天命，以此证明政权的合法性。西周早期青铜器纹饰继承商代晚期的传统，中、晚期逐渐形成自己雄伟厚重、简单朴素的风格。长篇铭文增多，兽面纹逐渐失去主题纹饰的地位，下降为附饰。代之而起的是一种清新、流畅的纹饰风格。最常见的纹饰有凤鸟纹、窃曲纹、顾龙纹、重环纹、瓦纹等。春秋战国之际，无论从青铜器纹饰的多样性还是构图的灵活性,都表明青铜纹饰进入了新的阶段。商和西周青铜器上以兽面纹为主的繁缛纹样已被淘汰,代之以动物纹、几何纹与人物活动图形等,如蟠螭纹、虺纹、夔龙纹、窃曲纹、贝纹、蛇纹、重环纹、云雷纹以及描写当时社会生活的采桑、狩猎、宴饮、水陆攻战纹等。汉代,青铜时代已进入尾声,青铜器多为素面,表现为一种衰退迹象,但汉代的一些铜洗上常刻绘有吉祥纹饰和吉祥文字。如西汉的一件铜洗上刻一鱼,鱼的两边有"吉羊"二字(见图3-4);一件东汉时期的"双鱼洗",中间为"太岁在甲戌初平五年吴师作宜子孙"的吉祥文字,铭文两边各一象征吉祥的鱼;一件"汉宜侯王洗",中间为"富贵昌宜侯王"的吉祥文字,两边为象征吉祥的鱼;一件"汉宜子孙洗",中间为"君宜子孙"的吉祥文字,文字两边为象征吉祥的鱼;一件"汉吉羊洗",中间为一羊,羊上有"吉羊"二字,羊前为一株嘉禾[1]。此种图文并茂的汉洗还有很多,兹不赘举。

  汉代的青铜器中只有铜镜独树一帜,纹饰丰富,且变化多端。铜镜是古人用青铜制成的用于梳妆、整容的生活用具。中国的铜镜铸造历史可追溯到青铜时代初期。1976年,青海贵南尕马台25号墓出土了一面铜镜,镜圆形,直径8.9厘米,厚0.3厘米,镜背拱钮已残,镜边缘凿有两个不规则的穿孔。镜背周沿和钮旁各饰一道凸弦纹,两周同心弦纹间,以填平行斜线三角和空白三角相间的方式显示出七角星图案。[2]这枚铜镜出土于齐家文化遗址。据碳14测定,齐家文化的年代约为公元前2000年,距今约4000年,属原始社会的解体时期。这与《轩辕黄帝传》《述异记》所载黄帝铸镜的传说时代已非常接近。《轩辕黄帝传》曰:"有异草生于庭,月一日生一叶,至十五日生十五叶;至十六日一叶落,至三十日落尽。若月小,即一叶厌而不落,谓之蓂荚,以明于月也,亦曰历荚。帝因铸镜以像之,为十五面神镜,宝镜也。"[3]《述异记》曰:"饶州俗传轩辕氏铸镜于

---

[1] 详见冯云鹏、冯云鹓著:《金石索·金索三》卷三,王云五主编《万有文库》第一集。
[2] 李虎侯:《齐家文化铜镜的非破坏鉴定》,《考古》1980年第4期。
[3] 《先秦史参考资料八种》上册,第36—37页。

湖边，今有轩辕磨镜石。石上常洁，不生蔓草。"[1]黄帝时代正处在中国原始社会解体的时期，距今约5 000年。

商、周时代，是中国青铜器发展的鼎盛时期，但是铜镜正处于初创阶段，铜镜的制造和使用尚未普及。商代的铜镜发现很少，纹饰也多为较简单的几何图案。1934年，殷墟曾出土过一面平行线纹镜。1976年，河南安阳殷墟妇好墓出土四面铜镜，其中两面为叶脉纹镜，两面为多圈凸弦纹镜。西周的铜镜多为素镜，晚期开始出现鸟兽纹镜。1957年，河南三门峡上岭村西周虢国墓地1612号墓出土了一面鸟兽纹镜，圆形，直径6.7厘米，厚0.35厘米。上方为一只鹿，下方是一只鸟，两侧为龙虎。[2]（图5-12）这枚铜镜为汉代"四神镜"的先声，镜上的动物纹已具有吉祥意义。春秋战国时期，铜镜艺术开始勃兴，其纹饰主要承袭商周青铜器的题材，常见的有龙凤纹、蟠螭纹、云雷纹、山字纹、连弧纹、羽地纹、草叶纹、花叶纹等，其中许多为吉祥纹饰。

汉代，铜镜的制作继战国之后又得到一次大的发展。汉代铜镜制作精巧，纹饰题材广泛，各种祥禽瑞兽、神话故事及几何图案异彩纷呈。铭文大量出现，成为铜镜装饰的重要组成部分，有的甚至成为主题纹饰。汉代铜镜纹饰在各时期表现出不同的特点。西汉早期，战国镜的纹饰继续流行，同时出现了四乳钉纹饰镜。西汉中期以后，铜镜纹饰开始发生变化，战国时期的一些铜镜纹饰逐渐消失。这时的铜镜纹饰题材常见的有蟠螭纹、涡纹、连弧纹、乳状纹、草叶纹、弦纹等。西汉末期开始，由于受"天人感应"、谶纬神学的影响，铜镜纹饰出现"四神""五灵"形象，各种祥禽瑞兽成为纹饰的主题。王莽时流行的规矩镜，多饰有祥禽瑞兽。如一枚"新家"规矩镜，圆钮，钮座外置八乳钉，间有"长宜子孙"四字。主纹饰为规矩纹，内有青龙、白虎、朱雀、瑞兽等，外一周铭文为："新家有善铜出丹阳，取之为镜清如明，左龙右虎备四旁。"（图5-13）东汉铜镜主要有

---

[1] 任昉著：《述异记》卷上，程荣纂辑《汉魏丛书》。
[2] 参见中国科学院考古研究所编著：《上村岭虢国墓地》，科学出版社，1959年，第27页。

图 5-12 西周虢国墓出土的"吉祥纹"铜镜

图 5-13 王莽时期的"青龙、白虎纹"铜镜

连弧纹镜、变形四叶纹镜、神兽镜、画像镜等。纹饰纷繁杂呈，除了"四神"、九尾狐、三足乌、玉兔等祥禽瑞兽外，还出现了仙人和有关的铭文以及西王母、东王公等神话传说和历史故事（图5-14）。汉代人信奉神仙，神话传说是这一时期铜镜上出现的新题材，在禽兽镜、规矩镜、四神镜等铜镜中出现了"羽人""神仙"等画像，展现出一幅幅丰富多彩的神仙世界。汉代，特别是东汉，铜镜上的植物、动物、人物往往是为了趋吉辟邪铸造上去的。有的铜镜铭文自身就说明了这一点，如"吾作铜镜，幽涷三商，雕刻无极，伯牙作乐，众神见容，天禽并存，福禄自从，富贵安同，增新益昌，其师命长"，又如"吾作明镜自有尚，工师刻象主文章，上有古兽辟非祥，服之寿考宜侯王"[1]等。汉代有一种"规矩镜"（又称"博局镜"），此类铜镜有着辟除不祥的功用，有镜铭曰：

　　　新有善铜出丹阳，和以银锡清且明。
　　　左龙右虎掌四方，朱爵（雀）玄武顺阴阳。
　　　八子九孙治中央，刻娄（镂）博局去不羊（祥）。
　　　家常大富宜君王，千秋万岁乐未央。[2]

一般认为，西汉早期铜镜纹饰中开始出现铭文。早期铜镜铭文比较简单，多为大乐富贵、长乐未央、宜酒食等祝福吉语，表达了现实生活中人们朴实的趋吉愿望。后来出现专以铭文带为主题纹饰的铜镜。西汉晚期规矩镜上开始出现记述历史事件的铭文，如"新兴辟雍建明堂""铸成错刀天下喜"等。东汉的画像镜、神兽镜等，大部分以仕宦富贵、子孙繁昌、益寿安康、辟邪禳灾、太平丰稔等吉祥语为主，反映的是中下阶层人民的吉祥愿望。如"吾作铜镜，幽涷三商，配象万疆，统德序道，敬奉贤良，雕刻无极，百身长乐，众事主阳，福禄正明，富贵安乐，益寿增年，侯王长富，子孙蕃昌，贤者高显，士全公卿，与师命长"；"尚方作镜大毋伤，左

---

[1] 引自王士伦：《汉六朝镜铭初探》，《考古通讯》1958年第9期。
[2] 转引自李零：《中国方术正考》，中华书局，2006年，第56页。

图 5-14 东汉"西王母、东王公纹"铜镜

龙右虎辟不羊。子孙备具居中央，长保二亲乐富昌，寿似金石如侯王"；"尚方作镜真大好，上有仙人不知老，渴饮玉泉饥食枣。浮游天下遨四海，寿如金石父母保"；等等。

4. 瓦当上的吉瑞纹样

瓦当是筒瓦顶端下垂部分，俗称"瓦头"，用于保护屋顶檐际椽头，防止风雨侵蚀，同时又对建筑起着装饰美化作用。瓦当最初是半圆形的。战国时期，瓦当由半圆形发展为圆形，至汉代，瓦当基本都是圆形的。瓦当分素面瓦当和纹饰瓦当，纹饰瓦当上的纹饰皆系模制。

目前发现最早的瓦当属西周时期，出土于陕西周原遗址的西周中晚期地层，有素面瓦当和饰有重环纹图案的瓦当两种，形制均为半圆形[1]。春秋战国时期，列国的都城都建有宏伟瑰丽的大型建筑，瓦的使用增多。在列国城市遗址中发现了很多瓦件，其中有一些带图案的瓦当。洛阳周王城以素面半瓦当和动物纹瓦当为主，偶有云纹瓦当。赵国以素面圆瓦当为主，有少量的三鹿及变形云纹瓦当。楚国早期以素面半瓦当为主，中期以后开始出现饰有云纹的半圆瓦当。齐国流行树木双兽卷云纹半瓦当，素面半瓦当也有所见。燕国以兽面纹、山云纹瓦当居多。鲁国以云纹瓦当为主。秦国瓦当流行单个动物图案，如鹿、豹、蟾蜍等，但在中晚期秦咸阳城等遗址所出土瓦当中已少见单个动物，而出现了四区界格，云纹图案中已兼饰文字，只是字形多与图案纹饰相近，文字瓦当渐露端倪。总之，瓦当纹饰在战国时期得到了完美发展，出现了诸如龙纹、凤纹、夔纹、虎纹、豹纹、鹿纹、獾纹、兔纹、鸟纹、蟾蜍纹、龟蛇纹、雁纹、鱼纹等动物纹瓦当（图5-15），甚至还出现了蝉纹、蜻蜓纹等昆虫及文字瓦当。这些纹饰大多具有吉祥寓意。

---

[1] 参见陕西周原考古队：《扶风召陈西周建筑群基址发掘简报》，《文物》1981年第3期。

图 5-15 战国"吉祥纹"瓦当

两汉时期，瓦当纹饰得到进一步发展，纹样内容丰富，种类繁博，造型精美，称著于后世。汉代瓦当从纹样上分，有画像瓦当、文字瓦当、纹饰瓦当三种。瓦当纹样的题材有动物纹、植物纹、云纹、葵纹以及动、植物变形纹等，以寓意吉祥的题材为主。动物纹瓦当以西汉末年出现的青龙、白虎、朱雀、玄武四神纹瓦当最具特色。四神代表东西南北四个方位，被视为威武的象征，又有辟邪的吉祥含义。王莽时期宗庙的四门，一般东门用青龙瓦当，西门用白虎瓦当，南门用朱雀瓦当，北门用玄武瓦当。西安汉长安城南郊王莽九庙遗址曾出土"四神"瓦当。瓦当上青龙身生羽翼，白虎张口竖尾，朱雀展翅欲飞，玄武龟蛇合体。（图5-16）汉代的动物纹瓦当除"四神"外，还有麒麟、兔、鹿、鱼、天鹿、辟邪、蟾蜍、飞鸿等。植物纹有木连理、嘉禾等，其他还有云纹、星月纹，多为吉祥瑞物。云纹瓦当始见于战国中期，盛行于秦汉。西汉时期云纹瓦当变化多端，计有对称外卷、对称内卷、S形反卷及左旋或右旋排列的单卷云纹等。至西汉后期，带中心圆泡的四象限云纹构图成为通用的模式，并形成云纹瓦当的大宗。以上吉祥纹饰瓦当的出现与汉代"天人感应"、谶纬神学的影响有着密切的关系。

吉祥文字瓦当最初出现在秦代，它用文字直接表达出人们的吉祥信仰和求吉愿望。1953年，陕西省西安市汉城遗址采集到一枚秦"十二字瓦当"，直径16.9厘米。当面阳文篆书"维天降灵，延元万年，天下康宁"十二字。字分三行竖列，行间及四周为乳钉和蔓草纹。[1]（图5-17）表达了秦朝"王权天授"及"千秋万岁"永恒不变的吉祥理念。秦汉瓦当文字多作篆书，其内容可分三大类：一为建筑题名类，如秦的"羽阳千秋"（羽阳宫所用），西汉的"长陵西神"（长陵宫殿所用）、"宗正宫当"（宗正寺所用）等。二为记事志念类，如西汉初的"汉并天下""汉廉天下"、北方边塞的"单于和亲""单于天降"以及东汉西海郡的"西海安定元兴元年作当"等。三为吉祥语类，如"千秋万岁""与天无极""长乐未央"等。

---

[1] 徐锡台、楼宇栋、魏效祖著：《周秦汉瓦当》，文物出版社，1988年，图291。

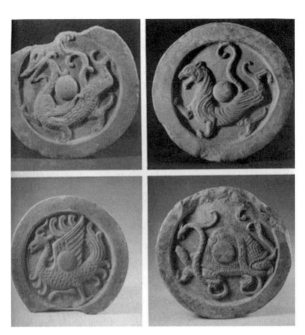

图 5-16 汉长安城遗址出土的"四神纹"瓦当

图 5-17 秦十二字吉语瓦当

汉代，文字瓦当开始流行，成为瓦当装饰之大宗，也使瓦当成为较早使用吉祥文字作为装饰的载体之一。汉代文字瓦当的吉语最初为"汉并天下"、"千秋万岁"（图5-18）、"长生无极"等，后由此演变出"千秋万岁"类、"长生无极"类、"长乐未央"类、"延年益寿"类，直接反映出当时人们对美好生活的向往与追求，代表着普遍存在的"安世""富贵""延寿""无疆"等吉祥愿望。

汉代以后，瓦当为中国历代建筑所用，其上的吉祥纹样和吉祥文字也延绵不断。

5. 丝织品上的吉瑞纹样

中国先民早在5000多年前的黄河流域就开始育蚕制丝，当时丝织品的存在具有一定的广泛性。周代已达到较高织造水平，能织出各种纹饰的丝织品。春秋战国及秦汉时期，丝织技术又有很大提高和发展。1982年，湖北江陵马山发掘一座战国楚墓，出土大批丝织品和刺绣等。丝织品有绢、罗、纱、锦等。花纹有几何纹、菱形纹、S形纹等，几何纹中还饰有龙、凤、麒麟和人物。在大批的刺绣中，用辫针绣出龙、凤、虎、三头鸟以及草叶、枝蔓和花朵，线条流畅，技术高超。[1] 汉代，丝织纹样中的灵鸟、神兽、云气和植物等各有蕴意，寓有长寿、富贵、子嗣兴旺、帝王圣明、国家安泰和降服天灾、外敌之意的吉祥纹样和吉祥文字成为装饰主题。

帛是战国秦汉时期对丝织物的通称，当时被当作绘画的载体广泛运用。帛画指中国古代在丝织物上所绘的图画。帛画兴起于战国时期，至西汉发展到高峰。《汉书·霍光传》载，汉武帝晚年"察群臣唯光任大重，可属社稷。上乃使黄门画者画周公负成王朝诸侯以赐光"[2]。黄门画者所画的"周公负成王朝诸侯"画既然能赐给霍光，根据当时的物质条件，这画为帛画的可能性较大。

---

[1] 详见湖北荆州地区博物馆：《江陵马山一号楚墓》。
[2] 《汉书》卷六十八。

图 5-18 西汉"千秋万岁"吉语瓦当

目前所见帛画主要是墓葬中出土用于覆盖棺盖或挂贴于椁壁上的图画。从用途上分，前者为丧葬出殡时张举的一种旌幡画，后者为椁壁装饰画。帛画发现不多，而且由于丝织物极易腐蚀，保留下来的完整帛画更少。然而一旦保存下来，我们就能看到物象的细部和鲜艳的色彩。自20世纪40年代以来，中国出土的战国、汉代帛画约24幅，其中战国4幅，汉代20幅[1]。目前发现的时代较早的帛画是湖南长沙战国楚墓出土的3幅、湖北江陵马山战国楚墓出土的1幅[2]。

1942年9月，长沙子弹库纸源冲战国楚墓出土一件"缯书"。这是一件用毛笔墨书、彩绘在丝织品上的帛书，出土后流失美国，现藏美国亚洲美术馆。缯书呈长方形，长约47厘米，宽约38厘米。四周用朱、绛、青三色画有草木、星月，依次画十二神像，象征十二月，图像间附有"题记"。四边所画神像中心写有两段文字，左方13行，右方倒写8行。虽然内容诡谲古奥，且多残缺漫漶，但经诸多专家长期研究，大体意思已基本明晰。其内容包括"大人感应"、占卜、趋吉避凶思想，四时（季）、昼夜形成的神话，五色、五方、五神以至尚未成熟的五行观念，四、五、十二等数的观念，敬神、敬祖宗，护佑墓主灵魂，驱鬼辟邪，防蛇，升仙，与大傩之礼、方相氏、十二神兽也有一定的联系。有学者推测这幅缯书的含义，认为以缯书、画作为手段，上通于天，而称之为"巫术辟邪图谱"，为墓主生前所使用，甚至认为墓主本人带有巫师的身份[3]。

1949年2月，长沙东南郊战国中期楚墓出土一幅"人物龙凤"帛画（见图2-18），现藏于湖南省博物馆。帛画纵28厘米，横20厘米。画的主体为一妇女，身着绣有云纹的广袖长袍，腰束宽带，下摆前后分张。妇女站在一弯月形物上，双手合掌，作祈祷状。上方有一夔一凤。凤鸟昂首展

---

[1] 详见刘晓路著：《中国帛画》，中国书店，1994年，第143页。
[2] 1982年1月，湖北江陵马山1号战国楚墓出土一幅帛画，现藏荆州博物馆，因折叠太甚，至今尚未打开，内容不得而知。
[3] 按：对"缯书"的研究首见蔡季襄撰《晚周缯书考证》，出版地、出版者不详，民国三十三年（1944年）。蔡季襄以后，参与缯书研究的学者有蒋玄、郑振铎、董作宾、郭沫若、安志敏、商承祚、李学勤、饶宗颐、郑德坤、陈茉、日本的梅原末治、澳大利亚的巴纳德、美国的张光直等数十人，论著在200篇（部）以上。

翅，两足一前一后，尾翎上卷到头部上方，显得强健有力。凤鸟前方有一竖垂的龙，一足前伸，另一足已不甚清晰，尾部卷曲。对于这幅画的主题，有多种推测，有人说画中妇女是巫婆，她正在为已死去的人祝福。我比较认同的观点是"引魂升天"说。此说认为，那时候的人们无法解释自然和人生，相信人死之后灵魂可以升天。画中所表现的正是一凤一龙引导死者的灵魂升天成仙的情景。[1]无论根据哪种解释，画面中的龙凤都是含有吉祥寓意的动物，引魂升天也是当时人们求吉心理的反映。在楚文化中，凤鸟既是祖先的象征，又是沟通天地的使者。楚人相信人死后灵魂可在凤凰的引领下升天。

1973年5月，长沙子弹库战国中期1号楚墓出土一幅"人物御龙"帛画（见图2-19），现藏于湖南省博物馆。帛画纵37.5厘米，横28厘米。画幅出土时平放在椁盖板与棺材之间，应是引魂升天的铭旌。帛画描绘的是男子乘龙升天的情景。男子宽袍高冠，腰佩长剑，手执缰绳，驾驭巨龙。龙首轩昂，龙尾翘卷，龙身为舟，迎风奋进。龙尾之上立有长颈仙鹤，龙体之下有游鱼。人、龙、鱼均向左，呈行进状，华盖上的璎珞随风飘动，整个画面充满了动感。研究者认为，当时的楚国流行死后升天思想，这个男子可能是墓主人，画面表示墓主人的灵魂正在乘龙升入天国。

汉代的20幅帛画中，有湖南长沙马王堆汉墓13幅（1号墓1幅、3号墓12幅）、广州南越王墓1幅、山东临沂金雀山汉墓3幅、甘肃武威磨嘴子汉墓3幅。

1972年湖南长沙马王堆1号西汉墓出土的帛画为出殡时张举的一种旌幡，现藏于湖南省博物馆。帛画呈"T"形，纵205厘米，上段横92厘米，下段横47.7厘米。画像共分上中下三部分，上部绘日、月、龙以及人面蛇身的女娲，日中有阳乌，月上有玉兔、蟾蜍，此外还有仙鹤、鸿雁等。天国的门口有神人、神豹守卫。中部绘墓主人拄杖出行，仆人、侍女捧案跪迎，显示了墓主人生前的地位。下面绘有厅堂，并设有鼎、壶、耳杯之类

---

[1] 参见熊传薪：《对照新旧摹本谈楚国人物龙凤图》，《江汉论坛》1981年第1期。

酒具,表现了家人为墓主设宴送别的场面。下部绘一地祇双手托地,画中有鱼、龙、龟等物。[1](图5-19)这幅帛画中的龙、蟾蜍、玉兔、三足乌、女娲等皆为吉瑞之物,非常醒目。整幅帛画表现的是墓主人死后升入天国的吉祥意境。

1974年山东临沂金雀山9号汉墓出土的帛画也是当时用作丧葬的一种旌幡。帛画呈长条形。布局与上述马王堆1号汉墓帛画相仿,上部为天界,中部为墓主贵妇生活的人间,下部为地下或大海。[2]表现的也是升仙的吉祥意境。

汉代有一种叫织锦的丝织物,是用染好颜色的彩色经纬线经提花、织造工艺织出图案的织物。汉代,织锦中出现了"文字锦",这是以吉祥文字和寓意吉祥的植物、动物、云气等为主要纹样的丝织物。如东汉的"万世如意"锦(图5-20)、"长乐明

图5-19 绘有诸多吉瑞的湖南长沙马王堆1号汉墓帛画(线摹本)

光"锦、"延年益寿"锦,以及"大登高""小登高"(图5-21)、"大蛟龙""小蛟龙"等;常见的吉祥文字有"长乐明光""延年益寿大宜子孙""新神灵广成寿万年""万事如意"等。这些织锦把吉祥如意的铭文镶嵌于丝织品花纹之间,寓意使用者吉祥。

---

[1] 湖南省博物馆、中国科学院考古研究所编:《长沙马王堆一号汉墓》上册,文物出版社,1973年,第40页,图三八。
[2] 临沂金雀山汉墓发掘组:《山东临沂金雀山九号汉墓发掘简报》,《文物》1977年第11期。

图 5-20 东汉"万世如意"锦(摹本)

图 5-21 东汉"登高明望四海"锦

新疆维吾尔自治区博物馆藏有两件带有吉祥图案的汉代织锦,一件是"万世如意"锦袍,一件是"延年益寿"织锦手套。手套出土于新疆民丰大沙漠1号汉墓,长24厘米,宽12厘米。手套图案以云气纹为骨架,云纹中饰以祥禽瑞兽,动物除猛虎外,还有身着斑点的豹、侧首前行的羊,以及长有两只翅膀奔跑如飞的神兽辟邪等,在它们的身旁足下,依次排列有"延年益寿大宜子孙"的吉祥文字。这件织锦手套的图案充分表现出汉代人的吉祥信仰。还有一件也是新疆民丰出土,织有"富且昌宜侯王天延命长"铭文的东晋十六国五彩锦履。此履长22.5厘米,宽8厘米,底以麻线编织,其他部分则以彩色丝一次织成。图案皆为带状,色彩光艳如新,装饰繁复。鞋帮上织四条花卉纹,鞋面上织出"富且昌""宜侯王""天延命长"三行文字,乃承袭东汉织物上装饰吉祥语词的传统。

1995年10月至11月,中日联合考察队在新疆民丰境内的尼雅遗址发掘出土了大量精美绝伦的汉晋时期的丝绸,其色彩之斑斓,织工之精细,实为罕见。其中1号墓地8号墓出土了一块织锦护臂,长18.5厘米,宽12.5厘米。青底白色织出"五星出东方利中国"八个吉祥文字。除文字之外,还用鲜艳的白、赤、黄、绿四色在蓝地上织出星纹、云纹及孔雀、仙鹤、辟邪、盘龙和虎等寓意吉祥的纹样。[1](图5-22)这显然是一幅丝织的吉祥图案,表达祝福中国吉祥顺利之意。

丝织画发现得虽然不多,但因它质地细腻、色彩鲜明,是研究汉代吉祥文化不可多得的实物资料。

6. 漆器上的吉瑞纹样

漆器一般指用漆涂在各种器物的表面所制成的日常器具及工艺品、美术品等。中国是最早认识漆并能将漆调成各种颜色用作装饰的国家。考古

---

[1] 重庆中国三峡博物馆编:《大漠遗珍 丝路传奇——新疆出土文物精粹》,四川出版集团四川美术出版社,2010年,第36页。

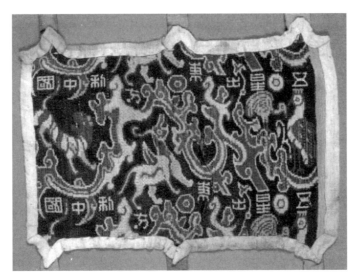

图 5-22 新疆出土汉"五星出东方利中国"织锦护臂

工作者曾发现一只六七千年前的河姆渡文化的木胎红色漆碗。夏代之后，漆器品种渐多。战国时期，漆器业独领风骚，制造出各种实用器与观赏品。湖北战国曾侯乙墓出土的漆器多达二百余件（不包括漆棺、乐器、兵器等），品类全，器型大，风格古朴，展现出当时高超的漆器生产水平[1]。漆器工艺主要有描彩漆、镶嵌、针刻等。装饰纹样盛行动物纹、云纹、几何纹。特点是色彩丰富、线条奔放、勾勒交错、气韵生动。

汉代，漆器在人们日常生活中所起的作用较之前更大，众多的产地和丰富的产量使汉代漆器在战国漆器的基础上获得了前所未有的发展和提高。漆器上的绘画，以其生动、精美、华丽、典雅的艺术形象，成为汉代装饰艺术的重要组成部分。汉代漆器上最常见的有云气纹、龙凤纹、五灵纹、动物纹、植物纹、狩猎纹、舞蹈纹、几何纹以及神话传说和人物故事等，其中大部分为吉祥纹饰。西汉早期的漆画以各种变形的云气纹、龙凤纹和几何纹居多，亦有大量的人物纹、动物纹。西汉中晚期的漆画中出现许多乐舞、出行、杂技、车骑等表现现实生活的题材。东汉时期的漆器发现较少。

汉代漆画棺上，神话题材所占比例最大，它向人们展现了一个人神杂处、琦玮谲诡、飞扬流动、变幻多端的神话世界。据《后汉书·礼仪下》载，皇帝用棺"表里洞赤，虡文画日、月、鸟、龟、龙、虎、连璧、偃月，牙桧梓宫"，"诸侯王、公主、贵人皆樟棺，洞朱，云气画"[2]。

长沙马王堆1号汉墓的黑底彩绘棺上绘有怪神、怪兽、仙人和飞禽走兽，朱底彩绘棺上绘有龙、虎、朱雀、鹿等瑞兽[3]。该墓四层套棺中，第二层为黑地彩绘漆棺，黑色的底子上用金黄色绘出复杂多变的云气纹，中间穿插着111个怪兽或神仙，他们或挥动长袖，翩翩起舞；或托腮而坐，若有所思；或满弦将射，而被射物则翘尾回首，惊恐奔逃。第三层为朱地彩绘漆棺，在朱漆上用青绿、粉褐、藕褐、赤褐、黄白等明亮的颜色，绘

---

[1] 详见湖北省博物馆：《曾侯乙墓》上。
[2] 《后汉书》志第六。
[3] 参见湖南省博物馆、中国科学院考古研究所：《长沙马王堆一号汉墓》上册，图一七一、图二六。

出龙虎相斗、双鹿腾云、二龙穿璧以及仙人、云气、仙鹿等，画面充满神秘迷离的气氛，并以此表达升仙的吉祥主题。其中在棺的头挡板处，于中部三角形的高山两侧各绘一昂首腾跳的鹿，四周绕以云气纹。足挡板上画二龙穿璧，龙身带鳞甲而又有凤羽，龙首巨目利齿，异常凶猛（图5-23）。左侧板上画一座朱色山，山两侧各绘一条呈波浪起伏状的巨龙，左侧龙身上又画一形象写实、张口回首的猛虎，龙尾画一身带云形斑纹的伏虎；右侧龙身上有一翘首展翅欲飞的朱雀，龙尾有一头发斑白、身带毛发、两手攀龙的仙人。右侧板上满饰繁复的勾连云纹。该棺所绘画像与以前发现的长沙砂子塘西汉早期墓中出土的一具朱漆彩绘棺上的画像颇为相似[1]。

1991年12月、1992年4月，安徽省文物考古研究所、天长市文物管理所两次对天长市三角圩古墓葬群进行清理发掘，在24座西汉墓中，出土漆器170余件，以M1、M10、M19为最集中，保存最好。漆器纹饰以变化的云气纹为主，在云气纹上绘制龙凤、怪神、飞禽、走兽等，形态各异，栩栩如生。[2] 其中M1出土一件漆奁，盖内顶墨绘四足卷体龙在云气中遨游，龙首高昂，张口，圆目，独角，卷曲体，形态生动，底内墨绘云气纹。M10出土了一件长方形漆盒，漆盒底部绘有"神兽嬉斗图"，漆画黑地朱绘粗犷的云气纹，两端用拟人手法各绘一个四足长尾兽在云彩中互相追逐，左侧怪兽披胄甲，面部正视，瞪目张口，耳竖立作紧张状，其四肢展开，上肢一上一下作摆动状，下肢一前一后作迈步奔跑姿态，长尾与云气纹相接；右侧的兽面向左侧视，竖耳张口作吼状，体披胄甲，上肢持一长矛，前爪托住矛头，后爪握住矛銎作瞄准欲射姿态，整幅画面气势雄伟、生动活泼。在盒底的另一面绘制飞扬流动的云纹，云纹中绘有龙、虎、狐、鹿、牛等吉祥动物。它们或飞翔，或奔走，或卧伏，或跳跃，或相互追逐，或雄视阔步，千姿百态，反映出汉代人对吉祥动物的理解。

---

[1] 参见湖南省博物馆：《长沙砂子塘西汉墓发掘简报》，《文物》1963年第2期。
[2] 安徽省文物考古研究所、天长县文物管理所：《安徽天长县三角圩战国西汉墓出土文物》，《文物》1993年第9期。

图5-23 马王堆1号汉墓漆棺上的"二龙穿璧"画像(摹本)

五 汉代文物中的吉瑞画像

在今朝鲜平壤古代乐浪郡的汉墓中还出土有图绘羽人乘凤鸟的漆勺和绘有西王母与龙虎的漆盘，所绘物象皆表现一定吉祥寓意。

动物是汉代漆器上的主要纹饰。在王磊义编绘的《汉代图案选》中收录一只汉代漆耳杯，绘三条鲤鱼沿耳杯底部游弋[1]（图5-24），当表示富裕有余、子孙繁昌的吉祥寓意。汉代漆器上的动物纹除神兽、神鸟外，还有自然界里的各种飞禽走兽。云气纹是汉代漆器的主装饰纹样，有的漆器上甚至通体饰云气纹。云气纹有多种形式，一般用线条描绘，其线匀称流畅，蜿蜒舒卷，变化无穷，似为祥云。另外，还有一些以植物为母题的纹样。

图5-24 绘有吉祥纹样的汉代漆耳杯（摹本）

---

[1] 王磊义编绘：《汉代图案选》，第33页，图44。

六

嘉瑞"五灵"

1. 关于"四灵""五灵"

关于"四灵""五灵"首先有两个问题需简要说明。

其一,关于"四灵"与"四神"。四灵有两说,《礼记·礼运》曰:"何谓四灵?麟、凤、龟、龙,谓之四灵。"正义曰:"四灵者,其征报也。"疏曰:"谓之灵者,谓神灵。以此四兽皆有神灵,异于他物,故谓之灵。"[1]这是一说。《三辅黄图·未央宫》曰:"苍龙、白虎、朱雀、玄武,天之四灵,以正四方,王者制宫阙殿阁取法焉。"[2]这是一说。从字面上理解,《礼记》中的"灵"字应为形容词神灵之"灵",即为"有神灵""灵验"。谓"四灵"者,是说四种"灵异"的鸟兽。《三辅黄图》中的"四灵",从其"天之四灵,以正四方,王者制宫阙殿阁取法焉"理解,实指天上的四种神灵,是天地四方之标识,也是王者建造宫阙殿阁所效法的准则。这里的"灵"字实为名词"神灵"之简称,故青龙、白虎、朱雀、玄武又称为"四神",也是说四种神灵。从"四灵"说的时间先后讲,《礼记》约成书于西汉宣帝至成帝年间,由汉代今文经学博士戴圣编纂而成,其中《礼运》篇是战国晚期整理成的文献。《三辅黄图》这本书比较麻烦,有几个问题说不清楚:一是不知是谁写的,作者说不清;二是不知是什么时间写的,成

---

[1]《礼记正义》卷二十二。
[2] 何清谷撰:《三辅黄图校释》卷三,第160页。

书的时间说不清；三是原本的失传和今本的来源说不清。我们这里最关心的是成书时间，虽然研究者对其成书的时间未归一是，但大体上不出东汉末至南北朝间，因而《三辅黄图》成书的时间实晚于《礼记》。从而我们认为，青龙、白虎、朱雀、玄武作为四灵说只见于《三辅黄图》，所以该"四灵"说应晚于《礼记》麟、凤、龟、龙四灵说。用是，青龙、白虎、朱雀、玄武作为四灵当为后说。换言之，麟、凤、龟、龙作为四种灵异嘉瑞之说早于青龙、白虎、朱雀、玄武"天之四灵"说。

在汉代文化中，麟、凤、龟、龙主要表兆吉，是瑞应的象征，而青龙、白虎、朱雀、玄武主要表辟邪，用以镇辟四方。麟、凤、龟、龙在汉代总是作为嘉瑞出现。"王者德化旁流四表，则麒麟臻其囿"；"国安，其主好文，则凤凰翔"；"灵龟者……能见存亡，明于吉凶，王者不偏党，尊耆老，则出"；"黄龙者……王者不漉池而渔，德达深渊，则应气而游池沼"[1]。也就是说，"四灵"的出现，是王者"德化""不偏党"的瑞应。而青龙、白虎、朱雀、玄武总是出现在"左龙右虎辟不羊，朱雀玄武顺阴阳"一类的语境中。汉代墓葬中，"四神"常常刻绘于墓门附近及门扉上，显示其驱鬼辟邪的寓意。以此反推，绘刻在汉代墓门附近及门扉上的，应是表辟邪的"四神"，而非表兆祥的"四灵"。这是应该引起考古工作者注意的。再者，麟、凤、龟、龙"四灵"无论在历史文献还是在出土文物中，多单独出现，而青龙、白虎、朱雀、玄武作为表天象、标四方、辟邪祟的"四神"则多成对成组出现。

在同一本《礼记》里，对"麟、凤、龟、龙"和"青龙、白虎、朱雀、玄武"的说法也是有区别的。《礼记·礼运》说："麟、凤、龟、龙，谓之四灵。"正义曰："四灵者，其征报也。"疏曰："谓之灵者，谓神灵。以此四兽皆有神灵，异于他物，故谓之灵。"《礼记·曲礼上》曰："行。前朱鸟而后玄武，左青龙而右白虎。"注曰："以此四兽为军陈象天也。"疏曰："此明军行象天文而作陈法也。前南后北，左东右西。朱鸟、玄武、青龙、

---

[1] 以上参见《太平御览·兽部》引《春秋感精符》、《太平御览·羽族部》引《帝王世纪》、《太平御览·鳞介部》引《洛书》、《太平御览·鳞介部》引《孙氏瑞应图》。

白虎，四方宿名也。"[1] 由上可知，"四灵"和"四神"是完全不同的两种组合，前者由麟、凤、龟、龙四灵组成，后者由青龙、白虎、朱雀、玄武四神组成。它们的指向不同，"四灵"是指四种有灵异的鸟兽，"四神"则是指天上的四方星宿，代表前后左右不同方位。

青龙、白虎、朱雀、玄武的名称，最早见于西汉戴圣的《礼记》和传为战国时期吴起的《吴子》等典籍。《礼记·曲礼上》所载已见上文。《吴子·治兵》曰："必左青龙，右白虎，前朱雀，后玄武。招摇在上，从事于下。"[2] 吴起指出行军时必须左军用青龙旗，右军用白虎旗，前军用朱雀旗，后军用玄武旗，招摇在上，这样的布置完全与天的秩序对应。兵阴阳家将其应用在行军中，以取得与上天的对应，这反映当时人对天体空间秩序的信仰。以上所言，青龙、白虎、朱雀、玄武都是从打仗布阵之方位而言之，似无嘉瑞之意。

"四神"的个别形象要素在史前时期就已出现。河南濮阳西水坡仰韶文化遗址，其45号墓人骨架的两侧出土有蚌塑龙、虎图案。但直至春秋战国时期，除个别传为战国时期的文献外，出土文物中并没有完整的青龙、白虎、朱雀、玄武四神配伍的考古资料。河南省三门峡市上村岭西周虢国墓地1612号墓曾出土的一面铜镜，镜背面铸有鸟兽图案，上方为一只鹿，下方是一只鸟，两侧为龙虎（见图5-12），与汉代盛行的四神铜镜有着相似的图式，只是代表北方的是一只鹿，应是北宫之象的早期形式。战国早期的曾侯乙墓出土有北斗二十八宿天文图，其中绘有青龙、白虎画像，但没有出现朱雀、玄武。[3] 在这里，青龙、白虎画像不仅与北斗相关联，还与二十八宿相匹配，可视为汉代四神形象图的早期形态。汉代，以壁画言之，河南永城柿园梁共王刘买墓为西汉景武之间的墓葬，墓顶壁画绘一幅"四神云气图"，图中绘有青龙、白虎、朱雀、灵芝、云气等，唯独不见"四神"配伍中的玄武。西汉昭宣时期的洛阳卜千秋壁画墓绘有青龙、白虎、

---

[1]《礼记正义》卷二十二、卷三。
[2]《吴子兵法》，《诸子集成》卷六，上海书店出版社，1986年影印本。
[3] 参见湖北省博物馆：《曾侯乙墓》上，第354—356页。

朱雀等，亦不见玄武形象。西汉后期的西安交通大学附小壁画墓绘有青龙、白虎、朱雀、蛇等，也不见玄武出现。西汉晚期的西安理工大学1号壁画墓墓室的券顶绘有青龙、白虎、朱雀，并与后壁的黄蛇相配伍，也不是完整的"四神"组合。像这样的考古例子还有许多，在此不一一列举。这是否说明，直到西汉晚期，青龙、白虎、朱雀、玄武"四神"的完整配伍仍未完成。

有学者认为，"四神"大约出现在秦汉之际[1]。其实，从考古资料看，完整的青龙、白虎、朱雀、玄武"四神"组合出现不会早于王莽时期。西安汉长安城南郊王莽九庙遗址曾出土"四神"瓦当，"'四神'纹瓦当分出四门，东门出青龙，西门出白虎，南门出朱雀，北门未发掘，由三门证之，知可出玄武；虽然也有个别混杂，但不能否认'四神分司四方'的记载的真实性"[2]。由于这些"四神"瓦当与王莽时期的"货泉"钱币伴出，可知其为王莽九庙礼制建筑之遗存。王莽时期，宗庙的四门，一般东门用青龙瓦当，西门用白虎瓦当，南门用朱雀瓦当，北门用玄武瓦当，是祈望以此辟邪驱祟，保佑宗庙乃至社稷江山永固。东汉，"四神"图像进入兴盛时期。在汉代画像石、画像砖、壁画、铜镜中以青龙、白虎、朱雀、玄武"四神"配伍的图案频出。"四神纹"铜镜主要流行于东汉，其上限不会早于王莽时期。上面除铸有"四神"图像外，时有"左龙右虎辟不羊，朱雀玄武顺阴阳"等铭文，其意是以"四神"辟除不祥。南北朝和隋唐时期，"四神"仍被大量运用于铜镜装饰，如"四神十二时"铜镜，镜背图案以青龙、白虎、朱雀、玄武"四神"和动物状的十二时（即十二地支）画像为主。东汉以降，历代王朝，多以"四神"命名皇城的出入口，如南有朱雀门，北有玄武门，以示吉祥。

其二，关于四灵与五灵。晋杜预《春秋左传·序》曰："麟凤五灵，王者之嘉瑞也。"为什么在成书于先秦至西汉的《礼记》中称"麟凤龟龙"四灵，而到了西晋杜预《春秋左传·序》中就变成了"五灵"了呢？首先应

---

[1] 参见吴曾德：《"四灵"浅论》，《杭州大学学报》1981年第4期。
[2] 考古研究所汉城发掘队：《汉长安城南郊礼制建筑遗址群发掘简报》，《考古》1960年第7期。

该说"五灵"说晚于"四灵"说。"四灵"之说见成书于西汉宣成间的文献《礼记》，而"五灵"说则最早形成于王莽摄政时期。王莽摄政，大诰天下说："昔我高宗崇德建武，克绥西域，以受白虎威胜之瑞，天地判合，乾坤序德。太皇太后临政，有龟龙麟凤之应，五德嘉符，相因而备。"[1] 这里言"有龟龙麟凤之应"，又言"五德嘉符"，应该是加上前文所说的"白虎威胜之瑞"，从而凑成"五德嘉符"，也就是"五灵"。因而可以说"五灵"说是在"四灵"说的基础上添加一灵而形成的。至于为什么从"四灵"增加到"五灵"，《春秋左传·序》唐孔颖达疏曰："麟、凤与龟、龙、白虎五者，神灵之鸟兽，王者之嘉瑞也。"孔颖达认为五灵指麟、凤、龟、龙与白虎，是王者的嘉瑞。他接着说："独举'麟凤'而云'五灵'，知二兽以外为龟、龙、白虎者，以鸟兽而为瑞，不出五者，经传谶纬莫不尽然。《礼记·礼器》曰：'升中于天而凤皇降，龟龙假。'《诗序》曰'《麟趾》《关雎》之应'，'《驺虞》《鹊巢》之应'，驺虞即白虎也。是龟、龙、白虎并为瑞应。只言'麟凤'便曰'五灵'者，举'凤'配'麟'，足以成句，略其三者，故曰'五灵'。其'五灵'之文出《尚书纬》也。《礼记·礼运》曰'麟凤龟龙，谓之四灵'。不言五者，彼称'四灵以为畜'，则'饮食有由也'。其意言四灵与羞物为群，四灵既扰，则羞物皆备。龙是鱼鲔之长，凤是飞鸟之长，麟是走兽之长，龟是甲虫之长。饮食所须，唯此四物。四物之内，各举一长。虎、麟皆是走兽，故略云'四灵'。杜欲遍举诸瑞，故备言'五灵'也。"[2] 孔颖达这段话的意思是说，之所以《礼记》中只言"四灵"不言"五灵"，是因为中国古代将动物分为四类，麟、凤、龟、龙分别对应毛、羽、介、鳞，即"走兽""飞鸟""甲虫""鱼鲔"四类动物，且分别为之长。因麟与虎皆为毛类走兽，故略去虎，独言麟，云"麟凤龟龙"为四灵。就是说虎一直以来都是灵物，只是在《礼记》中因为对应分类及行文的原因暂且省略了。笔者认为，之所以在麟凤龟龙四灵之外加一白虎，除上述孔颖达所说的原因外，可能是因为西汉后期开始，五行学说

---

[1]《汉书·翟方进传》卷八十四。
[2]《春秋左传正义》卷一。

与谶纬神学流行,为了与金木水火土五行、东西南北中五方相对应,因而附会出"五灵"说。孔氏不也说"'五灵'之文出《尚书纬》"吗?《礼稽命征》:"古者以五灵配五方,龙,木也;凤,火也;麟,土也;白虎,金也;神龟,水也。"[1] 此外,杜预独举麟凤而言五灵是因为麟凤为五瑞中最显著者,在许多汉代文献中,凡言祥瑞首举麟凤,统言祥瑞亦云麟凤。

从"五灵"的形成看,龙、凤、龟、虎都是原始社会氏族的图腾。如夏人以蛇(龙)为图腾,东部民族以凤鸟为图腾,东夷中部民族以龟为图腾,古氐羌族与巴人以虎图腾。后来由于部落联合或吞并,各部落图腾复合,成为集各类鸟兽为一身的神异动物、部落的保护神。商周时期,这些鸟兽复合体被神化,成为通天的神物,进而成为吉祥瑞应之物。商代的玉器中有龙、凤、龟、虎的雕像。殷周的青铜器上有龙、凤、龟、虎的纹饰。春秋以后,逐渐形成了"四灵"体系。这要归功于儒家,孔子曰:"凤鸟不至,河不出图,吾已矣夫!"疏曰:"郑玄以为河图洛书,龟龙衔负而出。"[2] 意思是说:凤凰长久不见,龙马也没有把"图"从黄河里驮出来,我的理想完了。在这里,孔子已把凤凰、龙马看作瑞应。

作为"五灵"之一的麒麟,传统上被认为最早出现于春秋时期。然据新近研究,麒麟可能在殷末甲骨文中就已出现。[3] 商代以后,麟不见于文献记载,直到春秋麟才又一次进入人们的视野。《诗经》中有《周南·麟之趾》篇。鲁哀公十四年(公元前481年)又言西狩"获麟"。麟从此成为名声显赫的祥瑞,到汉武帝"获白麟",其名声又进一步提升,与龙凤并驾齐驱。《史记·孔子世家》载孔子语曰:"丘闻之也,刳胎杀夭则麟不至郊,竭泽涸渔则蛟龙不合阴阳,覆巢毁卵则凤皇不翔。"[4] 《史记》所说的麟、龙、凤这几种动物,都是在春秋战国时期变为显示天意的灵物的。

---

[1] 马国翰辑:《玉函山房辑佚书》,《纬书集成》,第1235页。
[2] 《论语·子罕》,《论语注疏》卷九。
[3] 参见刘钊:《"小臣墙刻辞"新释——揭示中国历史上最早的祥瑞记录》,《复旦学报》2009年第1期。
[4] 《史记》卷四十七。

2. 麟

麟，即麒麟，亦作"骐驎"，简称"麟"，是古代一种想象和现实相结合的神奇动物。其身体像鹿，尾巴像牛，头有一角，角端有肉。《尔雅·释兽》曰："麐（麟），麕身，牛尾，一角。"[1]《汉书·武帝纪》载："元狩元年冬十月，行幸雍，祠五畤。获白麟，作白麟之歌。"颜师古注："麟，麕身，牛尾，马足，黄色，圆蹄，一角，角端有肉。"[2]《宋书·符瑞志中》云："麒麟者……麕身而牛尾，狼项而一角，黄色而马足。"[3] 孙柔之《瑞应图》曰："麟者，仁兽也。牡曰麒，牝曰麟。羊头，鹿身，牛尾，马蹄。黄色圆顶，顶有一角，角端戴肉。"[4] 考古发现许多秦汉时期的"麟"的图像，麟都作头上长有一角，既像鹿又像马，与文献描写的麒麟形象基本相符。

传说黄帝时就有麒麟出现。《中候握河纪》曰："帝轩提象，麒麟在囿。"[5] 不过这可能是后世附会之说。殷商甲骨刻辞中有一片非常著名的"小臣墙刻辞"，刻辞记录殷末一次战争的俘获与赏赐。其中有"又白嫬于大乙"之辞，意为"以白嫬侑祭于大乙"。刘钊将"白嫬"释为"白麟"，认为这是出土文献中最早而且是目前仅见的关于"白麟"祥瑞的记录，同时也是中国历史上最早的祥瑞记录[6]。由殷末"小臣墙刻辞"的"白麟"，到春秋末期鲁哀公十四年"获麟"，再到西汉武帝元狩元年"获白麟"，以至西晋武帝时期的"白麟见"，可知"麟"作为吉瑞有着悠久的历史。

春秋末期的"西狩获麟"故事，其文字记载首见成书于战国时的《春

---

[1]《尔雅注疏》卷十。
[2]《汉书》卷六。
[3]《宋书》卷二八。
[4] 马国翰辑：《玉函山房辑佚书》。
[5] 乔松年辑：《纬捃》，《纬书集成》，第1432页。
[6] 参见刘钊：《"小臣墙刻辞"新释——揭示中国历史上最早的祥瑞记录》，《复旦学报》2009年第1期。

秋》。《左传·哀公十四年》载："春，西狩获麟。"[1]公羊高撰写的《公羊传》和穀梁赤撰写的《穀梁传》也都记载了这件事。说的是公元前481年，有人在鲁国的西部大野泽地打猎，获得一头麒麟。《史记·孔子世家》说："鲁哀公十四年春，狩大野。叔孙氏车子锄商获兽，以为不祥。仲尼视之，曰：'麟也。'"[2]秦始皇陵墓上，曾有雕刻的石麒麟形象。《西京杂记》载："五柞宫……其宫西有青梧观，观前有三梧桐树。树下有石骐驎二枚，刊其肋为文字，是秦始皇骊山墓上物也。头高一丈三尺。东边者前左脚折，折处有赤如血。父老谓其有神，皆含血属筋焉。"[3]

汉代，西狩获麟被演绎成周朝灭亡汉朝兴起的符应。《孝经援神契》曰："鲁哀公十四年，孔子夜梦三槐之间，丰沛之邦有赤烟气起。乃呼颜渊、子夏往视之。驱车到楚西北范氏街，见刍儿摘麟，伤其左前足，薪而覆之。孔子曰：'儿来，汝姓为谁？'儿曰：'吾姓为赤诵，名子乔，字受纪。'孔子曰：'汝岂有所见耶？'儿曰：'见一禽，巨如羔羊，头上有角，其末有肉。'孔子曰：'天下已有主也。为赤刘，陈、项为辅。五星入井从岁星。'儿发薪下麟示孔子，孔子趋而往。麟蒙其耳，吐三卷图，广三寸，长八寸。每卷二十四字。其言赤刘当起，曰周亡，赤气起，火耀兴，玄丘致命帝卯金。"[4]按五行终始说，麟为木精，木色苍，姬姓周王朝为木德，因而麒麟是周王朝的象征。采薪获麟，且麟被打死，意味着姬周将亡；采薪的是庶人，预示着庶人将起而代周。麒麟是周朝的祥瑞，麟死对周朝来说是不祥之兆，预示着木德的姬周运数将要终结。但麟出又是祥瑞，象征着火德的刘氏新王朝将会起而代周。传说孔子以为麟乃祥瑞之兽而衰世得之，出非其时，故幽愤而作《春秋》。《春秋左传·序》曰："今麟出非其时，虚其应而失其归，此圣人所以为感也。绝笔于获麟之一句者，所感而起，固所以为终也。"[5]因是，麒麟便和《春秋》联系起来，故《春秋》

---

[1]《春秋左传正义》卷五十九。
[2]《史记》卷四十七。
[3] 葛洪撰：《西京杂记》卷三，《古今逸史精编》，第119页。
[4] 孙毂辑：《古微书》，《纬书集成》，第335页。
[5]《春秋左传正义》卷一。

又别称《麟经》《麟史》。

麒麟在汉代被视为神兽、仁兽、瑞兽。《大戴礼记·易本命》说:"有毛之虫三百六十,而麒麟为之长。"[1]《说文》曰:"麒,麒麟,仁兽也。"段玉裁注:"状如麇,一角而戴肉,设武备而不为害,所以为仁也……用《公羊》说,以其角端戴肉,不履生虫,不折生草也。"[2]麒麟与凤、龟、龙并称为"四灵",是太平、丰年、福禄、子孙、长寿的象征,也是皇权的瑞应。《礼记·礼运》曰:"麟、凤、龟、龙,谓之四灵。"又曰:"山出器车,河出马图,凤皇麒麟,皆在郊椒。"[3]

汉代,麒麟被看作圣王的嘉瑞、吉祥的征兆。晋杜预《春秋左传·序》曰:"麟凤五灵,王者之嘉瑞也。"[4]《焦氏易林·大有之第十四》曰:"麒麟凤凰,善政得祥,阴阳和调,国无灾殃。"又《豫之第十六》:"景星照堂,麟凤游翔,仁施大行,颂声以兴。"[5]《春秋繁露·符瑞第十六》曰:"有非力之所能致而自至者,西狩获麟,受命之符是也。"又《王道第六》:"五帝三王之治天下……凤凰麒麟游于郊。"又《五行顺逆第六十》:"恩及于毛虫,则走兽大为,麒麟至。"[6]《白虎通·封禅》:"德至鸟兽,则凤凰翔,鸾鸟舞,麒麟臻……"[7]《春秋感精符》曰:"麟一角,明天下共一主也。王者不刳胎,不破卵,则出于郊……王动则有义,静则有容乃见。"[8]《宋书·符瑞志中》云:"麒麟者……不刳胎剖卵则至。"[9]孙柔之《瑞应图》曰:"麟者……王者德及幽隐,不肖斥退,贤者在位则至。明王动则有仪,静则有容则见。"[10]

---

[1] 戴德撰,卢辩注:《大戴礼记》卷十三,《丛书集成初编》,第228页。
[2] 许慎撰,段玉裁注:《说文解字注》,第470页。
[3] 《礼记正义》卷二十二。
[4] 《春秋左传正义》卷一。
[5] 焦延寿撰:《焦氏易林》卷一,《丛书集成初编》,第66、75页。
[6] 苏舆撰,钟哲点校:《春秋繁露义证》卷六,第157页;卷四,第101—103;卷十三,第376页。
[7] 班固等撰:《白虎通》卷三上,《丛书集成初编》,第144页。
[8] 赵在翰辑:《七纬》,《纬书集成》,第958页。
[9] 《宋书》卷二十八。
[10] 马国翰辑:《玉函山房辑佚书》。

麒麟是君王仁政的瑞应。《公羊传·哀公十四年》曰："麟者，仁兽也。有王者则至，无王者则不至。"[1]《尔雅·释兽第十八》邢昺疏，麒麟"音中钟吕，行中规矩……王者至仁则出"[2]。《宋书·符瑞志中》曰："麒麟者，仁兽也……含仁而戴义，音中钟吕，步中规矩，不践生虫，不折生草，不食不义，不饮洿池，不入坑穽，不行罗网。明王动静有仪则见。"[3]

麒麟象征国家统一与天下太平。《论衡·指瑞篇》："凤凰、麒麟，大物，太平之象也。"[4]《焦氏易林·讼之第六》曰："麟凤所游，安乐无忧，君子抚民，世代千秋。"[5]《春秋感精符》云："麟一角，明海内共一主也。"[6]此外麒麟还是长寿之物，《抱朴子·内篇·对俗》言"骐骥寿二千岁"[7]。

汉武帝因幸雍获麟而更改年号。《史记·封禅书》记西汉武帝郊雍获麟时说，"郊雍，获一角兽，若麃然。有司曰：'陛下肃祗郊祀，上帝报享，锡一角兽，盖麟云。'于是以荐五畤，畤加一牛以燎。锡诸侯白金，风符应合于天也"[8]。因而改年号为"元狩"[9]，并作"白麟歌"，歌曰："朝陇首，览西垠，雷电寮，获白麟……"[10]又在未央宫建麒麟阁，图画麒麟其中。《汉书·苏武传》注引张晏曰："武帝获麒麟时作此阁，图画其象于阁，遂以为名。"[11]汉宣帝甘露三年（公元前51年），画功臣霍光、张安世、韩增、赵充国、魏相、丙吉、杜延年、刘德、梁丘贺、萧望之、苏武等肖像于麒麟阁，以表其功。从此麒麟又与才俊之士连在一起。

---

[1]《春秋公羊传注疏》卷二十八。
[2]《尔雅注疏》卷十。
[3]《宋书》卷二十八。
[4] 北京大学历史系《论衡》注释小组：《论衡注释》，第986页。
[5] 焦延寿撰：《焦氏易林》卷一，《丛书集成初编》，第27页。
[6] 乔松年辑：《纬捃》，《纬书集成》，第1463页。
[7]《抱朴子》卷三。
[8]《史记》卷二十八。
[9]《汉书·终军传》曰："上幸雍祠五畤，获白麟，一角而五蹄。时又得奇木，其枝旁出，辄复合于木上。上异此二物，博谋群臣。（终）军上对曰：'……今郊祀未见于神祇，而获兽以馈，此天之所以示飨，而上通之符也。宜因昭时令日，改定告元……'对奏，上甚异之，由是改元为元狩。"（《汉书》卷六十四下）
[10]《汉书·礼乐志》卷二十二。
[11]《汉书》卷五十四。

麒麟是象征早生贵子、子孙贤德的吉祥物。这一事象可追溯到春秋时期。《诗·周南·麟之趾》有这样的句子：

> 麟之趾。振振公子，于嗟麟兮！
> 麟之定。振振公姓，于嗟麟兮！
> 麟之角。振振公族，于嗟麟兮！[1]

歌中的"麟"，即麒麟，"趾"乃蹄子，"定"是额头。其大意为襟怀坦白的公子就像麟一样仁厚，不用蹄子踢人；襟怀坦白人的子孙就像麟一样仁厚，不损人；襟怀坦白人的子孙就像麟一样仁厚，不用角触碰人。麒麟在这里是一种幸福、美好、吉祥的象征，言周文王的子孙知礼行善。歌中以麒麟之脚起兴，并大声赞叹麒麟，是希望振兴家族，其本身就有祈祷吉祥的含义。清王引之《经义述闻·毛诗上》云："公姓、公族，皆谓子孙也。"[2]这里将麒麟与子孙联系起来，可知麒麟原是送子之神兽，否则，古人是不会以两者相比兴。汉去春秋不远，故麒麟在汉也当有子孙昌盛之寓意。《焦氏易林·无妄之第二十五》曰："麒麟凤凰，子孙盛昌。"[3]1972年，山东临沂白庄汉墓曾出土一方画像石，纵122厘米，横36厘米，减地平面阴线刻。画面分上下四层：第一层为二人对坐，第二层刻一孩童骑羊，第三层为一孩童骑麒麟（图6-1），第四层刻三头人面兽[4]。这里的孩童骑麒麟也许就是后世"麒麟送子"画像的源头。后世用"麟趾呈祥"作为结婚的喜庆祝辞，祝颂子孙贤惠、仁厚。传说孔子出生之前，有麒麟在他家院里口吐玉书，这就是所谓的"麟吐玉书"[5]。这个故事在魏晋时已十分流行，可知汉代应有其影响。又说在鲁襄公二十二年（公元前551年），孔子

---

[1]《毛诗正义》卷一。
[2] 王引之撰：《经义述闻》卷五，江苏古籍出版社，1985年影印本，第119页。
[3] 焦延寿撰：《焦氏易林》卷二，《丛书集成初编》，第116页。
[4] 中国画像石全集编辑委员会编：《中国画像石全集》第3卷，第14页，图一五。按：原编者将第三层画像释为"一人骑马"，似不确。
[5]《拾遗记·周灵王》曰："夫子未生时，有麟吐玉书于阙里人家。"王嘉撰，萧绮录，齐治平校注：《拾遗记》卷三，《古小说丛刊》，第70页。

图6-1 山东临沂白庄汉墓中的"麒麟送子"画像

的母亲颜徵在怀孕时，祈祷于尼丘山，遇一麒麟而生孔子。此后便有了孩儿的美称"麒麟儿"，或"麟子""麟儿"。再后，麒麟由原来的象征有出息的子孙，转化为送子灵兽，送子成为麒麟的主要吉祥意涵。

由于麒麟为吉祥瑞应之物，汉代各地多有获麟、见麟的记载。仅西汉武帝，东汉章帝、安帝、献帝在位期间，麒麟就出现66次。西汉武帝元狩元年十月，行幸雍，祠五畤，获白麟；太始二年三月，获白麟。东汉章帝元和二年至章和元年，凡三年，麒麟五十一见于郡国。汉安帝延光三年七月、八月，麒麟两见于颍川阳翟；延光四年正月，麒麟见于东郡濮阳。汉献帝延康元年，麒麟十见于郡国。[1]

汉代文物中也不乏麒麟的形象。《金石索·石索四》载有"汉麒麟碑"摹本。上刻麒麟，并有榜题"麒麟"二字[2]（图6-2）。山东嘉祥汉武梁祠有一方屋顶前坡面画像石，原编号为"祥瑞图一"。石断裂。画面从上至下分三层，皆刻有祥瑞画像。在第一层祥瑞画像中，有一兽左向立，榜题存"刳胎""则至"四字（图6-3）。《山左金石志》曰："次一兽如麟，左向，在神鼎下，题榜一行，云：'□不刳胎残少则至'，泐一字。"[3]江苏徐州燕子埠汉画像石墓后室的一方墓柱画像石分上下四格，第三格刻有福德羊和麒麟，麒麟一角戴肉，其旁有榜题"骐骥"二字（见图5-2）。

3. 凤

凤，即凤鸟，亦名凤凰、鸾鸟、皇鸟等，是虚拟想象的动物，传说中的神鸟、吉祥鸟。《说文》云："凤，神鸟也。"《山海经·大荒西经》提到一种五彩鸟，曰："有五采鸟三名，一曰皇鸟，一曰鸾鸟，一曰凤鸟。"《南

---

[1] 以上参见《宋书·符瑞志中》卷二十八。
[2] 冯云鹏、冯云鹓著：《金石索》卷十，王云五主编《万有文库》第一集，第77页。
[3] 参见蒋英炬、吴文祺著：《汉代武氏墓群石刻研究》，第58页。

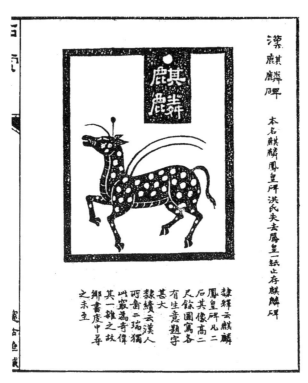

图 6-2 《汉麒麟碑》(《金石索》摹本)

图 6-3 山东嘉祥汉武梁祠中的麒麟画像(《金石索》摹本)

次三经》记载一种鸟，样子像鸡，有五彩花纹，叫凤凰[1]。凤鸟可能是由现实生活中的多种动物融合升华而形成的，说它有鸡的脑袋、燕子的下巴、蛇的颈、鱼的尾，有五色纹。《尔雅·释鸟第十七》曰："鹓，凤。其雌皇。"郭璞注："瑞应鸟。鸡头，蛇颈，燕颔，龟背，鱼尾。五彩色，高六尺许。"[2]《说文》云："凤之象也，鸿前、麟后、蛇颈、鱼尾、鹳颡、鸳思、龙纹、虎背、燕颔、鸡喙，五色备举。"《韩诗外传》载黄帝问天老凤凰事，"天老对曰：夫凤象，鸿前麟后，蛇颈而鱼尾，龙纹而龟身，燕颔而鸡喙……"[3]

凤为群鸟之王，飞时百鸟相随，是儒家伦理的体现、吉祥的象征。《大戴礼记·易本命》说："有羽之虫三百六十，而凤凰为之长。"[4]《论衡·讲瑞篇》曰："凤凰，鸟之圣者也。"[5]《春秋演孔图》曰："凤，火之精也，生丹穴，非梧桐不栖，非竹实不食，非醴泉不饮，身备五色，鸣中五音，有道则见，飞则群鸟从之。"[6]《帝王世纪》载："黄帝服斋于宫中，坐于元扈洛上。乃有大鸟……其状如鹤，体备五色，三文成字。首文曰顺德，背文曰信义，膺文曰仁智。不食生虫，不履生草，或止帝之东园，或巢阿阁。其饮食也，必自歌舞，音如箫笙。"[7]《宋书·符瑞志中》对凤凰的记载甚详，云："凤凰者，仁鸟也。不刳胎剖卵则至。或翔或集。雄曰凤，雌曰凰。蛇头燕颔，龟背鳖腹，鹤颈鸡喙，鸿前鱼尾，青首骈翼，鹭立而鸳鸯思。首戴德而背负仁，项荷义而膺抱信，足履正而尾系武。小音中钟，大音中鼓。延颈奋翼，五光备举。兴八风，降时雨，食有节，饮有仪，往有文，来有嘉，游必择地，饮不妄下。其鸣，雄曰'节节'，雌曰'足足'。晨鸣曰发明，昼鸣曰上朔，夕鸣曰归昌，昏鸣曰固常，夜鸣曰保长。其乐也，徘徊徊徊，雍雍喈喈。唯凤凰为能究万物，通天祉，象百状，

---

[1] 袁珂译注：《山海经全译》，第298、14页。
[2] 《尔雅注疏》卷十。
[3] 参见韩婴著，周廷寀校注：《韩诗外传》卷八，《丛书集成初编》，第101页。
[4] 戴德撰，卢辩注：《大戴礼记》卷十三，《丛书集成初编》，第228页。
[5] 北京大学历史系《论衡》注释小组：《论衡注释》，第951页。
[6] 马国翰辑：《玉函山房辑佚书》，《纬书集成》，第1319页。
[7] 皇甫谧撰：《帝王世纪》，《丛书集成初编》，第6页。

达王道，率五音，成九德，备文武，正下国。故得凤之象，一则过之，二则翔之，三则集之，四则春秋居之，五则终身居之。"[1]据上所述，凤凰为吉祥鸟已无须赘言。

早在原始社会的遗存中就已经出现凤鸟的雏形。距今约7400年的湖南洪江高庙新石器时代遗址曾出土一件白色陶罐，其颈部和肩部各戳印有神鸟、兽面、八角星象图，一只神鸟朝向正面，另一只侧面回首。据考古专家鉴定，这件陶器上的神鸟图案即凤凰[2]。距今7000年的浙江余姚河姆渡文化遗址出土的象牙器和骨匕柄上都有鸟图案，其中1977年出土的牙雕双鸟与太阳图案被称为"双凤朝阳纹"，这件牙雕蝶形器图案表现一对相向的鸟，钩喙，圆眼，抬首相望，其造型与汉画中的凤鸟非常相似；两鸟之间五圈同心圆上有火焰状纹饰，如太阳光芒[3]（图6-4）。另一件双鸟纹骨匕，用兽肋骨刻成。柄部有两组鸟首图案，每组以一圆居中，分别刻出两个反向的鸟首，钩喙大眼，头颈外伸，有翼有爪，形成联体，因此又称"联体双鸟纹"。河姆渡出土的象牙雕刻中的双鸟朝阳纹，已初现中国早期凤文化的端倪。2002年，内蒙古自治区赤峰市翁牛特旗农民在平整土地的过程中发现了距今7000多年红山文化的凤形陶杯。杯高9.1厘米，长18厘米，宽10厘米。经专家考证，这是中国最早的凤的立体造型。仰韶文化的彩陶上有许多鸟纹。庙底沟文化的彩陶更是以鸟纹著称。陕西宝鸡北首岭、华县泉护村出土的原始彩陶上都有鸟纹。江苏吴县草鞋山良渚文化墓葬出土的带盖贯耳壶上也刻有鸟纹。这些丰富的鸟纹形象为后来的凤鸟文化奠定了坚实基础。

原始社会，鸟为东夷族崇拜的图腾。《左传·昭公十七年》云："少昊挚之立也，凤鸟适至，故纪于鸟，为鸟师而鸟名。"[4]商族起源于东方，以鸟为图腾。《诗·商颂·玄鸟》云："天命玄鸟，降而生商，宅殷土芒芒。"[5]意思是说，上天派遣玄鸟下凡，诞生了商民族的始祖。《史记·殷

---

[1]《宋书》卷二十八。
[2] 参见湖南省文物考古研究所：《湖南洪江市高庙新石器时代遗址》，《考古》2006年第7期。
[3] 参见浙江省文物考古研究所：《河姆渡——新石器时代遗址考古发掘报告》下册，彩版五六。
[4]《春秋左传正义》卷四十八。
[5]《毛诗正义》卷二十。

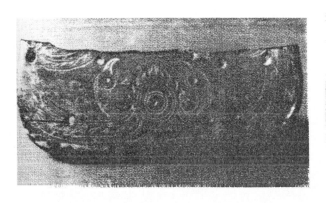

图6-4 浙江河姆渡遗址出土的"双凤朝阳"牙雕

六 嘉瑞"五灵"

本纪》载:"殷契,母曰简狄,有娀氏之女,为帝喾次妃。三人行浴,见玄鸟坠其卵,简狄取吞之,因孕生契。"[1] 这里说商之先祖契是其母简狄吞玄鸟之卵后有孕而生。殷墟卜辞中有关于凤鸟的记载,如:

> 于帝史凤二犬。(《卜辞通纂·别录》2,6,3)
> 尞帝史凤一牛。(《续补》918)

这几条卜辞都是记载当时的君主祭祀凤鸟用的牺牲和方法,由此可见凤鸟在商民族中的地位。又如安阳殷墟甲骨文中有如下一条记载:

> 甲寅卜,乎鸣网,获凤。丙辰,获五。(《甲骨文合集》3112)

据于省吾先生考证,这条甲骨文的意思是商王令臣鸣用网捕鸟,于丙辰这天捕获五只凤鸟[2]。秦国也视鸟为先祖。《史记·秦本纪》载:"秦之先,帝颛顼之苗裔孙曰女修。女修织,玄鸟陨卵,女修吞之,生子大业。"[3]

商早期和中期的青铜器纹饰中,很少用鸟纹作为装饰主题,但在玉器中,却发现大量鸟类形象。河南安阳殷墟5号墓(即妇好墓)出土的玉器中,就有玉鸟、玉凤、玉鸽、玉鹰、玉燕、玉鹦鹉、玉鸮、玉鹤、玉鹅等鸟类。妇好墓出土的玉凤,是目前我国所见雕琢于玉器上的较早的凤鸟形象。到了商末周初及至西周昭、穆时期,凤鸟纹大量出现在青铜器纹饰中,成为周代青铜器的主要纹饰之一,因而将西周早期到穆王、恭王之时称之为"凤纹时代"。这时的凤鸟多大喙长冠,圆眼,体躯直伸,爪状足,曲卷的羽尾有的显出孔雀翎眼(图6-5)。甲骨文、金文中"凤"字则表现出羽饰和鸟冠华丽的特征,颇像飞腾或奔走的孔雀。西周穆王时"伯□簋"上

---

[1]《史记》卷三。
[2] 以上参见于省吾著:《甲骨文字释林》,中华书局,1979年,第324页。
[3]《史记》卷五。按:大业,秦国君主和赵国君主的嫡系祖先,嬴姓,卒于禹时。

图 6-5 西周青铜器上的凤鸟纹

的凤鸟纹，头上冠羽飘动，身后尾羽飞舞，颈上有垂鳞状羽片，腹前有涡旋状翼纹，为这一时期凤鸟纹的代表作之一[1]。凤鸟虽不是周王朝氏族的图腾，但却是周王朝兴起的吉瑞，这也是西周青铜器凤鸟纹众多的原因之一。《国语·周语上》云："周之兴也，鸑鷟鸣于岐山。"[2]传说周将兴起的时候，有一只赤雀衔着朱砂写的天书飞到周文王门口，书中的内容是周当兴，殷将亡。文王的"赤爵衔书"、武王的"赤乌"、成王的"神鸟凤皇"都是周王朝的符瑞。西周成王时的铜器铭文说，周成王命令一个名叫中的官员去视察南国，把一只活凤赐给了他[3]。以上说明周人确实将凤鸟视为吉瑞之物。春秋战国时期，文献对凤鸟的记述颇多。《诗·大雅·卷阿》曰："凤凰于飞，翙翙其羽"，"凤凰鸣矣，于彼高冈。梧桐生矣，于彼朝阳。"毛传："凤皇灵鸟，仁瑞也。雄曰凤，雌曰皇。翙翙，众多也。"[4]《尚书·益稷》曰："箫韶九成，凤皇来仪。"孔颖达疏："是凤皇为神灵之鸟也。"[5]据姜亮夫统计，"《楚辞》凤字凡二十四见"[6]。南方的楚国大量流行的凤纹，一般作站立或飞舞状。1965年以来，湖北一带楚墓出土三十多件虎座凤鸟架鼓，其中2000年湖北省荆州市江陵县天星观2号楚墓出土的一件虎座凤鸟架鼓相对保存较好，双凤昂首直立，作鸣叫状[7]。

在许多传说中，凤凰作为祥瑞总是与帝王，特别是与明王圣主联系在一起。《淮南子·缪称训》曰："昔二皇凤皇至于庭，三代至乎门，周室至乎泽。"[8]《韩诗外传》说，黄帝时"凤乃蔽日而至"，"止帝东囿，集帝梧桐，食帝竹实，没身不去"[9]。《宋书·符瑞志上》曰："（尧）在帝位七十

---

[1] 参见田自秉、吴淑生、田青著：《中国纹样史》，第97—98页，图4-7。
[2] 董立章著：《国语译注辨析》，第32页。
[3] 郭沫若：《两周金文辞大系图录考释》，"中鼎"中有"归生凤于王"的铭文。（《郭沫若全集》考古编·第8卷，科学出版社，2002年，第51页）
[4] 《毛诗正义》卷十七。
[5] 《尚书正义》卷五。
[6] 姜亮夫著：《楚辞通故》第三辑，《姜亮夫全集》，第496页。
[7] 湖北省荆州博物馆：《荆州天星观二号楚墓》，文物出版社，2003年，第124页，图104。
[8] 《淮南子注》卷十。
[9] 韩婴著，周廷寀校注：《韩诗外传》卷八，《丛书集成初编》，第102页。

年，景星出翼，凤凰在庭。"[1] 《尚书帝命验》曰："舜受终，凤皇来仪。"[2]《河图括地象》曰："周之兴也，鸑鷟鸣于岐山。时人亦谓岐山为凤凰堆。"[3]《春秋元命苞》云："凤皇衔丹书游于文王之都，故武王受凤书之纪。"[4]周成王时"周公旦摄政七年，制礼作乐，神鸟凤皇见，蓂荚生"[5]。《艺文类聚》卷九十九引《琴操》曰："周成王时，天下大治，凤凰来舞于庭。"此外，帝少昊"登帝位，有凤皇之瑞"，帝喾王天下"凤皇鼓翼而舞"[6]。反过来，凤鸟不出现则是明君不在、礼崩乐坏的衰世象征。孔子临终前由于未能见到凤鸟，曾发出悲叹曰："凤鸟不至，河不出图，吾已矣夫！"[7]晋王嘉曰："孔子相鲁之时，有神凤游集。至哀公之末，不复来翔，故云：'凤鸟不至。'可为悲矣！"[8]《宋书·符瑞志上》曰："国安，其主好文，则凤皇居之。国乱，其主好武，则凤皇去之。"[9]

汉代，凤同龙一样都是帝王的祥瑞，是圣王治世、君德吉祥的象征。西汉扬雄在《法言·问明篇》中写道："或问君子'在治'？曰：'若凤。''在乱？'曰：'若凤。'或人不谕，曰：'未之思矣。'曰：'治则见，乱则隐。'"[10]郭璞《山海经图赞》曰："凤皇灵鸟，实冠羽群。八象其体，五德其文。掀翼来仪，应我圣君。"[11]孙柔之《瑞应图》曰："凤，王者之嘉祉。"[12]明孙毂《古微书》辑《尚书考灵曜》曰："明王之治，凤凰下之。"又辑《乐稽耀嘉》曰："国安，其主好文，则凤凰来翔。"[13]清刘学宠《诸

---

[1] 《宋书》卷二十七。
[2] 马国翰辑：《玉函山房辑佚书》，《纬书集成》，第 1216 页。
[3] 孙毂辑：《古微书》，《纬书集成》，第 354 页。
[4] 乔松年辑：《纬捃》，《纬书集成》，第 1450 页。
[5] 《宋书·符瑞志上》卷二十七。
[6] 《宋书·符瑞志上》卷二十七。
[7] 《论语·子罕第九》，《论语注疏》卷九。
[8] 王嘉撰，萧绮录，齐治平校注：《拾遗记·周》卷二，《古小说丛刊》，第 49 页。
[9] 《宋书》卷二十七。
[10] 《法言》卷五，程荣纂辑：《汉魏丛书》，吉林大学出版社，1992 年影印本。
[11] 转引自马昌仪著：《古本山海经图说》上册，广西师范大学出版社，2007 年，第 86 页。
[12] 马国翰辑：《玉函山房辑佚书》。
[13] 《纬书集成》，第 155、284 页。

经纬遗》辑《春秋感精符》曰:"王者上感皇天则鸾凤至。"又辑《孝经援神契》曰:"德至鸟兽则麒麟臻,凤凰翔,鸾凤舞。"[1]《白虎通》曰:"凤凰者,禽之长也。上有明王,太平乃来……黄帝之时,凤凰蔽日而至,止于东园,食常竹实,栖常梧桐。终身不去。"[2]《春秋繁露·五行顺逆第六十》曰:"恩及羽虫,则飞鸟大为,黄鹄出见,凤凰翔。"[3]孙柔之《瑞应图》曰:"凤皇……王者不刳胎剖卵则至……上通天维,下集河洛,明治乱,见存亡也。"又曰:"鸾鸟者,赤神之精,凤皇之佐……人君行步有容,进退有度,祭祀宰人咸知敬让礼节,亲疏有序,则至。一云……颂声作则至。周成王时氐羌献焉。"[4]正因为如此,汉昭帝时凤凰出现被视为瑞应,并改元为"元凤"[5]。宣帝时"凤皇集上林,乃作凤皇殿,以答嘉瑞"[6]。

汉代人认为,凤鸟的出现总是能给人们带来吉祥兆头,象征着天下太平,五谷丰登,国泰民安。《焦氏易林·讼之第六》曰:"凤凰在左,麒麟处右,仁圣相遇,伊吕集聚,时无殃咎,福为我母。"又《震之第五十一》曰:"神鸟五彩,凤凰为主,集于山谷,使年岁育。"[7]《论衡·讲瑞篇》曰:"凤凰、骐骥,太平之瑞也。太平之际,见来至也。"又《指瑞篇》:"凤凰、麒麟,大物,太平之象也。"[8]《抱朴子》曰:"古者太平之世,凤凰常居其国。"[9]《尚书中候》云:"周公归政于成王,太平制礼,鸾鸟见。"[10]《三辅黄图·汉宫》云,建章宫"有凤凰阙,汉武帝造,高七丈五尺……古歌云:'长安城西有双阙,上有双铜雀,一鸣五谷生,再鸣五谷熟。'按铜雀,即铜凤凰也"[11]。《山海经·南次三经》:"丹穴之山……有

---

[1]《纬书集成》,第1055、1060页。
[2]《太平御览》卷五百一十五引。
[3] 苏舆撰,钟哲点校:《春秋繁露义证》卷十三,第373页。
[4] 马国翰辑:《玉函山房辑佚书》。
[5]《汉书·昭帝纪》载,始元三年"冬十月,凤凰集东海,遣使者祠其处"。应劭注曰:"三年中,凤凰比下东海海西乐乡,于是以冠元凤。"(《汉书》卷七)
[6]《汉书·郊祀志》卷二十五下。
[7] 焦延寿撰:《焦氏易林》卷一、卷四,《丛书集成初编》,第26、241页。
[8] 北京大学历史系《论衡》注释小组:《论衡注释》,第961、986页。
[9]《艺文类聚》卷九十引。
[10] 乔松年辑:《纬捃》,《纬书集成》,第1431页。
[11] 何清谷撰:《三辅黄图校释》卷二,第128—130页。

鸟焉，其状如鸡，五彩而文，名曰凤凰……是鸟也，饮食自然，自歌自舞，见则天下安宁。"[1]《说文》："凤，神鸟也……见则天下大安宁。"南阳新野曾出土一方汉画像砖，纵66厘米，横29厘米。上刻一凤凰引吭高歌，翩翩起舞；下刻乐舞百戏画像，一男伎赤裸上身作滑稽戏，一女子樽上倒立，一女伎舒长袖而舞[2]（图6-6）。凤凰在此画像中是象征着天下安宁、歌舞升平的吉祥鸟。

图6-6 河南南阳新野出土的"凤鸟、百戏"汉画像砖

凤凰为仙界的使者，有引导、护送人们升仙的吉祥寓意。《春秋命历序》曰："皇谈，锐头日角，驾六凤皇，出地衡，在位二百五十岁。"[3] 刘向《列仙传》载："箫史者，秦穆公时人也。善吹箫，能致孔雀白鹤于庭。穆公有女，字弄玉，好之，公遂以女妻焉。日教弄玉作凤鸣，居数年，吹似凤声，凤凰来止其屋。公为作凤台，夫妇止其上，不下数年。一旦，皆随凤凰飞去。"[4] 1949年，湖南长沙陈家大山楚墓出土一幅"人物龙凤"帛画，画面上方，左为一龙，右为一凤，皆昂首向上；画面下方绘一女子作升腾状。整幅帛画表现的是，一女子在龙凤的引导下，正欲飞向天国的情景（见图2-18）。洛阳西汉卜千秋壁画墓中有女墓主乘三头凤升仙的画像（见图5-9）。

《诗经》中"凤凰于飞"的诗句使我们了解到凤凰早在春秋时期就是象征夫妻和好恩爱与婚姻美满的吉祥鸟。据《左传·庄公二十二年》载：东周时期，陈国大夫懿氏占卜把女儿嫁给陈历公之子陈敬仲，"其妻占之，曰：'吉，是谓凤皇于飞，和鸣锵锵。有妫之后，将育于姜。五世其昌，并于正

---

[1] 袁珂译注：《山海经全译》，第14页。
[2] 南阳文物研究所编：《南阳汉代画像砖》，文物出版社，1990年，图111。
[3] 乔松年辑：《纬捃》，《纬书集成》，第1481页。
[4] 刘向、葛洪撰；滕修展等注译：《列仙传神仙传注译》，百花文艺出版社，1996年，第73页。

卿。八世之后，莫之与京。'"[1] 这里以凤鸟比喻夫妻和洽，后世强大无比。《乐府诗集·琴曲歌辞》有一首司马相如追求卓文君的《琴歌》，歌曰："凤兮凤兮归故乡，遨游四海求其凰"，"凰兮凰兮从我栖，得托孳尾永为妃。"[2] 这里是以凤凰比喻爱情。江苏省徐州市铜山县白集汉墓后室有一方画像石，纵104厘米，横108厘米，画面上部刻凤鸟交喙，中刻铺首，下刻凤鸟衔鱼[3]（图6-7）。凤鸟交喙象征夫妻恩爱，凤鸟衔鱼则寓意多子多孙。

孝悌也能引来凤凰，凤凰的到来是孝道的象征。《孝经钩命诀》曰："孝悌之至，通于神明，则凤皇巢。"[4]

凤凰是汉代出现最多的吉祥瑞应。据《汉书》《后汉书》的皇帝本纪统计，参考《宋书·符瑞志》，自西汉昭帝、宣帝到东汉光武帝、章帝、安帝、桓帝、灵帝、献帝300年间，凤凰共出现174次。比龙、麒麟、神龟、虎等任何一种祥瑞出现的次数都多。西汉昭帝始元三年十月，凤凰集东海。宣帝时凤凰出现最多，宣帝本始元年五月，凤凰集胶东、千乘；本始四年五月，凤凰集北海；地节二年四月，凤凰集鲁，群鸟从之；元康元年三月，凤凰集泰山、陈留；元康二年凤凰集太山，后又集新平；元康四年，南郡获威凤；神爵二年二月，凤凰集京师，群鸟从之以万数；神爵四年春，凤凰集京师；神爵四年十月，凤凰十一集杜陵；神爵四年十二月，凤凰集京师、杜陵、上林；甘露三年二月，凤凰集新蔡，群鸟四面行列，皆向凤凰立，以万数。东汉光武帝建武十七年十月，有五凤凰见于颍川之郏县。凤高八尺，毛羽五彩，集颍川郡，群鸟并从行列，盖地数顷，留十七日乃去。章帝元和二年至章和元年，凡三年，凤凰百三十九见于郡国。安帝延光三年二月，凤凰集济南台县丞霍收舍树上；延光三年十月壬午，凤凰集京兆

---

[1]《春秋左传正义》卷九。
[2]《乐府诗集》卷六十。
[3] 徐州市博物馆编：《徐州汉画像石》，图108。
[4] 赵在翰辑：《七纬》，《纬书集成》，第1032页。

图6-7 江苏徐州白集汉画像石墓中象征生殖吉祥的画像

六 嘉瑞"五灵"

新丰西界亭。桓帝建和元年十一月,凤凰见济阴己氏。灵帝光和四年秋,五色大鸟见新城,群鸟随之,民皆谓之凤凰。献帝延康元年八月,石邑县言凤凰集,又郡国十三言凤凰见。

凤鸟作为吉祥瑞应之物,在汉代遗存中大量出现。1973—1975年,陕西兴平汉武帝茂陵之外城内出土一批画像砖,其中一块有凤鸟纹画像[1]。内蒙古和林格尔壁画墓、河南荥阳苌村壁画墓等汉墓中均发现有带榜题"凤凰"的画像。《金石索·石索四》载有"汉山阳麟凤碑"。上刻麒麟、凤凰相向站立,下有铭文两篇[2](图6-8)。汉画像石中,凤凰的形象更是比比皆是,它们多华冠高耸,曲颈修腿,羽尾硕大美丽。这些凤鸟或延颈振羽,舒翼扬足;或作行走状,神态傲然;或曲足后仰,拟作高飞状。多寓意吉祥。

东汉时期,有些人似乎对凤凰吉祥产生了怀疑。《后汉书·五行志二》有几处记载可作为当时人们对吉瑞凤凰的不同看法:

> 五凤皆五色,为瑞者一,为孽者四。
>
> 章帝末,号凤皇百四十九见。时直臣何敞以为羽孽似凤,翱翔殿屋,不察也。
>
> 安帝延光三年二月戊子,有五色大鸟集济南台,十月,又集新丰,时以为凤皇。或以为凤皇阳明之应,故非明主,则隐不见。凡五色大鸟似凤者,多羽虫之孽。
>
> 桓帝元嘉元年十一月,五色大鸟见济阴己氏。时以为凤皇。此时政治衰缺,梁冀秉政阿枉,上幸亳后,皆羽孽时也。
>
> 灵帝光和四年秋,五色大鸟见于新城,众鸟随之,时以为凤皇。时灵帝不恤政事,常侍、黄门专权,羽孽之时也。[3]

---

[1] 王志杰、朱捷元:《汉茂陵及其陪葬冢附近新发现的重要文物》,《文物》1976年第7期。
[2] 冯云鹏、冯云鹓著:《金石索》卷十,王云五主编《万有文库》第一集,第78页。
[3] 以上参见《后汉书》志第十四。

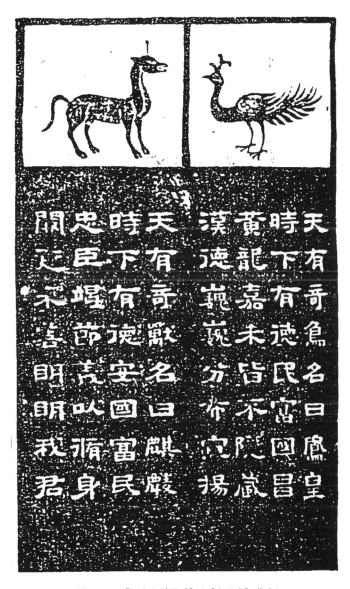

图60 《汉山阳麟凤碑》(《金石索》摹本)

六 嘉瑞"五灵"

东汉时期，更有人把信奉凤凰作为谈笑之资。东汉邯郸淳《笑林》载："楚人有担山鸡者，路人问曰：'何鸟也？'担者欺之曰：'凤皇也！'路人曰：'我闻有凤皇久矣，今真见之，汝卖之乎？'曰：'然！'乃酬千金，弗与；请加倍，乃与之。方将献楚王，经宿而鸟死。路人不遑惜其金，惟恨不得以献耳。国人传之，咸以为真凤而贵，宜欲献之，遂闻于楚王。王感其欲献己也，召而厚赐之，过买凤之值十倍矣。"[1]这则故事流传很广，唐李白《赠从弟冽》有"楚人不识凤，重价求山鸡。献主昔云是，今来方觉迷"[2]的诗句。

无论有人怀疑凤凰吉祥也罢，有人作为笑资也可，凤凰作为中华民族传统文化中的吉祥物还是延续下来，并且历千年而不衰。近代民间仍有"丹凤朝阳""吹箫引凤""凤戏牡丹"等吉祥图案，又有凤冠、凤鞋、凤髻、凤钗等寓意吉祥的服饰。

4. 龟

龟是中国古代信仰的灵物。《山海经·南山经》曰："宪翼之水，其中多玄龟……佩之不聋，可以为底。"又《中次七经》曰："伊水，其中多三足龟，食者无大疾，可以已肿。"[3]前一条说佩戴玄龟可以使耳朵不聋，治疗足底老茧。后一条说吃了三足龟不会生病，还可以消除痈肿。

古人将龟背比作天，龟腹比作地，将龟背的纹理看作宇宙的缩微，蕴含天地间神秘莫测的内容。《洛书甄曜度》曰："灵龟者……上隆法天，下平象地。"[4]《说苑》云："灵龟文五色，似玉似金，背阴向阳，上隆象天，下平法地……蛇头龙翅，左精象日，右精象月……能知吉凶存亡之变。"[5]

---

[1] 鲁迅《古小说钩沉》辑，《鲁迅辑录古籍丛编》第一卷，第106页。
[2] 王琦注：《李太白全集》卷十二，中华书局，1977年，第627页。
[3] 以上见袁珂译注：《山海经全译》，第1、143页。
[4] 乔松年辑：《纬捃》，《纬书集成》，第1535页。
[5] 《说苑·辨物》卷十八。

《初学记》引《礼统》曰:"神龟之象,上圆法天,下方法地。背上有盘法邱山,玄文交错,以成列宿。五光昭若,玄锦文运,转应四时,长尺二寸。明吉凶,不言而信。"又引曹植《神龟赋》曰:"嗟神龟之奇物,体乾坤之自然。下夷方以则地,上规隆而法天。"[1]

灵龟的观念在远古时期就产生了。在河南舞阳贾湖一处距今8000年的裴李岗文化遗址中,发现以龟壳随葬的习俗,墓主大多为老年男女,也有壮年男性,龟壳一般放在头顶或胫骨部位,三至八个不等,龟背和腹缘或穿孔,可系缀流苏一类饰物,有的龟甲上还契刻有形似"目""曰"之类的符号,龟壳内盛有数量、大小、形状、颜色不一的小石子[2]。可见8000年前淮河流域的先民已经产生了龟灵观念。红山文化出土的玉器中有玉龟、玉鳖等饰物。如1973年辽宁省阜新县胡头沟村红山文化墓葬出土的两件玉龟,其中一件长4.8厘米,另一件长3.9厘米[3],现藏辽宁省博物馆(图6-9)。安徽省含山县凌家滩新石器时代墓地也有玉龟出土[4]。山东泰安大汶口文化遗址曾发现人类加工过的龟甲,有背甲和腹甲,多穿有圆孔,上面涂朱。商代,龟作为装饰题材主要表现在青铜器和玉器上。青铜器上的龟纹,多饰于用作水器的盘中央,或单独刻画,或与鱼纹配饰[5](图6-10)。1964年,陕西省清涧县张家坬村出土两件商代中期的龟鱼纹盘,其中一盘高17.6厘米,口径42厘米,腹深10厘米。圈足与腹部均饰有细线云纹。器内底中心为一龟,龟四足与头皆外伸,作爬行状,龟背正中为一圆涡纹,其外为一周大小不一的圆圈,龟头双目圆睁,额饰十字纹。器内壁分饰三尾游鱼。此盘现藏陕西历史博物馆。1980年12月,北京小关收购站拣选出一件商代龟鱼纹盘,盘高15.5厘米,口径41.7厘米,腹深10

---

[1] 徐坚辑:《初学记》卷三十,第589、593页。
[2] 详见河南省文物研究所:《舞阳贾湖遗址的试掘》,《华夏考古》1988年第2期。河南省文物研究所:《河南舞阳贾湖新石器时代遗址第二至第六次发掘简报》,《文物》1989年第1期。张居中:《舞阳贾湖遗址出土的龟甲和骨笛》,《华夏考古》1991年第2期。
[3] 方殿春、刘葆华:《辽宁阜新县胡头沟红山文化玉器墓的发现》,《文物》1984年第6期。
[4] 安徽省文物考古研究所:《安徽含山凌家滩新石器时代墓地发掘简报》,《文物》1989年第4期。
[5] 参见田自秉、吴淑生、田青著:《中国纹样史》,第82页。

图6-9 辽宁阜新出土的红山文化玉龟

图6-10 商代"龟鱼纹"铜盘中的龟纹

厘米，盘腹内底中央饰龟纹，内壁环绕游鱼三尾[1]。

商周时期用龟甲占卜，占卜时，以火灼龟甲，观察其裂纹征状以判断吉凶。《尚书·洪范》曰："龟筮共违于人，用静吉，用作凶。"[2]龟卜又称"龟兆"。《左传·昭公五年》曰："龟兆告吉。"[3]有学者统计，《左传》一书中共记录龟卜70条，内容包括战争、迁都、立嗣、任官、婚姻、疾病等诸方面[4]。汉代，对龟卜占验依然深信不疑。《史记·龟策列传》："灵龟卜祝曰，'假之灵龟，五巫五灵，不如神龟之灵，知人死，知人生'。"[5]《汉书·西域传下》曰："古者卿大夫与谋，参以蓍龟，不吉不行。"[6]《论衡·卜筮篇》云："蓍神龟灵，兆数报应。"[7]

汉代视龟为神灵之物，说它能鉴往知来，察于吉凶祸福。《说文解字注》"龟"字条段玉裁注引汉刘向曰："蓍之言耆，龟之言久，龟千岁而灵，蓍百年而神，以其长久，故能辨吉凶。"[8]《大戴礼记·易本命》云："有甲之虫三百六十，而神龟为之长。"[9]《尔雅·释鱼第十六》将龟分为神龟、灵龟、摄龟、宝龟、文龟、筮龟、山龟、泽龟、水龟、火龟等十类。关于"神龟"郭璞注曰："龟之最神明。"关于"灵龟"郭璞注曰："涪陵郡出大龟，甲可以卜，缘中文似玳瑁，俗呼为灵龟……"[10]《管子·水地第三十九》曰："龟生于水，发之于火，于是为万物先为祸福正。"[11]《史记·龟策列传》曰："龟甚神灵，降于上天。"又谓其"知天之道，明于上古"，"明于阴阳，审于刑德。先知厉害，察于祸福"，"百言百当，足以决吉凶"[12]。《淮南子·

---

[1] 程长新：《北京发现商龟鱼纹盘及春秋宋公差戈》，《文物》1981年第8期。
[2] 《尚书正义》卷十二。
[3] 《春秋左传正义》卷四十三。
[4] 详见刘玉建著：《中国古代龟卜文化》，广西师范大学出版社，1992年，第374—381页。
[5] 《史记》卷一百二十八。
[6] 《汉书》卷九十六下。
[7] 北京大学历史系《论衡》注释小组：《论衡注释》，第1367页。
[8] 许慎撰，段玉裁注：《说文解字注》，第678页。
[9] 戴德撰，卢辩注：《大戴礼记》卷十三，《丛书集成初编》，第228页。
[10] 《尔雅注疏》卷九。
[11] 《管子校正》卷十四。
[12] 《史记》卷一百二十八。

说林训》云:"必问吉凶于龟者,以其历岁久矣。"[1]《春秋繁露·奉本第三十四》曰:"龟千岁而人宝。"义证:"《初学记》引《书》《传》云,'龟之为言久也,千岁而灵,禽兽而知吉凶者也'。"[2]孙柔之《瑞应图》曰:"灵龟者……能见存亡,明在吉凶……龟者,久也。能明于久远事。"[3]《述异记》云:"龟千年生毛。龟寿五千年,谓之神龟,万年曰灵龟";"陶唐之世,越棠国献千岁神龟,方三尺余,背上有文,科斗书,记开辟已来"[4]。

龟作为灵物有多种吉祥寓意。龟是长寿的象征。《庄子·外篇·秋水第十七》曰:"楚有神龟,死已三千岁矣。"[5]《淮南子·诠言训》曰:"龟三千岁。"[6]《史记·龟策列传》载:"南方老人用龟支床足,行二十余岁,老人死,移床,龟尚生不死。"又曰:"龟千岁乃游莲叶之上。"[7]《论衡》曰:"龟二百岁,大如钱,游华叶上。三千岁则青边有距。"[8]《抱朴子·内篇·对俗》言:"千岁之龟,五色具焉,其额上两骨起似角,解人之言,浮于莲叶之上,或在丛蓍之下。"又《论仙》云:"谓生必死,而龟鹤长存焉。"[9]《拾遗记·昆仑山》曰:"昆仑山者,西方曰须弥山,对七星之下,出碧海之中。上有九层……第五层有神龟,长一尺九寸,有四翼,万岁则升木而居,亦能言。"[10]《文选》载郭璞《游仙诗》曰:"借问蜉蝣辈,宁知龟鹤年。"注引《养生要论》曰:"龟鹤寿有千百之数,性寿之物也。"[11]孙柔之《瑞应图》曰:"灵龟者,神异之介虫也……三百岁游于藕叶之上,

---

[1]《淮南子注》卷十七。
[2] 苏舆撰,钟哲点校:《春秋繁露义证》卷九,第277页。
[3] 马国翰辑:《玉函山房辑佚书》。
[4]《述异记》卷上。
[5]《庄子集释》卷六下。
[6]《淮南子注》卷十四。
[7]《史记》卷一百二十八。
[8]《太平御览》卷九百三十一引。
[9]《抱朴子》卷三、卷二。
[10] 王嘉撰,萧绮录,齐治平校注:《拾遗记》卷十,《古小说丛刊》,第221页。
[11]《文选》卷二十一。

千岁游于蒲上,三千岁尚在蓍丛之下。"[1]龟所以长寿一是因为它的活动悠闲不迫,行动缓慢;二是由于它的肺很长,可以含蓄多量空气,且能忍耐饥饿。古人不明就里,因是神之。

龟的寿命长,用是以龟象征人长寿吉祥。《史记·龟策列传》曰:"江傍人家常畜龟饮食之,以为能导引致气,有益于助衰养老,岂不信哉!"[2]龟的寿数长,引称人高寿为"龟龄"。鲍照《松柏篇》诗云:"龟龄安可获,岱宗限已迫。"[3]《抱朴子·内篇·仙药》云:"千岁灵龟,五色具焉,其雄额上两骨起似角,以羊血浴之,乃剥取其甲,火炙捣服方北,日三,尽一具,寿千岁。"[4]曹操亦用《龟虽寿》为题抒发自己老而弥坚的雄心壮志。有一枚汉代瓦当,圆形,当面中心为一龟,四界格中篆书"千秋万世"四字[5](图6-11)。将龟与"千秋万世"的吉语放在同一画面,其象征长寿之意不言自明。

龟可以乘坐升仙。《别国洞冥记》说:"黄安,代郡人也……坐一神龟,广二尺。人问:'子坐此龟几年矣?'对曰:'昔伏羲始造网罟,获此龟以授吾。吾坐龟背已平矣。此虫畏日月之光,二千岁即一出头,吾坐此龟,已见五出头矣。'……世人谓黄安万岁矣。"[6]1988年,南阳麒麟岗汉墓南主室后壁出土一方"乘龟升仙"画像石,纵60厘米,横50厘米。画面刻一仙人踞坐于神龟背上。神龟昂首引颈,呈向前爬行状。仙人身着长衣,发辫后飘,手中仙草也随风飘散。[7](图6-12)山东汉画像石中也有仙人乘龟的画像。如山东曲阜韩家铺出土的一方石椁画像石,画面刻一大龟,龟上一羽人右手持灵芝前伸,龟则回首欲食羽人手中的灵芝(图6-13)。2005年发掘的陕西靖边杨桥畔1号东汉壁画墓,其后室东壁绘有一辆由神

---

[1] 马国翰辑:《玉函山房辑佚书》。
[2] 《史记》卷一百二十八。
[3] 《乐府诗集·杂曲歌辞》卷六十四。
[4] 《抱朴子》卷十一。
[5] 赵力光著:《中国古代瓦当图典》,文物出版社,1998年,第700页,图670。
[6] 《别国洞冥记》卷二,程荣纂辑:《汉魏丛书》,吉林大学出版社,1992年影印本。
[7] 南阳汉画馆编著:《南阳汉代画像石墓》,第146页,图三〇。

图6-11 汉代龟纹"千秋万世"瓦当

图6-12 河南南阳麒麟岗汉墓出土的"乘龟升仙"画像

六 嘉瑞"五灵"

图6-13 山东曲阜出土的"仙人神龟"汉画像石

龟牵引的云车，车上的仙人高冠红衣，抄手控辔[1]。

传说古时有神龟从洛水出，背负"洛书"，神龟、洛书皆为圣王之瑞应。《河图玉版》曰："仓颉为帝南巡，登阳虚之山，临于玄邑洛汭之水。灵龟负书，丹甲青文以授之帝。"《尚书中候》曰："尧率群臣东沉璧于洛，退候至于下稷，赤光起，玄龟负书出，赤文成字。"又曰："周公归政于成王，太平制礼，鸾凤见。有玄龟负图出，周公援笔以时文写之。"[2]龟为四灵之一，是帝王的祥瑞。《礼记·礼运》曰："麟、凤、龟、龙，谓之四灵。"[3]灵龟的出现是王者仁德的象征。《春秋繁露·五行顺逆第六十》曰："恩及介虫，则鼋鼍大为，灵龟出。"[4]《洛书甄曜度》曰："灵龟者……王者不偏党，尊耆老则出。"[5]《宋书·符瑞志中》亦云："灵龟者，神龟也。王者德泽湛清，渔猎山川从时则出。"[6]孙柔之《瑞应图》曰："灵龟者……王者不偏不党，尊事耆老，不失旧故，则神龟出……王者奉顺后土承天则见。一曰，德泽湛清，渔猎从则出。禹卑宫室则出。文王时亦出。"[7]虽然一些历史文献屡屡把龟作为帝王的祥瑞，但在文献史料中鲜见有哪位汉代帝王在位时把龟视为瑞应。看来，龟在汉代主要不是象征帝王祥瑞，而是寓意长寿吉祥。

汉代人还认为，龟能使家国强富，给人带来福祉。《史记·龟策列传》载，战国宋元王时"渔者举网而得神龟，龟自见梦宋元王，元王召博士卫平告以梦龟状……平谏王留神龟以为国重宝"。由是"宋国最强，龟之力也"。又曰，"能得名龟者，财物归之，家必大富至千万"；"近世江上人有得名龟，畜置之，家因大富。与人议，欲遣去。人教杀之勿遣，遣之破人家。龟见梦曰：'送我水中，无杀吾也。'其家终杀之。杀之后，身死，家不利"[8]。

---

[1] 参见陕西省考古研究院等：《陕西靖边东汉壁画墓》，《文物》2009年第2期。
[2] 孙毂辑：《古微书》，《纬书集成》第367、164、169页。
[3] 《礼记正义》卷二十二。
[4] 苏舆撰，钟哲点校：《春秋繁露义证》卷十三，第380页。
[5] 乔松年辑：《纬捃》，《纬书集成》，第1535页。
[6] 《宋书》卷二十八。
[7] 马国翰辑：《玉函山房辑佚书》。
[8] 以上参见《史记·龟策列传》卷一百二十八。

5. 龙

自古以来，在中国传统文化中，龙一直受到人们的尊崇，中国人尊龙、爱龙、写龙、画龙、雕龙、绣龙、祭龙、舞龙。春秋战国时期楚国叶公好龙、南朝画家张僧繇画龙点睛等与龙有关的故事在中国妇孺皆知。

龙是人们虚拟出来的神奇动物，形态各异，说法不一。龙的起源有各种说法，有云变说、闪电变说、蛇变说[1]、牛变说、马变说、鳄变说、鱼变说、蜥蜴变说、海马变说、猪变说等，但迄今普遍认同的还是多元融合说，即龙是中国历史上部分民族在蛇的基础上，融合鳄、鱼、猪、马、牛、鹿等动物，不断构想、不断创新、不断完善而逐渐形成的，是由原生物到复合物、由自然物到超自然物的一种神奇的动物形象。汉代人心目中龙的形象是"马头蛇尾"。《论衡·龙虚篇》曰："世俗画龙之象，马首蛇尾。"[2] 汉代画像中，龙的形象不拘一格，形态各异。单体龙多四肢劲健，体为S形，昂首，作行走状，有的身有翼（图6-14）。双龙纹多作蛇身缠绕或穿璧状，或称"二龙穿璧"（图6-15）。龙有青龙、黄龙、应龙、蛟龙、行龙、螭龙、虬龙等；有有翼者、无翼者，有角者、无角者，有鳞者、无鳞者。《河图握矩记》曰："黄金千岁生黄龙，青金千岁生青龙，赤金千岁生赤龙，白金千岁生白龙，玄金千岁生玄龙。"[3] 孙柔之《瑞应图》曰："青龙，水之精也。乘云而上下，不处渊泉。"[4]《述异记》说："水虺五百年化为蛟，蛟千年化为龙；龙五百年为角龙，千年为应龙。"[5]《广雅·释鱼》云："有鳞曰蛟龙，有翼曰应龙，有角曰虬龙，无角曰螭龙。"[6] 出土汉代文物中有许多应龙形象，如南阳石桥、英庄出土的汉画像石中的应龙

---

[1] 《论衡·讲瑞篇》曰："龙或时似蛇，蛇或时似龙。"（北京大学历史系《论衡》注释小组：《论衡注释》，第963页）
[2] 北京大学历史系《论衡》注释小组：《论衡注释》，第371页。
[3] 孙毂辑：《古微书》，《纬书集成》，第365页。
[4] 马国翰辑：《玉函山房辑佚书》。
[5] 《述异记》卷上。
[6] 王念孙著：《广雅疏证》卷十下，中华书局，1983年影印本，第370页。

图 6-14　山东嘉祥汉武氏祠东阙北面的青龙画像

图 6-15　江苏徐州汉画像石上的"二龙穿璧"画像

有角、有翼，奔腾于云气间[1]（图6-16）。山东白庄汉画像石墓出土的画像石上也有应龙画像[2]。《史记·封禅书》载，文帝时，鲁人公孙臣上书曰，"汉当土德，土德之应黄龙见"；"后三岁，黄龙见成纪。文帝乃召公孙臣，拜为博士，与诸生草改历服色事"[3]。《宋书·符瑞志中》云："黄龙，四龙之长也。不漉池而渔，德至渊泉，则黄龙游于池。"[4]孙柔之《瑞应图》曰："黄龙者，四龙之长，四方之正色，神灵之精也。能巨细，能幽明，能短能长，乍存乍亡。"[5]南阳汉画像石有一幅"黄龙图"，其龙身弯曲，尾细长，因云气而飞腾[6]（图6-17）。除黄龙外，《宋书·符瑞志》还把赤龙、青龙、白龙、黑龙皆列为祥瑞。史载，西汉成帝永始二年二月，黑龙见东莱。东汉章帝元和中，白龙见郡国。它们的出现在当时被视为祥瑞。

早在距今六七千年前的原始社会，先民们便已塑造出龙的形象，表现出对龙的崇拜。辽宁牛河梁红山文化女神庙及内蒙古翁牛特旗红山文化遗址中都出土有玉龙，其中1971年翁牛特旗三星他拉村出土的一件玉龙最具代表性，该玉龙长26厘米，体卷曲呈反C字形，长吻前伸，有对称的鼻孔（图6-18）。河南濮阳西水坡遗址仰韶文化层中出土了用蚌壳摆塑的龙的形象（见图4-4）。[7]甘肃省甘谷县西坪乡曾出土一件仰韶文化庙底沟类型的彩陶瓶，其腹部有清晰的龙纹图形[8]。龙山文化晚期的山西陶寺遗址墓地出土有彩绘蟠龙纹盘[9]。

---

[1] 南阳汉画馆编著：《南阳汉代画像石墓》，第100页，图一九；第91页，图六。
[2] 山东省博物馆、山东省文物考古研究所编：《山东汉画像石选集》，齐鲁书社，1982年，图378。
[3] 《史记》卷二十八。
[4] 《宋书》卷二十八。
[5] 马国翰辑：《玉函山房辑佚书》。
[6] 南阳汉代画像石编辑委员会编：《南阳汉代画像石》，文物出版社，1985年，图345。
[7] 以上详见翁牛特旗文化馆：《内蒙古翁牛特旗三星他拉村发现玉龙》，《文物》1984年第6期。孙守道：《三星他拉红山文化玉龙考》，《文物》1984年第6期。濮阳市文物管理委员会、濮阳市博物馆、濮阳市文物工作队：《河南濮阳西水坡遗址发掘简报》，《文物》1988年第3期。
[8] 参见甘肃博物馆：《甘肃远古文化遗存》，《考古学报》1960年第2期。
[9] 参见中国社会科学院考古研究所山西工作队、临汾地区文化局：《1978—1980年山西襄汾陶寺墓地发掘简报》，《考古》1983年第1期。

图 6-16　河南南阳英庄出土汉画像石上的应龙画像

图 6-17　河南南阳董庄出土汉画像石上的黄龙画像

图6-18 内蒙古翁牛特旗出土的红山文化玉龙

龙是由众多动物图腾合并后形成的部落各族的图腾，是氏族融合的产物，也是吉祥昌盛的象征。《左传·昭公十七年》载："大皞氏以龙纪，故为龙师而龙名。"杜预注："有龙瑞，故以龙命官。"[1]《帝王世纪》曰："太昊庖牺氏，风姓。有景龙之瑞，故以龙纪官。"[2] 以上所说的龙，可能就是太皞氏族崇拜的龙图腾，也是太皞氏族的吉祥物。闻一多先生在《伏羲考》中说："现在所谓龙便是因原始的龙（一种蛇）图腾兼并了许多旁的图腾，而形成的一种综合式的虚构的生物。这综合式的龙图腾团族所包括的单位，大概就是古代所谓'诸夏'和至少与他们同姓的若干夷狄。"[3]

夏代崇龙，有许多与龙有关的传说。《竹书纪年》载："夏道将兴，草木畅茂，青龙止于郊，祝融之神降于崇山。"[4] 传说鲧治水失败，被雷电殛死，尸体三年不腐。尧派勇士用刀将鲧的尸身剖开，从鲧的腹中出来一条黄龙，这条黄龙就是鲧的儿子禹。《山海经·海内经》曰："帝令祝融杀鲧于羽郊。鲧复生禹。"郭璞注："《开筮》曰，'鲧死三岁不腐，剖之以吴刀，化为黄龙也'。"[5] 王逸注《楚辞·天问》曰："应龙何画，海河何历。"说的是大禹治水有神龙相助的故事。洪兴祖补注曰："夏禹治水，有应龙以尾画地，即水泉流通。"[6] 禹的儿子夏后启"珥两青蛇，乘两龙"[7]。后来，"夏后氏德衰，诸侯畔之。天降龙二，有雌雄……龙一雌死，以食夏后。夏后使求，惧而迁去"[8]。《汉书·郊祀志》说："帝孔甲，淫德好神，神黩，二龙去之。"注引应劭曰："夏帝孔甲，天赐之乘龙，河汉各二，其后媟黩嫚神，故龙去之。"[9]《述异记》曰："夏桀宫中有女子化为龙，不可近。俄而复为妇人，甚丽而食人。桀命为蛟妾，告桀

---

[1]《春秋左传正义》卷四十八。
[2] 皇甫谧撰：《帝王世纪》，《丛书集成初编》，第2页。
[3]《闻一多全集》第1卷，第32—33页。
[4] 王国维：《今本竹书纪年疏证》卷上，载李民等撰《古本竹书纪年译注》，中州古籍出版社，1990年，第230页。
[5] 袁珂译注：《山海经全译》，第336页。
[6] 洪兴祖撰：《楚辞补注》卷三，《丛书集成初编》，第71页。
[7]《山海经·大荒西经》，袁珂译注：《山海经全译》，第301页。
[8]《史记·夏本纪》卷二。
[9]《汉书》卷二十五上。

吉凶。"[1]

  古有豢龙氏、御龙氏专门畜养龙。《左传·昭公二十九年》曰："古者畜龙，故国有豢龙氏，有御龙氏。"又曰："昔有飂叔安，有裔子，曰董父，实甚好龙，能求其耆欲以饮食之，龙多归之。乃扰畜龙，以服事帝舜。帝赐之姓曰董，氏曰豢龙，封诸鬷川，鬷夷氏其后也。故帝舜氏世有畜龙。及有夏孔甲，扰于有帝，帝赐之乘龙，河、汉各二，各有雌雄。孔甲不能食，而未获豢龙氏。有陶唐氏既衰，其后有刘累学扰龙于豢龙氏，以事孔甲，能饮食之。夏后嘉之，赐氏曰御龙。"[2] 以上是春秋晋国太史蔡墨与晋国大夫魏献子的一段对话，谓古者畜龙，故国有豢龙氏，有御龙氏。董父事舜，为豢龙氏。刘累学扰龙于豢龙氏以事夏孔甲，为御龙氏。夏王朝的用具多作龙形。《礼记·明堂位》说"夏后氏以龙勺"，"夏后氏之龙簨、虡"[3]。2002年，被认为是夏朝后期都城的偃师二里头遗址出土了一件大型绿松石龙形器，总长70.2厘米，由2千余片各种形状的绿松石片组合而成，每片绿松石的大小仅有0.2至0.9厘米，厚度仅0.1厘米左右。其用工之巨、制作之精、体量之大，在中国早期龙形文物中十分罕见，被命名为"中国龙"，它的出土为夏代崇龙找到了最直接、最正统的证据（图6-19）。

  商周时期，甲骨文中常见祭龙之事，龙既是沟通人与天之间的神物，又是人们信仰中的吉祥物。商周青铜器、玉器、陶器中有许多龙形图案。河南偃师二里头遗址曾发现有双身龙纹陶片（见图2-13）。青铜器纹饰中凡是蜿蜒形躯体的动物，大致都可以归之于龙，有夔龙、螭龙、蟠龙、虬龙等。有一件商代中期的龙虎尊，器肩上的龙有吻和角，躯体蜿曲如蟒蛇。河南三门峡西周虢国墓出土的玉器中有人龙合一的造型，把人与龙、人与神巧妙地结合在一起，表达出周人的尚龙意念。

  春秋战国时期，龙纹在各诸侯国均有应用，此时的龙纹为长体蛇形，

---

［1］《述异记》卷上。
［2］《春秋左传正义》卷五十三。
［3］《礼记正义》卷三十一。

图 6-19 河南偃师二里头遗址出土的夏代绿松石龙形器

有交龙纹、多头龙纹等，多作交缠穿插状。经过西周数百年的衍化，东周龙纹基本上摆脱了商代龙纹"百物而为之备"的特征及其敬天警民的政治、宗教目的，演变为以阴阳交合为深层含义的吉祥纹样。《周礼·春官·司常》曰："王建大常，诸侯建旂。"郑玄注："诸侯画交龙，一象其升朝，一象其下覆也。"[1]这一时期的文献《诗经》中多处记有绘有龙图案的盾牌与旗帜。《秦风·小戎》："龙盾之合，鋈以觼軜。"毛传："龙盾，画龙其盾也。"《周颂·载见》："龙旂阳阳，和铃央央。"正义曰："龙旂者，旂上画为交龙。"[2]龙在楚辞中也频繁出现。据姜亮夫统计，"龙字在全部《楚辞》中，凡二十四见"[3]。《周易》卦辞中数十处提到龙，如《乾卦》有"潜龙勿用""见龙在田""或跃在渊""飞龙在天""亢龙有悔""群龙无首"等卦辞，说明了这种神物在从地至天不断发展变化的过程中，有了比喻人行为吉凶的意涵。《山海经》中有许多关于龙神、变形龙神或人神龙神相结合的记载。从出土文物和历史文献看，春秋战国时期龙的吉祥象征意义进一步增强。《礼记·礼运》曰："麟、凤、龟、龙，谓之四灵。"[4]四灵皆为吉祥瑞应之物。湖北随县曾侯乙墓出土一件青铜建鼓座，通高54厘米，由圆形作底，承插空心圆柱和纠结穿绕的圆雕群龙构成。现藏美国哈佛大学的战国群龙纹透雕铜镜，镜背有九条大小相同盘曲交缠的浮雕龙纹。以上器物上的龙纹，除有一定的装饰效果外，其象征吉祥的寓意是显而易见的。

汉代对龙的崇拜更加强烈。龙有神物、祥瑞、吉祥物等多种"身份"，它既能通天见神，又是圣王的祥瑞，还能辟除不祥，载人升仙，兴云降雨，因而龙就成了人们心目中重要的吉祥瑞兽。《说文》云："龙，鳞虫之长。能幽能明，能细能巨，能短能长。春分而登天，秋分而潜渊。"《汉书·礼

---

[1]《周礼注疏》卷二十七。
[2]《毛诗正义》卷六、卷十九。
[3] 姜亮夫著：《楚辞通故》第三辑，《姜亮夫全集》，第558页。
[4]《礼记正义》卷二十二。

乐志》说:"飞龙秋,游上天。"注曰:"秋,飞貌也。"[1]《西京杂记》言:"董仲舒梦蛟龙入怀,乃作《春秋繁露》词。"[2]东汉李膺不轻易交接,以声名自高,名士有被荣幸接见者,称之为登龙门[3]。河南永城柿园西汉梁共王墓墓顶绘一幅吉瑞壁画,长5.14米,宽3.27米,总面积16.8平方米。壁画中的龙"绘于画面中间的显要位置,约占整个室顶壁画面积的一半以上。龙身伸直长度约7.5米,身宽处0.12米,龙头伸向东南方向,巨牙睁目,长须飘摆,头顶长鹿角,张口吐舌,舌尖长且卷一怪兽。龙羽翼丰满,藕色四足,其中前两足一足踏云气,另一足踏翼;后两足一足接朱雀,另一足长花朵。尾端伸出一株长茎花朵,摆向西北。龙通身饰鳞纹。鳞呈白色花瓣形。整个龙体弯弯曲曲,巨大粗犷,加上周围的云气纹图案衬托,有游离飘浮之形象"[4](见图3-1)。《焦氏易林·姤之第四十四》曰:"龙喜张口,大喜在后。"[5]据此说,梁共王墓壁画中的龙显然是一个吉祥物。龙也是汉代器物上最常见的题材之一。各地画像石、画像砖中,龙的形象更是不知凡几。以南阳为例,"南阳汉画像石已发表的图像资料,龙约占总数的十分之一,发掘的汉画像石墓,几乎每墓都有龙的形象"[6]。"据不完全统计,南阳汉画像石中刻画的龙有一百多幅,汉画像砖中有十多幅。"[7]

汉代,龙作为祥瑞是皇权、君德的象征。从春秋战国开始,龙逐渐与帝王联系在一起,到后世遂成为皇家的专利、王权的象征。在中国远古传说中,女娲、伏羲、共工、盘古、轩辕等帝王都是"人首蛇身"或"人首

---

[1]《汉书》卷二十二。
[2] 葛洪撰:《西京杂记》卷二,《古今逸史精编》,第113页。
[3]《后汉书·李膺传》载,桓帝时"朝廷日乱,纲纪颓弛,膺独持风裁,以声名自高。士有被其容接者,名为登龙门"。注曰:"龙门,河水所下之口,在今绛州龙门县。辛氏《三秦记》曰'河津一名龙门,水险不通,鱼鳖之属莫能上,江海大鱼薄集龙门下数千,不得上,上则为龙'也。"(《后汉书》卷六十七)
[4] 阎根齐主编:《芒砀山西汉梁王墓地》,第115—116页。
[5] 焦延寿撰:《焦氏易林》卷三,《丛书集成初编》,第205页。
[6] 张德水:《远古图腾的遗绪——汉画像所反映的图腾生育信仰》,韩玉祥主编《汉画学术文集》,河南美术出版社,1996年,第43页。
[7] 王明丽:《南阳汉画像中的祥瑞图案》,《寻根》2008年第2期。

龙身"。《管子·形势解第六十四》将蛟龙与人主并提,曰:"蛟龙,水虫之神者也。乘于水,则神立;失于水,则神废。人主,天下之有威者也。得民则威立,失民则威废。"[1]汉高祖刘邦的出生就与龙有关。《史记·高祖本纪》载:"其先刘媪尝息大泽之陂,梦与神遇。是时雷电晦冥,太公往视,则见蛟龙于其上。已而有身,遂产高祖。"[2]《论衡·奇怪篇》曰:"野出感龙,及蛟龙居上,或尧、高祖受富贵之命,龙为吉物,遭加其上,吉祥之瑞,受命之证也。"[3]《史记》中还记载了刘邦的一系列神话,从出生、奇相、望气、观相到斩蛇,从中我们看到刘邦浑身闪耀着龙的灵光,这也对汉代崇龙产生了深远影响。晋刘琬《神龙赋》云:"大哉龙之为德,变化屈伸,隐则黄泉,出则升云,贤圣其似之乎!"[4]

黄龙出现是圣王君德的瑞应。《鱼龙河图》曰:"黄龙负图,鳞甲成字,从河中出,付黄帝,命侍臣图写,以示天下。"[5]孙柔之《瑞应图》曰:"舜东巡狩,黄龙负图,置舜前。"[6]司马相如《封禅书》说武帝时"宛宛黄龙,兴德而升;采色炫耀,煌炳辉煌。正阳显见,觉寤黎烝。于传载之,云受命所乘"[7]。东汉章帝建初五年,"有八黄龙见于泉陵"[8]。《论衡·验符篇》说:"湘水去泉陵城七里,水上聚石曰燕室丘,临水有侠山,其下岩崟,水深不测。二黄龙见,长出十六丈,身大于马,举头顾望,状如图中画龙,燕室丘民皆观见之。去龙可数十步,又见状如驹马,小大凡六,出水遨戏陵上,盖二龙之子也。并二龙为八,出移一时乃入……鲁人公孙臣,孝文时言汉土德,其符黄龙当见。其后,黄龙见于成纪。成纪之远,犹零陵也。孝武、孝宣时,黄龙皆出。黄龙比出,于兹为四,汉竟土德也。"又曰:"龙见,往世不双,唯夏盛时二龙在庭,今龙双出,应夏之数,

---

[1] 《管子校正》卷二十。
[2] 《史记》卷八。
[3] 北京大学历史系《论衡》注释小组:《论衡注释》,第226页。
[4] 《艺文类聚》卷九十六引。
[5] 黄奭辑:《通纬》,《纬书集成》,第1598页。
[6] 马国翰辑:《玉函山房辑佚书》。
[7] 《史记·司马相如列传》卷一百一十七。
[8] 《后汉书·肃宗孝章帝纪》注引伏侯《古今注》曰:"见零陵泉陵湘水中,相与戏。其二大如马,有角;六枚大如驹,无角。"(《后汉书》卷三)

治谐偶也。龙出往世，其子希出，今小龙六头并出遨戏，象乾坤六子，嗣后多也。唐、虞之时，百兽率舞，今亦八龙遨戏良久。"[1]《春秋繁露·王道第六》曰："王正则元气和顺，风雨时，景星见，黄龙下。"[2]《白虎通·封禅》曰："德至渊泉，则黄龙见。"[3] 孙柔之《瑞应图》曰："黄龙者……王者不漉池而渔，德达深渊则应。和气而游于池沼。不众行，不群处，必待风雨而游乎春气之中，游乎天外之野。出入应命，以时上下。有圣则见，无圣则处。"[4] 敦煌文书 P.2683《瑞应图》残卷"黄龙"条图记："黄龙。五龙之长，不漉池而渔，德至渊泉则黄龙游于池。为龙能高能下，能长能短，纷纭文章，神灵之精也。"[5] 山东嘉祥汉武梁祠有一方屋顶前坡画像石，原编号为"祥瑞图一"。石断裂。画面从上至下分三层，皆刻有吉瑞画像。在第一层吉瑞画像中，左起第二个画像为龙，龙仅存前半身，其左一榜字迹约略可辨（图 6-20）。《山左金石志》曰："次一龙形，尾已泐，左颐二行，云'不漉池如渔则黄龙游于池'，凡十一字。"[6]《宋书·符瑞志中》云："黄龙者，四龙之长也。不漉池而渔，德至渊泉，则黄龙游于池。能高能下，能细能大，能幽能冥，能短能长，乍存乍亡。"[7]

青龙可以辟除不祥。青色即苍色，青龙即苍龙。《论衡·解除篇》云："宅中主神有十二焉，青龙、白虎列十二位。龙虎猛神，天之正鬼也，飞尸流凶安敢安集，犹主人猛勇，奸客不敢窥也。"[8] 汉铜镜中常有"左龙右虎辟不羊，朱雀玄武顺阴阳"的铭文，这里的"左龙右虎"即左青龙、右白虎。1973—1975 年，陕西省兴平市汉武帝茂陵之外城内出土一批画像

---

[1] 北京大学历史系《论衡》注释小组：《论衡注释》，第 1142、1144 页。
[2] 苏舆撰，钟哲点校：《春秋繁露义证》卷四，第 101 页。
[3] 班固等撰：《白虎通》卷三上，《丛书集成初编》，第 172—173 页。
[4] 马国翰辑：《玉函山房辑佚书》。
[5] 郑炳林、郑怡楠：《敦煌写本 P.2683〈瑞应图〉研究》，樊锦诗、荣新江、林世田主编《敦煌文献·考古·艺术综合研究》，第 496 页。
[6] 参见蒋英炬、吴文祺著：《汉代武氏墓群石刻研究》，第 58 页。
[7]《宋书》卷二十八。
[8] 北京大学历史系《论衡》注释小组：《论衡注释》，第 1436 页。

图6-20 山东嘉祥武梁祠汉画像石上的黄龙画像(《金石索》摹本)

砖,其中有一块为龙虎画像空心砖,砖上的龙虎应为青龙白虎[1]。西安理工大学1号西汉晚期壁画墓墓门的东西两侧绘有青龙、白虎和云气。墓门东侧为一青龙,作竖立状,身躯略呈"S"形,尖嘴,圆眼,白色节状双角,背部鳞片金黄,双爪持一旌幡;墓门西侧立一白虎。[2]陕北汉画像石墓的门扉上经常可以看到刻有龙、虎画像。如1996年神木大保当彩绘汉画像石墓出土一方右门扉画像石,纵114厘米,横49厘米。此石藏陕西省考古研究所。门扉中刻铺首衔环,上刻朱雀,下刻青龙,龙肩生双翼,曲颈卷尾,面左而行,胯下墨书"青龙在左"四字[3](图6-21)。此类汉画像中的青龙,均有驱逐魍象恶鬼、保护墓主不受侵害、象征"左龙右虎辟不羊"之意。

图6-21 刻有青龙的陕西神木大保当汉墓门扉画像石

龙还是载人升仙的吉祥物。河南濮阳西水坡遗址仰韶文化层曾出土以贝壳拼制的乘龙图案[4],表明早在5000年前,人们已相信死者的灵魂可以乘龙进入天国。《易通卦验》曰:"立夏景风至而龙升天。"[5]《韩非子·说难第十二》曰:"夫龙之为虫也,柔可狎而骑也。"[6]《易·乾卦》曰:"六位时成,时乘六龙以御天。"[7]中国传说中的许多远古帝王都乘龙。《山海经》中,西方的蓐收、南方的祝融、北方的禺强、东方的句芒皆乘两龙,夏后启乘两龙。据说夏后启曾三次驾龙上天,到天帝那里去。《泛引河图》曰:"有巢氏之王天下也,驾六龙两鳞,从日月,号古

---

[1] 王志杰、朱捷元:《汉茂陵及其陪葬冢附近新发现的重要文物》,《文物》1976年第7期。
[2] 西安市文物保护考古所:《西安理工大学西汉壁画墓发掘简报》,《文物》2006年第5期。
[3] 中国画像石全集编辑委员会:《中国画像石全集》第5卷,第157页,图二一一。
[4] 参见濮阳市文物管理委员会等:《河南濮阳西水坡遗址发掘简报》,《文物》1988年第3期。
[5] 孙毂辑:《古微书》,《纬书集成》,第236页。
[6] 《韩非子集解》卷四。
[7] 《周易正义》卷一。

皇。"[1]《大戴礼记·五帝德》曰,颛顼"乘龙而至四海",帝喾"春夏乘龙"[2]。《春秋命历序》曰:"柏皇氏是为皇柏登,出榑桑日之阳,驾六龙而上下,以木德纪。"又曰:"有神人,名石耳,苍色大眉,戴玉理,驾六龙,出地辅,号皇神农。"[3]《史记·封禅书》云:"黄帝采首山铜,铸鼎于荆山下。鼎既成,有龙垂胡须下迎黄帝。黄帝上骑,群臣后宫从上者七十余人,龙乃上去。"[4]《焦氏易林·同人之第十三》曰:"黄帝出游,驾龙乘马,东上泰山,南国齐鲁,邦国咸喜。"[5]汉武帝也是"愿乘六龙,仙而升天",他说:"吾所乐独乘六龙然,御六龙得其调,使我心若。"[6]

乘龙并非帝王的专利,神仙、仕宦、富贵皆可乘龙。《庄子·内篇·逍遥游第一》说,神人"乘云气,御飞龙,而游乎四海之外"[7]。《楚辞》中有多处描写乘龙的句子。《楚辞·离骚》云:"为余驾飞龙兮,杂瑶象以为车。"又云:"驾八龙之婉婉兮,载云旗之委蛇。"[8]屈原《九歌》中的诸神仙上天下地多乘龙。《淮南子·览冥训》曰:"乘雷车,服驾应龙,参青虬,援绝瑞,席萝图,黄云络,前白螭,后奔蛇,浮游消摇……"[9]《焦氏易林·乾之第一》曰:"乘龙上天,两蛇为辅。"又《临之第十九》云:"驾龙骑虎,周遍天下。"[10]1973年,湖南长沙子弹库战国楚墓出土一幅"人物御龙"帛画,画面上一佩剑男子侧身面左立于作飞升状的巨龙之上,头上华盖的带饰向后飘拂,表明正在乘龙升仙(见图2-19)。西安理工大学1号西汉晚期壁画墓北壁上部绘一羽人乘龙,羽人双臂前伸,似扶龙角[11]。河南南阳出土一方汉画像石,纵34厘米,横180厘米。画面右刻

---

[1] 乔松年辑:《纬捃》,《纬书集成》,第1532页。
[2] 戴德撰,卢辩注:《大戴礼记》卷七,《丛书集成初编》,第116页。
[3] 乔松年辑:《纬捃》,《纬书集成》,第1481页。
[4] 《史记》卷二十八。
[5] 焦延寿撰:《焦氏易林》卷一,《丛书集成初编》,第57页。
[6] 参见《汉书·礼乐志》卷二十二注引应劭语。
[7] 《庄子集释》卷一上。
[8] 洪兴祖撰:《楚辞补注》卷一,《丛书集成初编》,第32、34页。
[9] 《淮南子注》卷六。
[10] 焦延寿撰:《焦氏易林》卷一、卷二,《丛书集成初编》,第2、87页。
[11] 西安市文物保护考古所:《西安理工大学西汉壁画墓发掘简报》,《文物》2006年第5期。

一独角兽怒目奋力向前猛冲,左刻一羽人乘龙,龙昂首翘尾,作飞升状[1](图6-22)。汉画中还有乘龙车升仙的画像。如四川彭州出土的一方"龙车星辰"画像砖,纵25厘米,横44厘米。画面为三条飞龙驾一辆云车凌空飞驶,五颗星辰标识出天空。车上前为御者,后为乘者。表现的是驾龙车升仙的情景。(图6-23)又如2005年发掘的陕西靖边杨桥畔1号东汉壁画墓,其后室西壁绘有两条长龙牵引云车,车上一仙人红衣披发,抄手控辔[2]。山东苍山汉画像石墓题记有"前有白虎青龙车,后即被轮雷公君"[3]的句子。江苏扬州曾出土一方汉代"规矩蚩龙"镜,直径14.3厘米,厚0.5厘米。其上有"驾蚩龙,乘浮云,上大山,见神人"[4]的铭文。这些都是汉代中下层人群乘龙升仙思想的具体表现。

历史文献还记载有几则民间乘龙升仙的故事。汉刘向《列仙传》载:"呼子先者,汉中关下卜师也,老寿百余岁……夜有仙人,持二茅狗来至,呼子先。子先持　与酒家妪,得而骑之,乃龙也。"晋葛洪《神仙传》说仙人黄庐于"一旦乘龙去,与诸亲故辞别,遂不复还矣"。有乘赤龙升仙者。《列仙传》载:"陶安公者,六安铸冶师也,数行火。火一旦散,上行,紫气冲天。安公伏冶下求哀。须臾,朱雀止冶上曰:'安公安公,冶与天通。七月七日,迎汝以赤龙。'至期,赤龙到。大雨,而安公骑之东南,上一城邑,数万人众共送视之,皆与辞决云。"《神仙传》记仙人茅君"高祖父濛,字初成,学道于华山,丹成,乘赤龙而升天,即秦始皇时也"。还有乘白龙升仙的。《列仙传》载:"陵阳子明者,铚乡人也,好钓鱼于旋溪。钓得白龙,子明惧,解钩拜而放之……三年,龙来迎去,止陵阳山上百余年。"[5]

古人认为,龙能调和阴阳、兴云降雨,是人们祈求风调雨顺、农业丰收的吉祥物。殷商甲骨文中就有作土龙致雨的记载:

---

[1] 南阳汉代画像石编辑委员会编:《南阳汉代画像石》,图356。
[2] 详见陕西省考古研究院等:《陕西靖边东汉壁画墓》,《文物》2009年第2期。
[3] 山东省博物馆:《山东苍山元嘉元年画像石墓》,《考古》1975年第2期。
[4] 王勤金、李久海、徐良玉:《扬州出土的汉代铭文铜镜》,《文物》1985年第10期。
[5] 以上参见刘向、葛洪撰,滕修展等注译:《列仙传神仙传注译》,第127、259、123、270、138页。

图6-22 河南南阳汉画像石上的"羽人乘龙"画像

图6-23 四川彭州出土的"龙拉云车升仙"汉画像砖

乙未卜，龙，亡其雨。(《合集》13002)

其乍龙于凡田，有雨。(《合集》29990)

商代龙纹多绘于水器[1]，反映出商人观念中龙与水的关系。《管子·水地第三十九》曰："龙生于水，被五色而游，故神。"[2]《山海经·大荒北经》曰："应龙已杀蚩尤，又杀夸父，乃去南方处之，故南方多雨。"《大荒东经》曰："旱而为应龙之状，乃得大雨。"郭璞云："今之土龙本此；气应自然冥感，非人所能为也。"郝懿行云："土龙致雨见《淮南·说山训》及《墬形训》。又《楚辞·天问》云：'应龙何画？河海何历？'王逸注云：'或曰禹治洪水时，有神龙以尾画地，导水经所当决者，因而治之。'按：后世以应龙致雨，义盖本此也。"[3]《吕氏春秋·有始览·应同》曰："以龙致雨，以形逐影。"[4]《论衡·寒温篇》曰："以形逐影，以龙至雨。雨应龙而来，影应形而去，天地之性，自然之道也。"又《乱龙篇》："设土龙以招雨，其意以云龙相致。《易》曰：'云从龙，风从虎。'以类求之，故设土龙，阴阳从类，云雨自至。"[5]《春秋繁露·求雨第七十四》说四季求雨时曰，"春旱求雨……以甲乙日为大苍龙一，长八丈，居中央。为小龙七，各长四丈。于东方。皆东向，其间相去八尺"；"夏求雨……以丙丁日为大赤龙一，长七丈，居中央。又为小龙六，各长三丈五尺，于南方。皆南向，其间相去七尺"；"季夏……以戊己日为大黄龙一，长五丈，居中央。又为小龙四，各长二丈五尺，于南方。皆南向，其间相去五尺"；"秋……以庚辛日为大白龙一，长九丈，居中央。为小龙八，各长四丈五尺，于西方。皆西向，其间相去九尺"；"冬舞龙六日……以壬癸日为大黑龙一，长六丈，

---

[1] 参见田自秉、吴淑生、田青著：《中国纹样史》，第76页，图3-17。
[2] 《管子校正》卷十四。
[3] 袁珂译注：《山海经全译》，第318、271页。
[4] 《吕氏春秋》卷十三。
[5] 北京大学历史系《论衡》注释小组：《论衡注释》，第815、911页。

居中央。又为小龙五，各长三丈，于北方。皆北向，其间相去六尺"[1]。《神仙传》说仙人黄庐子"天大旱时，能至渊中召龙出，催促便升天，即便降雨，数数如此"[2]。《尸子》引《神农求雨书》云："春夏雨日而不雨，甲乙，命为青龙，又为火龙，东方小童舞之。丙丁不雨，命为赤龙，南方壮者舞之。戊己不雨，命为黄龙，壮者舞之。庚辛不雨，命为白龙，又为火龙，西方老人舞之。壬癸不雨，命为黑龙，北方老人舞之。"[3] 山东省沂水县韩家曲村出土有一方汉画像石，在半圆形画面之边缘刻一虹，虹的两端为龙头，两龙头口中正在喷水，龙头下各有一巫觋类人物头顶盛器接水[4]，反映出汉代人求龙降水的俗信。中国的纳西族、哈尼族、白族、彝族、普米族都有祭龙的习俗，他们认为龙潜伏在村寨附近的深水潭里，若逢天旱不雨，人们祭献丰盛的供品于龙潭处，祈求龙神兴云布雨。广西龙州县一带，每遇天旱，壮民都要举行"祭龙"仪式，有时集体拜天龙庙，以求降雨。

汉代流行一种交龙纹画像。所谓交龙纹是指两条或多条龙的躯干相互交缠的纹饰。交龙纹在西周时期已经出现，春秋晚期至战国开始流行，是一种以阴阳交合为基本含义的吉祥纹饰。在青铜器上，交体龙的躯体比较粗壮，旧称蟠螭纹；经过变形缩小的交体龙纹，旧称蟠蛇纹。上海博物馆藏有一枚战国镂空交龙纹镜，直径10.2厘米，镜背有15条镂空的龙交错缠绕（图6-24）。山东苍山元嘉元年汉画像石墓有一方前室北壁中柱即后室门的门中柱画像石，纵109.5厘米，横26.5厘米。其正面刻两条互相缠绕的龙的形象[5]（图6-25）。其西侧室立柱上铭文曰："中直柱，双结龙，主守中霤辟邪殃。"可见汉代这种双龙缠绕的画像有辟邪的吉祥寓意。山东临沂独树头镇西张官庄曾出土一方汉画像石，纵105厘米，横39.5厘

---

[1] 详见苏舆撰，钟哲点校：《春秋繁露义证》卷十六，第426—435页。
[2] 刘向、葛洪撰，滕修展等注译：《列仙传神仙传注译》，第259页。
[3] 马骕撰，王利器整理：《绎史·炎帝纪》卷四引，第28页。
[4] 见山东省博物馆、山东省文物考古研究所编：《山东汉画像石选集》，图448。
[5] 山东省博物馆、山东省文物考古研究所编：《山东汉画像石选集》，图413。

图6-24 上海博物馆藏战国镂空"交龙纹"铜镜

图6-25 山东苍山元嘉元年汉墓出土的"交龙纹"画像石

米。画面刻四龙盘结交缠，龙首向上。[1] 1979年清理的徐州新沂瓦窑汉画像石墓出土一方画像石圆柱，通高130厘米。柱的一周刻有八条龙屈曲缠绕的图案。[2]

汉画中往往将龙瑞和玉瑞巧妙地结合在一起，呈现一种"龙穿璧"的画像，这种画像在汉画像石墓中多刻在门楣石上。徐州市铜山县韩楼村曾出土一方门楣汉画像石，纵58厘米，横216厘米。画面刻二龙穿五璧（见图6-15）。牛天伟认为，"'交龙'之象是生育龙子的祥瑞之兆"，他说："汉代的夫妻合葬墓中常刻画有二龙交尾或二龙交尾穿璧的'交龙'画像，汉代人之所以对此类图案情有独钟，主要是因为它是一种象征阴阳交合、子孙昌盛、富贵吉祥的图案。"[3]

龙作为皇家大瑞在西汉惠帝、文帝、宣帝、成帝，东汉光武帝、章帝、安帝、桓帝、献帝期间都曾出现。西汉惠帝二年春正月，有两龙见兰陵家人井中。文帝前元十五年春黄龙见于成纪。宣帝甘露元年四月黄龙见于新丰。成帝鸿嘉元年冬黄龙见于真定；永始二年二月，黑龙见于东莱。东汉光武帝建武十二年六月，黄龙见于东阿。章帝元和二年至章和元年，凡三年，黄龙四十四见于郡国；元和中，青龙见于郡国，白龙见于郡国。安帝延光元年八月，黄龙见于九真；延光三年九月，黄龙见于济南历城，十二月，黄龙见于琅琊诸县；延光四年正月，黄龙二见于东郡濮阳。桓帝建和元年二月，黄龙见于沛国谯；元嘉二年八月，黄龙见于济阴句阳，又见于金城允街；永康元年八月，黄龙见于巴郡。灵帝熹平末，黄龙见于谯。献帝延康元年三月，黄龙见于谯，又郡国十三言黄龙见。[4] 据统计，自西汉惠帝二年（公元前193年）至东汉献帝延康元年（公元220年）的413年间共见龙73次，多为帝王之瑞应。

---

[1] 中国画像石全集编辑委员会编：《中国画像石全集》第3卷，第50页，图六二。
[2] 徐州市博物馆编：《徐州汉画像石》，图145、146。
[3] 牛天伟：《汉墓"伏羲、女娲"画像辩证——与孟庆利先生商榷》，中国汉画学会、四川博物院编《中国汉画学会第十二届年会论文集》，第57页。
[4] 以上参见《宋书·符瑞志中》卷二十八。

需要说明的是，汉代也有一些对龙瑞的不同看法。王充在《论衡·龙虚篇》中列举事实说龙是虚妄之言。他说："盛夏之时，雷电击折树木，发坏室屋，俗谓天取龙。谓龙藏于树木之中，匿于屋室之间也。雷电击折树木，发坏屋室，则龙见于外。龙见，雷取以升天。世无愚智贤不肖，皆谓之然。如考实之，虚妄言也。"[1] 龙的出现有时也被认为是不祥之兆，所谓"瑞兴非时，则为妖孽"[2]。《汉书·五行志下之上》引《传》曰："时则有射妖，时则有龙蛇之孽。"又曰："《左氏传》昭公十九年，龙斗于郑时门之外洧渊。刘向以为近龙孽也。"事情是这样的：春秋时郑国由大夫子产掌权，都城外一条河里有龙相斗。当时郑国比较弱小，因此"龙斗"被认为是郑国将与大国发生战争而遭到失败的凶兆。《汉书·五行志下之上》载："惠帝二年正月癸酉旦，有两龙见于兰陵廷东里温陵井中，至乙亥夜去。刘向以为龙贵象而困于庶人井中，象诸侯将有幽执之祸。"[3]《后汉书·襄楷传》曰："王莽天凤二年，讹言黄山宫有死龙之异，后汉诛莽，光武复兴。"注引《王莽传》曰："时讹言黄龙坠地，死黄山宫中，百姓奔走往观者乃有万数。莽恶之，捕系诘语所从起，而竟不得。"[4] 黄山宫中的死龙有两解，对于王莽来说是龙孽，对于光武帝来说是龙瑞[5]。

特别是到了东汉时期，人们似乎对龙瑞产生了怀疑。《后汉书·杨赐传》曰："夫皇极不建，则有蛇龙之孽。"[6]《后汉书·五行五》言："安帝延光三年，济南言黄龙见历城，琅邪言黄龙见诸。是时安帝听谗，免太尉杨震，震自杀。又帝独有一子，以为太子，信谗废之。是皇不中，故有龙孽，是时多用佞媚，故以为瑞应。"桓帝"永康元年八月，巴郡言黄龙见。时吏傅坚以郡欲上言，内白事以为走卒戏语，不可。太守不听。尝见坚语云：'时民以天热，欲就池浴，见池水浊，因戏相恐"此中有黄龙"，语遂

---

[1] 北京大学历史系《论衡》注释小组：《论衡注释》，第366页。
[2] 《后汉书·五行五》志第十七。
[3] 以上参见《汉书》卷二十七下之上。
[4] 《后汉书》卷三十下。
[5] 《后汉书·五行五》："天凤中，黄山宫有死龙，汉兵诛莽而世祖复兴，此易代之征也。"（《后汉书》志第十七）
[6] 《后汉书》卷五十四。

行人间。闻郡，欲以为美，故言。'时史以书帝纪。桓帝时政治衰缺，而在所多言瑞应，皆此类也。又先儒言：瑞兴非时，则为妖孽。而民讹言生龙语，皆龙孽也"[1]。以上记载中，龙都被认为是不祥之物。

虽然如此，龙作为中华民族的吉祥物，经几千年历史变迁，其象征吉祥之主流世代相袭。至近代尚有"龙凤呈祥""二龙戏珠""云龙风虎"等吉祥图案。

6. 白虎

早在原始社会，虎就是人们崇拜的动物之一。河南濮阳仰韶文化墓葬中出土有用蚌壳摆塑的虎图案，虎塑摆放在人骨架的左侧，头朝北，背朝东，身长1.39米，高0.63米。虎头微低，身子略高，四肢交递，尾巴下垂，牙齿外露，张口伸舌，作行走状，形似下山之猛虎（见图4-4）。表明原始社会已经把虎当作神物。云南楚雄彝族地区的民间史诗《梅葛》中保留了原始氏族社会的虎崇拜习俗，记载了虎图腾的由来。商代，江南地区存在着一个强大的方国，叫虎方。甲骨文中有关于虎方的卜辞，大意是商王想要征讨虎方，但不知道能否打赢，于是向自己的祖先大甲、祖丁、祖甲等人告祭，希望他们保佑。这片卜辞证实了虎方的真实存在。1989年，江西新干大洋洲发现一座殷商时代的古墓，出土器物中发现十几件有虎形象的铜器，其中一件"伏鸟双尾铜虎"长53.5厘米，高25.5厘米，宽13.0厘米，虎呈伏卧状，双尾，背上伏一小鸟[2]（图6-26）。这十几件青铜器与南方发现的与虎有关的青铜器一起，证明虎方是以虎为图腾的方国。

虎纹在商周时期得到大量应用。1950年，河南安阳武官村商代大墓出土一件用青白色大理石制成的虎纹石磬，纵42厘米，横84厘米，厚2.5厘米。石磬正面以双勾细线刻一伏虎。虎作匍匐欲起之状，虎首低垂，怒目圆睁直视前方，虎口向下作咆哮状，尖利獠牙，清晰可辨（图6-27）。

---

[1] 以上参见《后汉书》志第十七。
[2] 参见彭适凡、刘林、詹开逊：《江西新干大洋洲商墓发掘简报》，《文物》1991年第10期。

图 6-26　江西新干大洋洲古墓出土的"伏鸟双尾铜虎"

图 6-27　河南安阳武官村商代大墓出土的"虎纹"石磬

此磬现藏中国国家博物馆。河南安阳商代妇好墓出土的铜钺中，有一件有双虎纹样，双虎间有一人面[1]。甘肃灵台白草坡西周中期墓曾出土一件铜钺，其内缘浮雕一只准备搏噬的猛虎[2]。山西浑源李峪村出土一件春秋时期的鸟兽龙纹壶，腹部有虎食人的浮雕。这些虎中间的人，都不似常人，而是作鬼怪之状，寓意虎食鬼怪。

白虎是商朝兴衰的瑞应。《春秋演孔图》曰："天命汤，白虎戏朝，其终，白虎在野。"[3] 周代已有在门上画虎驱邪的习俗。《周礼·地官·师氏》曰："师氏……居虎门之左，司王朝。"注曰："虎门，路寝门也。王日视朝于路寝门外，画虎焉以明勇猛，于守宜也。"[4] 可知周天子在处理朝政的宫门上画虎来作为护卫。也说明当时已有在门上画虎守门的习俗。由于虎勇猛威武，古代朝廷设有"虎贲校尉""虎贲中郎将"等高级武官，就连调动军队的信物也作成虎符。《诗经》中有多处写到虎。《邶风·简兮》曰："有力如虎，执辔如组。"《小雅·小旻》："不敢暴虎，不敢冯河。"《小雅·巷伯》："取彼谮人，投畀豺虎。豺虎不食，投畀有北。"[5] 楚人崇虎，《左传》说楚国的子文，在小的时候被其外祖母遗弃于云梦泽，因为受到老虎的哺乳而活下来，后来还当上了楚国的令尹[6]。

20世纪50年代以前，中国对老虎的崇拜普遍盛行于产虎山林地区的各民族中。他们将虎看作神圣之物，奉为神明，视为图腾。在北方，赫哲族猎人尊虎为爷爷或称为老爷，通常不敢将虎作为狩猎对象，在山中遇到虎，常常跪拜祷告。赫哲族人的一支阿克腾卡氏族，则尊虎为始祖，坚信虎从来不伤害本族人，甚至不敢猎取虎喜爱的猎物。鄂伦春人称虎为"乌塔其鄂吐恩"，即王爷的意思。达斡尔人称虎为"诺颜古热斯"，是兽王的

---

[1] 见中国社会科学院考古研究所编著：《殷墟妇好墓》，文物出版社，1980年，第106页，图六六、六七。
[2] 见甘肃省博物馆：《甘肃灵台白草坡西周墓》，《考古学报》1977年第2期，第113—114页。
[3] 孙毂辑：《古微书》，《纬书集成》，第190页。
[4] 《周礼注疏》卷十四。
[5] 《毛诗正义》卷二、卷十二。
[6] 《左传·宣公四年》说楚令尹子文幼时被弃山林，"虎乳之"，楚人称"乳"为"谷"，称"虎"为"于菟"，故名子文为"斗谷于菟"。详见《春秋左传正义》卷二十一。

意思。在南方,彝族、纳西族、普米族、哈尼族、白族、拉祜族等许多民族近世尚存有虎图腾崇拜的遗风。彝族一个主要的支系自称"罗罗"或"罗",意为虎族;他们称虎为"罗",族名与虎名相同,认为虎是他们源出的祖先。《山海经·海外北经》载:"有青兽焉,状如虎,名曰罗罗。"[1]可见彝族的虎崇拜源远流长。许多彝族的家门口挂一葫芦,上面绘有虎头,用于驱邪纳吉。彝族狩猎、建房、婚庆、丧葬择日时都以虎日为最吉,如果一个月内遇到三个虎日,则更为吉利,预示在今后的一年里风调雨顺、五谷丰登、六畜兴旺、吉祥安康。白族称虎为"拉"或"劳",认为自己是虎的后裔,故自称为"劳之劳奴",意为"虎儿虎女"。哈尼族也奉虎为祖先,如果他们在睡眠中梦见虎,便认为是祖宗返家,有要事相告,次日凌晨要烧香献祭品,求虎祖宗训导家人。白虎是古代巴人的祖先和图腾。《后汉书·南蛮西南夷列传》载:"廪君死,魂魄世为白虎。巴氏以虎饮人血,遂以人祠焉。"[2]今湘鄂一带的土家族仍信仰白虎。

汉代人崇虎。《说文》曰:"虎,山兽之君。"《风俗通义·祀典第八》曰:"虎者,阳物,百兽之长也。"[3]白虎一词在《山海经》中已经出现。《山海经·西次四经》载:"孟山……其兽多白狼、白虎";"鸟鼠同穴之山,其上多白虎、白玉。"[4]但此记白虎并非吉祥之物。白虎在汉代被视为四神之一。《三辅黄图·未央宫》曰:"苍龙、白虎、朱雀、玄武,天之四灵,以正四方。"[5]这里的"四灵"即"四神"。汉代有"四神纹"瓦当(见图5-16)、"四神纹"铜镜等。1973—1975年,陕西省兴平市汉武帝茂陵之外城内出土一批画像砖,其中有一块为"白虎纹"画像条砖[6](图6-28)。虽然砖有残缺,但虎纹大部分保存完好,虎四肢交替作行走状,身上有清晰的条状纹。

---

[1] 袁珂译注:《山海经全译》,第215页。
[2] 《后汉书》卷八十六。
[3] 应劭撰,吴树平校释:《风俗通义校释》,第307页。
[4] 袁珂译注:《山海经全译》,第53、54页。
[5] 何清谷撰:《三辅黄图校释》卷三,第160页。
[6] 王志杰、朱捷元:《汉茂陵及其陪葬冢附近新发现的重要文物》,《文物》1976年第7期。

图 6-28 陕西省兴平市茂陵出土的"白虎纹"汉画像砖

汉代，五行说盛行，白虎与麟凤龟龙一起并称为"五灵"，被视为嘉瑞。晋杜预《春秋左氏传·序》曰："麟凤五灵，王者之嘉瑞也。"孔颖达疏："麟、凤与龟、龙、白虎五者，神灵之鸟兽，王者之嘉瑞也。独举麟、凤而云'五灵'，知二兽以外，为龟、龙、白虎。"汉宣帝时南郡获白虎，以为吉祥，宣帝为其立祠。《汉书·郊祀志下》载："南郡获白虎，献其皮牙爪，上为立祠。"[1]白虎作为祥瑞在西汉宣帝，东汉章帝、安帝、献帝时多次出现。西汉宣帝元康四年，南郡获白虎；东汉章帝元和二年至章和元年，凡三年，白虎二十九见郡国；安帝延光三年八月，白虎二见颍川阳翟；献帝延康元年四月，饶安县言白虎见，又郡国二十七言白虎见[2]。

白虎在汉代是君德的瑞应。《孝经援神契》曰："德至鸟兽，则白虎见。"[3]孙柔之《瑞应图》曰："白虎者，仁而不害，王者不暴虐，恩及行苇则见。"[4]山东嘉祥汉武梁祠有一方屋顶前坡面画像石，原编号为"祥瑞图一"。石断裂。画面从上至下分三层，皆刻有吉瑞画像，惜磨泐难辨，绝大多数画像、榜题已不清。第三层画像与榜题已全无，据《山左金石志》载："一兽蹲伏，左题二行，云'白□□王者不暴□□□至仁不害人'。泐五字。"[5]窃以为此兽为白虎。《宋书·符瑞志中》云："白虎，王者不暴虐，则白虎仁，不害物。"[6]

汉代视白虎为神兽，是正义、勇猛、威严的象征。汉代人认为虎能镇祟辟邪、保佑平安，由此衍演出许多吉祥习俗。白虎可以辟不祥。《论衡·解除篇》说："宅中主神有十二焉，青龙、白虎列十二位。龙虎猛神，天之正鬼也，飞尸流凶安敢妄集，犹主人猛勇，奸客不敢窥也。"《后汉书·礼仪中》注曰："画虎于门，当食鬼也。"[7]《风俗通义·祀典第八》云："虎者……能执搏挫锐，噬食鬼魅。今人卒得恶遇，烧悟虎皮饮之，系其爪，

---

[1]《汉书》卷二十五下。
[2] 详见《宋书·符瑞志中》卷二十八。
[3] 赵在翰辑：《七纬》，《纬书集成》，第1026页。
[4] 马国翰辑：《玉函山房辑佚书》。
[5] 参见蒋英炬、吴文祺著：《汉代武氏墓群石刻研究》，第59页。
[6]《宋书》卷二十八。
[7]《后汉书》志第五。

亦能辟恶，此其验也。"又云："'度朔山上有桃树，二人于树下简阅百鬼，无道理妄为人祸害，神荼与郁垒缚以苇索，执以食虎。'于是县官常以腊除夕饰桃人，垂苇茭，画虎于门，皆追效于前事，冀以御凶也。"[1]《风俗通义》曰："墓上树柏，路头石虎。《周礼》：方相氏葬日入圹驱罔象。罔象好食亡者肝脑，人家不能常令方相立于侧，而罔象畏虎与柏，故墓前立虎与柏。"[2]《搜神记》曰："今俗法，每以腊终除夕，饰桃人，垂苇索，画虎于门，左右置二灯，象虎眼，以祛不祥。"[3]汉铜镜铭文中常有"左龙右虎辟不羊，朱雀玄武顺阴阳"的句子。西安理工大学1号西汉晚期壁画墓墓门的东西两侧绘有青龙、白虎和云气，墓门东侧为一青龙，西侧立一白虎，虎头部不清，背上有斑纹，肩生双翼，爪持旌幡。此龙、虎应是用来镇墓辟邪的，象征"左龙右虎辟不羊"。在汉画像石墓的门扉上经常能看到左龙右虎的画像布局，如陕西神木大保当彩绘汉画像石墓出土的一方左门扉画像石，纵114厘米，横49厘米。门扉中刻铺首衔环，上刻朱雀，下刻一虎，虎下墨书"白虎在右"四字[4]（图6-29）。河南南阳白滩汉墓曾出土一方画像石，纵145厘米，横100厘米。画面刻一建筑，建筑内两人对坐，建筑的左右两柱上有一龙一虎[5]（图6-30）。此类汉画像中的虎，均有"左龙右虎辟不羊"的吉祥寓意。在刘兴怀、闪修山编著的《南阳汉代墓门画艺术》一书中，共收录南阳汉画像石墓出土的91幅门画，其中刻有虎的墓门就有42扇。可见画虎于门翼以御凶的吉祥习俗在汉代社会流行之广。

肩生双翼的虎在神话中称为"穷奇"。《山海经·海内北经》曰："穷奇状如虎，有翼，食人从首始。"[6]郭璞《山海经图赞》云："穷奇之兽，厥形甚丑，驰逐妖邪，莫不奔走。"[7]虎添双翼，更增强了食鬼逐妖的凶猛

---

[1] 应劭撰，吴树平校释：《风俗通义校释》，第307、306页。
[2] 应劭撰，吴树平校释：《风俗通义校释》辑《风俗通义》佚文，第428页。
[3] 干宝著，黄涤明译注：《搜神记全译》辑《搜神记》佚文，《中国历代名著全译丛书》，贵州人民出版社，2008年，第426页。
[4] 中国画像石全集编辑委员会：《中国画像石全集》第5卷，第157页，图二一二。
[5] 闪修山、王儒林、李陈广编著：《南阳汉画像石》，河南美术出版社，1989年，第100页。
[6] 袁珂译注：《山海经全译》，第253页。
[7] 转引自马昌仪著：《古本山海经图说》上册，第275页。

神性。由此可见，穷奇显然是对虎的进一步神化。在河南洛阳、南阳汉墓出土的画像石上偶尔可以看到老虎张口吞食小女子的画像，被释为"虎食女魃图"。如南阳唐河针织厂出土的一方汉画像石，纵65厘米，横142厘米。画面右刻穷奇，肩生双翼，正低首捕食一女子。左刻一虎，昂首张口，亦加入捕食行列。女子瘦弱纤小，上身裸露，下着裳，赤足，伏于地，一臂上举，作挣扎状。穷奇与虎中间有一熊，作人立状，回首，两前肢平伸，执虎与穷奇。[1]（图6-31）这幅图像不但反映出汉代人希冀虎能镇墓辟邪，也表现出汉人希冀风调雨顺、五谷丰登、保其子孙永久平安富贵的吉祥信仰。

虎之所以在汉代被视为吉瑞之物，还在于它可以来往于天地之间，帮助人们升仙。贾谊《惜誓》在描写升仙时说："苍龙蚴虬于左骖兮，白虎骋而为右騑。"严忌《哀时命》曰："使枭杨先导兮，白虎为之前后。"[2]《焦氏易林·临之第十九》云："驾龙骑虎，周遍天下，为人所使，西见王母，不忧不殆。"[3] 四川简阳鬼头山崖墓3号石棺左侧刻有"天门图"，图正中刻双阙式天门，门右侧为太仓，左侧为一虎，虎上方榜题"白虎"二字[4]。在这里，白虎为天界神物无疑。1960年清理的山东安丘董家庄汉画像石墓，其后室东间室顶西坡画像石上的云车前刻有仙人骑虎画像[5]。河南南阳出土的一方汉画像石上也有骑虎升仙的画像，画像纵30厘米，横165厘米。左边刻一仙人乘龙、一仙人骑虎，右边刻方相氏追逐一猛兽，画面空间缀以云纹[6]（图6-32）。

还有驾虎车升仙的画像。1965年11月发掘的河南南阳英庄1号汉墓出土有一方所谓"虎车雷公图"画像石，纵79厘米，横167厘米。画面刻三只翼虎纤索挽引一云车由右向左飞驰。车以云气为轮，车上中刻一鼓，上饰华盖和羽葆；车上一御者、一乘者，皆肩生羽翼，作仙人状。[7]（图6-33）

---

[1] 王建中、闪修山著：《南阳两汉画像石》，图177。
[2] 洪兴祖撰：《楚辞补注》卷十一、卷十四，《丛书集成初编》，第180、211页。
[3] 焦延寿撰：《焦氏易林》卷二，《丛书集成初编》，第87页。
[4] 详见内江市文管所、简阳县文化馆：《四川简阳县鬼头山东汉崖墓》，《文物》1991年第3期。
[5] 山东省博物馆：《山东安丘汉画像石墓发掘简报》，《文物》1964年第4期。
[6] 闪修山、王儒林、李陈广编著：《南阳汉画像石》，第178页。
[7] 南阳汉画馆编著：《南阳汉代画像石墓》，第92页，图八。

图 6-29　陕西神木大保当汉墓门扉画像石　　图 6-30　河南南阳白滩汉墓画像石

图 6-31　河南南阳汉画像石上的"虎食女魃"画像

图6-32 河南南阳汉画像石上的"乘龙、骑虎升仙"画像(画像局部)

图6-33 河南南阳英庄汉画像石墓中的"虎拉云车升仙"画像

六 嘉瑞"五灵"

1919 年，山西离石马茂庄西圩塌梁汉墓门侧出土一方画像石，纵 109 厘米，横 85 厘米。画面分左中右三格，中格上层为勾连纹，下层上部有四虎驾华盖云车，云车下有二羽人分骑天马、翼虎；下部左为蟾蜍，右为人身蛇尾画像[1]。以上虎车表现的应是乘虎车升仙的吉祥寓意。

虎又是长寿、赐子、仕宦之象征。《抱朴子·内篇·对俗》曰："虎及鹿、兔，皆寿千岁，满五百岁者，其毛色白。"[2]《龙鱼河图》曰："悬文虎鼻门上，宜官，子孙带印绶。悬虎鼻门中，周一年，取烧作屑，与妇人饮之，二月中便有娠，生贵子。泄则不验也，亦勿令妇人知之。"[3]

汉时有"大人虎变""君子豹变"之说，以喻大人物行止屈伸，非常莫测，如虎身花纹之斑驳多彩。《易·革》曰："大人虎变，未占有孚。"疏曰："损益前王，创制立法，有文章之美，焕然可观，有似虎变，其文彪炳。"[4]后世有"大人虎变"的吉祥图案。

时至近代，虎的镇祟辟邪、保佑平安的吉祥寓意仍在流传，民间工艺中有虎头帽、虎头鞋、虎头枕等衣物，其意在于借虎驱邪。

---

[1] 参见中国画像石全集编辑委员会：《中国画像石全集》第 5 卷，第 210 页，图二八四。
[2] 《抱朴子》卷三。
[3] 乔松年辑：《纬捃》，《纬书集成》，第 1527 页。
[4] 《周易正义》卷五。

七
汉代吉祥文化兴盛的社会文化背景

1. 神灵信仰与吉祥文化

古代中国是一个多神的国度,神灵信仰源远流长,对人们的价值观念、行为方式产生了深远影响。可以说,神灵信仰是中国古代文化的根基之一,只有了解了这一点,才能了解普遍意义上的中国吉祥文化。

在原始先民看来,自然万物由神灵主宰,神灵有着巨大的威力,尊崇祭祀这些神灵不仅能使人逢凶化吉,而且能给子孙后代带来吉祥。远古时代,中国就出现了自然崇拜、祖先崇拜、鬼神崇拜、上帝崇拜等神灵崇拜。自夏及周,日神被作为主宰上天的神灵来崇拜。文献中的"十日神话"与三星堆出土的青铜"太阳神树"可以互相印证。月神崇拜自迟在商周时代就已经产生。玉兔、蟾蜍、嫦娥奔月等传说,都是建立在月神崇拜的基础之上的。殷商时期完成了对天上最高神"上帝"的创造,并迷信它有广泛的神力。周代,上帝信仰已广泛流传,统治者把"德"纳入上帝信仰中,强调上帝的神性和天意是"惟德是辅",王者"必须明德""崇德""敬德",才能保持既得的统治权。

一个时代的神灵信仰,主要反映在祭祀上。祭祀活动贯穿于中国整个古代社会,是国家礼制的重要组成部分。祭祀的形式主要有郊祭、庙祭和封禅。《礼稽命征》曰:"夏无大祖,宗禹而已,则五庙。殷人祖契而宗汤,则六庙。周尊后稷宗文王武王,则七庙。自夏及周,少不减五,多不过七。"[1] 西周的统治者把先王祖灵与天帝配合起来祭祀,用以表明天帝是周王室的保护神,周王室与天帝有特殊的关系。为了保持天帝特殊的神性,规定除了王室,他人无权祭祀天帝。统治者的祭祀到了春秋战国时期逐渐增多,其祭祀则"肆类于上帝,禋于六宗,望于山川,遍于群神"[2];则"山林、川谷、丘陵能出云,为风雨,见怪物,皆曰神。有天下者祭百神"[3]。"遍于群神""祭百神"说明祭祀的神灵众多,这里有山神、水神及各种自然神灵,还有各种社会神灵,如祖先神等。祭祀的同时,其功利目的也越来越明显。《诗·小雅·楚茨》云:"神嗜饮食,使君寿考。"笺云:"神乃歆耆君之饮食,使君寿且考。"[4]《论语·为政第二》曰:"非其鬼而祭之,谄也。"郑玄注曰:"人神曰鬼。非其祖考而祭之者,是谄求福。"[5]《后汉书·黄琼传》曰:"自古圣帝哲王,莫不敬恭盟祀,增致福祥,故必躬郊庙之礼,亲籍田之勤,以先群萌,率勤农功。"[6]

虽然在商周时期已完成了上帝信仰,但当时及以后相当长的一个时期,万物有灵仍是人们普遍的信仰特征。秦汉时期,由于统治者对祭祀和礼拜仪式的重视,皇帝亲自参与祭祀,再加上阴阳五行与"天人感应"说结合,祭祀繁复,信仰的神灵趋于庞杂,自然界和人世间的许多事物都成为祭拜的对象,甚至达到一种"人神淆杂"不分的程度。

神灵信仰作为一种文化现象在汉代非常流行。汉代统治者为在统一帝国内加强思想控制,巩固社会秩序,大力提倡神灵信仰和世俗迷信,使得神灵信仰盛行。汉代统治者信仰的神灵很多。东汉议郎卫宏在叙述西汉和王莽制度时说:"汉制,天地以下,群臣所祭凡一千五百四十。新益为万五千四十。"[7]

---

[1] 赵在翰辑:《七纬》,《纬书集成》,第873页。
[2] 《尚书·舜典》,《尚书正义》卷三。
[3] 《礼记·祭法》,《礼记正义》卷四十六。
[4] 《毛诗正义》卷十三。
[5] 《论语注疏》卷二。
[6] 《后汉书》卷六十一。
[7] 《汉旧仪补遗》卷下,见孙星衍等辑,周天游点校:《汉官六种》,第97页。

西汉初年，其主神议而未决，高祖刘邦下诏曰："吾甚重祠而敬祭。今上帝之祭及山川诸神当祠者，各以其时礼祠之如故"；"于是令祠官祀天地四方上帝山川，以时祀之"[1]。当时搬入长安的各路神灵既有周礼所祠的主神，也有原战国时各诸侯地方的神灵，多神崇拜，庞杂无序。到汉武帝时，才大致确立了以太一为上帝，以五帝后土为辅神的汉代神灵信仰体系。

据史料记载，西汉自高祖至元帝时，天地山川之神庙在长安及郡县者共683所，雍地秦旧祠203所，汉宗庙在郡县167所，在京师176所，另有天子太后陵寝无数。《风俗通义·祀典第八》曰："自高祖受命，郊祀祈望，世有所增。武帝尤敬鬼神，于时盛矣。至平帝时，天地六宗已下及诸小神凡千七百所……"[2]

王莽篡位，崇鬼神祀。《汉书·郊祀志下》载："莽遂崇鬼神淫祀，至其末年，自天地六宗以下至诸小鬼神，凡千七百所，用三牲鸟兽三千余种。后不能备，乃以鸡当鹜雁，犬当麋鹿。"[3] 连祭品都不够用，可见当时祭祀的神灵之多。

东汉初，光武帝宣布图谶于天下，直接影响了当时的社会风气。朝野上下崇拜鬼神之风日盛，各种鬼神迷信泛滥。建武二年"初制郊兆于洛阳城南"(《后汉书·祭祀上》)，时所祠诸神有1514种。至章帝时仍嫌不够，又于元和二年正月下诏曰："山川百神，应祀者未尽。其议增修群祀宜享祀者。"[4]

汉代普遍祭祀社稷神。社神是土地神。春天祭社是为了祈求丰收，秋天祭社是为了丰收报谢社神。稷神是五谷神。《风俗通义·祀典第八》引《孝经》曰："稷者，五谷之长。五谷众多，不可遍祭，故立稷而祭之。"[5] 稷是作为百谷的象征而成为祭祀对象的。西汉时期，稷神的祭祀主要在地方和民间进行，王莽时开始出现官祭。

---

[1] 《史记·封禅书》卷二十八、《高祖本纪》卷八。
[2] 应劭撰，吴树平校释：《风俗通义校释》，第291页。
[3] 《汉书》卷二十五下。
[4] 《后汉书·祭祀中》志第八。
[5] 应劭撰，吴树平校释：《风俗通义校释》，第297页。

汉代除官方的祭祀外，还有众多的民间祭祀。民间祭祀的神灵往往与日常生活息息相关。其中最引人瞩目的是时称门、户、井、灶、中霤的"五祀"[1]。《论衡·祭意篇》道："五祀，报门、户、井、灶、室中霤之功，门、户人所出入，井、灶人所饮食，中霤人所托处，五者功均，故俱祀之。"[2] 五祀中祀灶格外重要。在汉代人心目中，灶是养生之本，通过对灶神所拥有的造食神格的肯定，进而把吉祥信仰容纳到灶的社会含义当中。汉代人认为，"理发灶前，妇安夫家"[3]；灶"广四尺，长五尺，欲安两釜，长七尺，子孙富贵"[4]。

汉代，连人身上的眼、耳、鼻、齿、发都有神灵，况且还能却鬼。《龙鱼河图》说："发神名寿长，耳神名娇女，目神名珠映，鼻神名勇卢，齿神名丹朱。夜卧三呼之，有患亦便呼之九过，恶鬼自却。"[5] 甚至还有厕神。《太平广记》卷三百二十二引《杂五行书》云："厕神曰后帝也。"在民间，人有疾病，往往"弃医药""往事神""至于死亡"[6]。

对古人来说，许多自然现象是神秘莫测的。风雨雷电等，都被想象成神灵的操纵。于是人们对这些自然现象产生了崇拜，河伯、风伯、雨师、雷公等成为汉代人信奉的神灵。河伯称"冯夷"，既是黄河河神，也是所有河神的统称。战国时代，河伯或作鱼身，或乘云车。传说生活在黄河中游的华阴人冯夷得道后成为河伯。冯夷又作"冰夷"，说他过河时被淹死，天帝就任命他为河伯管理河川，其事见《抱朴子·释鬼篇》。风伯即风神，又称风师、飞廉、箕星等。颜师古认为风神是飞廉而非箕星[7]，但据汉代的另一些文献，箕星或飞廉系风神的说法并存于汉世[8]。风伯最突出的神性

---

[1] 按：中霤即中室。《礼记·月令》郑玄注："中霤犹中室也。土主中央，而神在室。古者复穴，是以名室为霤云。"(《礼记正义》卷十六)
[2] 北京大学历史系《论衡》注释小组：《论衡注释》，第1463页。
[3] 《太平御览》卷三百七十三引《淮南万毕术》。
[4] 《艺文类聚》卷八十引《杂五行书》。
[5] 孙毅辑：《古微书》，《纬书集成》，第372页。
[6] 《潜夫论·浮侈第十二》，《潜夫论笺校正》卷三。
[7] 参见《汉书·郊祀志上》卷二十五上，颜师古注。
[8] 前者如《周礼·春官·大宗伯》郑玄注云："风师，箕也。"汉应劭《风俗通义·祀典第八》："风师者，箕星也。箕主簸扬，能致风气。"后者如《淮南子·俶真训》，真人骑飞廉，"驰于外方，休乎宇内，烛十日而使风雨"。《楚辞·离骚》："后飞廉使奔属。"王逸注："飞廉，风伯也。"

是致风。其职能就是"掌八风消息,通五运之气候"。雨师的起源也很早,但对雨师有不同说法。或谓雨师为先秦时期已出现的水神玄冥;或谓雨师称"蓱翳"[1]。不过更为流行的说法是雨师是天上的毕星。《周礼·春官·大宗伯》郑玄注:"雨师,毕也。"疏引应劭曰:"雨师,毕也者。《诗》云:'月离于毕,俾滂沱矣。'是雨师毕也。"[2] 汉代关于雷神也是诸说并存。一种说法认为雷神居住在雷泽中,肚子很大,人头龙身[3];一种说法认为雷神名为丰隆,所谓"丰隆轪其震霆"[4];还有一种说法认为雷神即是龙。东汉人所绘雷神则更具有人的形象。《论衡·雷虚篇》曰:"图画之工,图雷之状,累累如连鼓之形。又图一人,若力士之容,谓之雷公,使之左手引连鼓,右手推椎,若击之状。其意以为雷声隆隆者,连鼓相扣击之音也;其魄然若敝裂者,椎所击之声也;其杀人也,引连鼓、推椎,并击之矣。"[5] 徐州洪楼汉画像石墓祠堂顶部两方坡面石上刻有河伯、风伯、雨师、雷公等画像,其中河伯头戴鱼冠,乘鱼车,风伯在鼓风,雨师双手各持一罐正在降雨,雷公引连鼓正在打雷。[6] 让我们分明看到汉代人心目中河伯、风伯、雨师、雷公的形象,其中雷公之形象与《论衡》所描绘者如出一辙。

一些神灵经过阴阳五行、"天人感应"、谶纬神学的进一步催化,许多有了吉祥意义,如汉代人最为笃信的"四灵"。《礼记·礼运》曰:"麟、凤、龟、龙,谓之四灵。"[7] 又有天上对应四方的"四灵"。《三辅黄图·未央宫》云:"苍龙、白虎、朱雀、玄武,天之四灵,以正四方。"[8] 苍龙、白虎、朱雀、玄武又称"四神",在汉代有辟除不祥的吉祥寓意。王充

---

[1]《风俗通义·祀典第八》:"《春秋左氏传》说,共工之子,为玄冥师,郑大夫子产襈于玄冥。雨师也。"《楚辞·天问》曰:"蓱号起雨,何以兴之?"王逸注:"蓱,蓱翳,雨师名也。号,呼也。兴,起也。言雨师号呼,则云起而雨下。"洪兴祖补注曰:"《山海经》:'屏翳在海东,时人谓之雨师。'"《太平御览》卷八引《淮南子》曰:"屏翳曰雨师。"
[2]《周礼注疏》卷十八。
[3] 参见《山海经·海内东经》《淮南子·墬形训》。
[4] 张衡:《思玄赋》,《文选》卷十五。
[5] 北京大学历史系《论衡》注释小组:《论衡注释》,第394页。
[6] 参见周保平:《徐州洪楼两块汉画像石考释》,《中原文物》1993年第2期。
[7]《礼记正义》卷二十二。
[8] 何清谷撰:《三辅黄图校释》卷三,第160页。

《论衡·解除篇》云:"宅中主神有十二焉,青龙、白虎列十二位。龙虎猛神,天之正鬼也,飞尸流凶安敢妄集,犹主人猛勇,奸客不敢窥也。"[1]汉铜镜中也常有"左龙右虎辟不羊,朱雀玄武顺阴阳"的铭文。

汉代的神灵祭祀具有世俗化的特点,"带有强烈的讨好付出——索取回报的实用主义色彩"[2]。封建统治者之所以建这么多神庙、祭祀这么多神灵,就是为了从神灵那里获得福佑,祈求国祚永延,五谷丰登,国泰民安,战争胜利,简言之,就是为了求个吉祥。在他们看来,祈祷祭祀神灵,神灵就会给他们降福。《汉书·五行志上》曰:"王者即位,必郊祀天地,祷祈神祇,望秩山川,怀柔百神,亡不宗事。慎其斋戒,致其严敬,鬼神歆飨,多获福助。"[3]张衡在《东京赋》中写道:"万舞奕奕,钟鼓喤喤。灵祖皇考,来顾来飨。神具醉止,降福穰穰。"[4]他们郊五帝是为了祈福丰年。《后汉书·蔡邕列传》曰:"迎五帝于郊,所以导致神气,祈福丰年。"[5]他们祭灶是为了升官封侯。《汉记》:"南阳殷子方积德好施,喜祀灶,腊日晨炊而灶神见,再拜受神,时有黄羊,因以祀之。"故其家"凡二侯,牧守数十"[6]。《风俗通义》曰:"祭祀先祖,所以求福。"[7]汉代人甚至认为"祭祀者必有福,不祭祀者必有祸……鬼神饮食,犹相(飨)宾客,宾客悦喜,报主人恩矣"[8]。

汉代,随着祭祀神灵的增多,吉祥瑞应也多起来。祭祀神灵既能得到神灵的福佑,还能导致吉瑞之物的降临。《礼稽命征》曰:"天子祭天地、宗庙、六宗、五岳得其宜,则五谷丰登,雷雨时至,四方贡物。青鸟、黄

---

[1] 北京大学历史系《论衡》注释小组:《论衡注释》,第1436页。
[2] 彭卫、杨震红著:《中国风俗通史·秦汉卷》,"导言",中国社会科学出版社,1986年,第13页。
[3] 《汉书》卷二十七上。
[4] 《文选》卷三。
[5] 《后汉书》卷六十下。
[6] 《风俗通义·祀典第八》引。吴树平指出,此处《汉记》"即《东观汉记》。殷子方祀灶事,今本《汉记》已散佚"(应劭撰,吴树平校释:《风俗通义校释》,第302页)。
[7] 应劭撰,吴树平校释:《风俗通义校释》辑《风俗通义》佚文,第429页。
[8] 《论衡·祀义篇》,北京大学历史系《论衡》注释小组:《论衡注释》,第1445页。

马,黄龙翔、黄雀集。"[1]《汉书·礼乐志》曰:"灵既享,锡吉祥,芒芒极,降嘉觞。"又《郊祀志上》曰:"神灵之休,佑福兆祥。"[2]《拾遗记·前汉上》:"祀百神以招群瑞。"[3]清马国翰《玉函山房辑佚书》辑《孝经援神契》卷下曰:"神灵滋液,百宝用,则珠母见,珠母玑镜,玉有英,翠羽耀,玳瑁背,珊瑚钩,琉璃镜,琅玕景。碧山有银瓮不汲自随,不盛自盈。丹甑,犀骇鸡,蛟珠旗,白象素,象色白如也,犀角戴通,赤熊见。"注曰:玉英,玉有英华之色。尊卑不失其服,玉有英华也。珊瑚钩,瑞宝也。神灵滋液,百珍宝用则出。事神明得理,则琅玕有光。犀角有光,鸡见而骇警也。蛟鱼之珠有光耀,可以饰旗。[4]

　　汉代祭祀这么多神灵的目的一言以蔽之,就是求个吉祥。就是为了"神祇降假,享福无疆","神祇来格,福禄是臻","克昌厥后,保祚无疆","保天年,穷地纪","保万寿,延亿龄"[5]。这种功利的信仰情感不仅盛行于上层社会,在当时的民间也无例外。

　　汉代,"鬼神信仰在一定程度上演变成了一种吉祥文化,突出了辟邪求吉的寓意,神灵鬼怪在汉代画像中已不单纯是一种信仰意识,而成为禳除灾害的图像符号,成为崇尚祥瑞的象征"[6]。汉代墓葬中,无论是汉画、题记还是出土遗物,都反映出汉代人祈求鬼神赐福、辟灾除疫、保佑子孙万代、心想事成、幸福永远的趋吉辟邪心理。例如,画像石、画像砖上的文字"利后子孙""子孙高迁""长乐大吉""富贵,上有鲜(仙)人不知老"等;铜镜铭文"长宜子孙""位至三公""长生大吉"等,都可以说明汉代人以祈祥禳灾为主旨的吉祥观念。汉画中的"仙人图""伏羲女娲图""东王公西王母图""灵异图"等是对神灵的崇拜和祭祀,亦具有祈祥禳灾的作用。连汉代画像中的"乐舞图"因与"祈祥禳灾图"组合在一起也有

---

[1] 赵在翰辑:《七纬》,《纬书集成》,第877页。
[2] 《汉书》卷二十二、卷二十五上。
[3] 王嘉撰,萧绮录,齐治平校注:《拾遗记》卷五,《古小说丛刊》,第124页。
[4] 《纬书集成》,第1369页。
[5] 参见《乐府诗集·郊庙歌辞》卷一。
[6] 黄剑华:《从汉代画像看两汉时期的鬼神信仰》,中国汉画学会、四川博物院编《中国汉画学会第十二届年会论文集》,第8页。

了娱神的功能,而娱神就是为了祈祥禳灾,祈求神灵赐福降祥[1]。

汉代吉祥信仰表现的是当时整个中华民族的理想,人们祈求人寿年丰,国泰民安,六畜兴旺,五谷丰登,只要能满足人类繁衍、生存和发展的愿望,他们不惜祈求任何神灵,这种由原始宗教万物有灵演变而来的吉祥信仰反映了人们的生存意识、生命意识和功利心态,它支撑着整个民族发展向上,积聚着民族精神,洋溢着对生命的热爱、对生活的赞美,是历史发展进程中不可或缺的精神食粮。

2. 阴阳五行与吉祥文化

阴阳是中国古代哲学的一对范畴。阴阳学说作为一种文化现象大约萌芽于商周之际的自然观,最初含义是表示阳光的向背,向日为阳,背日为阴。《诗·大雅·公刘》云:"相其阴阳,观其流泉。"[2]"相其阴阳"是说向日光的地方为阳,背日光的地方为阴。后来随着人们认识的发展,引申为宇宙间一切相互对立而又相互作用的现象,如天地、日月、昼夜、寒暑、男女、上下、吉凶等。《礼记·礼器》云:"大明生于东,月生于西。此阴阳之分,夫妇之位也。"注云:"大明,日也。"[3]《春秋繁露·循天之道第七十七》曰:"天地之阴阳当男女,人之男女当阴阳。阴阳亦可以谓男女,男女亦可以谓阴阳。"[4]进而认为阴阳的对立与消长是宇宙的基本规律,阴阳的相互作用、交感推动了宇宙的生生息息,变化无穷。《易·系辞上》说:"一阴一阳之谓道。"[5]《春秋繁露·阴阳义第四十九》曰:"天地之常,一阴一阳。"[6]

---

[1] 参见刘太祥,《娱神与娱人:汉画乐舞百戏的双重愉悦功能》,中国汉画学会、南阳师范学院汉文化研究中心编:《汉画研究——中国汉画学会第十届年会论文集》,第78页。
[2] 《毛诗正义》卷十七。
[3] 《礼记正义》卷二十四。
[4] 苏舆撰,钟哲点校:《春秋繁露义证》卷十六,第446页。
[5] 《周易正义》卷七。
[6] 苏舆撰,钟哲点校:《春秋繁露义证》卷十二,第341页。

"五行"是指五种变化发展着的物质元素。古人认为，万物是由金、木、水、火、土这五种物质元素构成的，并把他们叫作"五行"。"行"，指运行、变化。"五行"一词，最早见于《尚书》。《尚书·洪范》曰："五行。一曰水，二曰火，三曰木，四曰金，五曰土。水曰润下，火曰炎上，木曰曲直，金曰从革，土爰稼穑。润下作咸，炎上作苦，曲直作酸，从革作辛，稼穑作甘。"[1]这里道出了水、火、木、金、土五种基本物质元素及其功能，同时还提出与之相对应的五味、五事、五纪、五福等概念。

　　五行学说作为中国古代早期的一种文化现象，可能萌芽于商代[2]。约成书于公元前5世纪的《尚书·洪范》则明确指出五行乃是水、火、木、金、土。春秋末期，"五行相杂说"又向"五行相胜（克）说"演化。战国中后期，邹衍对《洪范》的五行说进行改造，创立了五德终始说。认为每一个朝代的天子都具有五行中某一行的性质，所以，每一个朝代都要受某种"德"的支配，用五行相胜、相生来说明王朝统治的趋势，并把肝、牛的次序固定下来。秦汉时期，五行说盛行。汉代，儒生更把五行说与"天人感应"进一步结合，宣扬天有意识、有目的地用五行创造万物，并牵强附会地把五行和五德终始、祸福吉凶联系在一起。《春秋繁露·五行相生第五十八》曰："天地之气，合而为一，分为阴阳，判为四时，列为五行。行者行也，其行不同，故谓之五行。五行者，五官也，比相生而间相胜也。"[3]《汉书·艺文志》曰："五行者，无常之行气也。《书》云'初一曰五行，次二曰羞用五事'，言进用五事以顺五行也……其法亦起五德终始，推其极则无不至。而小数家因此以为吉凶，而行于世。"[4]

　　阴阳五行学说，是中国古代朴素的唯物论和自发的辩证法思想，它认为世界是物质的，物质世界在阴阳二气作用的推动下滋生、发展和变化；并认为木、火、土、金、水五种最基本的物质是构成世界不可缺少的元素。这五种物质相互资生、相互制约，处于不断地运动变化之中。阴阳五行观

---

[1]《尚书正义》卷十二。
[2] 详见丁山著：《中国古代宗教与神话考》，第96—145页。
[3] 苏舆撰，钟哲点校：《春秋繁露义证》卷十三，第362页。
[4]《汉书》卷三十。

念是在八卦的阴阳观念基础上结合五方说和五材说发展形成的。五材说把金、木、水、火、土五种物质元素看成世界万物的本原物质，所谓"天生五材，民并用之，废一不可"[1]。五方观在甲骨文中就有记述，古人在社会生产实践中，通过对自然现象的观察，体认到空间有东南西北中五个方位。战国时代以五方配五行的思想已经形成。《墨子·贵义》载："子墨子北之齐，遇日者。日者曰：'帝以今日杀黑龙于北方，而先生之色黑，不可以北。'子墨子不听，遂北，至淄水，不遂而返焉。日者曰：'我谓先生不可以北。'子墨子曰：'南之人不得北，北之人不得南，其色有黑者有白者，何故皆不遂也？且帝以甲乙杀青龙于东方，以丙丁杀赤龙于南方，以庚辛杀白龙于西方，以壬癸杀黑龙于北方，若用子之言，则是禁天下之行者也。是围心而虚天下也，子之言不可用也。'"[2] 从这则故事看，战国初期的阴阳家已将四方与四色联系在一起了。到了战国后期，邹衍又把阴阳与五行结合起来，构成一个体系，用阴阳消息五德始终的观点解释自然界的生成与变化以及人类社会的变迁，把五行说引向唯心主义。吕不韦集《吕氏春秋》，其中阴阳家的著作进一步将五行、五德、五方、五色、五帝统一起来，制造出完整的"五帝崇拜"。邹衍的学说大多保留在《吕氏春秋》的《应同篇》中。《吕氏春秋·有始览·应同》说："凡帝王者之将兴也，天必先见祥乎下民。黄帝之时，天先见大螾大蝼，黄帝曰：'土气盛。'土气盛，故其色尚黄，其事则土。及禹之时，天先见草木秋冬不杀，禹曰：'木气盛。'木气盛，故其色尚青，其事则木。及汤之时，天先见金刃生于水，汤曰：'金气盛。'金气盛，故其色尚白，其事则金。及文王之时，天先见火，赤乌衔丹书集于周社，文王曰：'火气盛。'火气盛，故其色尚赤，其事则火。代火者必将水，天且先见水气胜，水气胜，故其色尚黑，其事则水。"[3] 这就是"五德终始"之运。也就是木胜土，土胜水，水胜火，火胜金，金胜木。这种传说明显受五行思想影响，或为邹子之说。"五德终

---

[1]《左传·襄公二十七年》，《春秋左传正义》卷三十八。
[2]《墨子间诂》卷十二。
[3]《吕氏春秋》卷十三。

始"说的顺序在汉代有点乱。开始认为汉为水德,后来又说汉代秦而立应该是土德,再后来按刘邦"赤龙之子"的说法汉又为火德,莫衷一是[1]。为什么会这么纠结呢?原因在于五行与符瑞的对应关系上。汉初,鲁人公孙臣上书陈五德终始,言汉为土德,而丞相张苍则以为汉为水德,其理由是"河决金堤,其符也"(《史记·封禅书》)。也就是说有河决金堤作为汉为水德的符应来证明。因此西汉初期认为汉为水德。文帝时,"黄龙见成纪","黄"为土色,又改汉为土德。东汉光武帝时又定秦为金德,汉为火德。其原因也与符瑞相关。其根据之一是秦献公十八年"雨金栎阳";根据之二是高祖斩白蛇的故事,白蛇为白帝子,高祖为赤帝子,白属金,赤属火,因而汉属火德。当然,汉高祖左股七十二黑子应火德七十二日也是汉为火德的证据。可见符瑞与五行关系之重要。

春秋战国以来所形成的阴阳五行学说经长时间流传与酝酿至汉代已广泛传布,深入人心,为道家、儒家共同吸收,渗透到人们的宗教和哲学观中。西汉时期,董仲舒将阴阳五行与儒家学说相结合,发展上升为神学体系。此后,阴阳五行说进一步与天人感应目的论和谶纬神学纠结在一起。汉代人认为,万事万物的发展变化、此消彼长等许多自然和社会现象都是阴阳五行变化所致。清乔松年《纬捃》辑《春秋元命苞》曰:"阴阳聚而为云,阴阳和而为雨,阴阳散而为露,阴阳凝而为霜,阴阳合而为雷,阴阳激而为电,阴阳交而为虹蜺,阴阳怒而为风,阴阳乱而为雾。"[2]《白虎通·校刻白虎通序》言:"古之圣人,凡命一名,制一事,何尝不本之于阴阳,参之于五行。原其始以要其终。"[3] 董仲舒"以《春秋》灾异之变推阴阳所以错行"[4]。他用阴阳五行充实儒学,用天来比附政治,说"阳为

---

[1] 按:汉高祖刘邦时,公孙臣言汉为土德,张苍认为"河决金堤"为汉代符瑞,应为水德。到汉文帝时,"黄龙见成纪",又言汉为土德。直到王莽新朝,方才采用刘向、刘歆父子的说法,认为汉朝属于火德。光武帝光复汉室之后,正式确立汉朝正朔为火德,东汉及以后的史书如《汉书》《三国志》等皆采用了这种说法。
[2] 《纬书集成》,第1455页。
[3] 班固等撰:《白虎通》序,《丛书集成初编》,第2页。
[4] 《史记·儒林列传》卷一百二十一。

德，阴为刑；刑主杀而德主生"[1]。他还把人间的等级制度看成天神意志所决定的，并通过阴阳表现出来。他说："君臣、父子、夫妇之义，皆取诸阴阳之道。"[2]他把天神看成阴阳五行的操作者，天神主要通过阴阳五行来显示自己的权威，来控制自然界和人间的活动。

《史记·封禅书》载："秦始皇既并天下而帝，或曰：'黄帝得土德，黄龙地螾见。夏得木德，青龙止于郊，草木畅茂。殷得金德，银自山溢。周得火德，有赤乌之符。今秦变周，水德之时。昔秦文公出猎，获黑龙，此其水德之瑞。'于是秦更命河曰'德水'，以冬十月为年首……"又曰，高祖"二年，东击项籍而还入关，问：'故秦时上帝祠何帝也？'对曰：'四帝，有白、青、黄、赤帝之祠。'高祖曰：'吾闻天有五帝，而有四，何也？'莫知其说。于是高祖曰：'吾知之矣，乃待我而具五也。'乃立黑帝祠，命曰北畤"[3]。以上文献所载说明在秦汉之际五行说影响之广。

《白虎通》认为，阴阳五行体现天神意志，为人间秩序的原型。其《五行篇》曰："五行者何谓也？谓金、木、水、火、土也。言行者，欲言为天行气之义也。"又曰，"五行之性，或上或下何？火者阳也，尊，故上。水者阴也，卑，故下。木者少阳，金者少阴"；"土者最大，苞含物，将生者出，将归者入，不嫌清浊，为万物"[4]。

汉武帝时，为加强中央集权，奉"太一"为至上神，五帝降为太一之左，但这并没有影响阴阳五行思想的流行。《史记·日者列传》曰："孝武帝时，聚会占家问之，某日可娶妇乎？五行家曰可，堪舆家曰不可，建除家曰不吉，丛辰家曰大凶，历家曰小凶，天人家曰小吉，太一家曰大吉。辩讼不决，以状闻。制曰：'避诸死忌，以五行为主。'"[5]

汉代常利用五行相生相克的方法推算住宅的吉凶，把五行、五方和按五音区别的姓氏牵强附会地拼凑在一起。住宅的方位必须与主人姓氏所属

---

[1]《汉书·董仲舒传》卷五十六。
[2]《春秋繁露·基义第五十三》，苏舆撰，钟哲点校：《春秋繁露义证》卷十二，第350页。
[3]《史记》卷二十八。
[4]班固等撰：《白虎通》卷二上，《丛书集成初编》，第81、83页。
[5]《史记》卷一百二十七。

的五音相宜,即符合五行相生的原则,这样就可以"富贵昌盛",否则住宅的主人就会遭到"甲乙之神"的惩罚,"疾病死亡,犯罪遇祸"[1]。

五行相生顺序的历史观在新莽之后广为流传,这与纬候兴起于哀平之际的时间正相吻合。这一时期由于谶纬神学的产生和流行,加深了阴阳五行观念在现实生活中的印象。

战国时期,阴阳五行已与符应联系在一起。邹衍认为每一德的主运,每一代帝王的兴起都有与之相应的符应出现,把古代的符应传说加以概括并与五行说相结合,提出阴阳五行符应说[2]。"邹衍的历史学说'五德终始说',是一种神秘的历史循环观念。它以五德相胜关系说明王朝更替,先后顺序为一、土德,二、木德,三、金德,四、火德,五、水德。水德之后又是土德,开始另一个周期,循环无穷。每一个王朝代表一德,当一个王朝衰落后,必然被代表另一德的王朝取代。而新王朝兴起的时候,在天意支配下自然界必定出现某种符应。某个君主认识到符应的含义,便成为受命者,取得统治天下的资格。他又自觉地效法符应显示的那一德的性质为新王朝制订各种制度。"[3]

汉代的儒家受到阴阳五行说的影响,其学说开始出现宗教迷信色彩。如京房《易传》重卜筮,大小夏侯《尚书》喜论五行。董仲舒治《公羊》,著《春秋繁露》,他认为,天神的意志是通过阴阳五行的变化表现出来的,天子如果能法天而治,使上天欣悦,就会阴阳调和,五行有序,屡屡出现祥瑞;如果天子有违天意,政事失道,则阴阳不调,五行失序,上天就以灾异谴告,以至惩罚。他把帝王的统治同五行瑞应联系在一起,曰:"恩及草木,则树木华美,而朱草生";"恩及于火,则火顺人而甘露降";"恩及于土,则五谷成,而嘉禾兴";"恩及于金石,则凉风出";"恩及于水,则

---

[1] 参见《论衡·诘术篇》,北京大学历史系《论衡》注释小组:《论衡注释》,第1417—1431页。
[2] 《史记·孟子荀卿列传》说邹衍"称引天地剖判以来,五德转移,治各有宜,而符应若兹"(《史记》卷七十四)。
[3] 张岂之主编:《中国思想史》,西北大学出版社,1989年,第168页。

醴泉出。"[1] 这是给阴阳五行附上感情道德的属性，将阴阳五行作为天神意志的体现，对各种自然现象进行随心所欲的比附、解释。总言之，汉代已把阴阳五行作为解释自然、社会、生活、道德、礼仪等一切事物的理论依据和通则，并形成了一个用阴阳五行立论进行牵强附会解释的基本模式。

将阴阳五行与帝王、祥瑞附会在一起在一些纬书中表现的最为充分。《礼斗威仪》曰：

> 人君乘土而王，其政太平，则日五色无主，月圆而多耀，镇星黄而多晕，官星黄大，其余六星辉光四起，祥风至、甘露降、嘉谷并生，蒙水出于山，河海夷晏，而远方来献珠英，蔓竹、紫脱为之常生，凤皇集于苑林。
> 君乘木而王，其政升平，则日黄而青晕，月清明，海夷，草木丰茂，山车垂勾，福草生于庙中，松柏为常生，有人参生东海，南海输以苍鸟。
> 君乘火而王，其政颂平，则日黄中而赤晕，月赤明，祥风至，地生朱草，梧桐楸豫章梓为常生，南海输以文狐、驳马。
> 君乘金而王，其政象平，则日黄中而白晕，月白明，太白扬光，嘉雨时至，芳桂、兰芝常生，黄银见，紫玉见于深山，江海出大贝明珠，麒麟在郊。
> 君乘水而王，其政和平，则日黄中而黑晕，月黑明，辰扬光，景云见，醴泉出，河溓，江海著其神象，龟被文而见，北海输以白鹿。[2]

由于阴阳五行学说是从古代宗教脱胎而来，用它推演社会的发展必然带有浓厚的神秘色彩。《乐稽耀嘉》曰："殷之德阳德也，故以子为姓；周

---

[1]《春秋繁露·五行顺逆第六十》，苏舆撰，钟哲点校：《春秋繁露义证》卷十三，第372—380页。
[2] 马国翰辑：《玉函山房辑佚书》，《纬书集成》，第1237—1239页。按：马国翰这里将火与金的先后顺序颠倒了，木后应是金，金胜木，金后乃为火，火胜金。

之德阴德也，故以姬为姓。"[1]《春秋内事》曰，"伏羲氏以木德王，天下之人未有宅室，未有水火之和，于是乃仰观天文，俯察地理，始画八卦，定天地之位，分阴阳之数，推列三光，建分八节，以文应瑞，凡二十四消息祸福，以制吉凶"；"轩辕氏以土德王天下，始有堂屋高栋深宇，以避风雨"。又曰："夏后氏金行，初作苇茭，言气交也。殷人水德，以螺首慎其闭塞，使如螺也。周人木德，以桃为梗，言气相更也。今人元日以苇插户，螺则今之门环也，桃梗今之桃符也。"《礼稽命征》曰："天命以黑，故夏有玄珪；天命以白，故殷有白狼衔钩；天命以赤，故周有赤雀衔书。"[2]《汉书·昭帝纪》载："始元元年春二月，黄鹄下建章宫太液池中。公卿上寿。赐诸侯王、列侯、宗室金钱各有差。"注曰："时汉用土德，服色尚黄，鹄色皆白，而今更黄，以为土德之瑞，故纪之也。"[3]《论衡·验符篇》说："鲁人公孙臣，孝文时言汉土德，其符黄龙当见。其后，黄龙见于成纪。成纪之远，犹零陵也。孝武、孝宣时，黄龙皆出。黄龙比出，于兹为四，汉竟土德也。"[4]

汉代将五方与五灵相配合。晋杜预《春秋左传·序》曰："麟凤五灵，王者之嘉瑞也。"孔颖达疏："麟凤与龟龙白虎五者，神灵之鸟兽，王者之嘉瑞也。"[5]《礼稽命征》："古者以五灵配五方，龙，木也；凤，火也；麟，土也；白虎，金也；神龟，水也。"[6]《春秋繁露·服制像第十四》注引东汉蔡邕《月令章句》曰："天官五兽之于五事也，左有苍龙大辰之貌，右有白虎大梁之文，前有朱雀鹑火之体，后有玄武龟蛇之质，中有大角轩辕麒麟之信。"[7]五灵在汉代全是吉瑞之物，这种配合直接反映出五行与吉祥瑞物的关系。

西汉末年，由于阴阳五行、"天人感应"、谶纬神学的互相渗透，把阴

---

[1] 刘学宠辑：《诸经纬遗》，《纬书集成》，第1059页。
[2] 以上见孙毂辑：《古微书》，《纬书集成》，第222、257页。
[3] 《汉书》卷七。
[4] 北京大学历史系《论衡》注释小组：《论衡注释》，第1142页。
[5] 《春秋左传正义》卷一。
[6] 马国翰辑：《玉函山房辑佚书》，《纬书集成》，第1235页。
[7] 苏舆撰，钟哲点校：《春秋繁露义证》卷六，第152页。

阳五行与吉瑞灾异更加紧密地联系在一起。《汉书·匡衡传》曰："百姓安，阴阳和，神灵应，而嘉祥见。"[1]《论衡·宣汉篇》曰："阴阳合，则万物育；万物育，则奇瑞出。"[2]《白虎通·封禅》曰："天下太平，符瑞所以来至者，以为王者承天统理，调和阴阳。阴阳和，万物序，修气充塞，故符瑞并臻，皆应德而至。"[3]《潜夫论·本政第九》曰，"阴阳和则五谷丰，五谷丰而民眉寿"；"将致太平者，必先调阴阳"[4]。《礼含文嘉》曰："缓五车，明五礼，则五禾应以大丰。"[5]《乐叶图征》曰："五音克谐，各得其伦，则凤凰至。"[6]汉代，把五行赋予道德含义，认为木为仁，火为礼，土为信，金为义，水为智。又把仁、礼、智、义、信与不同的吉瑞相对应，"失仁则龙麟不舞，失礼则鸾鸟不翔，失智则黄龙不见，失义则白虎不萌，失信则玄龟不见"[7]。

汉代的吉祥瑞物，如伏羲女娲、东王公西王母、日月、连理木、比翼鸟、比肩兽、五灵、日月合璧等都受到汉代阴阳五行观念的影响，皆因合于阴阳之道而被视为吉瑞。

3. "天人感应"与吉祥文化

"天人感应"即天人交感、互相影响，从而发生相应的变化。也可以解释为自然现象能显示人世间的吉瑞或灾异。

从西汉中期开始，董仲舒的"天人感应"思想渐渐渗透到社会生活的各个层面，以一种无形的氛围潜入当时人们的意识形态，引领规范着人们的思维模式和行为方式。"天人感应"论认为，一些吉瑞现象是天意的表

---

[1]《汉书》卷八十一。
[2] 北京大学历史系《论衡》注释小组：《论衡注释》，第1094页。
[3] 班固等撰：《白虎通》卷三上，《丛书集成初编》，第143—144页。
[4]《潜夫论笺校正》卷二。
[5] 孙毂辑：《古微书》，《纬书集成》，第254页。
[6] 赵在翰辑：《七纬》，《纬书集成》，第897页。
[7] 赵在翰辑：《七纬》《孝经钩命诀》，《纬书集成》，第1035页。

达,是上天对人类行为的一种反馈,是天与人的"对话"。人(主要指统治阶层)在世间做了好事、善事,就会感动上天,上天则以吉祥瑞应来褒奖。

"天人感应"是中国古代哲学中关于天人关系的一种学说。这种思想并不是董仲舒的发明创造,而是有着深远的历史渊源。从人类文明产生至秦汉之际,"天人感应"思想一直在逐渐形成并发展着,而且较为广泛地影响着广大民众的日常生活。中国人历来信奉天,在古人看来,天是有意志的最高主宰神,它和人一样有着丰富的意志和情感,主宰着人世的喜怒哀乐,决定着人间的世运轮回。故而无论是朝代更替,社稷格保,还是个人的休咎祸福,都要祈拜上天,企求天的庇佑。《尚书·洪范》说:"曰休征。曰肃,时寒若;曰乂,时旸若;曰晢,时燠若;曰谋,时寒若;曰圣,时风若。"[1]大意是说人君治政称得上"肃""乂""晢""谋""圣",则天下畅和清明,定会出现风调雨顺、晴朗明媚的天气征兆。说明君主的从政态度、施政效果能影响大气冷暖、风雨的变化。这是"天人感应"思想形成的萌芽。春秋时期盛行的占星术,依据天体的运行推测人事的吉凶祸福,是"天人感应"思想的发展。战国后期,阴阳家邹衍"深观阴阳消息而作怪迂之变"[2],使"天人感应"思想趋于系统化。汉代董仲舒继承和发挥了阴阳家的思想,使"天人感应"说臻于完备。

对天人之际的探究,是战国秦汉间的文化主流。而"天人感应"是关于天人关系的一种神秘学说,它包含了古人对上天神圣的崇拜和敬畏,是原始宗教的一种延伸。这一时期,人们的科学知识依旧匮乏,把一些无法解释的问题,都归之于"天",于是"天人感应"思想流行。这种学说把自然的天赋予了人的意志,认为天能干预人事,人的行为也能感应上天,而自然界的灾异和吉瑞表示天对人的谴责和褒奖。《易·系辞上》曰:"天生神物,圣人则之;天地变化,圣人效之;天垂象,见吉凶,圣人象之;河出图,洛出书,圣人则之。"[3]《墨子·天志上》曰:"顺天意者,兼相爱,

---

[1]《尚书正义》卷十二。
[2]《史记·孟子荀卿列传》卷七十四。
[3]《周易正义》卷七。

交相利，必得赏；反天意者，别相恶，交相贼，必得罚。"又《天志中》："天子为善，天能赏之；天子为暴，天能罚之。天子有疾病祸祟，必斋戒沐浴，洁为酒醴粢盛，以祭祀天鬼，则天能除去之。"[1]《吕氏春秋》的十二纪纪首就讲政令要与月令相配，不配便会发生灾害，《有始览·应同》讲帝王将兴必有天瑞出现。这些都是汉代"天人感应"论的先导。儒生们利用古代传说演绎出许多"天人感应"的荒诞故事。《越绝书·吴人内传第四》曰："管叔、蔡叔不知周公而谗之成王。周公乃辞位出，巡狩于边一年，天暴风雨，日夜不休，五谷不生，树木尽偃。成王大恐，乃发金縢之柜，察周公之册，知周公乃有盛德。王乃夜迎周公，流涕而行。周公反国，天应之福，五谷皆生，树木皆起，天下皆实，此周公之盛德也。"[2]其他如汤自责祷雨而雨降[3]；邹衍受冤，呼天而降霜[4]；杞梁战死，杞梁之妻哭而崩城[5]；晋景公素衣哭河而河水通等[6]，都是至诚感天的例子。《论衡·感虚篇》说，"汤遭七年旱，以身祷于桑林，自责以六过，天乃雨。或言五年。祷辞曰：'余一人有罪，无及万夫。万夫有罪，在余一人。无以一人之不敏，使上帝鬼神伤民之命。'于是剪其发，丽其手，自以为牲，用祈福于上帝。上帝甚说，时雨乃至"；"邹衍无罪，见拘于燕，当夏五月，仰天而叹，天为陨霜"；"杞梁从军不还，其妻痛之，向城而哭，至诚悲痛，精气动城，故城为之崩也"；"梁山崩，壅河三日不流，晋君忧之。晋伯宗以辇者之言，令景公素缟而哭之，河水为之流通"[7]。如果人违背天意，天对人实行的惩罚是无法逃脱的。《淮南子·览冥训》曰："昔者师旷奏白雪之音，而神物为之下降，风雨暴至，平公癃病，晋国赤地。庶女叫天，雷电下击，景公台陨，支体伤折，海水大出。夫瞽师庶女，位贱尚葈，权

---

[1]《墨子间诂》卷七。
[2]《越绝书》卷三，《丛书集成初编》，第20页。
[3] 事见《吕氏春秋·顺民》《荀子·大略》。
[4] 事见《后汉书·刘瑜传》卷五十七注引《淮南子》。
[5] 事见《说苑·立节》、《列女传》卷四。按：据《左传·襄公二十三年》卷三十五载，齐伐莒，杞梁战死。齐庄公率军回来时遇杞梁妻于郊外，向她表示吊唁。杞梁妻认为不合礼节而不受。并没有哭城之说。到了西汉时，才出现了哭而城崩的说法。
[6] 事见《春秋穀梁传·成公五年》，《春秋穀梁传注疏》卷十三。
[7] 以上参见北京大学历史系《论衡》注释小组：《论衡注释》，第313—328页。

轻飞羽,然而专精厉意,委务积神,上通九天,激励至精。由此观之,上天之诛也,虽在圹虚幽间,辽远隐匿,重袭石室,界障险阻,其无所逃之亦明矣。"[1] 这段话的意思是说,象师旷奏白雪之音,感动上天,天就降下狂风骤雨,晋平公因此重病,晋国出现大旱。齐国贫贱女因冤叫天,天就以雷电击坏齐景公之台,并伤其肢体,海水大出。这些人虽然地位低贱,权力比羽毛还轻,但他们可以上通九天,感动神灵。以上诸例说明天人感应无处不在。

"天人感应"与祥瑞、灾异密不可分,是祥瑞灾异说的理论基础。《吕氏春秋·季夏纪·明理》曰:"妖孽有生如带,有鬼投其陴,有兔生雉,雉亦生鹌,有螟集其国,其音匈匈,国有游蛇西东,马牛乃言,犬彘乃连,有狼入于国,有人自天降,市有舞鸱,国有行飞,马有生角,雄鸡五足,有豕生而弥,鸡卵多殈,有社迁处,有豕生狗。国有此物,其主不知惊惶亟革,上帝降祸,凶灾必亟……此皆乱国之所生也。"[2] 西汉初期,思想家陆贾认为天能对人事做出反应,他说,"恶政生于恶气,恶气生于灾异。螟虫之类,随气而生;虹蜺之属,因政而见。治道失于下,则天文度于上;恶政流于民,则虫灾生于地";"周公躬行礼义,郊祀后稷,越裳奉贡,重译而臻,麟凤草木缘化而应。殷纣无道,微子弃骨肉而亡"[3]。刘安等人认为天与人是可以相通的,他说,"天之与人,有以相通也。故国危亡而天文变,世惑乱而虹霓见,万物有以相连,精祲有以相荡也";"故精诚感于内,形气动于天,则景星见,黄龙下,祥凤至,醴泉出,嘉谷生,河不满溢,海不溶波"[4]。我们在查阅史料时发现,对于祥瑞灾异的大量记载出现于汉武帝时期,在此之前,关于祥瑞的记录很少,汉武帝"罢黜百家,独尊儒术"后,受董仲舒"天人感应"说影响,祥瑞灾异说流行,此后一直到东汉末年,史书记载的祥瑞灾异数不胜数。

[1]《淮南子注》卷六。
[2]《吕氏春秋》卷六。
[3]《新语·明诚第十一》,《诸子集成》卷七,上海书店出版社,1986年影印本。
[4]《淮南子·泰族训》,《淮南子注》卷二十。

西汉今文经学家董仲舒在前人思想的基础上，以儒学为核心，融合了黄老道、阴阳五行、法家等学派的学说，将天道与人事相比附，建立起一个以"天人感应"、天瑞天谴为中心的比较完备的"天人感应"思想体系，并使符瑞灾异成为这一思想体系的重要组成部分，适应了汉武帝加强君主专制和实现德泽四海众生伟大目标的需要，成为占统治地位的社会思想。

董仲舒认为，天和人同类相通，相互感应，天能干预人事，人亦能感应上天。如果人君无道，上天即降灾异来谴告和威慑。如果人君在灾异来临时不知悔改，就会出现"伤败"。反过来，如果人君有德，天神就会降下祥瑞来褒奖，这就是所谓的"天人感应"和符瑞灾异说。董仲舒把天看成具有道德意志的大神，能赏善罚恶，认为"帝王之将兴也，其美祥亦先见；其将亡也，妖孽亦先见"；"国家之失乃始萌芽，而天出灾害以谴告之；谴告之而不知变，乃见怪异以惊骇之，惊骇之尚不知畏恐，其殃咎乃至。以此见天意之仁而不欲陷人也"[1]。下面是汉武帝与董仲舒关于"天人感应"中祥瑞的一段对话。汉武帝在问董仲舒贤良对策时说："三代受命，其符安在？灾异之变，何缘而起？"董仲舒对曰："臣闻天之所大奉使之王者，必有非人力所能致而自至者，此受命之符也。天下之人同心归之，若归父母，故天瑞应诚而至。《书》曰'白鱼入于王舟，有火复于王屋，流为乌'，此盖受命之符也。"认为，白鱼、赤乌都是周朝受命的瑞应祥符。董仲舒说："阴阳调而风雨时，群生和而万民殖，五谷孰而草木茂，天地之间被润泽而大丰美，四海之内闻盛德而皆徕臣，诸福之物，可致之祥，莫不毕至。"又说："孔子曰：'凤鸟不至，河不出图，吾已矣夫！'自悲可致此物，而身卑贱不得致也。今陛下贵为天子，富有四海，居得致之位，操可致之势，又有能致之资，行高而恩厚，知明而意美，爱民而好士，可谓谊主矣。然而天地未应而美祥莫至者，何也？凡以教化不立而万民不正也。"又说："古以大治，上下和睦，习俗美盛……德润草木，泽被四海，凤皇来集，麒麟来游。"[2]董仲舒认为，祥瑞的出现与帝王德政有关，"王正则元气和顺，

---

[1] 以上参见苏舆撰，钟哲点校：《春秋繁露义证》卷十三、卷八，第358、259页。
[2] 以上参见《汉书·董仲舒传》卷五十六。

风雨时,景星见,黄龙下。王不正则上变天,贼气并见"。他说:"五帝三王之治天下,不敢有君民之心。什一而税。教以爱,使以忠,敬长老,亲亲而尊尊,不夺民时,使民不过岁三日。民家给人足,无怨望忿怒之患,强弱之难,无谗贼妒嫉之人。民修德而美好,被发衔哺而游,不慕富贵,耻恶不犯。父不哭子;兄不哭弟。毒虫不螫,猛兽不博,抵虫不触。故天为之下甘露,朱草生,醴泉出,风雨时,嘉禾兴,凤凰麒麟游于郊。"[1]董仲舒讲三统循环,讲灾异之变,求雨止雨,都是为了趋吉避凶。

汉代,日食、山崩、地裂、水旱、虫灾等都被认为是天对君主或官吏的谴告。旱灾是天神对君主骄横暴虐的谴责,涝灾是天神对君主迷恋酒色的谴责,虫食谷物、老虎吃人是天神对官吏为奸的谴责。《后汉书·皇后纪上》记载这样一件"天人感应"的故事,说的是安帝初年邓太后称制,永初"二年夏,京师旱,亲幸洛阳寺录冤狱。有囚实不杀人而被考自诬,羸困舆见,畏吏不敢言,将去,举头若欲自诉。太后察视觉之,即呼还问状,具得枉实,即时收洛阳令下狱抵罪。行未还宫,澍雨大降"[2]。这件事要说明的是,当时天大旱是因为下面有冤情,冤情一旦得到昭雪,天即降大雨。此外,人君的某些行为、行政措施,人们的某些宗教仪式,也能感动上天,使上天改变它原来的安排。如春秋时有火星靠近心宿,当时认为是一种灾变,象征着天要惩罚宋景公,后因为宋景公说了三句"善言",感动了上天,火星就离开了心宿,免除了对宋景公的惩罚,还延长了他的生命[3]。《论衡·变虚篇》曰:"政善,则嘉瑞臻,福祥至……恶政发,则妖异见,荧之守心,桑榖之生朝。"[4]总之,天是有意志、有感情、有无上权威的至上神,人间的一切是天意的安排,人间发生的事能为天感知,天能做出反应干预人间事务。

灾异或祥瑞是"天人感应"的主要显现方式。人们的行为如果符合天

---

[1]《春秋繁露·王道第六》,苏舆撰,钟哲点校:《春秋繁露义证》卷四,第101—103页。
[2]《后汉书》卷十上。
[3] 其事参见《吕氏春秋·制乐》《淮南子·道应训》。
[4] 北京大学历史系《论衡》注释小组:《论衡注释》,第273页。按:传说殷高宗武丁时,有桑树、榖树突然在朝廷里长出来,被认为是天降灾异。高宗忙改善政治,不久桑榖就消失了。

意,上天就会降祥瑞以示鼓励;反之,上天就会降灾异以示惩罚。《搜神记》记载这样一个"天人感应"故事,曰:"汉时,东海孝妇,养姑甚谨。姑曰:'妇养我勤苦。我已老,何惜余年,久累年少?'遂自缢死。其女告官云:'妇杀我母。'官收系之,考掠毒治。孝妇不堪苦楚,自巫服之。时于公为狱吏,曰:'此妇养姑十余年,以孝闻彻,必不杀也。'太守不听。于公争不得理,抱其狱词,哭于府而去。自后郡中枯旱,三年不雨。后太守至,于公曰:'孝妇不当死,前太守枉杀之,咎当在此。'太守即时身祭孝妇冢,因表其墓。天立雨,岁大熟。"[1]《拾遗记·魏》载:"魏明帝起凌云台,躬自掘土,群臣皆负畚锸,天阴冻寒,死者相枕。洛、邺诸鼎,皆夜震自移。又闻宫中地下,有怨叹之声。高堂隆等上表谏曰:'王者宜静以养民,今嗟叹之声,形于人鬼,愿省薄奢费,以敦俭朴。'帝犹不止,广求瑰异,珍赂是聚,敖台榭累年而毕。谏者尤多,帝乃去烦归俭,死者收而葬之。人神致感,群祥皆应。"[2] 以上都是"天人感应"致祥致灾的显例。

"天人感应"思想从西汉后期起逐步影响到社会的各个阶层,表现在人们思维和行动之中。西汉末,王莽专政,他极力鼓吹"天人感应",把自己打扮成顺应天意的明主。东汉时代盛行的谶纬神学直接继承了"天人感应"学说,同时综合网罗了古代各种方术,发展成为占统治地位的官方意识形态。三国时期,"天人感应"思想依然流行。曹植《精微篇》诗曰:"精微烂金石,至心动神明。杞妻哭死夫,梁山为之倾。子丹西质秦,乌白马角生。邹衍囚燕市,繁霜为夏零。"[3]《宋书·符瑞志》罗列了一系列的所谓"符瑞征象":华胥履大人迹而生伏羲蛇身人首;女登有神龙首感于常阳山而生炎帝;附宝见大电光绕北斗枢星而生黄帝;尧之母庆都,生于斗维之野,常有黄云覆护其上;握登见大虹意感而生舜于姚墟;修己出行,见流星贯昴,梦接意感,既而吞神珠,背剖而生禹于石纽等。继而谈到汉高祖

---

[1] 干宝著,黄涤明译注:《搜神记全译》卷十一,《中国历代名著全译丛书》,第248—249页。
[2] 王嘉撰,萧绮录,齐治平校注:《拾遗记》卷七,《古小说丛刊》,第162—163页。
[3] 《乐府诗集·舞曲歌辞》卷五十三。

祖母梦赤乌若龙戏已而生刘邦父执嘉;高祖母寝于大泽,有蛟龙覆其上,遂有孕而生高祖。由此历数出十多个帝王的"感生祥瑞"。这些都是典型的"天人感应"论。

按照"天人感应"的观点,祥瑞是天对人的一种姿态,就像灾异是天对人的一种姿态一样。如果帝王治国有方,上天就会降下祥瑞以示褒奖;反过来讲,如果祥瑞出现,也就证明帝王治国有方。汉代吉祥文化中的吉祥瑞物,正是这种"天人感应"思想在汉代的直接反映。

4. 谶纬神学与吉祥文化

西汉后期,儒学附会阴阳学说,在"天人感应"思想的影响下,天象人事的比附逐渐演变为谶纬神学。谶纬神学在继承了董仲舒"天人感应"学说的同时,综合网罗了古代各种方术,于西汉末开始流行并兴盛于整个东汉时代,成为占统治地位的官方主流意识形态。从历史文化角度看,作为一种文化现象的谶纬神学无疑是推动东汉吉祥文化兴盛的重要推手。

谶是巫师、方士编造的预示吉凶的隐语或歌谣,向人们昭示未来的吉凶祸福、兴亡成败,是一种宗教性的神秘预言。谶又称谶语,因最初是图文结合的,故又叫图谶。"河图"被认为是最早的图谶,是一种吉瑞征兆。汉代的许多吉瑞征兆都是以图谶的形式表现的。唐张彦远《历代名画记》列有龙鱼河图、六甲隐形图、五帝钩命诀图、孝经秘图、孝经左契图、遁甲开山图等共79种[1],皆为纬书之图谶。谶书则是一种占验吉凶的书。《说文》曰:"谶,验也。有征验之书。河洛所出书曰谶。"《后汉书·张衡列传》曰:"立言于前,有征于后,故智者贵焉,谓之谶书。"[2] 要之,以图文作谶的,谓之"图谶";用纯文字作预言的,叫"谶语";用特殊符号示谶的,是"符谶";而单以神灵言说的,则称"灵篇"。

---

[1] 参见张彦远撰:《历代名画记》卷三,《丛书集成初编》,第144—152页。
[2] 《后汉书》卷五十九。

纬是汉代附会儒家经义衍生出来的一类书，是相对于经而言，又称"纬书"。纬书是方士化的儒生编集起来的以阴阳五行、"天人感应"、神鬼怪迂来附会儒家经典的各种著作，是对经书的一种神学解释。《释名·释典艺第二十》云："纬，围也。反覆围绕，以成经也。"[1] 顾颉刚言："纬，是对经而立的。经是直的丝，纬是横的丝，所以纬是解经的书，是演经义的书。"[2] 如解读《易经》的《易纬》、解读《春秋》的《春秋纬》等。纬书从王莽时开始编纂，东汉光武帝对纬书进行第二次编纂，形成81篇的纬书定本。

谶与纬本来各不相谋，西汉末年开始合流，称"谶纬"或"图谶"。然就两汉情形而言，在多数场合纬与谶是分不开的，往往是纬中有谶，谶中有纬，谶纬不分。顾颉刚言，"谶，是豫言。纬，是对经而立的……是演经义的书"；"这两种在名称上好像不同，其实内容并没有什么大分别。实在说来，不过谶是先起之名，纬是后起的罢了"[3]。"谶""纬"可以互称，两者并无实质性区别，所谓经纬、经谶、图谶，或曰谶语、符谶、灵篇，实际上都是纬书的组成部分。谶纬思想渊源很多，可谓汇合百家，但符应思想是其主干。

谶纬神学的渊源可上溯至春秋战国时期。《史记·封禅书》载："秦始皇既并天下而帝，或曰：'黄帝得土德，黄龙地螾见。夏得木德，青龙止于郊，草木畅茂。殷得金德，银自山溢。周得火德，有赤乌之符。今秦变周，水德之时。昔秦文公出猎，获黑龙，此其水德之瑞。'"[4] 以上"或曰"云云与《吕氏春秋·应同》全同，是据战国邹衍之说。陈槃说："此说始皇者，方士之流。所据者，邹书。《吕氏春秋》与谶纬之说，亦出邹子之徒，故而三者切合。《封禅书》又云：'邹子之徒论著终始五德之运，及秦帝而齐人奏之，故始皇采用之。'方士之说原本邹书，此其明证矣。"[5]

---

[1] 王先谦撰集：《释名疏证补》卷六，第309页。
[2] 顾颉刚：《秦汉的方士与儒生》，上海古籍出版社，1998年，第109页。
[3] 顾颉刚：《秦汉的方士与儒生》，第109页。
[4] 《史记》卷二十八。
[5] 参见陈槃：《谶纬溯原上》，《历史语言研究所集刊》第十一册，中华书局，1987年，第324页。

春秋战国时期，就有所谓"秦谶""赵谶"出现。《史记·赵世家》记秦缪公做梦到上帝那里去的事。说缪公曾经病卧五天不省人事，醒来之后，缪公说自己梦见上帝了，上帝命他平定晋国内乱。"秦谶于是出矣。"[1]《尚书中候》曰："秦穆公出狩至于咸阳，日稷庚午，天震大雷，有火下，化为白雀，衔箓丹书集于公车，公俯取其书，言穆公之霸也，讫胡亥秦家世事。"[2] 此丹书当为谶语。此外还有"亡秦者胡""今年祖龙死"[3] 等也为秦谶之属。

《论衡·纪妖篇》载："赵简子病，五日不知人，大夫皆惧，于是召进扁鹊。扁鹊入视病，出，董安于问扁鹊，扁鹊曰：'血脉治也，而何怪？昔秦缪公尝如此矣，七日悟。'""简子悟，告大夫曰：'我之帝所，甚乐，与百神游于均天，广乐九奏万舞，不类三代之乐，其声动人心。有一熊欲援我，帝命我射之，中熊，熊死。有罴来，我又射之，中罴，罴死。帝甚喜，赐我二笥，皆有副。吾见儿在帝侧，帝属我一翟犬，曰：及而子之长也，以赐之。帝告我：晋国且衰，七世而亡，嬴姓将大败周人于范魁之西，而亦不能有也。今余将思虞舜之勋，适余将以其胄女孟姚配而七世之孙。'董安于受言而书藏之。"[4] 此所谓赵谶也。

《论衡·实知篇》说："孔子将死，遗谶书曰：'不知何一男子，自谓秦始皇，上我之堂，踞我之床，颠倒我衣裳，至沙丘而亡。'……又曰：'董仲舒乱我书。'……又书曰：'亡秦者，胡也。'"[5] 陈胜、吴广起义时也曾制造"大楚兴，陈胜王"[6] 的谶语，借以威众。说明秦汉之间谶言在民间也十分流行。

张衡认为，"谶书始出，盖知之者寡。自汉取秦，用兵力战，功成业

---

[1]《史记》卷四十三。按：《史记·扁鹊仓公列传》亦有相同的记载。
[2] 刘学宠：《诸经纬遗》辑，《纬书集成》，第1048页。
[3]《史记·秦始皇本纪》载，秦始皇三十二年"使韩终、侯公、石生求仙人不死之药……燕人卢生使人海还，以鬼神事，因奏录图书，曰'亡秦者胡也'"。秦始皇三十六年，"秋，使者从关东夜过华阴平舒道，有人持璧遮使者曰：'为吾遗滈池君。'因言曰：'今年祖龙死。'"(《史记》卷六)
[4] 北京大学历史系《论衡》注释小组：《论衡注释》，第1248、1249—1250页。另参见《史记·赵世家》。
[5] 北京大学历史系《论衡》注释小组：《论衡注释》，第1477—1478页。
[6]《史记·陈涉世家》卷四十八。

遂，可谓大事，当此之时，莫或称谶。若夏侯胜、眭孟之徒，以道术立名，其所述著，无谶一言。刘向父子领校秘书，阅定九流，亦无谶录。成、哀之后，乃始闻之……往者侍中贾逵摘谶互异三十余事，诸言谶者皆不能说。至于王莽篡位，汉世大祸，八十篇何为不戒？则知图谶成于哀平之际也"[1]。《隋书·经籍志一》载："王莽好符命，光武以图谶兴，遂盛行于世。"[2]

《后汉书·方术列传上》曰："汉自武帝颇好方术，天下怀协道艺之士，莫不负策抵掌，顺风而届焉。后王莽矫用符命，及光武尤信谶言，士之赴趣时宜者，皆聘驰穿凿，争谈之也。故王梁、孙咸名应图录，越登槐鼎之任，邓兴、贾逵以附同称显，桓谭、尹敏以乖忤沦败，自是习为内学，尚奇文，贵异数，不乏于时矣。"[3]

汉武帝独尊儒术，这种掺杂了阴阳五行、"天人感应"等思想的儒学为谶纬神学的兴起提供了理论基础。谶纬神学的主导思想就是由董仲舒"天人感应"的神学目的论发展而来，是对阴阳五行、"天人感应"学说的发展和演绎。武帝以后，特别是元、成以降，受董仲舒神学的影响，一些儒生方士化，方士儒生化，他们大量炮制谶纬，把谶纬之言同儒家经学结合起来，使儒学神秘化。同时综合网罗了古代各种方术迷信，借助神权的力量直接为汉王朝的统治制造舆论。在这种社会背景下，哀平之际，谶纬神学兴起，并盛行于东汉一代。

东汉是谶纬神学盛行、"天人感应"流行的时代。刘秀即位后，"方信谶，多以决定嫌疑"[4]。他命人整理校定图谶，于建武中元元年（公元56年）"改制"并"宣布图谶于天下"[5]，正式把谶纬神学定为官方哲学。当时，有桓谭者，提出"以仁义正道为本"，反对"奇怪虚诞"的政治主张，

---

[1]《后汉书·张衡列传》卷五十九。
[2] 魏徵等撰：《隋书》卷三十二，中华书局，1973年。
[3]《后汉书》卷八十二上。
[4]《后汉书·桓谭传》卷二十八上。
[5]《后汉书·光武帝纪下》卷一下。

言谶纬宜禁。他上疏光武帝曰："今诸巧慧小才伎数之人，增益图书，矫称谶记，以欺惑贪邪，诖误人主，焉可不抑远之哉！臣谭伏闻陛下穷折方士黄白之术，甚为明也；而乃欲听纳谶记，又何误也！""其后有诏会议灵台所处，帝谓谭曰：'吾欲以谶决之，何如？'谭默然良久，曰：'臣不读谶。'帝问其故，谭复极言谶之非经。帝大怒曰：'桓谭非圣无法，将下斩之。'谭叩头流血，良久乃得解。"[1]这几则记载说桓谭反对谶纬迷信，触怒了光武帝，被光武斥为"非圣无法"，险些丢了性命。又，东汉初年光武帝"以（尹）敏博通经记，令校图谶，使蠲去崔发所为王莽著录次比。敏对曰：'谶书非圣人所作，其中多近鄙别字，颇类世俗之辞，恐疑误后生。'帝不纳"[2]。而"王梁、孙咸名应图箓，越登槐鼎之任"[3]，被分别擢为大司空、行大司马。可见光武帝对谶纬神学的狂热。

光武末年，群臣上言宜封禅泰山，未许。后光武读谶书《河图会昌符》，"感此文，乃诏（梁）松等复案索《河》《洛》谶文言九世封禅事者"[4]。

从光武帝刘秀开始，谶纬神学被东汉统治者提倡，盛行一时，成为主流意识形态。《后汉书·张衡列传》载："光武善谶，及显宗、肃宗因祖述焉。"[5]沛献王刘辅"矜严有法度，好经书，善说《京氏易》《孝经》《论语》传及图谶"[6]。楚王刘英因造作图谶而丢了王位。《后汉书·光武十王列传》载，明帝永平"十三年，男子燕广告英与渔阳王平、颜忠等造作图书，有逆谋，事下案验。有司奏英招聚奸猾，造作图谶，擅相官秩，置诸侯王公将军两千石，大逆不道，请诛之。帝以亲亲不忍，乃废英，徙丹阳泾县"[7]。东汉章帝刘炟于建初四年召集博士儒生，亲自在白虎观主持经学讨论会，讨论五经异同，写成《白虎通》，进一步把当时流行的以阴阳五

---

[1]《后汉书·桓谭传》卷二十八上。
[2]《后汉书·儒林列传》卷七十九上。
[3]《后汉书·方术传序》卷八十二上。
[4]《后汉书·祭祀上》志第七。
[5]《后汉书》卷五十九。
[6]《后汉书·光武十王列传》卷四十二。
[7] 参见《后汉书》卷四十二。

行、祥瑞灾异为中心的谶纬神学与今文经学混合在一起，使儒学愈加神学化。

由于统治阶级的提倡，仕学之人趋之若鹜，儒生、方士争相效尤，他们妄称祥瑞，引用经义，假托符命；作文上书，侈言谶纬，称说吉凶，为统治阶级的统治制造理论根据。《后汉书·张衡列传》载："自中兴之后，儒者争学图纬，兼复附以訞言。"[1]不少方士化的儒生言必称谶，这简直成了一种时髦。

薛汉"少传父业，尤善说灾异谶纬，教授常数百人。建武初，为博士，受诏校定图谶"[2]。东汉初年代郡太守苏竟"善图谶，能通百家之言"。杨厚，"祖父春卿，善图谶学，为公孙述将"。安帝永初年间，"（杨）厚晓读图书，粗识其意……太后特引见，问以图谶，厚对不合，免归"[3]。董扶"少游太学，与乡人任安齐名，俱事同郡杨厚，学图谶"。韩说"博通《五经》，尤善图纬之学"[4]。景鸾"能理《齐诗》《施氏易》，兼受《河》《洛》图纬，作《易说》及《诗解》，文句兼取《河》《洛》，以类相从，名为《交集》"[5]。樊儵，永平年间"以谶记正《五经》异说"[6]。东汉经学家郑玄笃信谶纬。《后汉书·郑玄传》载："（马）融集诸生考论图纬，闻（郑）玄善算，乃召于楼上，玄因从质诸疑义，问毕辞归。"又曰："（郑玄）梦孔子告之曰：'起，起，今年岁在辰，来年岁在巳。'既寤，以谶合之，知命当终，有顷寝疾……其年六月卒，年七十四。"注引北齐刘昼《高才不遇传》论玄曰："'辰为龙，巳为蛇，岁至龙蛇贤人嗟，玄以谶合之'，盖谓此也。"[7]郑玄常用谶纬之说来注经，把几部经书染上了很重的神秘色彩。"博士渤海郭凤亦好图谶，善说灾异，吉凶占应。先自知死期，豫令弟子市

---

[1]《后汉书》卷五十九。
[2]《后汉书·薛汉传》卷七十九下。
[3]《后汉书·苏竟杨厚列传》卷三十上。又《后汉书·任安传》：任安"从同郡杨厚学图谶，究极其术"。(《后汉书》卷七十八)
[4] 以上见《后汉书·方术列传》卷八十二下。
[5]《后汉书·景鸾传》卷七十九下。
[6]《后汉书·樊宏阴识列传》卷三十二。
[7]《后汉书》卷三十五。

棺敛具，至其日而终。"[1]此外，申屠蟠"博贯五经，兼明图纬"，姜肱，"博通五经，兼明星纬"[2]，翟酺"好《老子》，尤善图纬、天文、历算"，"著《援神》、《钩命解诂》十二篇"[3]。樊英"善风角、星算、《河》《洛》七纬"[4]。"（刘）瑜少好经学，尤善图谶、天文、历算之术"；"于是特诏召瑜问灾眚之征，指事案经谶以对"[5]。王远"博学五经，尤明天文、图谶、《河》《洛》之要，逆知天下兴衰之期。九州吉凶，观诸掌握。后弃官入山修道，道成，汉孝桓帝闻之，连征不出"[6]。蔡邕曾根据一只雌鸡全身都化为雄鸡，只有头不变，算出是"鸡祸"。他还列举了许多类似的故事。不久，果然有黄巾军作乱。蔡邕还用图谶算过"蝗灾""讹言""投蜺"等变异[7]。上述之类，不胜枚举。

甚至连边远之地也受到谶纬神学的影响。《后汉书·南蛮西南夷列传》载："桓帝时，郡人尹珍自以为生于荒裔，不知礼义，乃从汝南许慎、应奉受经书图纬，学成，还乡里教授，于是南域始有学焉。"[8]

东汉时期，对于儒生来说，可以说是善谶者昌，不善谶者亡。东汉初年，桓谭、杜林、郑兴、陈元俱为学者所宗。"桓谭以不善谶流亡，郑兴以逊辞仅免"；"（光武）帝尝问（郑）兴郊祀事，曰：'吾欲以谶断之，何如？'兴对曰：'臣不为谶。'帝怒曰：'卿之不为谶，非之也？'兴惶恐曰：'臣于书有所未学，而无所非也。'帝意乃解。兴数言政事，依经守义，文章温雅，然以不善谶故不能任"[9]。

吉祥文化在汉代兴盛与谶纬神学有着密切关系。谶纬神学综合了古代

---

[1]《后汉书·谢夷吾传》卷八十二上。
[2] 以上参见《后汉书·周黄徐姜申屠列传》卷五十三。
[3]《后汉书·翟酺传》卷四十八。
[4]《后汉书·方术列传》卷八十二上。
[5]《后汉书·刘瑜传》卷五十七。
[6] 葛洪撰：《神仙传·王远》，刘向、葛洪撰，滕修展等注译《列仙传神仙传注译》，第213页。
[7] 参见《后汉书·五行志》。
[8]《后汉书》卷八十六。
[9]《后汉书·郑兴传》卷三十六。

的祖先崇拜、天子诸侯的祭祀及民间世俗信仰的诸神，构成一个错综复杂的神系。通过曲解自然现象，编造谎言来制造种种吉瑞，再用谶纬的观点加以解释。

西汉末年，谶纬神学兴起，这主要是得到封建统治阶级的支持所致，之所以得到支持，其中一个重要的原因就是谶纬神学把灾异、祥瑞、古代三皇五帝和汉天子受命之符、改朝换代的征兆等作为其主要内容，把自然界的某些神秘现象，看作社会安危的决定因素，为封建统治说教。纬书《尚书中候》说黄帝之时"河出龙图，洛出龟书……赤文像字，以授轩辕"。帝尧时"龙马衔甲，赤文绿字，临坛上"。舜时"黄龙负卷舒图出水坛畔"。禹时见河伯"白面长人，鱼身。出曰：'吾河精也。'授禹河图而还于渊"。"文王为西北，季秋之月甲子，赤雀衔丹书入酆鄗，止于昌户。"武王时"赤龙临坛，衔元甲之图，吐而去之"[1]。《尚书璇玑钤》曰："汤受金符帝箓，白狼衔钩入殷朝。"[2] 以上祥瑞都是帝王受命的符谶。

西汉王朝至元帝开始衰退[3]。西汉后期至东汉之际，无论要巩固政权的统治者还是想登上王位的野心家，都竭力通过谶纬寻找符瑞，作为执掌王权的神学依据。成帝改德，王莽篡权，刘秀起兵，公孙述称帝，皆用谶纬之言。至东汉晚期，由于社会矛盾日益激化，捏造出来的吉祥瑞应也就空前增多，甚至连民间百姓也卷入其中。一时间，信天象，讲灾异，学图谶泛滥成灾，盛行朝野。

王莽为了推行改制，取刘汉政权而代之，大肆炒作符命，利用谶纬为自己制造舆论。篡位前，王莽几乎每天都收到上天要他做皇帝的预示，有人浚井得白石，上圆下方，有丹书著石，上书"告安汉公莽为皇帝"。这一符命使王莽如周公行摄政皇帝事，实为皇帝。王莽不仅要皇帝之实还要皇帝之名，因而又造符命，著名者如"齐郡新井"。事情是这样的：广饶侯刘京上书说齐郡有亭长，一暮数梦天公使者，天公使者说："吾，天公使也。

---

[1] 以上参见孙毂辑：《古微书》，《纬书集成》，第163—168页。
[2] 孙毂辑：《古微书》，《纬书集成》，第173页。
[3] 《汉书·佞幸传》："汉世衰于元、成，坏于哀、平。"(《汉书》卷九十三)

天公使我告亭长曰：'摄皇帝当为真。'即不信我，此亭中当有新井。"第二天早晨，亭长见亭中果有新井。除"齐郡新井"外，还有所谓巴郡石牛、扶风雍石等符命。最终以符命"摄皇帝当为真"这一谶语作为"改制"的天命做了真天子。王莽篡位后颁布符命，说自己当代汉有天下。始建国元年（公元9年），王莽"遣五威将王奇等十二人班《符命》四十二篇于天下。德祥五事，符命二十五，福应十二，凡四十二篇。其德祥言文、宣之世黄龙见于成纪、新都，高祖考王伯墓门梓柱生枝叶之属。符命言井石、金匮之属。福应言雌鸡化为雄之属。其文尔雅依托，皆为作说，大归言莽当代汉有天下云。总而说之曰：'帝王受命，必有德祥之符瑞，协成五命，申以福应，然后能立巍巍之功，传于子孙，永享无穷之祚。'"[1]然而，世事吊诡，推翻王莽政权的也是谶纬符命。时有王况者造出"荆楚当兴，李氏为辅"的谶言，弄得王莽十分惊慌。紧接着的赤眉绿林起义，起义军将领隗嚣等檄书告郡国说："（王莽）矫托天命，伪作符书，欺惑众庶，震怒上帝。反戾饰文，以为祥瑞。"[2]

西汉末年，蜀王公孙述"亦好为符命鬼神瑞应之事，妄引谶记。以为孔子作《春秋》，为赤制而断十二公，明汉至平帝十二代，历数尽也，一姓不得再受命。又引《录运法》曰：'废昌帝，立公孙。'《括地象》曰：'帝轩辕受命，公孙氏握。'《援神契》曰：'西太守，乙卯金。'谓西方太守而乙绝卯金也。五德之运，黄承赤而白继黄，金据西方为白德，而代王氏，得其正序。又自言手文有奇，及得龙兴之瑞。数移书中国，冀以感动众心。帝（光武）患之，乃与述书曰：'图谶言"公孙"，即宣帝也。代汉者当涂高，君岂高之身邪？乃复以掌文为瑞，王莽何足效乎！'"（注曰：王莽诈以铁契、石龟、文圭、玄印等为符瑞，言不足仿效也。）公孙述曾做梦，"梦有人语之曰：'八厶子系，十二为期。'觉，谓其妻曰：'虽贵而祚短，若何？'妻对曰：'朝闻道，夕死尚可，况十二乎！'会有龙出其府殿中，夜有光耀，述以为符瑞，因刻其掌，文曰'公孙帝'。建武元年四月，遂自立为

---

[1] 以上参见《汉书·王莽传》卷九十九。
[2] 《后汉书·隗嚣公孙述列传》卷十三。

天子，号成家"[1]。

新莽末年，刘氏旧族起兵，也是以谶语作为舆论。早在刘秀起兵前，就有李通等以图谶说之。《后汉书·光武帝纪上》载："光武避吏新野，因卖谷于宛。宛人李通等以图谶说光武云：'刘氏复起，李氏为辅。'"[2] 于是刘、李便结盟起事。当刘秀势力渐大，群雄归服时，又有刘秀先在长安时同舍生强华自关中奉"赤伏符"见，符曰："刘秀发兵捕不道，四夷云集龙斗野，四七之际火为主。"群臣以为是符瑞之应，于是刘秀即皇帝位。其祝文亦有"刘秀发兵捕不道，卯金修德为天子"[3]的谶语。刘秀正是利用这些谶语，作为中兴的天命依据，自谓受命于天，堂堂正正地登上皇帝位。

东汉末年，袁术在南阳，"见谶书，言'代汉者当涂高'，自云名字应之"[4]。连黄巾农民起义都以谶语为口号，以吉祥鼓动人心。张角以谶言"苍天已死，黄天当立，岁在甲子，天下大吉"[5]起义，这句口号既是谶语，又符合阴阳五行说。这样看来，谶纬神学既起到了巩固政权的作用，也起到了动摇政权的作用。再后来，曹丕代汉，蜀、吴立国，魏晋之禅乃至六朝禅代，无不以谶纬为天命之依据。曹魏禅汉，制造了"代赤者魏公子""鬼在山，禾女连，王天下"[6]等谶言。建安二十五年，曹丕上演了一出靠符瑞登上帝位的好戏。曹丕二月嗣父位，三月就有黄龙现；四月，白雉现；八月，凤凰集、麒麟见。王莽篡位时的种种闹剧这时又重新上演。果然，到十月，汉献帝禅位，曹丕登上皇帝宝座。

谶纬神学继承了邹衍的阴阳五行和董仲舒的"天人感应"学说，并加以发展，广泛地用来占验人世间的吉凶祸福，因而，纬书中记载着大量的吉祥瑞应。如《易纬》以六十四卦与四时、八方、十二月、二十四节、七十二候、三百六十日相配，按日以候气，分卦以征事，占验人事吉凶，预

---

[1]《后汉书·公孙述传》卷十三。
[2]《后汉书》卷一上。
[3] 参见《后汉书·光武帝纪上》卷一上。
[4]《后汉书·袁术传》卷七十五。
[5]《后汉书·皇甫嵩传》卷七十一。
[6] 参见《三国志·魏书·文帝纪》卷二注。

言政治成败。《诗推度灾》以阴阳五行、"天人感应"之说，据天之行度，以推天意，占验灾异吉凶，故名《推度灾》。《礼含神雾》载天人灾祥感应之征。《礼含文嘉》侈陈符瑞，以明"天人感应"。《春秋纬》有古代神话传说及"天人感应"灾祥符瑞之说。《春秋元命苞》对符瑞、灾异有所序列。《春秋考异邮》载天垂现象，以见吉凶，考其灾异祯祥，天人通邮，符应不爽，故名《考异邮》。《孝经纬》以言"天人感应"、符瑞灾异为主[1]。《易稽光图》《通卦验》《辨终备》也都是占验吉凶灾祥、以明"天人感应"的纬书。按谶纬神学之说，只要按仁、义、礼、智、信、孝等道德规范行事，就会感动上天，天就会降下吉瑞。《礼含文嘉》曰："五礼修备，则五诸侯星正行，光明不相凌侵，五谷应以大丰。"[2]《春秋感精符》曰："王者上感皇天，则鸾凤至、景星见。德下沦于地，则嘉禾兴、醴泉出。王者德洽于地，则朱草生，食之令人不老。王者德泽旁流四表，则白雉见。王者德化旁流四表，则麒麟游其囿。"[3]反之，"失仁则龙鳞不舞，失礼则鸾凤不翔，失智则黄龙不见，失义则白虎不萌，失信则玄龟不见"[4]。《孝经援神契》曰："天子孝，天龙负图，地龟出书，妖孽消灭，景星出游。庶人孝，则泽林茂，浮珍舒，怪草秀，水出神鱼。"[5]又曰："天子孝……地出龟玉，则庆云见。"[6]孙柔之撰有《瑞应图》三卷，已佚。清马国翰《玉函山房辑佚书》有辑录。是书所记动物、植物、器用等，皆为祯祥瑞应。大抵与汉代谶纬书相近。

《宋书》列有《符瑞志》三卷，"符"指"征兆"，"瑞"即"祥瑞"，符瑞指吉祥的征兆。符瑞亦称符命，又称瑞应、符应、瑞命，《中庸》谓"祯祥"。天子受命于天，故天降符瑞以命之。《符瑞志》卷首开宗明义便说："夫体睿穷几，含灵独秀，谓之圣人，所以能君四海而役万物，使动植之

---

[1] 以上参见钟肇鹏著:《谶纬论略》，辽宁教育出版社，1991年，第36—60页。
[2] 《廿元占经》卷六十六引。
[3] 乔松年辑:《纬捃》，《纬书集成》，第1463页。
[4] 赵在翰辑:《七纬》《孝经钩命诀》，《纬书集成》，第1035页。
[5] 孙毂辑:《古微书》，《纬书集成》，第323页。
[6] 乔松年辑:《纬捃》，《纬书集成》，第1505页。

类，莫不各得其所。百姓仰之，欢若亲戚，芬若椒兰，故为旗章舆服以崇之，玉玺黄屋以尊之，以神器之重，推之于兆民之上，自中智以降，则万物之为役者也。性识殊品，盖有愚暴之理存焉。见圣人利天下，谓天下可以为利，见万物之归圣人，谓之利万物。力争之徒，至以逐鹿方之，乱臣贼子，所以多于世也。夫龙飞九五，配天光宅，有受命之符，天人之应。《易》曰：'河出图，洛出书，而圣人则之。'符瑞之义大矣。"[1]可见沈约是非常清楚符瑞与谶纬之间的微妙关系的。

汉画像石之盛行正与谶纬之盛行同时，作为谶纬神学中的吉祥瑞应大量反映到汉画像石中来，是很自然的事情。山东嘉祥汉武梁祠，其屋顶两方坡面石全刻祥瑞并有榜题，此石今虽在，可惜画像、榜题已剥落殆尽。幸有清人摹刻的部分画像可作参考。这些祥瑞及榜题，颂扬皇权、推崇仁政，正是东汉盛行图谶神学的反映，亦可补汉代图谶不传之阙。有研究者认为："董仲舒的'君权神授''天人感应'思想和谶纬迷信之说，是南阳汉画中祥瑞题材大量存在的缘由。"[2]其实何止南阳，而是整个汉代吉瑞画像产生和发展的思想基础之一。谢国桢先生说："光武中兴，革除新莽，所谓革除新莽者，仅废除新莽之制度而已，新莽谶纬迷罔之旨，根本未能废除。而统治之增强、政治之腐败，尤且过之。新莽笃信阴阳五行之说，而光武何尝不嗜谶纬之旨，不然凤凰、麒麟木连理、比目鱼等等祥瑞之图，何以不见于光武之前，而独昭于光武之后。"[3]

随着古文经学的突起和魏晋玄风的兴盛，又由于谶纬具有蛊惑人心的作用，可以为任何人制作运用，同时又不合于传统经典，对于稳定既成的社会秩序往往有害，所以东汉以降，三国时曹魏政权便开始"科禁内学及兵书"（《三国志·魏书·常林传》），晋武帝司马炎曾经在泰始三年下令"禁星气谶纬之学"（《晋书·武帝纪》）。宋武帝、梁武帝以至隋文帝、隋炀帝都对谶纬加以禁抑。特别是隋炀帝，他派使者四处搜求谶书以及其他

---

[1]《宋书·符瑞志上》卷二十七。
[2] 赤银中、张朝霞：《阴阳五行思维模式与南阳汉画》，《中原文物》2002年第3期。
[3] 谢国桢：《汉代画像考》上编，载周珏良等编辑《周叔弢先生六十生日纪念论文集》，第347页。

和谶纬有关的书籍,一起烧掉;私人如有敢隐匿者,查处处以死刑。至此,谶纬神学渐趋衰微,几乎消亡绝迹[1]。但也有一部分隐伏于道教传统中,以各种不同形式的神学迷信方式,继续影响着中国的历史文化。

5. 神仙思想与吉祥文化

从原始社会的自然崇拜、鬼神崇拜到文明社会的不死成仙,神仙思想在几千年中影响着亿万华夏民众。神仙思想源于人类对死亡及困境的焦虑以及对生命不死的渴望。在原始神话和原始宗教中就已经出现了长生不死与自由飞升的幻想。春秋晚期,长生不死传说的出现,标志着神仙思想的产生;战国时期,蓬莱仙话兴起,《庄子》《列子》等一些记载记述神仙传说的著作问世;战国末期,社会上出现了专事鬼神的方士和方仙道。这一切,标志着神仙思想的正式形成。

《汉书·艺文志》言:"神仙者,所以保性命之真,而游求于其外者也。"[2]战国时期,在传统巫术、巫风的影响下,社会上普遍兴起一股神仙方术之风,神仙思想广为流传。在南方,庄周关于神人、至人、真人、圣人的描写,是对早期神仙形象的勾画。《庄子·内篇·逍遥游第一》云:"藐姑射之山,有神人居焉。肌肤若冰雪,绰约若处子;不食五谷,吸风饮露;乘云气,御飞龙,而游乎四海之外;其神凝,使物不疵疠,而年谷熟。"此段中描写的神人即仙人。又《内篇·齐物论第二》中"乘云气,骑日月,而游乎四海之外,死生无变于己"[3]的"真人"也是仙人。《楚辞》中保存了先秦时代楚国神仙信仰的许多资料。其中涉及神仙话题的篇章有《离骚》、《九歌》中的《大司命》《河伯》、《九章》中的《惜诵》《涉江》

---

[1] 《隋书·经籍志一》载:"至宋大明中,始禁图谶,梁天监已后,又重其制。及高祖受禅,禁之逾切。炀帝即位,乃发使四出,搜天下书籍与谶纬相涉者,皆焚之,为吏所纠者至死。自是无复其学,祕府之内,亦多散亡。"(《隋书》卷三十二)
[2] 《汉书》卷三十。
[3] 《庄子集释》卷一上、卷一下。

《悲回风》以及《天问》《远游》等，尤以《远游》最具代表性。《远游》曰："悲时俗之迫阨兮，愿轻举而远游。质菲薄而无因兮，焉托乘而上浮"；"形穆穆以浸远兮，离人群而遁逸。因气变而遂曾举兮，忽神奔而鬼怪"；"仍羽人于丹丘兮，留不死之旧乡"；"载营魄而登霞兮，掩浮云而上征。命天阍其开关兮，排阊阖而望予"；"泛容与而遐举兮，聊抑志而自弭"[1]。在《楚辞》中，人们向往与之交游的仙人主要有王乔、赤松和韩众等人。《韩非子·说林上第二十二》中有这样一则故事：说有人向楚王献不死药，守门的卫士抢先夺过来吃了。楚王大怒，欲杀卫士。卫士辩解说，如果我吃了不死药反而被杀，那么这药不成了死药了吗？其灵异何在？[2] 这则故事从一个侧面说明神仙方术、长生不死思想在南方的流行。

在北方，齐威王、齐宣王、燕昭王及其后的秦始皇，他们都曾派人去海上寻找神岛仙药。《史记·封禅书》云："自威、宣、燕昭使人入海求蓬莱、方丈、瀛洲。此三神山者，其傅在渤海中，去人不远；患且至，则船风引而去。盖尝有至者，诸仙人及不死之药皆在焉。其物禽兽尽白，而黄金银为宫阙。未至，望之如云；及到，三神山反居水下。临之，风辄引去，终莫能至云。世主莫不甘心焉。及至秦始皇并天下，至海上，则方士言之不可胜数。始皇自以为至海上而恐不及矣，使人乃赍童男女入海求之。"[3]《韩非子·外储说左上第三十二》记有这样一则故事："客有教燕王为不死之道者，王使人学之，所使学者未及学，而客死……且人所急，无如其身，不能自使其无死，安能使王长生哉？"[4] 这真是一则笑话，教人长生，自己先死。可见其骗术。

秦汉之际，神仙方术影响甚广，其主要内容是追求长生不死，修炼成仙。在神仙思想的影响下，以秦始皇、汉武帝为代表的统治者向往长生不死，迷信方士（神仙家），方仙之道在社会上十分活跃。为迎合统治者不死成仙的心理，许多方士以献不死药为名骗取钱财和官位。秦始皇时的徐福、

---

[1] 参见洪兴祖撰：《楚辞补注》卷五，《丛书集成初编》，第125—134页。
[2] 详见《韩非子集解》卷七。
[3] 《史记》卷二十八。
[4] 《韩非子集解》卷十一。

卢生、韩终、侯公、石生,汉武帝时的李少君、少翁、栾大、公孙卿等都鼓吹仙药长生、海外神人。《史记·秦始皇本纪》载:"卢生说始皇曰:'臣等求芝奇药仙者常弗遇,类物有害之者。方中,人主时为微行以辟恶鬼,恶鬼辟,真人至。人主所居而人臣知之,则害于神。真人者,入水不濡,入火不爇,陵云气,与天地久长。今上治天下,未能恬惔。愿上所居宫毋令人知,然后不死之药殆可得也。'于是始皇曰:'吾慕真人,自谓"真人",不称"朕"。'乃令咸阳之旁二百里内宫观二百七十复道甬道相连,帷帐钟鼓美人充之,各案署不移徙。行所幸,有言其处者,罪死。"[1]

"汉代是一个神仙思想方士势力最盛的时代,上至帝王,下至愚民,莫不沈溺其中。"[2]汉武帝好神仙,"公孙卿曰:'仙人可见,而上往常遽,以故不见。今陛下可为观,如缑城,置脯枣,神人宜可致也。且仙人好楼居。'于是上令长安则作蜚廉桂观,甘泉则作益延寿观,使卿持节设具而候神人。乃作通天茎台,置祠具其下,将招来仙神人之属"[3]。《史记·封禅书》载,武帝之时"齐人之上疏言神怪奇方者以万数,然无验者。乃益发船,令言海中神山者数千人求蓬莱神人"[4]。《汉书·郊祀志下》亦曰:"元鼎、元封之际,燕齐之间方士瞋目扼掔,言有神仙祭祀致福之术者以万数。"[5]宣帝亦好神仙,时京师附近有仙人、玉女祠,又立五龙山仙人祠及黄帝祠。西汉末年,王莽热心神仙事,称帝后,他听取方士苏乐之言,立八风台于宫中,费万金,于其上行黄帝谷仙之术,令苏乐主持。又听阳成修说"黄帝以百二十女致神仙"[6],于是派四十五人分行天下,选取淑女以用之。其求仙之心可见一斑。

由于统治者的身体力行,方士、神仙之术大行其道。淮南王刘安就曾一次召集宾客方术之士数千人作《淮南子》,其《中篇》八卷,言神仙黄白

---

[1]《史记》卷六。
[2] 郭箴一著:《中国小说史·绪论》,《中国文化史丛书》,上海书店出版社,1984年,第40页。
[3]《史记·封禅书》卷二十八。
[4]《史记》卷二十八。
[5]《汉书》卷二十五下。
[6]《汉书·王莽传下》卷九十九下。

之术，二十余万言，已佚[1]。《淮南子·墬形训》说："昆仑之邱，或上倍之，是谓凉风之山，登之而不死。或上倍之，是谓悬圃，登之乃灵，能使风雨。或上倍之，乃维上天，登之乃神，是谓太帝之居。"[2]刘安死后，传说他得道成仙，全家也跟着升天。

整个汉代是神道高涨、鬼神崇拜盛行的时期。当是时，多有"言世有仙人，服食不终之药，遥兴轻举，登遐倒景，览观悬圃，浮游蓬莱，耕耘五德，朝种暮获，与山石无极，黄冶变化，坚冰淖溺，化色五仓之术者……新垣平、齐人少翁、公孙卿、栾大等，皆以仙人、黄冶、祭祠、事鬼使物、入海求神采药贵幸，赏赐累千金。大尤尊盛，至妻公主，爵位重累，震动海内。元鼎、元封之际，燕齐之间方士瞑目扼掔，言有神仙祭祀致福之术者以万数……至初元中，有天渊玉女、巨鹿神人、辕阳侯师张宗之奸，纷纷复起"[3]。

不仅世俗的鬼神信仰和巫术方技大为流行，就连素以"不语怪力乱神"标榜的儒学，也出现了神学化的倾向，从而进一步推动了社会的求仙修道之风。许多汉人辞赋言及神仙，有些作品就是纯粹的游仙之作。如桓谭的《仙赋》、班彪的《览海赋》《北征赋》、冯衍的《显志赋》、张衡的《思玄赋》《七辩》等，都对仙界幻境、神仙飞升极尽铺陈之能事。《汉书·礼乐志》描述神仙时说："神之游，过天门，车千乘，敦昆仑。神之出，排玉房，周流杂，拔兰堂。神之行，旌容容，骑沓沓，般纵纵。神之徕，泛翊翊，降甘露，庆云集。神之揄，临坛宇，九疑宾，夔龙舞。神安坐，翔吉时，共翊翊，合所思。"[4]曹操在《陌上桑》中描写升仙长生时写道："驾虹霓，乘赤云，登彼九疑历玉门，济天汉，至昆仑，见西王母谒东君。交赤松，及羡门，受要秘道爱精神。食芝英，饮醴泉，拄杖〔桂〕枝佩秋兰。

---

[1] 参见《汉书·淮南衡山济北王传》卷四十四。按：《淮南子》除《内书》《外书》之外，尚有《中篇》八篇，二十余万字，可惜与《外书》一样均已散佚，未能留传于后世。现仅存《内书》二十一篇。
[2] 《淮南子注》卷四。
[3] 《汉书·郊祀志下》卷二十五下。
[4] 《汉书》卷二十二。

绝人事，游浑元，若疾风游欻飘〔翾〕。景未移，行数千，寿如南山不忘愆。"[1]葛洪在《抱朴子·内篇·明本》中描绘神仙逍遥自在、唯意所适的幸福生活时说："或升太清，或翔紫霄，或造玄洲，或栖板桐。听钧天之乐，享九芝之馔，出携松羡于倒景之表，入宴常阳于瑶房之中。"[2]

上层统治阶级的好恶与信仰往往影响着世俗文化的变化。追求羽化成仙不仅是帝王、豪门贵族的理想，也是中下阶层、平民百姓的愿望。帝王想长生，百姓想延年。因而，那些白日飞升的仙人（羽人）、助人成仙的祥禽瑞兽以及导引升仙的方士在汉代考古中屡屡被发现也就不足为怪了。在汉代墓葬中，仙境画像屡屡出现在画像石、画像砖以及壁画等载体中，汉代人借着这些仙化了的景物和灵异形象以及对相关场景的详细描述，构建出他们理想中的神仙世界。那些表现西王母世界、仙境、升仙的吉祥物都是汉代人追求羽化成仙、长生不死思想的表现。

仙人吉祥是战国秦汉吉祥的新内容。反映的是当时人们仰慕长生不死、羽化成仙的吉祥信仰。仙人（羽人）本身在汉代就是吉瑞。《春秋繁露·五行逆顺第六十》曰："恩及倮虫，则百姓亲附，城郭充实，圣贤皆迁，仙人降。"[3]汉画中有许多身生毛羽或翅膀的仙人，他们或飞翔，或嬉戏，或六博，或戏鹿，或导引，或捣药……汉画像中的西王母、羽人、方士、玉兔、蟾蜍、灵芝、祥云、云车、龙、虎、鹿、鹤等吉祥瑞物，都与不死成仙有关。

洛阳卜千秋西汉墓壁画题材丰富，其内容有人头鸟衣的仙人王子乔、人首蛇身的女娲、披羽衣和袒腹的仙翁（方士）、交缠奔驰的双龙，又有羊、朱雀、白虎、仙女、乘三头鸟并手捧三足鸟的女墓主、乘蛇形舟的男墓主，以及彩云、月亮、伏羲、太阳、黄蛇和猪头大耳的方相氏等吉

---

[1]《乐府诗集·相和歌辞》卷二十八。
[2]《抱朴子》卷十。
[3] 苏舆撰，钟哲点校：《春秋繁露义证》卷十三，第375页。

瑞[1],组成了一幅亦真亦幻的"升仙图",勾绘出死者魂灵在诸吉瑞的簇拥下飞升天国的美好历程。

徐州汉画像石中有一方著名的"导引升仙图",是徐州洪楼汉墓祠堂的一方顶部坡面石。画面的左上方刻二男子,其中左边的长袍冠巾面右而立,面部微笑,臀部微凸,两手执一炬状物,两脚一前一后似作后退状;右边的头戴山形冠,面左而跽,两手拱于胸前,表情虔诚,身下有祥云缭绕。这两个人物,左边立者似为半人半仙的方士,右边跽者当为墓主人,其意表示方士正在引导墓主人升仙,其旁有龙车、鱼车、白象、祥云等仙界吉瑞[2]。

徐州市贾汪区曾出土一方"仙境图"汉画像石,纵46厘米,横160厘米。画面中间刻羽人,两边各有麒麟、行龙等吉瑞,表现出一种空灵曼妙的天界仙境[3]。

南阳汉画像石中,仙人常与有飞升功能的吉物应龙、翼虎等刻于同一画面,或者乘坐由吉物鹿、虎等牵引的云车飞驶在空中,表现羽化升仙之意,亦有手持仙草导引升仙者。南阳市出土的一方汉画像石上,左边分别刻一仙人乘龙、一仙人骑虎;右刻方相氏追逐一猛兽,画面空间缀有云纹,整个画面表现了逐疫升仙的内容[4]。河南南阳英庄1号汉墓出土有一方所谓"虎车雷公图"画像石。画面刻三只翼虎纤索挽引一云车由右向左飞驰,车以云气为轮,车上中刻一鼓,上饰华盖和羽葆,又有一御者、一乘者,皆肩生羽翼,作仙人状(见图6-33)。此图表现的应是乘虎车升仙的情景。汉代画像中表现升仙、仙境的画像数见不鲜,此不一一赘举。

---

[1]参见洛阳博物馆:《洛阳西汉卜千秋壁画墓发掘简报》,《文物》1977年第6期。
[2]参见周保平:《徐州洪楼两块汉画像石考释》,《中原文物》1993年第2期。
[3]徐州市博物馆编:《徐州汉画像石》,图164。
[4]闪修山、王儒林、李陈广编著:《南阳汉画像石》,第178页。

八
汉代吉祥文化的流播赓衍

就像两汉文化奠定了中国两千年传统文化的基础一样，汉代吉祥文化也奠定了中国两千年吉祥文化的基础。汉代吉祥文化中天命皇权、德治盛世的祥瑞信仰在汉代以后的封建王朝中继续流行。历代统治者依旧借助祥瑞作为夺取政权或巩固政权的天命依据。官僚士大夫为谄媚帝王，邀恩求宠，图谋进身而附会吉祥，一些官员或因德治，或因孝道也时常导致吉祥瑞物出现，同时他们编撰的一些历史文献、专著书籍，在吉祥文化的传承中起到了承上启下的作用。龙、凤、麒麟、鱼、鹤、松柏、木连理、比翼鸟等一些汉代人信仰的吉祥瑞物以及这些吉祥瑞物所象征的吉祥寓意，在汉代以后得到传承。汉代吉祥文化对后世民间的影响主要表现在正史以外的其他文献以及一些吉祥纹样和吉祥图案之中，民间百姓希望天下太平、风调雨顺、五谷丰登、丰衣足食、多子多孙、健康长寿，一些寓意此类吉祥的纹样与图案在民间传承不辍。汉代已经出现的谐音、象征、寓意等吉祥表现手法影响深远。概言之，汉代的吉祥文化在其后的两千年中虽有一些变化，但总体来讲，得到广泛地传承与长足地发展，成为中国传统文化中稳固的文化基因。

1. 象征天命、君德的祥瑞的流播赓衍

象征天命、君德的祥瑞被历代封建王朝所关心重视。翻开二十四史，

可以看到历朝历代对象征天命、君德祥瑞的记载可谓连篇累牍。南朝梁沈约受天命论思想的影响，在《宋书》中设《符瑞志》，其目的就是要证明君权神授。他认为历史的发展、王朝的更替都是天命使然。白寿彝先生说："《宋书》的天文、符瑞、五行等三志，以十二卷的篇幅，集相法、星占、望气、阴阳、灾异、符瑞、图谶、僧谶等神秘记录的大成，总的目的不过在企图证明皇权神授、天命有数。"[1]在中国封建社会，只要皇权存在，皇权的精神支柱天命观就会存在，天命观存在，作为预示国家兴亡，感召为政得失的标识物——祥瑞就不可能退出历史舞台。尤其是那些社会动荡、政权交替频繁的时代，以及在政权更替中以非正常方式获得王位的时期，统治者则会更多地借助祥瑞来证明其王权的正统性、合法性，以宣扬皇权天命来建立、巩固政权。

早在殷商时代已强调天命，历史文献中时见关于殷商"天命"的文字，如"先王有服，恪谨天命"（《尚书·盘庚》）等。周人笃信天命，在宣扬天命、利用天命的程度和力度上胜过商代。周初，周人为证明自己的正统地位，就大力宣扬周受命于天，强调周代商合于天意，以此来证明其政权的"合法"性，所谓"文王受天命"是也。而这种"合法性"的见证物就是祥瑞，即"凤鸣岐山""赤爵衔书""白鱼跃舟"之类。春秋战国之际，天命观由周天子专属而降至诸侯、贵族阶层，天命的神圣性被人的意志所挟持，突显出工具化的色彩。秦国自称有天命，晋国称其先祖受天命，蔡国亦称有天命，意在通过天命护佑以延续国运。

天命观在汉代被发扬光大，而证明天命的依据依然是祥瑞（汉代帝王受命之祥瑞，在第三章已做阐述）。汉代以降，瑞物吉兆仍是帝王君主掌握政权或夺取政权是否符合天意的重要判断依据。

帝王生身有命。魏晋南北朝、唐宋逮至明清，各代帝王与汉代帝王一样，其出生多有吉兆，长大多有吉相。三国魏第一代皇帝魏文帝曹丕"生时，有云气青色而圆如车盖当其上，终日，望气者以为至贵之证，非人臣

---

[1] 白寿彝：《范晔》，白寿彝著《中国史学史论集》，中华书局，1999年，第151页。

之气"[1]。三国东吴开国皇帝孙权出生前，其母"梦日入其怀"。晋武帝司马炎"聪明神武，有超世之才。发委地，手过膝，此非人臣之相也"[2]。东晋元帝司马睿出生时"有光照室，室内尽明，有白毛生于日角之左，眼有精光耀"[3]。南朝宋开国皇帝武帝刘裕：始生之夜，有神光照室；其夕，甘露降于墓树；少时醉卧，身化"五彩如蛟龙"；沙门赠灵药止创，倏忽不见；自少至长，目中常见二龙在前，始尚小，及贵转大；晋陵人车斂善相人，相刘裕，称"君贵不可言"[4]。其他诸如南朝齐高帝、梁武帝、陈武帝，北魏道武皇帝拓跋珪等，均有异于常人的符命征相。

隋高祖杨坚出生时"紫气充庭……头上角出，遍体鳞起……为人龙额，额上有五柱入顶，目光外射"[5]。隋炀帝杨广出生时"有红光竟天，宫中甚惊，是时牛马皆鸣"[6]。唐太宗李世民出生时有"二龙戏于馆门之外，三日而去"[7]。武则天年幼时，看相人说她"龙瞳凤睛，极贵验也；若为女，当作天子"[8]。

宋太祖赵匡胤"生于洛阳夹马营，赤光绕室，异香经宿不散。体有金色，三日不变"。宋太宗赵匡义出生当晚，"赤光上腾如火，闾巷闻有异香"。宋真宗赵恒生之前，"五星从镇星聚奎"，生时"赤光照室，左足指有文成'天'字。宋英宗赵曙生时，"赤光满室，或见黄龙游光中"。宋神宗赵顼出生，"祥光照室，群鼠吐五色气成云"。宋哲宗赵煦"生于宫中，赤光照室"。宋高宗赵构"生东京之大内，赤光照室"。宋孝宗赵昚生时，"红光满室，如日正中"。宋理宗赵昀生时，"室中五采烂然，赤光属天，如日正中"[9]。

---

[1]《三国志·魏书·文帝纪》卷二注引《魏书》。
[2] 房玄龄等撰：《晋书·武帝纪》卷三，中华书局，1974年。
[3]《宋书·符瑞志上》卷二十七。
[4] 参见《宋书·符瑞志十》卷二十七。
[5]《隋书·高祖纪上》卷一。
[6] 刘斧撰辑：《青琐高议·隋炀帝海山记上》后集卷五，上海古籍出版社，1983年，第146页。
[7] 刘昫等编：《旧唐书·太宗本纪上》卷二，中华书局，1975年。
[8] 欧阳修、宋祁等撰：《新唐书·方技列传》卷二百四，中华书局，1975年。
[9] 以上参见脱脱等撰：《宋史·本纪》，中华书局，1977年。

明朝开国皇帝明太祖朱元璋的出生也有吉象。据《明史》载，朱元璋是晚上出生的，生时"红光满室。自是夜数有光起，邻里望见，惊以为火，辄奔救，至则无有"[1]。

清朝入关的首位皇帝顺治帝福临的出生颇具吉祥色彩。据《清史稿·世祖本纪》载："福临，太宗第九子。母孝庄文皇后方娠，红光绕身，盘旋如龙形。诞之前夕，梦神人抱子纳后怀曰：'此统一天下之主也。'寤，以语太宗。太宗喜甚，曰：'奇祥也，生子必建大业。'翼日上生，红光烛宫中，香气经日不散。上生有异禀，顶发耸起，龙章凤姿，神智天授。"[2]

以上例举魏晋至明清一些帝王的感生神话，与史书记载的汉代帝王的感生神话如出一辙，同样是为了证明他们是奉天承运的真命天子，是天命王权的既得者。

魏晋南北朝四百多年间，天命无常，政权迭变。一些政治人物要么以祥瑞来证明自己受命易政的天意，彰显皇权天命，从而为夺取政权作舆论宣传；要么以祥瑞来证明自己执政的合理性、合法性，以维护现有的"德治盛世"。这样一种社会氛围为吉祥文化的发展提供了强劲的政治动因，从而使这一时期的吉祥文化于汉之后持续蔓延滋长，象征皇权天命、德治盛世的祥瑞频频出现，并趋向泛化[3]。

曹丕于延康元年（公元220年）初嗣魏王位，同年十月受汉禅称帝，改年号"黄初"。曹丕初嗣王位，四月，饶安县言白雉见；七月，黄龙见；八月，石邑县言凤凰集，"祯祥众瑞，日月而至，有命自天，昭然著见"。接着群臣劝进，援引符瑞，恭请曹丕登帝位，曰："黄龙数见，凤皇仍翔，麒麟皆臻，白虎效仁，前后献见于郊甸；甘露醴泉，奇兽神物，众瑞并出。

---

[1] 张廷玉等撰：《明史·本纪第一·太祖一》，中华书局，1974年。另《明太祖实录》（台湾"中央研究院"历史语言研究所，1962年校印本）也有相似的记载。
[2] 赵尔巽等撰：《清史稿》卷四，中华书局，1977年。
[3] 参见金霞：《试论两汉魏晋南北朝时期祥瑞现象对皇权的巩固作用》，《青岛大学师范学院学报》2008年第3期。

斯皆帝王受命易姓之符也。"[1]此类劝进表可谓连篇累牍，最终，曹丕以"天命不可违逆"受汉禅，登上帝位，国号"魏"，改元"黄初"。由此可见天命、符瑞在汉魏政权更迭中的重要作用。

曹丕称帝后，或传汉献帝被害，远在蜀地的刘备称帝已没有了道义上的顾忌。是时，"在所并言众瑞，日月相属"。群臣"前后上书者八百余人，咸称述符瑞，图、谶明征。间黄龙见武阳赤水，九日乃去"。又称："今上天告祥，群儒英俊，并进《河》《洛》，孔子谶、记，咸悉具至。"[2]这种情势与曹丕禅汉如出一辙，旨在表明刘备当登帝位。于是，刘备在众多瑞应出现及群臣的劝进下称帝。然蜀汉存续42年间，仅有一次符瑞记载，即刘禅景耀元年（公元258年）"史官言景星见，于是大赦，改年"[3]，甚是奇怪。窃以为其主要原因是蜀汉于公元221年建国，公元263年亡，共历二帝，42年，其时间太短。其次，刘备于公元223年死于白帝城，死前托孤太子刘禅于诸葛亮等。刘禅继帝位，一是时间比较急迫，二是作为太子又有刘备遗诏，即皇位无可非议，所以没有必要以祥瑞来证明其继位的正统性。再次，可能与蜀汉建国后"国不置史，注记无官"有关，致使许多国家大事、祥瑞灾异多有遗漏，不见于史书。

曹丕、刘备借助祥瑞相继称帝后，孙权没有马上称帝，只凭借魏黄初二年（公元221年）"五月，建业言甘露降"瑞应，建立了自己的年号"黄武"。自此，符瑞袭逯。黄武元年"三月，鄱阳言黄龙见"。黄武二年"五月，曲阿言甘露降"。黄武四年"皖口言木连理"。黄武五年"苍梧言凤皇见"。黄武八年"夏四月，夏口、武昌并言黄龙、凤凰见"。黄龙见被认为是孙权称帝的符瑞征兆，于是建国，改年"黄龙"，其告天文曰，"休征嘉瑞，前后杂沓，历数在躬，不得不受"。称帝后，凤凰、黄龙、麒麟、灵龟、宝鼎、神雀、白虎、赤乌、白鸠、神蚕、甘露、嘉禾、木连理等祥瑞纷至沓来。据《吴志》载，孙权时期先后出现符瑞四十余次。如嘉禾七年，

---

[1] 以上参见《三国志·魏书·文帝纪》卷二。
[2]《三国志·蜀书·先主传》卷三十二。
[3]《三国志·蜀书·后主传》卷三十三。

赤乌集殿前，孙权诏改元为赤乌元年。赤乌十一年，夏四月云阳言黄龙见，五月鄱阳又言白虎仁[1]，等等。吴末，孙皓执政，昏庸暴虐，但各种祥瑞却频繁出现。如公元 266 年，所在言得大鼎，于是改元"宝鼎"；公元 272 年，西苑言凤凰集，随改元"凤凰"；公元 276 年，吴郡临平湖边得石函，中有小青石，刻"上作皇帝"，视为吉祥，因而改元"天玺"；次年，"鄱阳言历阳山石文理成字"[2]，又改元"天纪"。从孙皓时期留下的《天发神谶碑》《禅国山碑》等几通纪念符瑞的刻石，可窥其在位期间祥瑞之一斑。《天发神谶碑》因平湖边得石函，刻有"上作皇帝"文字，以为是天降符瑞，立碑记功。《禅国山碑》碑文记吴得祥瑞封禅国山之事。碑文长千余言，罗列祥瑞一百二十多种，如麟、凤、龙、白虎、青猊、丹鸾、彩凤、白兔、白鲤、玉羊、玉鸠等。

西晋武帝司马炎于泰始元年（公元 265 年）十二月取代曹魏即帝位，"是月，凤皇六、青龙三、白龙二、麒麟各一见于郡国"，泰始二年又有"凤皇六、青龙十、黄龙九、麒麟各一见于郡国"[3]。西晋武帝即位之初的泰始年间，除了四年和九年没有祥瑞记载外，其余年份都有大量的祥瑞出现。其后的咸宁、太康年间，几乎每年也都有祥瑞出现。据统计，在其统治的 27 年里，祥瑞共出现 111 次，其中，仅木连理就出现 32 次。[4]

南朝宋武帝刘裕建国的永初元年（公元 420 年），七月凤凰、青龙见，八月青龙二、白虎见，九月、十月甘露见[5]，这些都是刘裕受晋禅登帝位的符应。齐高帝萧道成受宋禅前符瑞也不少。升明元年，青龙见齐郡，庆云见益都；升明二年，驺虞见安东县五界山，昌国县徐万年门下棠树连理，甘露降建康县；升明三年，白虎见历阳龙亢县新昌村；等等。这些祥瑞都表明，萧道成将"承天受命"，于是，升明三年（公元 479 年），萧道成受

---

[1] 以上参见《三国志·吴书·吴主传》卷四十七。
[2] 《三国志·吴书·三嗣主传》卷四十八。
[3] 以上见《晋书·武帝纪》卷三。
[4] 参见《宋书·符瑞志下》卷二十九。
[5] 参见《宋书·符瑞志中》卷二十八。

宋禅称帝，改元"建元"。[1]据《梁书·武帝本纪》载，在梁武帝萧衍统治的天监四年到大同三年（公元505—537年）32年间，仅祥瑞老人星就出现39次[2]。老人星的出现是承天受命、国家治平、君民多寿、天下多贤才的瑞应。但老人星以如此高的频率出现，在中国历代帝王中实属罕见。

北魏帝王中，祥瑞出现最频繁的是孝文帝拓跋宏的太和年间（公元477—499年），《册府元龟》卷二十三载：

> 太和元年正月，白鹿见于秦州、青州。二月，秦州献白雉。三月，白雉见于秦州。是月，白鹿见于秦州。是月，武川镇献玉印，青质素文。其文曰：太昌。是月，冀州上言木连理。六月，雍州周城县献白兔。是月，雍州献玉印。又长安镇献玉印一，上有龟纽，下有文字。色甚鲜白，有殊常玉。十一月，白雉见于安定郡。
>
> 二年三月，白燕见于并州。七月，白乌见于凉州。九月，有鼎出于雒州滍雒水，送于京师。是月，白乌见于京师。十一月，徐州献白雉。是月，雒州献白鹊。是月，徐州献黑狐。是月，泰州献五色狗。十二月，怀州献白獐。
>
> 三年正月，统万镇献白雉。三月，齐州献五色狗，其色如画。是月，吐京镇献黄兔。是月，泗州献一角鹿。是月，白乌见于豫州。五月，获白狐。五月，白獐见于豫州。是月，白雀见于豫州。六月，抚冥镇获白狐以献。七月，定州钜鹿民献玉印二方，七分，上有文字。九月，齐州献嘉禾。是月，白乌见于秦州。十月，徐州献嘉瓠，一蒂两实。
>
> 四年正月，南豫州献白雉。是月，南豫州献白鹿。
>
> 五年六月，上邽镇将上言，于镇城西二百五十里射猎，于营南千水中，遂得玉车钏三枚，二青一赤，制状甚精。八月，常山献嘉禾。
>
> 六年二月，豫州献白雉。

---

[1] 详见萧子显撰：《南齐书·祥瑞志》卷十八，中华书局，1972年。
[2] 参见姚思廉撰：《梁书》卷二、卷三，中华书局，1973年。

七年六月，青州献三足乌。是月，定州献嘉禾。

八年正月，上谷郡惠化寺醴泉涌。四月，白燕集于京师。是月，代郡献白燕。六月，徐州献白兔。是月，徐州获黑狐以献。是月，齐州清河郡献白雉。

十年三月，冀州获九尾狐以献。

十一年十一月，冀州获九尾狐以献。

十三年正月，司州、河州各献白狐狸。是月，清河武城县献白雀。十一月，荥阳献三足乌。

十四年六月，怀州献三足乌。

十七年正月，幽州献白雉。四月，瀛州献白雉。五月，冀州献三足乌。六月，京师木连理。是月，兖州献白乌。

十八年十月，河南上言巩县木连理。是月，瀛州献白兔。

十九年六月，司州平阳郡获白乌以献。七月，司州获白鹿、麈以献。

二十年二月，兖州献白雉。六月，司州献白鹿。是月，豫州献三足乌。

二十一年七月，汲郡献黑兔是月京师获白兔。

二十三年正月，华州献白麇。二月，凉州献赤乌。六月，冀州献三足乌。七月瀛州献白鸠。八月，荥阳郡献白鸠，荆州献白燕。闰月，正平郡献白燕。十月，并州上言百节连理生悬瓮山，济州上言木连理。十二月，瀛州上言木连理。是月，司州献白乌。是月，获黑兔。

从以上引文可以看出，在北魏孝文帝拓跋宏太和年中，几乎年年出现祥瑞，且每年都出现多次，有时一个月就出现好几起。

据相关统计，两汉400余年间祥瑞出现104次，魏晋南北朝约370年间，祥瑞出现1876次，其中魏晋200年间祥瑞出现510次，北魏约150年间出现祥瑞577次，南朝宋近60年时间祥瑞出现492次[1]。这是一个多

---

[1] 参见李晓梅：《魏晋南北朝时期祥瑞灾异的特点》，《陇东学院学报》2015年第2期。按：据笔者粗略统计，两汉祥瑞至少出现400多次，远不止104次（参见周保平著：《汉代吉祥画像研究》，第76—80、84—90页）。

么庞大的数字，从这些数字可以看出继两汉之后帝王祥瑞在魏晋南北朝盛行的情况。

唐朝是中国历史上统一时间长，国力强盛的朝代之一，与汉朝并称为中国历史上两大强盛王朝。唐王朝贞观至开元年间，经济、政治、军事、外交、文化等方面都空前繁荣，形成中华民族历史上"贞观之治""开元盛世"的盛唐气象。唐代，"天命论"、"天人感应"、天降祥瑞之说依然盛行。汉代那些象征帝王承天受命、德至万物、政治清明、天下太平的祥瑞文化，经魏晋南北朝，在唐代继续流传。《册府元龟》卷二十四至卷二十五《帝王部·符瑞》，比较详细地记载了唐朝统治者在位期间出现的祥瑞事物。

唐代统治者一开始便对吉祥瑞应表现出极大的个人兴趣和政治依赖。李渊在建立唐朝的过程中就不断地利用谶纬、符瑞为自己营造有利的舆论环境。这与西汉刘邦、东汉刘秀在建立政权时期所使用的套路并无二致。李渊建立唐王朝后，太宗李世民、玄宗李隆基、代宗李豫在位期间都有大量祥瑞出现。

太宗李世民于武德九年（公元626年）八月即位，当月，宋州便言庆云见，秦州言景云见，巂州言凤凰见。次月，雒州赤雀见，秦州言庆云见，定州言景云见，莒州言凤凰二见，利州言庆云见，西麟州言麟见。即位仅一个多月，祥瑞就出现十多次。李世民即位后，因各地表奏祥瑞太多，于贞观二年（公元628年）九月颁布《禁奏祥瑞诏》，诏曰："自今已后，麟凤龟龙大瑞之类，依旧表奏。自外诸瑞应奏者，惟显在物色目及出见处，更不得苟陈虚饰，徒事浮词。"[1] 从诏书的内容可以看出，《禁奏祥瑞诏》名实不符，既言"禁奏祥瑞"，又言"麟凤龟龙大瑞之类，依旧表奏"，且诏令颁布后并未严格执行，如同空文，以致在其后的执政期间，各地奏报祥瑞仍络绎不绝，几乎每年都有祥瑞表奏。仅以贞观十五年、十八年为例，便可略见一斑。贞观十五年一月，开州言白龙见；三月，肃州言川原遍生

---

[1]《全唐文·太宗皇帝·禁奏祥瑞诏》卷四，中华书局，1983年影印本。

芝草；四月，庆州言驺虞见，冀州献白狼；五月，庐山府献白鹿，安礼门御榻产芝草五茎；六月，滁州言青龙见，商州言庆云见；七月，洪州献玄珪，沧州言青龙见，灵州言景云见；八月，嘉州、抚州各言庆云见，衡州言白鹿见；九月，沧州言龙见；十一月，幽州言五色云见。贞观十八年正月，嘉州言青龙见，台州言甘露降，巂州言庆云见；四月，豫州言白龙见；五月，郓州献白狼；六月，郑王府献白狐，瀛州言庆云见；七月，会州言青龙见，朗州言青龙见，滁州言景云见；八月，商、宋、兰、邓、雒五州言景云见，曹、雒二州言景云见，赵州献白鹿；九月，汝州言青龙见；十月，潞州言庆云见，山南献木连理；十一月，湖州言庆云见。约略统计，李世民在位的23年，是唐代出现祥瑞最多的时期。出现祥瑞约26类，有嘉禾、木连理、芝草、河水清、白雉、鹿、庆（景）云、甘露、驺虞、龙、白狼、麟、赤雀、凤凰、醴泉、老人星等。各类祥瑞共出现170余次，其中庆（景）云出现次数最多，共出现55次，其次是龙，包括青龙、白龙，共出现26次，其他依次是甘露、白狼各出现9次，鹿出现8次，河水清、驺虞各出现7次，木连理、凤凰各出现6次。可见李世民贞观六年颁布的《禁奏祥瑞诏》，所言"诸州所有祥瑞，并不用申奏"以及捣毁祥瑞白雀巢之事只是做做样子而已，并没有真正地禁止祥瑞的奏报。

唐玄宗李隆基在位期间出现的祥瑞仅次于太宗李世民。史载，李隆基未登基之前，于中宗景龙二年（公元708年）兼潞州别驾时，"州境有黄龙白日升天。尝出畋，有紫云在其上，后从者望而得之。前后符瑞凡一十九事"。"景龙四年，中宗将祀南郊，（李隆基）来朝京师。将行，使术士韩礼筮之，蓍一茎子然独立。礼惊曰：'蓍立，奇瑞非常也，不可言。'"李隆基"所居宅外有水池，浸溢顷余，望气者以为龙气"[1]。这一切都是他将作为真龙天子的天命吉兆。李隆基继位后，更是祥瑞频仍。开元年间，太史局屡次上奏祥瑞。开元十三年（公元725年），兖州奏白雀见。开元十七年十一月，玄宗亲朝五陵，有紫气、白兔、甘露、景云等祥瑞出现。开元

---

[1] 以上参见《旧唐书·玄宗上》卷八。

二十九年三月，亳州老君庙得瑞木。仅开元二十一年所奏祥瑞就有"祥风起，日报戴，嘉禾秀，芝草生，甘露降，醴泉涌，木连理，瓜同蒂，竹再生，李成实，驯鸠、元鹤、慈乌、鹡鸰、宝鼎、鱼铭、钱刀、砖字等二十有一事……其余山川异气，器用殊姿，举而必然，不可胜纪"[1]。玄宗在位的44年，出现各类祥瑞160多次，其中庆（景）云出现最多，共出现52次，芝草出现12次，嘉禾出现11次，瑞麦出现11次，其他还有木连理、甘露、老人星、浪井等。

唐代，针对祥瑞出现，皇帝常常会下诏赏赐，甚至大赦天下。如武则天时万年县令郑国忠先后奏霸陵乡有庆山见及庆山南有瑞杏树、嘉禾，并以数进祥瑞迁尚方监。姚璹迁岭南，遍访诸山川草树，其名号有"武"字者，皆以为上应国姓，列奏其事。武则天大悦，诏拜天官侍郎。唐高宗龙朔三年（公元663年）十月，绛州奏报麒麟见于介山，诏改来年正月为麟德元年，在京及雍州诸县见系囚徒各降一等，仗罪以下并免之。唐中宗景龙四年（公元710年）七月，"有景云之瑞，改元为景云，大赦天下"。唐睿宗景云二年（公元711年）八月，因唐高祖旧宅有柿树死而重生，大赦天下。

粗略统计，唐代289年间，祥瑞出现600多次[2]，大多出现在初唐和盛唐时期，且多出现于太宗李世民、玄宗李隆基、代宗李豫三朝，其中太宗李世民时期出现各类祥瑞170多次，玄宗李隆基时期出现160多次，代宗李豫时期出现100多次。从整体上看，祥瑞出现数量少于魏晋南北朝时期。这可能与唐代政治制度发达，祥瑞管理体系完备有关。唐律对祥瑞的奏报做了明确规定，形成了固定的仪制令，还有一套由地方到中央、由下到上的严格地奏报程序。据《唐会要·祥瑞上》载，"仪制令……诈为瑞应者，徒二年；若灾祥之类，史官不实对者，黜官三等"[3]。此外，与唐朝中后期的政治形势有关。唐朝中后期内外交困，无暇顾及祥瑞，反而通过

---

[1]《全唐文·萧嵩·请宣示祥瑞表》卷二百七十九。
[2] 按：武则天称帝时期出现的祥瑞很多，但由于史书多不载，统计起来比较困难，故唐代祥瑞出现的总数不包括武则天朝。
[3] 王溥撰：《唐会要》卷二十八，上海古籍出版社，2006年，第618页。

罢祥瑞，体现对人道的关怀，用以维护其政权。

宋代以"兴文教，抑武事"[1]为基本国策，呈现一种内忧外患、矛盾尖锐复杂的社会状况。为塑造圣明天子、盛世太平的假象，朝廷上下不惜假借祥瑞，粉饰太平。《宋史·五行志一上》言："自太祖（赵匡胤）而嘉禾、瑞麦、甘露、醴泉、芝草之属，不绝于书。"[2]在《宋会要辑稿》《续资治通鉴长编》《宋史》中都有一定的篇幅记载宋代祥瑞之事。秉承前代的吉祥文化，这些祥瑞依然被演绎为天命王权、太平盛世的象征。

宋代的皇家祥瑞以北宋真宗和徽宗时期最盛。真宗赵恒是北宋的第三位皇帝，在位期间热衷以祥瑞扇惑人心，天书、灵符、玉圭、芝草、神剑之类的祥瑞其数量之多令人咋舌。真宗听信奸佞王钦若蛊惑，与臣僚一起导演了一出"天书荐降"符瑞闹剧。于是天书现皇宫承天门，群臣祝贺，告天祭祖，并改元"大中祥符"。四月，天书又降内中。六月，天书再降泰山醴泉北。于是真宗接连下诏，大赦、加恩，特许京师聚饮三日以示庆祝。同年十月，真宗率群臣东封泰山。[3]这种天书降宫门的伎俩并非真宗君臣首创，乃仿效周文王时赤雀衔天书降于姬昌户门的故事。真宗统治期间，举国上下掀起了一股"争言祥瑞"的热潮，一些阿谀奉承之臣不断"争奏祥瑞，竞献赞颂"，各州献上的芝草、嘉禾、瑞木之类不知凡几，几至达到"全国上下如病狂热"的地步（《宋史·真宗本纪》）。大中祥符二年，仅崇和殿就有瑞物四百余种。王旦曰："祖宗以来，瑞应丛集，四方无不传闻，今获亲睹，实为神异。"[4]

宋徽宗赵佶是北宋第八位皇帝，他在诗书画印方面可圈可点，但在治国理政上却乏善可陈，其统治时期可谓庸君缪政。就是这样一位皇帝，在位期间却祥瑞频现。"河清"作为祥瑞现象在史书中时有记载，但出现并不多。据《宋史·徽宗本纪》《五行志》载，徽宗大观元年（公元1107年）到宣和元年（公元1119年）的十余年间，黄河清之祥瑞现象就出现五次之

---

[1]《续资治通鉴长编》卷十八《太平兴国二年》，中华书局，1979年。
[2]《宋史》卷六十一。
[3] 以上参见《宋史·真宗本纪》卷六至卷八。
[4] 参见《续资治通鉴长编》卷七十一《大中祥符二年》。

多。有时竟连续三年出现，如大观元年，"乾宁军、同州黄河清"；大观二年，"同州黄河清"；大观三年，"陕州、同州黄河清"。每次"河清"，皇帝和百官都额手称庆，用各种形式为徽宗歌功颂德。据宋周密《齐东野语》言，宋徽宗政和年间，祥瑞芝草动辄出现二三万本，山石变的玛瑙以千百计，山溪流出生金数百斤，"皆以匦进京师"，"一时君臣称颂，祥瑞盖无虚月"[1]。

宋代，官方设有"天庆节""天应节"等专门纪念祥瑞的节日，这大概是宋代独有的节日。"天庆节"又称"小年朝"，时间在正月初三，是宋代宫廷的节日。宋真宗大中祥符元年，因祥瑞天书下降，宋真宗下诏，定每年的正月初三为天庆节，官员等休假五日。天应节是宋朝官方节日之一，也是因出现祥瑞而设立的节日。宋徽宗政和三年十一月五日，祀昊天上帝于圜丘，以修祀事，天真（天神）示见，诏天神降日为天应节。[2]此外，还有天符节等。其实，这些节日的设置不过是统治者假借祥瑞粉饰太平、安定民心罢了。

祥瑞作为天命皇权、君德四海、国运兴盛、天下太平的瑞兆，始终是中国封建社会统治阶层的重要政治筹码。这种起源于天命观以祥瑞证明君权神授、君德天下的政治闹剧在明清时期继续上演。

明代社会上层对祥瑞的理解是汉代"天人感应"、谶纬神学等祥瑞理念的间接承继。同历代帝王一样，明代皇帝对待祥瑞的态度也不尽相同，有的热衷祥瑞，有的谦谨对待。无论是前者还是后者，都摆脱不了功利性的政治目的。

明朝开国皇帝朱元璋在位31年，祥瑞约出现九次。洪武三年（公元1370年）五月，凤翔府宝鸡县进瑞麦；四年二月，淮安、宁国、扬州等献瑞麦，十月甲戌，甘露降于钟山；五年六月，句容县民献并蒂之瓜；八年，甘露降于南郊；十八年四月、二十一年五月，五色云见；二十八年七月，

---

[1] 周密：《齐东野语·祥瑞》卷六，《丛书集成初编》，中华书局，1985年，第77页。
[2] 以上参见《宋史·礼十五·嘉礼三》卷一百一十二。

河南汝宁府确山县野蚕成茧。（参见《明太祖宝训·谦德》）对这些祥瑞的出现群臣称贺，歌功颂德。而朱元璋则比较客观理性，没有因为象征天命的祥瑞出现而沾沾自喜。他认为，帝王有德无德与所谓的祥瑞没有什么必然联系，"盖国家之瑞，不以物为瑞也"。朱元璋认为国家之瑞在于民众丰衣足食、安居乐业、关系和谐、风俗良善。洪武五年，他针对句容县民进献的并蒂瓜说："草木之祥，生于其土，亦惟其土之人应之，于朕何预？若尽天地间时和岁丰，乃王者之祯。"[1]朱元璋对待祥瑞的态度在一定程度上对明代后来的各个皇帝起到了警示和示范作用。

明朝第三位皇帝永乐帝朱棣是一位很有作为的帝王，他在位期间政治清明，国力强盛。朱棣对待"祥瑞"之事具有明显的两面性，这是其特殊政治生涯使然。永乐二年九月，周王进献驺虞，朱棣曰："祥瑞之来，易令人骄，是以古之明主，皆遇祥自警，未尝因祥自怠，警怠者，国之安危系焉。"永乐初，陕西兴平、凤翔献瑞麦，群臣表贺，成祖认为"谀佞非治世之风也"[2]。永乐元年九月，山东郡县有野蚕结茧，上报皇帝，礼部尚书李至刚请求百官上表祝贺。永乐皇帝说："野蚕成茧，不过衣被一方，必天下之民皆饱暖而无饥寒，方可为朕贺也。不许。"[3]类似这样拒纳"祥瑞"的事还有许多。从上几例可以看出朱棣对祥瑞持谨慎态度[4]。但是，朱棣认为上天的祥瑞就是对自己皇权的认可。他虽然明知官员献祥瑞往往是为了谄媚自己，表面上斥责上奏祥瑞的官员，却又坦然受之，亦未见有因上奏祥瑞而被贬谪者。这就导致越是遭斥责，下属越献祥瑞的奇怪现象。可见朱棣内心对祥瑞的认可。朱棣似乎对祥瑞麒麟更加偏好，他在位期间国外四次入贡麒麟，永乐十二年（公元1414年），榜葛剌（今孟加拉一带）入贡麒麟；十三年，麻林国（今非洲东岸肯尼亚马林迪一带）入贡麒麟；十八年，忽鲁谟斯（今伊朗荷姆兹）贡麒麟；十九年，郑和船队分综至阿

---

[1]《明太祖宝训·谦德》卷一，转引自李峰：《朱元璋与祥瑞——论封建帝王的忧患意识》，《沈阳大学学报》2014年第1期。
[2] 以上见余继登撰：《典故纪闻》卷六，中华书局，1981年，第111、115页。
[3] 夏燮撰：《明通鉴》卷十四，上海古籍出版社，1990年，第135页。
[4] 参见曹威：《由明成祖拒纳"祥瑞"所引起的几点思考》，《科学与无神论》2006年第2期。

丹国（今也门亚丁）带麒麟归国。永乐十二年榜葛剌入贡的一头"麒麟"，"前足高九尺，后六尺，颈长丈六尺有二，短角，牛尾，鹿身，食粟豆饼饵"[1]。宫廷画师画下麒麟像，翰林院沈度写《瑞应麒麟颂》，并抄写于图，于是有了图文并茂的《瑞应麒麟图》。永乐皇帝看到《瑞应麒麟图》后心花怒放，认为此麒麟出现表明有圣明君主在世。这张《瑞应麒麟图》至今仍保存在台北故宫博物院，成为榜葛剌所贡麒麟的真实留影。永乐年间，还多次将织绣有麒麟的麒麟衣赠送给外国国王。

明嘉靖皇帝朱厚熜亦喜好祥瑞。嘉靖十年六月，宁夏固原甘露降，食之甘若饴。固原官员以献。嘉靖皇帝见到后喜不自胜，让宫女品尝，使上百名宫女病倒。成为后世笑谈。

清朝，作为少数民族政权也讲天命，入主中原之初，为证明其政权符合天意，他们同样搬出祥瑞。翻开《清史稿》《大清历朝实录》等历史文献，多有关于祥瑞的记载。《养吉斋余录》卷二载："本朝雍正三年二月二日庚午，日月合璧，五星连珠。乾隆二十六年正月朔辛丑午时，日月合璧，五星连珠。嘉庆四年四月朔己丑，日月合璧，五星连珠。道光元年四月朔辛巳辰时，日月合璧，五星连珠。百年之中，休征四见。"[2]

然而清代最高统治者出于各自不同的政治目的对祥瑞的态度各不相同。康熙是个务实的君主，他所处的时代正是清王朝整体国力上升的阶段，在国家强盛方面信心满满，所以他对待祥瑞有比较清醒的认识。《养吉斋余录》卷二曰："圣朝自朱果发祥以来，诸福济至。康熙纪元六十一年，从不许人言祯符瑞应。"[3]康熙认为，祥瑞与人君并无直接联系，大臣们津津乐道的祥瑞现象于国计民生毫无益处，庆云、景星、凤凰、麒麟、灵芝、甘露等都是贻笑后世的事情。然而从诸多康熙皇帝与祥瑞的互动中，可以看出清朝初期天降祥瑞、瑞兆盛世的吉祥信仰依然流行。

雍正对待祥瑞的态度与康熙截然不同。《养吉斋余录》卷二载："雍正

---

[1] 以上参见《明史·外国七》卷三百二十六。
[2] 吴振棫著：《养吉斋丛录》，古籍出版社，1983年，第292页。
[3] 吴振棫著：《养吉斋丛录》，第291页。

间，内外臣工以景星、庆云、嘉禾、异麦、灵蓍、神芝之属告者，殆无虚月。"[1] 雍正即皇帝位有擅改遗诏、弑君篡位之嫌。为了表明自己即位是秉承天意，雍正搬出了"祥瑞"，以祥瑞证明自己继承皇位是上天之命，又以祥瑞显示自己治国有方。雍正刚刚即位就有祥瑞蓍草出现。《养吉斋丛录》载，雍正元年，孝陵坟包上生蓍草。即被雍正视为神草。并敬觌收贮，为此特命造办处制一具二层套箱，箱外织纹描金，箱面金漆满汉对照题签：雍正元年吉月，孝陵所产蓍草六丛三百茎，敬觌贮内。[2] 现今蓍草已无，而此箱尚存，保存在故宫博物院。此后，雍正二年，卿云现；三年，日月同升、五星连珠。每报祥瑞，雍正便一一笑纳，并大肆宣扬，画影图形，昭示全国。卿云又称庆云、景云，从汉代起，历代皆视为祥瑞。雍正在位期间卿云数见。其登基后三天便出现卿云。雍正元年九月，雍正赴敦化景陵送他生母恭仁皇后灵柩时，卿云再次出现。二年正月，雍正举行祈谷祭祀礼毕，又见卿云。七年，曲阜孔庙呈现卿云。同年，山西官员报称保德州地方"卿云捧日，外绕三环，光华四射"。临晋县卿云丽日，五彩缤纷，霞光万丈。湖南官员也不甘落后，雍正八年，报说该地"庆云丽天，霞光万道"。最有意思的是云贵广西总督鄂尔泰报告的卿云。雍正六年十一月，鄂尔泰奏折说，圣寿节这天，官员行过祝寿礼后，云南各地出现"五色庆云，光灿捧日"，第二天更是"绚灿倍常"。雍正八年七月，甘肃巡抚奏"黄河清"祥瑞征兆，八月北京就发生强烈地震，雍正吓得不敢待在宫内，索性来了个乘船幕处，以避崩压。这无疑是对祥瑞兆吉的最大讽刺。

雍正在位的十三年中，七星会聚，黄河澄清，景星、庆云、嘉禾、瑞谷、神芝、蓍草，频出不穷。不过，雍正对于奏报祥瑞的态度也有例外。雍正十年（公元 1732 年），景陵瑞芝叠见，恭请宣付史馆。谁知雍正竟下旨称"朕从来不言符瑞……数年以来，各处奏报庆云嘉谷等事，朕悉降旨训勉。未尝宣示于外，以为祥瑞也"[3]。此时的雍正，帝位已经稳固，对

---

[1] 吴振棫著：《养吉斋丛录》，第 291—292 页。
[2] 参见吴振棫著：《养吉斋丛录》卷二十六，第 279 页。
[3] 参见《清实录·世宗实录》卷一二四，中华书局，1985 年，第 637 页。

待祥瑞的态度当然没有刚即位时那样迫切了。

清朝自雍正帝开始祥瑞之风再兴。乾隆年少时在宫中受雍正影响,也崇尚祥瑞。虽然即位之初他就颁布了"禁陈奏祥瑞"的谕旨,但在他统治期间,对于祥瑞却没有实质性的抑禁,各地呈献祥瑞络绎不绝。

乾隆二十五年,钦天监观测到来年正月初一有"日月同升,五星连珠"的天文异象,是"海内晏安,年谷顺成"的祥瑞征兆,乾隆因命画院画师徐扬绘图记录这一罕见天象。这幅"日月合璧五星连珠图"高48.9厘米,长1342.6厘米。画卷中文武官员进宫朝贺,市民百姓纷纷出门拜年。画卷通过"日月同升,五星连珠"的天文异象来称颂乾隆皇帝的政德。

乾隆似乎对灵芝这种祥瑞情有独钟。据清宫史料记载,乾隆三十九年(公元1774年),有人献来直径一米的天然大灵芝,乾隆非常高兴,随即做成灵芝插屏,并亲自作灵芝诗一首。作完之后,犹余兴未尽,又招来刘统勋等五名近臣,命每人依自己的诗各作一首。随后的乾隆四十年十二月,和琳进天然瑞芝成座。乾隆五十年四月,仓场侍郎蒋赐棨进瑞芝屏成件。乾隆五十六年十二月,宝琳进天然瑞芝两座。乾隆五十七年七月,湖北巡抚福宁进芝屏成件。乾隆年间,浙江海盐县连续多年发现了一种秆上长两个穗的麦子,有人将这种麦子送给钱大昕,钱大昕认为海盐县的这种麦子,就是许慎《说文解字》所云周所受的"瑞麦"。他说:"自周武王观兵至今三千余载,史册罕见此瑞,后儒遂不晓《说文》为何语矣。我国家圣圣相承,劭农重粟,上轶虞周,乃重睹此非常之瑞,天之降康,岂偶然哉!"[1]

据《清史稿》载,从两星合聚到四星合聚,自顺治到乾隆朝共计出现95次;庆云,自顺治至乾隆朝出现36次;真龙,自顺治至康熙朝出现24次。

清亡之后,祥瑞并未随之消亡。袁世凯复辟帝制时,碰巧发现四川一个溶洞里有两条镶嵌在洞壁上的恐龙化石,地方官们为了谄媚,就趁机向袁世凯发报,说这是真龙天子出世的祥瑞征兆,而这"真龙天子"必属袁世凯无疑。袁世凯对此深信不疑,"龙颜大悦"。袁世凯称帝前夕,他父亲

---

[1]《清代诗文集汇编·潜研堂文集》三百六十四册,上海古籍出版社,2011年,第182—183页。

袁保中墓侧突然长出一根紫藤，有一丈多长，蜿蜒盘绕，宛若游龙。袁世凯命长子袁克定前去查看。一心想当皇太子的袁克定查看之后说是天命所归瑞验。更荒唐的是，北京周边闹了蝗虫，有官员说捕来的蝗虫头上都有"王"字。

汉代以降，历朝帝王的祥瑞之多可谓更仆难终，以上只是为了说明汉代吉祥文化对后世的影响而举其大较而已。

2. 官僚士大夫在吉祥文化流播赓衍中的作用

上有所好，下必甚焉。皇家吉祥文化的发展历来以君臣互动为轴心。史籍每见群臣上奏符瑞，当权者或欣然接受，或假意推托，循环往复，犹如一出出程式化的闹剧，在中国历史大舞台上不断上演。符瑞不仅是王权争夺与转移的筹码，为统治者歌功颂德、粉饰太平的工具，也是大臣们献媚邀宠的至宝。皇帝利用祥瑞来证明所得政权的合法性，用以巩固既得权力。官僚士大夫群体，一部分人利用祥瑞规劝皇帝的行为，将祥瑞作为限制王权的一种手段；更多人则借祥瑞讨好皇帝，从而获得皇帝的宠信，以谋进身。从汉代开始，仕宦学者多言祥瑞；下至明清，这种现象承接不辍。此外，从东汉开始一些官吏、豪强地主由于其社会地位的提高，为标榜自己，谋取政治利益，也借助一些祥瑞来吹嘘自己的"德行"，这种现象在其后的朝代中亦屡见不鲜。

东汉末年，为恭请曹丕登帝位，群臣劝进，援引符瑞。左中郎将李伏上表曰："殿下即位初年，祯祥众瑞，日月而至，有命自天，昭然著见。"辛毗、刘晔、桓阶等大臣联名上言附和，曰："天之不泯，诞生明圣，以济其难，是以符谶先著，以彰至德。殿下践阼未期，而灵象变于上，群瑞应于下，四方不羁之民，归心向义，唯惧在后，虽典籍所传，未若今之盛也。"太史令许芝云："《易传》曰，'圣人受命而王，黄龙以戊己日见'。七月四日戊寅，黄龙见，此帝王受命之符瑞最著明者也……殿下即位，初践阼，德配天地，行合神明，恩泽盈溢，广被四表，格于上下。是以黄龙数见，凤凰仍翔，麒麟皆臻，白虎效仁，前后献见于郊甸；甘露醴泉，奇兽神物，众瑞并出。斯皆帝王受命易姓之符也。"又有相国华歆、太尉贾诩、御史大夫王郎与九卿奏曰："布政未期，人神并和，皇天则降甘露而臻四灵，厚土则挺芝草而吐醴泉，虎豹鹿兔，皆素其色，雉鸠燕雀，亦白其羽，连理之木，同心之瓜，五彩之鱼，珍祥瑞物，杂沓与其间者，无不毕备。"[1] 此类劝进表章可谓连篇累牍，无外乎表明群瑞频出，天命归魏，以此来向曹丕献媚。

南朝宋文帝元嘉二十四年（公元447年），嘉禾生华林园及景阳山，为此，太尉江夏王刘义恭上表，表曰："伏惟陛下体乾统极，休符袭逮。若乃凤仪西郊，龙见东邑，海酋献改缁之羽，河祇开俟清之源。三代象德，不能过也。有幽必阐，无远弗届，重译岁至，休瑞月臻。"并撰写《嘉禾甘露颂》一篇，极力利用祥瑞为宋文帝歌功颂德。中领军吉阳县侯沈演之亦上《嘉禾颂》，颂辞曰："鸳出丹穴，鹦起西湘。白鹿逾海，素鸟越汀……嘉禾重穆，甘露流液。"[2]

魏晋南北朝时期，官僚士大夫中也有一些头脑清醒者，对当时符瑞多应的现象予以质疑。《南齐书·祥瑞志》载史臣言曰："今观魏、晋已来，世称灵物不少，而乱多治少，史不绝书。故知来仪在沼，远非前事，见而不至，未辨其为祥也。"[3]

唐代，国家鼓励官员奏报祥瑞，并将奏报祥瑞数量的多少作为考核官员政绩的内容之一，这大大激发了官吏们上报祥瑞动力。《唐令拾遗·考课令》载："诸每年尚书省诸司，得州牧刺史县令政，有殊功异行，及祥瑞灾蝗、户口赋役增减、当界丰俭、盗贼多少，并录送考司。"[4]《旧唐书·职官志》："若狱讼疑义，兵甲修造便宜，符瑞尤异，亦以上闻……功曹、司功掌官吏考课、祭祀、祯祥、道佛、学校、表疏、医药、陈设之事。"[5]

---

[1] 以上参见《三国志·魏书·文帝纪》卷二注。
[2] 以上参见《宋书·符瑞志下》卷二十九。
[3] 《南齐书》卷十八。
[4] 仁井田升著：《唐令拾遗》第四十三条，东方文华学院东京研究所，1933年，第348页。
[5] 《旧唐书》卷四十四。

《新唐书·百官一》:"每岁,尚书省诸司具州牧、刺史、县令殊功异行,灾蝗祥瑞,户口赋役增减,盗贼多少,皆上于考司。"[1]虽然唐代把奏报祥瑞列为官员政绩的考核内容,但对祥瑞的奏报有着严格的规定,"诸诈为瑞应者,徒二年","若诈言麟、凤、龟、龙,无可案验者,从上书诈不以实,亦徒二年。若灾祥之类,灾谓浸渗,祥谓休征,史官不以实对者,谓应凶言吉,应吉言凶,加二等,徒三年。称之类者,此外有善恶之事,敕问而史官不以实对者,亦加二等"。[2]

奏报祥瑞不仅仅是官员在职的政绩,官员还可以因奏报祥瑞获得利益。武则天"喜符瑞事,群臣争言之"[3]。万年县令郑国忠,以数进祥瑞迁除尚方监。姚璹被贬桂州,到岭南遍访诸山川草树,其名号有"武"字者,皆以为上应国姓,列奏其事。武则天大悦,诏回京拜天官侍郎。朱前疑原为市井小人,因上书武则天,声称"臣梦陛下寿满八百",即刻官拜拾遗。又自言"梦陛下发白再玄,齿落更生",迁驾部郎中。时隔不久,他又以"闻嵩山呼万岁"的谀言博取武则天欢心,赐予绯算袋[4]。武则天统治期间,皇室诸王有德望者皆被屠戮,唯唐太宗之孙李仁,靠着向武则天进献符瑞免于大祸,历任五州刺史。唐玄宗时,陈希烈"专用神仙符瑞取媚于上"[5],被用为宰相。李林甫也是如此,两人常借符瑞竞相拜贺,称颂迎奉。宰相尚且如此,其他臣僚可以想见。

唐代仕宦文人创作了大量润色、歌颂祥瑞的表奏赋颂。据统计,崔融曾上贺瑞表十四篇,李峤上贺瑞表十四篇,孙逖上贺瑞表十二篇,常衮上贺瑞表九篇,权德舆上贺瑞表九篇,柳宗元上贺瑞表八篇[6],其他如张九龄、王维、韩愈、白居易、李商隐等都曾上过祥瑞贺表。群臣上祥瑞贺表

---

[1]《新唐书》卷四十六。
[2] 岳纯之点校:《唐律疏议·诈伪》卷二十五,上海古籍出版社,2013年,第402页。
[3]《新唐书·岑文本传》卷一百二。
[4] 参见《资治通鉴·神功元年》卷二〇六,中华书局,1956年。
[5]《资治通鉴·天宝五年》卷二一五。
[6] 柳宗元所上祥瑞贺表有《御史台贺嘉禾表》《礼部贺嘉禾及芝草表》《京兆尹贺嘉瓜白兔连理棠树等表》《礼部贺甘露表》《礼部贺白龙并青莲花合欢莲子黄瓜等表》《礼部贺嘉瓜表》《礼部贺白鹊表》《为王京兆贺嘉莲表》等。

无非是借助祥瑞对皇帝阿谀奉承，歌功颂德，从而达到粉饰太平，彰显皇权统治的合法性、合理性的目的。被称为开元前期一代文宗，号称"燕许大手笔"的名臣张说，精于祥瑞之事，是撰写祥瑞贺表的高手，武则天时，张说曾撰写祥瑞贺表，玄宗即位，奉敕撰写李隆基在潞州祥瑞颂十九首。张说撰写的祥瑞贺表中有天瑞日报戴、黄龙、紫云，地瑞嘉禾，还有"神人传庆"之类。

从东汉开始，吉祥瑞物已不再是皇帝的专利，一些贵族仕宦所在也时有吉瑞出现，作为上天对其政绩、德孝的褒奖，抑或被看作仕宦升迁的吉兆。唐代依然。据《太平广记》载，唐代许多官员在升迁之前常有吉瑞出现。如韦皋出镇蜀地时，与宾客十余人宴郡西亭，忽来暴风雨，俄顷而霁，"虹蜺自空而下，直入庭。垂首于筵……后旬余，有诏就拜中书令"[1]。又如，唐代名臣张说的母亲曾梦见一只玉燕自东南飞来，投入怀中，因而有孕，生下张说。后人将"玉燕投怀"作为将生贵子的吉语。也有些文人士大夫因孝道而导致吉瑞出现。《全唐文》载："岳州人王怀俊，幼丧二亲，庐于墓侧，负土成坟。至孝潜通，屡呈祥瑞。其地内生芝草兼白兔，刺史元利济仁明训俗，善绩著闻。廉察使以为由刺史录奏。"[2]《旧唐书》载："冯宿，东阳人。卯岁随父子华庐祖墓，有灵芝、白兔之祥。"[3]又有"杨含妻萧，父历，为抚州长史，以官卒，母亦亡。萧年十六，与谓皆韶淑，毁貌，载二丧还乡里，贫不能给舟庸，次宣州战鸟山，舟子委柩去。萧结庐水滨，与婢穿圹纳棺成坟，莳松柏，朝夕临，有训乌、缟兔、菌芝之祥"[4]。

唐代中晚期祥瑞很少出现，除了当时国家内忧外患等原因外，与当时士大夫阶层在思想领域开展天人之际及祥瑞灾异的讨论也有一定关系。白居易在唐元和元年（公元806年）参加制举试时拟作有一篇《议祥瑞辨妖灾》的策论，文中论述了祥瑞与妖灾的关系，对"天人感应"说提出了质

---

[1] 李昉等编：《太平广记·虹》卷三百九十六，中华书局，1961年，第3173页。
[2] 《全唐文·高思元·对芝草白兔由刺史善政判》卷九百五十。
[3] 《旧唐书·冯宿列传》卷一百六十八。
[4] 《新唐书·列女传》卷二百五。

疑，指出"休征在德，吉凶由人"，强调人的主导作用。他认为，"明圣之朝，不能无小灾小沴；衰乱之代，亦或有小瑞小祥。固未足质帝王之疑，明天地之意耳"。他说，"若一星一辰之瑞、一云一露之祥、一鸟一兽之妖、一草一木之怪，或偶生于气象，或偶得于陶钧，信非休咎之征，兴亡之兆也"。[1]认为祥瑞灾异的出现与王政的好坏没有必然的联系。白氏的上述认识彻底颠覆了自古不变的思维常式，打破了"天人感应"的对应模式，对历代君臣以祥瑞之物欺世盗名进行了有力的嘲讽和批判。柳宗元也在《贞符并序》中也抨击了君权神授、"天人感应"等思想。指出"符命说"纯粹是"妖嚚淫昏好怪之徒"的胡说，是"淫巫瞽史"捏造的欺人之谈。明确提出帝王"受命不于天，于其人；休符不于祥，于其仁。惟人之仁，匪祥于天；匪祥于天，兹惟贞符哉"[2]。笔者认为，中唐以后，由于"天人感应"说受到官僚士大夫的质疑，传统的天命观遭到打击，世人对祥瑞的认识有所转变，祥瑞符命思想趋于淡化，这是导致符瑞之类在这一时期较少出现的原因之一。

宋代，特别是北宋年间，由于朝廷喜好，地方上每有祥瑞进献，进献祥瑞的官员多得到升迁，于是"天下争言瑞应，廷臣辄笺表贺"[3]。特别是真宗景德以后，由于皇帝沉溺于符瑞，"一国君臣如病狂"[4]，"王旦、王钦若，以歌颂功德撰次符瑞为职业"[5]。官僚士大夫们纷纷假借祥瑞向皇帝邀宠，以求赏赐晋升。宋真宗大中祥符元年（公元1008年），宠臣王钦若参与策划了"天书荐降"的祥瑞事件。同年，他三次进献祥瑞：六月，言"泰山醴泉出，锡山苍龙见"；八月，"献芝草八千余本"；十月，"献泰山芝草十万八千余本"。通过进献祥瑞，王钦若被擢拔为礼部尚书。徽宗时，蔡京动辄带领群臣上祥瑞贺表，深得徽宗欢心，升任尚书右仆射、太子太师，并封鲁国公。王安中更是不失时机，每有祥瑞，即刻著文，为皇

---

[1]《全唐文·白居易·议祥瑞辨妖灾》卷六百七十。
[2] 柳宗元著：《柳宗元集·贞符并序》卷一，中华书局，1979年，第35页。
[3]《宋史·王安中传》卷三百五十二。
[4]《宋史·真宗本纪》卷八。
[5] 叶适著：《水心别集·纪纲二》卷十四，《叶适集》，中华书局，1961年，第814页。

帝歌功颂德。在其《初寮集》中收录此类贺表多达43篇，说什么"皇帝陛下高厚配于天地，孝悌通于神明"[1]，被徽宗称为奇才，数次得到擢拔，历任中书舍人、翰林学士、尚书佐臣等职，成为徽宗的主要御用文人之一。据《齐东野语》载，北宋徽宗政和年间，各地臣属上奏的祥瑞芝草动辄二三万本，山石变的玛瑙以千百计，山溪流出生金数百斤，"皆以匣进京师"，"一时君臣称颂，祥瑞盖无虚月"[2]。为谄媚皇帝，各地官员到处收罗祥瑞，而皇帝对进献祥瑞的人则给予一定的奖赏。如北宋仁宗赵祯皇祐三年（公元1051年）五月，彭山县上《瑞麦图》，皇帝"赐田夫束帛以劝之"[3]。南宋恭帝赵显德祐二年（公元1276年），"宝应县民析薪，中有'天太下赵'四字，献之，制置史李庭芝赏以钱百千"[4]。这就造成了宋代民间争献祥瑞之风。正如孙奭所说："方今乃野雕山鹿并行奏简，秋旱冬雷率皆称贺。"[5] 献瑞运动中的参与者并非只有投机分子，也有忠臣。名相寇准曾因谗言被贬出京城汴梁。他见朝廷醉心于祥瑞，于是不顾世人非议，进献芝草数万本。宋真宗见一向对祥瑞唱反调的寇准转变态度，惊喜不已，于是再度拜其为丞相。

宋代是中国历史上的文化丰盛期，也是中国科技的昌明时代，许多建立在早期认识水平上的传统观念开始被人们怀疑。随着理学逐渐成熟，先前无比神秘的祥瑞符命说被看成荒诞不经的学说，而更加富有思辨色彩的"天理"观念则日益深入人心。在这种背景下，一些官僚士大夫对祥瑞产生了不同看法。表现在史学方面，薛居正主持编撰的《旧五代史》，其本纪部分虽然也有几处"赤气白光"之类的诡语，但与其前编撰史书所记瑞应灾异不可同日而语。欧阳修编撰《新五代史》，比较彻底地摒弃了祥瑞灾异与人世兴废的关联。他在书中说："呜呼，自秦、汉以来，学者多言祥瑞，虽

---

[1] 王安中撰：《初寮集》卷五，《文渊阁四库全书》卷1127，第95页。
[2] 周密：《齐东野语·祥瑞》卷六，《丛书集成初编》，第77页。
[3] 《宋史·五行志二下》卷六十四。
[4] 《宋史·五行志三》卷六十五。
[5] 赵汝愚编：《宋名臣奏议》卷三十六《上真宗论群臣数奏祥瑞》，《文渊阁四库全书》卷431，第395页。

有善辨之士,不能祛其惑也!予读《蜀书》,至于龟、龙、麟、凤、驺虞之类世所谓王者之嘉瑞,莫不毕出于其国,异哉!然考王氏之所以兴亡成败者,可以知之矣。或以为一王氏不足以当之,则视时天下治乱,可以知之矣。龙之为物也,以不见为神,以升云行天为得志。今偃然暴露其形,是不神也;不上于天而下见于水中,是失职也。然其一何多欤,可以为妖矣!凤凰,鸟之远人者也。昔舜治天下,政成而民悦,命夔作乐,乐声和,鸟兽闻之皆鼓舞。当是之时,凤凰适至,舜之史因并记以为美,后世因以凤来为有道之应。其后凤凰数至,或出于庸君缪政之时,或出于危亡大乱之际,是果为瑞哉?麟,兽之远人者也。昔鲁哀公出猎,得之而不识,盖索而获之,非其自出也。故孔子书于《春秋》曰'西狩获麟'者,讥之也。'西狩',非其远也;'获麟',恶其尽取也。狩必书地,而哀公驰骋所涉地多,不可遍以名举,故书'西'以包众地,谓其举国之西皆至也。麟,人罕识之兽也,以见公之穷山竭泽而尽取,至于不识之兽,皆搜索而获之,故曰'讥之也'。圣人已没,而异端之说兴,乃以麟为王者之瑞,而附以符命、谶纬诡怪之言。凤尝出于舜,以为瑞,犹有说也,及其后出于乱世,则可以知其非瑞矣。若麟者,前有治世如尧、舜、禹、汤、文、武、周公之世,未尝一出,其一出而当乱世,然则孰知其为瑞哉?龟,玄物也,污泥川泽,不可胜数,其死而贵于卜官者,用适有宜尔。而《戴氏礼》以其在宫沼为王者难致之瑞,《戴礼》杂出于诸家,其失亦以多矣!驺虞,吾不知其何物也。《诗》曰:'吁嗟乎驺虞!'贾谊以谓驺者,文王之囿;虞,虞官也。当谊之时,其说如此,然则以之为兽者,其出于近世之说乎?"[1]欧阳修对麟凤龟龙等祥瑞的看法代表了当时一部分官僚士大夫的观点。

宋真宗假借天书掀起的祥瑞运动,造成了重大的社会负担和逆反心理,引起了一些官僚士大夫的反对。北宋名臣孙奭为人未尝阿附取悦。大中祥符初,有人称左承门得天书,真宗将奉迎,问宰相王旦,王旦说:"天贶符命,实盛德之应。"问孙奭,孙奭说:"臣愚,所闻'天何言哉',岂有书

---

[1] 欧阳修撰:《新五代史·前蜀世家第三》卷六十三,中华书局,1974年。

也?"帝不听,亲迎天书。大中祥符四年(公元1011年),真宗将西祀汾阴,孙奭上疏曰:"作善降之百祥,作不善降之百殃,未闻专事笾豆簠簋,可邀福祥。"真宗天禧二年(公元1019年),朱能献《乾祐天书》,孙奭复上疏称朱能为"奸憸小人,妄言祥瑞"[1]。洪迈对"祥云芝鹤,唯恐不详"的宋代实录进行了批判,他说:"国朝景德、祥符间,治安之极,王文穆、陈文忠、陈文僖、丁晋公诸人造作天书符瑞,以为固宠容悦之计。及真宗上仙,王沂公惧贻后世讥议,故请藏天书于梓宫以灭迹。而实录之成,乃文穆监修,其载崇奉宫庙,祥云芝鹤,唯恐不详,遂为信史之累,盖与太史公谤书意异而实同也。"[2]在一些士大夫的质疑声中,徽宗以后,祥瑞趋于平静。至南宋,社会上层对祥瑞保持了比较清醒的认识。南宋绍兴二十六年四月,高宗赵构曾对辅臣曰:"比年四方奏祥瑞,皆饰空文,取悦一时。如信州林机奏秦桧父祠堂生芝草,其佞尤甚。莲子双头,处处有之,亦何为瑞!麟、凤,瑞之大者,然非上有明君,下有贤臣,麟、凤之生,亦何所取!朕以为年丰谷登,可以为端。"[3]

祥瑞作为上层统治者的一种信仰倾向,在明代的政治生活中依然扮演着重要角色,它为君主统治提供了政权合法性依据,树立明君圣主的形象,并以对待祥瑞的态度为依据,进行君臣博弈,对时代风气产生影响。明嘉靖年间,浙江巡抚胡宗宪因抗倭不力,受到嘉靖皇帝的切责,正在思忖如何讨好皇帝时,舟山得白鹿,因献之。嘉靖大悦,行告庙礼,赐给胡宗宪很多银币。接着,胡宗宪又有白鹿献上,百官称贺,嘉靖帝益大喜,一高兴又给胡宗宪加薪。(参见《明史·胡宗宪传》卷二百五)见有这等好事,于是朝臣竞相献瑞。

清雍正皇帝鼓励官员献祥瑞、谈吉兆。为了迎合讨好君王,搜寻祥瑞几乎成了当时地方官员的一大任务。不管什么地方,一旦出现某种祥瑞征兆,当地官员便会立即呈报。如雍正元年(公元1723年)马兰峪总兵进呈

---

[1] 以上参见《宋史·儒林传一》卷四百三十一。
[2] 洪迈著:《容斋随笔·谤书》卷四,上海古籍出版社,1978年,第54页。
[3]《续资治通鉴·高宗绍兴二十六年》卷一百三十一,中华书局,1957年。

顺治帝孝陵长出的蓍草，雍正命廷臣传观，百官赞颂以为奇瑞。雍正四年，陕西、河南、山东三省联合河道总督奏报，黄河千里河道河水清澈见底。七年，浙江奏报，天降甘露。八年，官员奏房山采石场飞来凤凰一只，"五色具备，文采灿然"。同时有人报告该县见到五、六尺高的神鸟。"毛羽如锦，五色具备，群鸟环绕，北向飞鸣"，被认为是昭示帝王盛德的嘉瑞。十年，山东官员报告，巨野县民家牛产瑞麟。十一年，四川官员报称盐亭县农家牛产瑞麟。雍正六年十一月，鄂尔泰奏折说，圣寿节这天，官员行过祝寿礼后，云南各地出现"五色庆云，光灿捧日"，第二天更是"绚灿倍常"。他说该地卿云的出现，是由于"皇上大孝格天"。雍正皇帝见到这个奏折异常高兴，将鄂尔泰的世爵升为三等男爵。云贵的其他官员也都跟着沾光，加官晋级。雍正朝，各地官员纷纷奏报出现瑞谷，一开始还只是两穗，后来出现了四穗、八穗的。陕西报瑞谷十二穗，河南报瑞谷十五穗，广西则十五六穗，每穗上有谷子七百粒，穗长二尺多。各省督抚竞相说自己境内谷穗大而多。顺天府尹最后拿出了一株二十四穗的瑞谷，力压各省。雍正下旨让宫廷画师根据各省奏报绘制成《佳穗图》《瑞谷图》，并亲自题跋作序。

汉代吉祥文化的流传在一定程度上得益于历代士大夫文人编撰的历史文献和著作。魏晋南北朝时期，南朝梁沈约编撰《宋书·符瑞志》，南朝梁萧子显撰《南齐书·祥瑞志》，北齐魏收撰《魏书·灵征志》等。这些文献资料有效地保存了前代吉祥文化中的吉瑞事物，在吉祥文化的传承中起到了承上启下的作用。此外，还有一些私人编著的图录、专著，如南朝梁孙柔之的《瑞应图》《瑞图赞》、顾野王的《符瑞图》，以及南朝齐庾温的《瑞应图》等。

沈约在《宋书》的编撰中，首创《符瑞志》体例，开中国史书列祥瑞专志之先河。《符瑞志》分上、中、下三卷，对祥瑞的记述甚详，是中国记载祥瑞最全的历史文献，补前史之阙，开后史之先。沈约在撰写《符瑞志》时，跳出了《宋书》断代史体例，从传说中的太昊帝宓牺氏写起，首次对刘宋及以前的皇家祥瑞进行全面系统地汇总整合，论述了祥瑞的历史和发展，并对各种祥瑞的名称、性状、寓意等做出说明。上卷主要记载了从传说中的三皇五帝到刘宋时期各代帝王受命的种种瑞应与吉兆，中、下卷主要记载了龙、凤、麒麟、白兔、嘉禾、甘露等具体祥瑞，述及符瑞物象与"受命之符，天人之应"以及君德的对应关系，并记录其显现的时间和地点。其中传说类的瑞物记录在前，现实类的瑞物记述于后。《符瑞志》三卷共记录祥瑞百余种，每种除少数或阙外，都有数条、数十条乃至上百条。如自汉武帝元狩元年（公元前122年）至晋成帝咸和八年（公元333年）的450多年间，祥瑞麒麟出现75起；自汉昭帝始元三年（公元前84年）至宋孝武帝孝建元年（公元454年）的530多年间，祥瑞凤凰出现98起；自汉惠帝二年（公元前193年）至宋孝武帝大明元年（公元457年）的650年间，祥瑞龙出现123起；自汉宣帝元康四年（公元前62年）至宋孝武帝孝建三年（公元456年）510多年间，白虎出现83次，诸如此类，不一而足。书中所记祥瑞在沈约以前，无人专门辑录之。这一方面说明当时的统治者重视祥瑞，一方面也凸显出沈约平时对前代吉祥文化的认识与研究。

沈约《宋书·符瑞志》对以前吉瑞事物的辑录，使得一些珍贵的历史资料得以保存。此后的历史文献记录的吉瑞事物渐少。南朝梁萧子显撰《南齐书》设《祥瑞志》，所举祥瑞皆出于该朝，约38种，虽然不能与《宋书·符瑞志》相提并论，但对南朝齐国的祥瑞作了详细记录，为全面研究中国的吉祥文化提供了宝贵的资料。北齐魏收撰《魏书》，无《符瑞志》，但有《灵征志》，也是断代综述。《灵征志》的上部相当于《五行志》，主要记载灾异，其下部相当于《祥瑞志》，列举北魏的祥瑞约46种，虽不如《宋书·符瑞志》记述之详，也难能可贵。至于其后的《梁书》《陈书》则无专门记录祥瑞的章节。

魏晋南北朝时期，除官修史籍外，还出现了一些私人编著的专门记述吉瑞的图录、著述，对吉祥文化的传承有着不可替代的作用。《隋书·经籍志三》记有南朝梁孙柔之的《瑞应图》三卷、《瑞图赞》二卷，注曰："梁有孙柔之《瑞应图记》《孙氏瑞应图赞》各三卷，亡。"[1]《南齐书·祥瑞志》记齐黄门郎苏侃的《圣皇瑞明记》一卷、齐庾温的《瑞应图》；《南史》列传第五十九记南朝梁顾野王所撰《符瑞图》十卷。《新唐书·艺文志》除记有孙柔之《瑞应图记》三卷外，还记有熊理《瑞应图赞》三卷、顾野王《符瑞图》十卷，又《祥瑞图》十卷[2]。可见，魏晋南北朝时期由文人士大夫编撰的各种《瑞应图》《符瑞图》《祥瑞图》《瑞图赞》类图书之多。可惜这些史料今多不存，唯孙柔之的《瑞应图》，经诸家辑佚，再加上敦煌抄本《瑞应图》残卷，可窥一斑。就孙氏《瑞应图》辑佚本的情况来看，其书收罗完备，所谓符瑞事物，几乎尽在其中。清马国翰《玉函山房辑佚书》所辑孙柔之《瑞应图》，录蒉芙、蓲莆、白泽、元鹤等祥瑞动植物及器用121种。马氏说："《瑞应图》一卷孙柔之撰。按崔豹《古今注》，孙亮作琉璃屏风，镂作瑞应图凡一百二十种，此图之缘起也。柔之不详何人，或孙亮之族与。隋志五行家有《瑞应图》三卷、《瑞应图赞》二卷，注云：'梁有孙柔之《瑞应图记》《孙氏瑞应图赞》各三卷，亡。'唐志杂家复出孙柔之《瑞应图记》三卷，今佚。从诸书所引辑录凡一百二十一条。较旧多一种，意神鼎、宝鼎引者殊题，当同一瑞器也。诸引皆不言'记'，故止题《瑞应图》，而图实散亡不可见矣。《开元占经》引有注语，未知谁作，观其亟言宋事，又述及沈约《宋书》，则知梁陈间儒之所为矣。"[3]

唐代，礼部设郎中、员外郎职掌图书、祥瑞等，有时还要代本司或宰相、文武百官上祥瑞贺表。[4]署名张说、张九龄等编纂，成书于开元二十六年（公元738年）的《唐六典》，对祥瑞的记载较为详尽，完整地记录下每个等级所列祥瑞名物，为我们了解唐代信仰的祥瑞并进行相关研究提供了翔实可靠的史料。《唐六典》所列大瑞64种、上瑞38种、中瑞32种、下瑞14种，合计148种。北宋宋祁、欧阳修等编撰的《新唐书》记载了唐

---

[1]《隋书》卷三十四。
[2] 参见龚世学：《论魏晋南北朝时期符瑞思想的整合》，《兰州学刊》2010年第12期。
[3] 马国翰辑：《玉函山房辑佚书》之孙柔之《瑞应图》序。
[4] 独孤及任礼部员外郎时曾作《代文武百官贺芝草》，柳宗元任礼部员外郎时曾作《礼部贺嘉禾及芝草表》《礼部贺甘露表》。

代的祥瑞名物，其《百官一》曰："凡庆云、景云为大瑞，其名物六十有四；白狼、赤兔为上瑞，其名物三十有八；苍乌、朱雁为中瑞，其名物三十有二；嘉禾、芝草、木连理为下瑞，其名物十四。大瑞，则百官诣阙奉贺；余瑞，岁终员外郎以闻，有司告庙。"[1]《新唐书》开列的唐代瑞物名目合计148种，与《唐六典》所记数量相同，基本涵括了唐代吉瑞名物的种类，是我们研究唐代吉祥文化的宝贵资料。

唐代有关吉祥文化的重要文献资料还保存在唐高宗武德七年（公元664年）欧阳修等修纂的《艺文类聚》中，该书第九十八、九十九卷为《祥瑞部》，《祥瑞部》引用了《瑞应图》《白虎通》《东观汉记》《淮南子》《论衡》《晋中兴书》《孝经援神契》《洛书》《礼斗威仪》《春秋运斗枢》《史记》《汉书》《魏志》《魏略》《吴志》《鹖冠子》《春秋繁露》等书中的吉瑞事物54种。此书的其他篇章也散记一些吉瑞。《艺文类聚》第九十八卷《祥瑞部》引用《白虎通·封禅》曰："天下太平，符瑞所以来至者，以为王者承天顺理，调和阴阳。阴阳和，万物序，修气充塞，故符瑞并臻，皆应德而至。德及天，即斗极明，日月光，甘露降。德至地，即嘉禾生，蓂荚起。德至鸟兽，即凤凰翔，鸾鸟舞，麒麟臻，白虎到，狐九尾，雉白首，白鹿见。德至山陵，即景云出，芝实茂，陵出黑丹，山出器车，泽出神马。德至渊泉，即黄龙见，醴泉涌，河出龙图，洛出龟书，江出大贝，海出明珠。德至八方，即祥风至，钟律调，四夷化，越裳来。"《祥瑞部》开篇引用的这段文字，一方面说明祥瑞在唐代依然是天下太平、王者至德的瑞应，另一方面表明汉代一些祥瑞的吉祥寓意在唐代依然代表着帝王不同的德行；换言之，也就是说汉代一些象征天命、君德的祥瑞的文化内涵在唐代得以传承。隋唐时期还有一些私人编著的吉瑞图书，隋有《瑞应图》三卷、《瑞图赞》二卷、无名氏的《祥瑞图》十一卷和侯亶撰《祥瑞图》八卷、《祥异图》十一卷[2]。唐代刘赓系统地整理了历代祥瑞，撰成《稽瑞》一卷，共收一百八十五条吉祥瑞应条目，每一条目下，各附一注解。其中内容，多

---

[1]《新唐书》卷四十六。
[2] 参见《隋书·经籍志三》卷三十四。

半引《瑞应图》一书。可知，在唐代，孙柔之《瑞应图赞》之图虽已亡，而文字部分的"图记"尚存。《稽瑞》一书无图，所有吉祥瑞应皆以文字解说，乃孙柔之《瑞应图》之亚流。唐张彦远的《历代名画记》收录《古瑞应图》二卷、《祥瑞图》十卷、《符瑞图》十卷等吉祥图样集的详细画目，并云这些吉祥图案画卷，在唐代"多散逸人间，不得见之"[1]。

北宋李昉等在前代《修文殿御览》《艺文类聚》《文思博要》等书的基础上编纂成类书《太平御览》。其分类方法受北齐祖珽等所编《修文殿御览》之影响。《太平御览》与《艺文类聚》在分类上同者居多，有些类目做了改动，如将"祥瑞、灾异"改为"休征、咎征"，其内容大致相同，只是增加了唐五代的文献资料。《太平御览》引用《周礼》《孙氏瑞应图》《礼含嘉文》《春秋繁露》《礼斗威仪》《春秋潜潭巴》《礼稽命征》《春秋合诚图》《春秋元命苞》《春秋文耀钩》《春秋演孔图》《孝经内事》《孝经援神契》《尚书大传》《白虎通》《论衡》等，列出宋代以前的吉瑞事项84种。但在卷八百七十二《休征部一》、八百七十三《休征部二》中所引祥瑞只有四十多种，包括天瑞、人瑞、地瑞，不包括祥瑞动物，而祥瑞动物走兽、飞禽等类则编入《兽部》《羽族部》《鳞介部》诸部。

若从帝王祥瑞的记录、查询等方面论，宋景德二年（公元1005年），王钦若、杨亿、孙奭等人编修的类书《册府元龟》比较详尽。《册府元龟》与《太平广记》《太平御览》《文苑英华》合称"宋四大书"，其中《册府元龟》的规模，居四大书之首，数倍于其他各书。该书取材，以正史为主，兼及经书、子书，专收上古至五代的君臣事迹，尤重唐、五代。其《帝王部·符瑞》卷二十二开篇曰："夫德之休明，天降茂祉，则必百神幽赞，庶物效灵。故有非人力之所能致而自至焉者。先民有言曰：人主和德于上，百姓和合于下，则天下之和应矣。故嘉禾兴，朱草生。记曰：天不爱其道，地不爱其宝，盖珍符之应以应有德，故王者重之。是以书载归禾诗咏鸣凤芝房，宝鼎升于乐府，神雀甘露标为年纪，皆所以发扬景贶，光昭丕烈者

---

[1] 参见张彦远撰：《历代名画记》卷三，《丛书集成初编》，第148—152页。

也。"《册府元龟》卷二十二至二十五《帝王部·符瑞》记载了上古至五代历代帝王在位期间的祥瑞，是研究两汉至唐五代上层社会吉祥文化的重要文献资料。

3. 吉祥瑞应及其纹样的流传与流变

汉代以降，历代信仰的一些主要吉祥瑞应大体沿袭了汉代的传统，如动物龙、凤、麒麟、虎、鹿、马、羊、猴、鹤、鸡、鱼，植物嘉禾、灵芝、松、柏、木连理、桂树、桃，人物西王母、伏羲、女娲、皇帝、炎帝，器物鼎、玉璧、钱币、方胜，其他还有日月、星辰、庆云、甘露，等等，依然是各个朝代普遍信仰的吉祥瑞应。另一方面，随着吉祥瑞应的不断世俗化，各个时代的吉祥瑞物也有一些明显变化，那些更贴近现实生活的吉祥瑞物、吉祥纹样增多，如魏晋南北朝时期一些小型白化吉瑞动物白兔、白鼠、白燕、白乌、白雀、白鸽、白鹅等开始较多地出现，吉瑞植物嘉禾、木连理、嘉莲等出现的频率明显增加，莲花纹、忍冬纹、流云纹等吉祥纹饰开始流行。唐代，狮子、天马、永乐鸟、鳌封、酋耳、露犬、蒿柱、白鹊、吉利、周匝、充黄出谷、萍实、金藤等吉瑞是前代不见或鲜见的，牡丹、缠枝卷草纹则是具有鲜明时代特色的吉祥纹样。宋代，花卉、鱼虫、鸟兽与木石类吉祥瑞应增多，木石中吉祥文字频出，带有吉祥寓意的年画成为宋代吉祥纹样的一大亮点。明清时期吉祥物、吉祥纹样的变化主要表现在民间，民间信仰的吉祥物、生活中的吉祥纹样愈加丰富多彩，达到吉祥物与吉祥纹样的鼎盛期。

从文献记载看，南朝梁沈约所撰《宋书·符瑞志》收录的祥瑞基本反映出汉代至南朝信仰的吉瑞实况。所载吉祥瑞物有麒麟（白麟）、凤凰、神鸟（即鸾鸟）、黄龙（白龙、青龙、黑龙）、灵龟（含神龟、白龟、毛龟、四眼龟、六眼龟、八眼龟）、龟书、龙马、腾黄（神马）、白象、白狐、赤熊、九尾狐、白鹿、三角兽、一角兽、六足兽、比肩兽、獬豸、白虎、白狼、白獐（含黑獐、青獐、白麂）、银麂、赤兔、比翼鸟、赤雀、福草、苍乌、甘露、威香、嘉禾（含嘉谷、嘉麦、嘉粟、嘉黍、嘉瓜、嘉瓠、并蒂莲、嘉莲、嘉奈、嘉橘、安石榴）、庆云、白兔、斗殒精、赤乌、白燕、金车、三足乌、象车、白乌、白雀（青雀）、玉马、根车、白鸠、玉羊、玉鸡、璧琉璃、玉英、玄圭（含玉钩、玉玦、玉龟、玉玺、玉鼎、玉璧、白玉戟、玄璧、苍玉璧）、金胜、丹甑、白鱼、金人、木连理、比目鱼、珊瑚钩、芝草、明月珠、巨邑（秬秠）、华平、平露、萐荚、蓂甫、朱草、景星、宾连阔达、渠搜、浪井、西王母、越常、白雉（黑雉）、黄银紫玉、玉女、地珠、天鹿、角端、周印、飞菟、泽兽、騊、騕褭、同心鸟、趹蹄、紫达、小鸟生大鸟、河精、延嬉、大贝、威蕤、醴泉、日月扬光、芝英、碧石、玉瓮、山车、鸡骇犀、陵出黑丹、神鼎、神雀、白鹊、白鼠、黄鹄、赤雁、赤鱼、白鸽、白鹅、金鸡、赤鹦鹉（白鹦鹉）、白孔雀、白鸲鸽、河水清、野蚕成茧、楛矢石砮、花雪、石柏等，计114种，如算上大类下所含小类，则有140种，几乎涵盖了汉代至南朝时期吉祥文化中的吉祥瑞应。

  魏晋南北朝时期，人们信仰的吉瑞之物在承袭汉代的前提下又有所变化，一些不常见的吉瑞数量明显增多。据文献所载，魏晋南朝时期出现较多的有龙、凤、麒麟、龟、白虎、白鹿、白兔、白燕、白雉、白乌、嘉禾、木连理、甘露等。其中龙、凤、麒麟、龟、白虎、嘉禾、木连理、甘露等都是汉代常见的吉瑞。龙，自三国魏明帝青龙元年青龙见郏到南朝宋孝武帝大明元年黑龙见晋陵的224年间，各种龙出现45次。凤凰，从三国吴孙权黄武五年见苍梧到南朝宋孝武帝孝建元年见丹徒的228年间，出现15次。龟，自魏文帝初神龟出于灵池至南朝宋明帝泰豫元年毛龟见义兴的252年间，出现14次。白虎，自三国吴孙权赤乌六年到南朝宋孝武帝孝建三年的213年间，出现23次。麒麟比较奇怪，自东吴孙权赤乌元年至东晋成帝咸和八年的95年间，出现9次。此后，自晋成帝咸和八年至南朝宋近150年间竟未有麒麟出现的记载。而白鹿、白兔、白燕、白雉、白乌等汉代较少出现的白色吉瑞，在魏晋南北朝时期出现的频次开始增多，体现出这一时期吉祥文化中吉祥瑞物的变化。如白鹿，在两汉共 400 多年间出现 6 次，平均 66 年出现 1 次，主要出现在东汉。自三国魏文帝黄初元年到南朝宋废帝刘昱元徽三年的 253 年间，出现 42 次，平均 6 年出现 1 次；北朝自北魏天兴四年五月，魏郡斥丘县获白鹿，至东魏武定元年六月，兖州献白鹿，142 年间出现 21 次，平均 7 年出现 1 次。白兔，在两汉年间，仅出现过 2 次，然而自三国魏文帝黄初中到南朝宋孝武帝大明六年的 242 年间，出现 47 次；北朝自北魏天兴二年七月，并州献白兔，至东魏武定六年十一月，武平镇献白兔，149 年间，出现 59 次。白燕这种吉瑞在汉代极少出现，两汉 400 多年中仅在汉章帝元和中出现过 1 次，但在西晋惠帝元康元年至南朝宋明帝泰始二年的 175 年间，出现 18 次。白乌仅在东汉出现过 2 次，但自西晋武帝咸宁五年至南朝宋泰始二年的 187 年间出现 23 次。白雀，两汉时期仅在东汉章帝元和中出现过 1 次，但在魏晋南北朝时期，自魏文帝初至南朝宋后废帝元徽五年的 251 年间，出现 94 次；北朝更甚，自北魏泰常八年五月，雁门献白雀，至东魏武定六年六月，京师获白雀，125 年间，竟出现 80 次。白雉，在两汉 400 多年间共出现 7 次，然自西晋武帝咸宁元年至南朝宋永光元年的 190 年间出现 18 次；北朝自北魏太祖天兴二年七月，并州献白雉，至东魏孝静帝武定四年三月，青州献白雉，147 年间，出现 52 次。通过以上数字对比，可以从一个侧面看出魏晋南北朝时期吉瑞动物种类及出现频次的变化。

魏晋南北朝时期吉瑞植物的数量及出现频次也有显著变化，嘉禾、木连理、嘉莲成为重要吉瑞，传达出植物吉瑞开始增多的信号。

嘉禾是两汉时期重要的祥瑞，史书多有记载，但嘉禾在两汉 400 多年间出现的次数并不多，共有 9 次，其中西汉宣帝元康四年出现 1 次，哀帝建平元年出现 1 次，王莽时出现 1 次。东汉明帝永平十一年、十七年各出现 1 次，章帝元和中出现 1 次，安帝延光二年出现 1 次，桓帝建和二年、永康元年各出现 1 次。而在三国魏文帝黄初元年至南朝宋明帝泰始二年的 246 年间，则出现 53 次。仅刘宋文帝元嘉年间就出现 32 次。北朝自北魏太祖天兴二年七月，获嘉禾于平城县，至东魏武定三年八月，并州献嘉禾，

146年间出现31次。从嘉禾在南北朝出现的次数，可知这一时期吉瑞嘉禾在人们吉祥信仰中的地位明显增强。

木连理在两汉400多年间出现7次。其中西汉武帝元狩元年出现1次，昭帝元凤二年出现1次。东汉章帝元和中出现1次，安帝元初三年出现1次，延光三年七月出现2次，桓帝建和二年出现1次。而在魏晋南北朝时期出现的频率显然增多。从东吴孙权黄武四年至南朝宋昇明二年的253年间，出现121次。其中西晋武帝泰始年间出现5次，咸宁年间出现7次，太康年间出现28次。宋文帝元嘉年间出现27次，宋孝武帝大明年间出现15次。北朝自北魏太祖天兴三年四月，木连理生于代郡天门关之路左，至东魏武定八年四月，青州上言齐郡木连理，150年间木连理出现88次。这种出现频率远远高于汉代。

嘉莲是南北朝时期一种新兴的吉瑞植物，主要出现在刘宋时期。自宋文帝元嘉七年（公元430年）建康出现二莲一蒂的嘉莲至宋明帝泰始六年（公元470年）嘉莲生东宫的40年间，共出现21次。平均每两年就出现一次。其中宋文帝元嘉年间出现最多，共15次。[1]在出土资料中，几乎每座魏晋南北朝壁画墓、画像砖墓中都有莲花纹出现。嘉莲在魏晋南北朝时期频繁出现，一方面显示出这一时期吉瑞植物开始增多，另一方面可能与佛教的兴起有关。

唐代皇家吉瑞名物以成书于开元二十七年的《唐六典》记载最详。《唐六典·尚书礼部》载："凡祥瑞应见，皆辨其物名。若大瑞（大瑞谓景星、庆云、黄星真人、河精、麟、凤、鸾、比翼鸟、同心鸟、永乐鸟、富贵、吉利、神龟、龙、驺虞、白泽、神马、龙马、泽马、白马赤髦、白马朱鬣之类，周匝、角瑞、獬豸、比肩兽、六足兽、兹白、腾黄、驹騄、白象、一角兽、天鹿、鳖封、酋耳、豹犬、露犬、玄珪、明珠、玉英、山称万岁、庆山、山车、象车、乌车、根车、金车、朱草、屈轶、蓂荚、平露、莆、蒿柱、金牛、玉马、玉猛兽、玉瓮、神鼎、银瓮、丹甑、醴泉、浪井、河

---

[1] 以上参见《宋书·符瑞志下》卷二十九。

水清、江河水五色、海水不扬波之类，皆为大瑞）、上瑞（谓三角兽、白狼、赤罴、赤熊、赤狡、赤兔、九尾狐、白狐、玄狐、白鹿、白獐、白兕、玄鹤、赤乌，青乌、三足乌、赤燕、赤雀、比目鱼、甘露、庙生祥木、福草、礼草、萍实、大贝、白玉赤文、紫玉、玉羊、玉龟、玉牟、玉英、玉璜、黄银、金藤、珊瑚钩、骇鸡犀、戴通璧、玉琉璃、鸡趣璧之类，皆为上瑞）、中瑞（谓白鸠、白乌、苍乌、白泽、白雉、雉白首、翠鸟、黄鹄、小鸟生大鸟、朱雁、五色雁、白雀、赤狐、黄罴、青燕、玄貉、赤豹、白兔、九真奇兽、充黄出谷、泽谷生白玉、琅玕景、碧石润色、地出珠、陵出黑丹、威绥、延喜、福井、紫脱常生、宾连阔达、善茅、草木长生，如此之类，并为中瑞）、下瑞（谓秬秠、嘉禾、芝草、华苹、人参生、竹实满、椒桂合生、木连理、嘉木、戴角麖鹿、驳鹿、神雀、冠雀、黑雉之类为下瑞），皆有等差。"[1]《唐六典》所列大瑞64种、上瑞38种、中瑞32种、下瑞14种，合计148种，较之《宋书·符瑞志》所记114种多了34种，基本涵括了初唐至盛唐的各种吉瑞名物。

敦煌文书唐代图经P.2005《沙洲都督府图经》，记有起自后凉吕光麟嘉元年（公元389年），迄于武周天寿二年（公元691年）的祥瑞名物二十余种，包括白雀、白狼、黑狐、黑雉、白龙、黄龙、凤凰、五色鸟、同心梨、嘉葛、嘉禾、木连理、柳树生杨牧（枚）、野谷、赤气龙迹、甘露、日扬光、庆云、大石自立、瑞石、蒲昌海五色等。如甘露，"右唐垂拱四年董行靖园内，甘露降于树上，垂流于地，昼夜不绝"。又如野谷，"右唐圣神皇帝垂拱四年，野谷生于武兴川，其苗藜高二尺已上，四散似蓬，其子如葵子，色黄赤，似葵子，肥而有脂，炒之作敉，甘而不热，收得数百石，以充军粮"[2]。

《唐六典》、敦煌文书《沙洲都督府图经》所载祥瑞有的比较新奇，如永乐鸟、鳖封、酋耳、露犬、蒿柱、吉利、充黄出谷、萍实、金藤、同心

---

[1] 李林甫等撰，陈仲夫点校：《唐六典》卷四，中华书局，1992年。
[2] 唐耕耦、陆宏基编：《敦煌社会经济文献真迹释录》，全国图书馆文献缩微复制中心，1990年，第1辑，第2页。

梨、柳树生杨牧（枚）等，除有一些名称可能记载有误外[1]，其他在唐代以前很少出现。鳖封为传说中的怪兽，亦称并封，有两首，形似猪。《逸周书·王会解第五十九》载："区阳以鳖封者，若彘，前后有首。"[2]《山海经·海外西经》："并封在巫咸东，其状如彘，前后皆有首，黑。"[3] 以上鳖封、并封应为一物。酋耳亦为传说中的兽名，似虎而大，尾特长。《逸周书·王会解第五十九》曰："酋耳者，身若虎豹，尾长，三尺其身，食虎豹。"[4] 唐张鷟《朝野佥载》："天后中，涪州武龙界多虎暴。有一兽似虎而绝大，日正中，逐一虎直入人家，噬杀之，亦不食其肉。自是县界不复有虎矣。录奏，检《瑞图》乃酋耳。"[5] 明郎瑛《七修类稿·事物类·虎》："世间所见者皆彪，大于彪者为酋耳，小于彪者方为虎也。"[6] 蒿柱即高大茂盛的蒿。《大戴礼记·名堂》曰："周时德泽洽和，蒿茂大，以为宫柱，名蒿宫也。"[7] 萍实也是吉祥之物。《说苑·辨物》："楚昭王渡江，有物大如斗，直触王舟，止于舟中。昭王大怪之，使聘问孔子。孔子曰：'此名萍实，令剖而食之，惟霸者能获之，此吉祥也。'"[8] 这些吉物在唐代以前的古书中或有记载，但在唐代以前并不是常见的祥瑞。此外还有山称万岁、庆山等则是唐代武则天时期独有的祥瑞。"山称万岁"是朱前疑编造的谎言，此前他两次编造吉梦忽悠武则天，捞到好处，于是继续编造休征。说他从河南回都城的时候，经过嵩山，听见嵩山高呼陛下万岁（闻嵩山呼万岁）。于是再次得到武则天封赏。所谓庆山，是说垂拱二年十月，临潼新丰县东南露台乡地震，有山踊出，高二百尺，又有池周三顷，池中有

---

[1] 牛来颖认为，《唐六典》所列符瑞，有的名称或有误，如吉利应为含利，周匝应为周印，角瑞应为角端，金藤应为金胜，充黄出谷应为流黄出谷，等等。（参见牛来颖：《唐代祥瑞名物辨异》，载《世界宗教研究》，1999年第2期）
[2] 《逸周书》卷七。
[3] 袁珂译注：《山海经全译》，第204页。
[4] 《逸周书》卷七。
[5] 张鷟：《朝野佥载》卷二，《丛书集成初编》，中华书局，1985年，第26页。
[6] 郎瑛撰：《七修类稿》卷四十三，载《笔记小说大观》三十三编，台湾新兴书局有限公司，1984年，第631页。
[7] 戴德撰，卢辩注：《大戴礼记》卷八，《丛书集成初编》，第143页。
[8] 《说苑》卷十八。

龙凤之形。武则天认为是吉兆,把这座山命名为庆山,改新丰县为庆山县。

鹊能报喜的吉祥观念大约在两千多年前的汉代就已流行民间。《西京杂记》曰:"目瞤得酒食,灯火华得钱财,干鹊噪而行人至,蜘蛛集而百事喜。小既有征,大亦宜然。故目瞤则咒之,火华则拜之,干鹊噪则喂之,蜘蛛集则放之。"[1] 隋唐时期,喜鹊兆喜的吉祥习俗广为流传。唐张鷟《朝野佥载》卷四记有这样一个故事:贞观末年有个叫黎景逸的人,家门前树上有个鹊巢,他常喂食巢里的鹊儿。后来黎景逸被冤枉入狱。一天,他喂食的鹊鸟在狱窗前叫个不停。他想可能有好消息要来。果然,三天后他被无罪释放。这个故事说明,喜鹊兆喜的风俗在唐代民间依然十分流行。《开元天宝遗事》说:"时人之家,闻鹊声,皆为喜兆,故谓'灵鹊报喜'。"[2] 这一习俗一直延续到近代。在农村,当喜鹊飞入家院树上喳喳叫个不停时,人们便会说喜鹊报喜,有客人要来。在近现代民间美术中,有多种喜鹊兆喜的图案:如两只鹊儿面对面叫"喜相逢";将喜鹊与方孔铜钱组合在一起,寓意"喜在眼前";一只獾在地上,一只鹊在树上,象征"欢天喜地"。流传最广的则是鹊登梅枝图,寓意"喜上眉梢"。

宋代的祥瑞种类很多。《齐东野语》说:"世所谓祥瑞者,麟、凤、龟、龙、驺虞、白雀、醴泉、甘露、朱草、灵芝、连理之木、合颖之禾皆是也。"[3] 这是南宋周密列举的宋代常见的一些祥瑞。综合相关记载,宋代吉祥瑞物大体有四类:一是动物类,如龙、凤、麒麟、白鹤、独角兽等;二是植物类,如连理木、嘉禾、灵芝、并蒂莲等;三是自然现象类,如庆云、甘露、寿星等;四是比较奇特的吉祥瑞应,如天书、木石中的吉祥文字等[4]。龙在宋代多次出现。据雍正《江西通志》卷一一七载,北宋大中祥符元年(公元 1008 年)夏五月,龙坠于余干之李梅峰,七日不起,将屠之,暴雨迅雷而去。南宋绍兴三十二年(公元 1162 年),太白湖边发现一条龙,巨鳞长须,腹白背青,背上有鳍,头上双角高高耸起。当地群众用

---

[1] 葛洪撰:《西京杂记》卷三,《古今逸史精编》,第 122 页。
[2] 王仁裕纂:《开元天宝遗事》,《丛书集成初编》,第 27 页。
[3] 周密:《齐东野语·祥瑞》卷六,《丛书集成初编》,第 76 页。
[4] 参见杨晓红:《宋代的祥瑞与灾异初探》,《西南民族学院学报》2002 年第 6 期。

席子遮盖它的身体，官府还派人亲自祭祀。一夜雷雨过后，龙消失了。它卧过的地方留下一道深沟。宋代的天书祥瑞前文已述，不再赘言。木石中的吉祥文字如太平兴国四年（公元979年）夹江县民献黑石二，"皆丹文，其一云'君王万岁'，其二云'赵二十一帝'"[1]。太平兴国六年正月，瑞安县民张度解木五片，皆有"天下太平"字。咸平二年（公元999年），"开封府言民张永清得田中神人遗书，启封乃金牌，有'赵为君万年'字"。庆历三年（公元1043年）十二月，澧州献瑞木，有文曰"太平之道"。治平四年（公元1067年）六月，汀州进桐木板二，有文曰"天下太平"。熙宁十年（公元1077年）八月，惠州柚木有文曰"王常万年，天下太平"。政和三年（公元1113年），"武义县，民有收得木根，劈开，内有'万宋年岁'四字"[2]。绍兴十四年（公元1144年）四月，虔州民毁屋析柱，木理有文曰"天下太平"[3]。此类例子实在太多[4]，难以举似。这些祥瑞的出现反映出宋代祥瑞的变化，木石类祥瑞增多，显示出祥瑞文化在宋代进一步世俗化的倾向。

明清时期，皇家祥瑞的种类大体上承袭前代，从宫廷档案来看，这一时期的祥瑞大致有如下几类：第一为天象类，有日月同升、五星连珠、景星、卿云等；第二为动物类，有龙、凤、麒麟、驺虞、白鹿、神龟、赤兔等；第三为植物类，有嘉禾、芝草、连理树、瑞麦等；第四为自然类，有甘露、醴泉、黄河清等；第五为器物类，有神鼎、玉璧等。明代朱元璋洪武年间出现瑞麦、甘露、并蒂瓜、五色云、野蚕成茧等，朱棣永乐年间有驺虞、瑞麦、野蚕结茧、麒麟等，朱厚熜嘉靖年间有甘露、白鹿等。清代康熙年间有嘉禾、灵芝，雍正年间有蓍草、瑞谷、嘉禾、卿云、景星、日月同升、五星连珠、黄河清，乾隆年间有日月同升、五星连珠、灵芝、瑞麦等等。道光《永州府志》卷十七引曾钰《宁远志》说，明成化（公元

---

[1]《宋史·五行志四》卷六十六。
[2] 以上参见徐松辑：《宋会要辑稿·瑞异一》第五十二册，新文丰出版有限公司，1976年，第2051—2067页。
[3]《宋史·五行志三》卷六十五。
[4] 参见杨晓红：《论宋代的尚祥之风》，《湖南师范大学社会科学学报》2007年第1期。

1465—1487 年）中，丹桂乡民田苗甚蔚。一夕雷雨大作，有巨物压苗，横数亩，乃坠龙也。越旬日，鳞肉腐尽，民拾齿骨归。据《临安府志》记载，明崇祯四年（公元 1631 年）云南石屏县东南的异龙湖中发现巨龙，须爪鳞甲毕露，大数围，长数十丈。同治《合江县志》卷五二载，清乾隆二十四年（公元 1759 年）八月初二日，庙高张英家井中见龙，其女汲水遇之，归告其祖。往视，犹存头角，分明满身金鳞，大若小桶，逾时不见。连见三日，后其水若米汁焉。观者如堵。光绪《临榆县志》卷九载，乾隆三十二年（公元 1767 年）夏，霖雨，县城北街董姓民家，有龙降于煤堆，数日翔去。嘉庆《萧县志》卷十八载，嘉庆十五年（公元 1810 年）六月二十五日，二龙见于云中，一龙坠地，由李腰庄至赵家塘，拖行数里。同年七月，有青龙吸水于黄河。光绪《永平府志》卷七十二载，道光十九年（公元 1839 年）夏，有龙降落在乐亭县境内，蝇蚋遍体。当地民众为它搭棚以遮蔽阳光，并不断用水泼洒它的身体。三天后的夜晚，在一场人雷雨中，龙升天而去。

《清史稿》有几处民家牛产麟的记载：雍正二年，平度州民家牛产麟。五年，寿州民家牛产麟，一室火光，以为怪，格杀之，剥皮，见周身鳞甲，头角犹隐也；荆州民家牛产麟，遍体鳞甲。乾隆四年，盛京民家牛产麟。嘉庆元年，遂安民家牛产麟。七年，镇海民家牛生一犊，遍体鳞纹，色青黑，颔下有髯，项皆细鳞。十一年，盐亭民家牛产一麟，高二尺五寸，肉角一，长寸许，目如水晶，鳞甲遍体，两脊傍至尾各有肉粒如豆，黄金色，八足，牛蹄，产时风雨交至，金光满院，射草木皆黄。

汉代吉祥文化的赓衍还表现在后世的一些吉祥纹样上。在已发现的魏晋南北朝时期的墓室壁画和画像砖石等考古学资料中，涉及瑞兽、祥禽、天象、神仙、羽人、四神等题材的吉瑞画像明显受到汉代墓葬吉瑞画像的影响，仍以吉瑞动物和祥云为主。这类墓室画像保存较好的有酒泉丁家闸 5 号东晋壁画墓、辽西朝阳袁台子东晋壁画墓、河南邓州学庄南朝墓、山西太原王郭村北齐武平元年娄叡墓、河北磁县湾漳北朝墓、云南昭通后海子东晋霍承嗣壁画墓等。

酒泉丁家闸5号墓是东晋十六国时期的一座重要的壁画墓,墓葬前室藻井绘莲花,墓顶四坡为升仙题材。顶坡第二层中央绘有神仙、吉瑞、庆云等;东壁绘日中金乌、东王公;西壁绘月中蟾蜍、西王母、九尾狐、三足乌等;南壁绘白鹿、玉女,山峦间还有各种动物;北壁绘神马。此外,墓门门扉上绘青龙、白虎[1]。辽西朝阳地区的朝阳袁台子壁画墓是一座东晋时期的墓葬,其西壁下部绘有白虎、朱雀,东壁下部绘有青龙、朱雀,北壁上部绘有玄武。墓顶绘有祥云。东壁狩猎图上绘太阳,日内绘三足乌,太阳东侧绘弯月,月中绘玉兔、蟾蜍[2]。袁台子壁画墓中出现的"四神"画像,不仅表明汉代"四神"在时间上的传承,还说明"四神"信仰在中原以外地区空间上的延展。在河西酒泉、敦煌一带的魏晋南北朝壁画墓中,壁画中的东王公、西王母、三足乌、九尾狐、神马、白鹿、蟾蜍、庆云、玉女等皆为汉代流行之吉瑞,是汉代吉祥文化的延续和延展,显示出中原汉代吉祥文化对边远地区的影响。江苏南京地区的丹阳建山金家村南朝墓壁画用多块砖拼镶而成。甬道两壁为蹲伏的狮子与手扶长刀的铠甲武士,甬道口与第一石门间的顶部有太阳与月亮,日中有三足乌,月中有桂树、玉兔捣药。主室前方上部绘有羽人戏龙、羽人戏虎[3]。狮子与手扶长刀的铠甲武士共同置于甬道两壁当有守门辟邪之意,羽人戏龙、羽人戏虎当与导引升仙吉祥有关。常州戚家村南朝画像砖墓,画像有武士、侍女、飞仙、龙虎、狮子、凤凰及独角或双角有翼神兽,花纹砖纹饰以莲花为主,又有忍冬纹、卷叶纹、卷草纹、圆心波浪纹、棱形纹、斜方格纹等[4]。云南昭通后海子东晋霍承嗣墓中的彩绘壁画比较重要。墓中与吉祥相关的题材有

---

[1] 参见吴礽骧:《酒泉、嘉峪关晋墓的发掘》,《文物》1979年第6期;甘肃省文物考古研究所编:《酒泉十六国墓壁画》,文物出版社,1989年,第12—15页。
[2] 参见辽宁省博物馆文物队、朝阳地区博物馆文物队、朝阳县文化馆:《朝阳袁台子东晋壁画墓》,《文物》1984年第6期。刘中澄:《关于朝阳袁台子晋墓壁画的初步研究》,《辽海文物学刊》1987年第1期。
[3] 南京博物院:《江苏丹阳县胡桥、建山两座南朝墓葬》,《文物》1980年第2期。
[4] 骆振华、陈晶:《常州南郊戚家村画像砖墓》,《文物》1979年第3期。

云气、莲花、玄武、白虎、青龙、朱雀、玉女、三足乌、鹿等,并有榜题[1]。河南邓州学庄南朝墓是一座彩绘壁画和模印画像砖并用的砖室墓,墓中吉瑞画像有麒麟、青龙、凤凰、白虎、玄武、天马、千秋万岁等[2]。山西太原北齐娄叡墓门扉上绘有青龙白虎,门额中央绘兽面,其上绘珠宝,两侧绘朱雀。门楣与门框绘莲花与忍冬草图案。墓室四壁上部绘四神与雷公等[3]。河北磁县湾漳北朝壁画墓墓道东壁仪仗队伍前绘青龙、朱雀、神兽;西壁仪仗队伍前绘白虎。青龙、白虎通长4.5米,皆面向墓外。在仪仗队伍的上方位置,绘有各种神兽、祥云、莲花等图像。甬道上的门墙正中绘一展翅伫立的正面大朱雀。朱雀左右绘有神兽、玉兔,四周饰以莲花纹、祥云纹[4]。魏晋南北朝时期,由于佛教的兴起,凤鸟纹与忍冬纹、莲花纹等相结合,为凤鸟注入了新的吉祥寓意。

出土文物上的吉祥文字从另一个侧面反映出魏晋南北朝时期社会中下层人群的吉祥文化。故宫博物院藏有一件三国孙吴永安三年(公元260年)的谷仓罐,高47厘米。器身有许多人物、飞鸟、楼阁,还有刻画的鱼龙。罐的肩部一侧竖立一龟形碑,碑正面刻写"永安三年时,富且洋(祥),宜公卿,多子孙,寿命长,千意(亿)万岁未见英(殃)"[5]的铭文。铭文除"永安三年时"为纪年文字外,其他19字均为吉祥文字,表现出当时的中下层人群追求吉祥富贵、多子多孙、长寿无疾的吉祥愿望。同时反映出民间主要出于社会功利目的,祈求升官富贵、多子延寿、纳福招财和驱邪禳灾等吉祥信仰。

敦煌文书中被命名为《瑞应图》编号P.2683的文献,大概是南朝时期的作品,是有图有文的"图录式"文献。上半幅为彩绘画像,下半幅文字是对上半幅对应画像的解说,记有龟、灵龟、玄武、玉龟、黄龙、神龙、

---

[1] 云南省文物工作队:《云南昭通后海子东晋壁画墓清理简报》,《文物》1963年第12期。
[2] 参见河南省文化局文物工作队:《邓县彩色画像砖墓》,文物出版社,1958年。
[3] 山西省考古研究所、太原市文物管理委员会:《太原市北齐娄叡墓》,《文物》1983年第10期。
[4] 中国社会科学院考古研究所、河北省文物研究所邺城考古工作队:《河北磁县湾漳北朝墓》,《考古》1990年第7期。
[5] 参见陈万里:《中国青瓷史略》,上海人民出版社,1956年,第4页。

河图、河书、青龙、黄虬、黑龙、白龙、发鸣等吉瑞。值得注意的是文书中所载"河图""河书","河图"有三,"河书"一。此外,在莫高窟壁画中绘有龙、凤、甘露、三足乌、白狼等,这些都为我们研究这一时期的吉祥瑞应提供了难得的图像资料。

唐代的吉祥图像主要表现在一些唐代壁画墓及出土文物上。在唐代壁画墓中,青龙、白虎作为常见的辟邪之物,一般绘于墓道两侧,这与汉代壁画墓、画像石墓在墓门上刻画青龙、白虎,魏晋南北朝壁画墓在门扉、墓道两侧绘青龙、白虎一脉相承,都表现出驱凶辟邪的吉祥寓意。唐昭陵新城公主墓墓道东西壁分别绘有青龙、白虎,礼泉县昭陵阿史那忠陪葬墓,墓道东壁为青龙图,西壁为白虎图;咸阳顺陵西南隅的苏君墓在墓道中也有青龙、白虎图。咸阳底张湾张去逸墓,墓道东西两壁所绘龙、虎长达七米多。此外,乾陵陪葬墓李仙蕙墓、李贤墓、咸阳底张湾 M4 万泉县主之妻墓、西安东郊经东一路北端 M4 薛莫墓、西安东郊唐安公主墓(公元784年)、西安枣园 M6 杨玄略墓等墓均有青龙、白虎形象壁画。而朱雀、玄武大都位于墓室的其他位置,其中长安区南王里村无名唐墓墓室的朱雀、玄武在同类题材中保存较为完整。西安东郊高楼村唐高元珪墓,则将朱雀、玄武分别绘于墓室棺床南与棺床北。

唐墓壁画中的瑞兽除了四神外,还有汉代画像中常见的吉瑞三足乌、蟾蜍、兔、仙鹤等。山西太原金胜村七号唐墓壁画,在日月中分别绘三足乌和蟾兔,并与星宿及四神相配。鹤在汉代是人们心中的长寿吉祥鸟。唐代,鹤依然是人们信仰的吉祥之物。绘有鹤的唐代壁画墓有新疆阿斯塔那墓、乾陵永泰公主墓、长安区韦曲韦浩墓、富平节愍太子李重俊墓、西安东郊薛莫墓、河南洛阳豆卢氏墓,以及咸阳张去奢墓、梁元翰墓、高克从墓、杨玄略墓等。富平节愍太子墓中所绘"仙人骑鹤图",说明鹤在唐代依然是人们心目中的吉祥瑞物,也是得道成仙所借助的工具。

唐代,龙、凤纹的使用进一步世俗化。龙纹在民间被广泛使用,民间作坊常常制造带有龙纹的工艺品。考古与文物资料表明,这一时期的墓葬壁画、铜镜、佛龛、玉雕、金银器、丝绸、陶瓷等画像中都有龙的形象,这些龙纹多有吉祥寓意。盘龙镜和双盘龙镜在全国各地屡有出土。丝织物上的龙纹多寓于圆形的团花中，作连续排列。在当时人们的日常生活中，普遍喜爱用凤鸟作为装饰纹样。石刻、铜镜、服饰、金银器等器物图案中凤鸟的形象比比皆是。显示出凤鸟的世俗性吉祥信仰进一步扩大，凤鸟从祭祀、通天的灵物，天人感应的祥瑞，向寓意荣华富贵的吉祥物转变，成为喜庆、太平、幸福的象征。在唐代铜镜"美凤衔同心结"纹样中，凤鸟嘴上衔同心结，表示夫妻同心相爱。此外，鸟衔花草纹多为鸾凤、孔雀、大雁、鹦鹉等瑞禽嘴中衔着瑞草、璎珞、同心结、花枝等，也是含有吉祥寓意的纹饰。

由于皇家祥瑞的不断世俗化，唐王朝不得不出面干预。唐玄宗于开元二年（公元714年）敕令禁天下造作织成等品种和锦、绫、罗的龙凤、禽兽等奇异文字和竖栏锦纹。代宗大历六年（公元771年），又禁民间织锦中使用盘龙、麒麟、狮子、天马、辟邪等纹样。这些禁令，从一个侧面证明吉瑞纹样在唐代民间流行的情况，也显示出皇家祥瑞在唐代世俗化的倾向。

唐代，民间日常用品及服饰上有大量吉祥纹样，如服饰上的各色花草、鱼鸟虫蛇、山川日月，儿童服饰中的虎头鞋、虎头帽等。唐代人相信虎能辟邪除灾，给孩子带来好运。这是汉代以虎辟邪吉祥文化的流传。唐代民间吉祥纹样也融入了新的内涵。最大的变化是带有吉祥寓意的植物花鸟纹增多，吉祥纹样从以动物为主转向动物植物并存。盛开的花朵、富贵牡丹、弯曲丰满的缠枝卷草、自由飞翔的祥禽瑞鸟、翩翩起舞的蜂蝶，都融入当时的吉祥纹样之中。花草与各种祥禽瑞兽以及仙人穿插组合，形成唐代独特的吉祥纹样。此外，由祥禽瑞兽组成的左右相对的对称纹，如对鸡、斗羊也是唐代盛行的吉祥纹样，这种纹样是在汉代斗鸡、斗羊纹样基础上的创新。

唐代的连珠团窠纹、宝相花纹、卷草纹、牡丹纹、瑞锦纹、鸟衔花草纹等，都是具有时代特征的吉祥纹样。连珠团窠纹就是以连珠缀成圆圈作为图案的边缘，圆圈内填以各类祥禽瑞兽，如龙纹、凤纹、鹿纹等，定义为吉祥纹样应该没有多大问题。宝相花纹是唐代流行的吉祥纹样，它在六朝圆形莲花纹的基础上，融入唐人喜爱的牡丹花纹组合而成，是一种独特的吉祥纹样，象征富贵吉祥。卷草纹是唐代装饰中应用最多的一种纹样，卷草纹以忍冬、莲花、牡丹为主，再点缀一些石榴、葡萄、仙女和鸟兽等，形成波状曲线排列，呈现出生机勃勃之气，是一种祈福纳吉的吉祥纹样。总之，唐代广泛用于建筑、器物、服饰等装饰的吉祥纹样在继承前代的基础上更加趋于完善、成熟。

宋代世俗文化兴盛，民间工艺迅速发展，民间工艺装饰中，吉祥纹样俯拾皆是。常见的吉祥纹样有卷草纹、宝相花纹、瓜果纹、花鸟纹、花卉纹、华盖纹、联珠纹、绶带纹、人物纹、几何纹等。用这些纹样组合成的吉祥图案被广泛应用于建筑彩画、陶瓷、刺绣、织物、漆器、年画上，表现出吉祥纹样发展进入到成熟期。民间吉祥纹样题材进一步呈现出程式化、世俗化的特点，花卉、鱼虫、鸟兽纹样继续增多。随着制瓷业的繁荣，饰有吉祥纹样的瓷器遍布城乡，对吉祥文化的普及起到了促进作用。宋代瓷器上常见的植物纹有牡丹、莲花、菊花、兰花、梅花，动物纹有龙、凤、麒麟、鹿、兔、鱼、鹤、鸳鸯，人物有婴戏人物、生活人物。还有一些吉祥文字，如"招财利市""高枕无忧"等等。其中牡丹、桂树、鹿等吉祥纹样，是人们追求富、贵、禄等吉祥信仰的反映。

宋代，雕版印刷业繁荣，大大加快了吉祥纹样的传播。"近岁节，市井皆印卖门神、钟馗、桃板、桃符，及财门、钝驴、回头鹿马、天行帖子。"[1]这些岁末年尾所售卖的年画中，门神、钟馗、桃板、桃符等纹样皆有趋吉辟邪之寓意，人们希望这些带有吉祥寓意的年画能在来年给家庭带来好运，从一个侧面反映出宋代民间的吉祥文化之状况。宋代的朱仙镇年画多带有吉祥寓意，如"刘海戏金蟾"就是一类寓意吉祥的木版画。刘海在宋代被视为钓钱散财、吉祥的化身，俗称"招财童子"。民间有"刘海戏金蟾，步步钓金钱"的谚语。朱仙镇的另一种木版年画"麒麟送子"也是当时民间喜闻乐见的吉祥题材。年画中观音抱着小孩骑在麒麟上，寓意新婚夫妇早生贵子。

---

[1] 孟元老撰，邓之诚注：《东京梦华录注》卷十，中华书局，1982年，第249页。

明清时期的吉祥纹样更加丰富多彩,达到鼎盛。吉祥纹样应用的领域愈加宽泛,建筑、瓷器、玉器、漆器、金银珐琅器、丝绸、年画等无不附着有吉祥纹样。皇家的衣食住行皆以吉祥纹样为装饰,推动了吉祥纹样的发展。就龙纹而言,北京故宫皇极门外有九龙壁,故宫内有浮雕云龙升降大陛阶,雨花阁殿顶有鎏金铜龙,龙身长3米,作匍匐欲下状,被称为"跑龙",此外,各殿中还有木雕云龙藻井等。太和殿内有金龙宝座,座后有金龙屏风。据统计,仅太和殿内外的龙纹、龙雕就有13 844条之多。凤鸟纹作为吉祥纹样继续流行,主要出现在各类工艺艺术品上。凤鸟纹样已成为天下太平、忠贞爱情、传统道德、驱邪禳灾、权力身份等多种吉祥寓意的象征。丝绸装饰题材中,云凤、团凤、穿花凤等图案,都是以凤鸟纹为主题的。清代凤鸟纹常与牡丹花结合在一起,构成"凤穿牡丹图",象征光明、幸福、爱情和美好,寓意富贵吉祥。又有"丹凤朝阳""百鸟朝凤",也是这一时期人们喜爱的吉祥纹样。明清时期的"龙凤呈祥"图案,龙象征风调雨顺,五谷丰登;凤寓意国家安宁,万民有福。"龙凤呈祥"几乎成了"国泰民安"的同义语。明代,麒麟用于四品官的官服装饰,并且把麒麟衣作为外交礼品赠予友好国家的国王。据史籍载,永乐六年(公元1408年)赐渤泥国土麻那惹加那乃金麒麟衣一袭,永乐九年赐满喇加国土拜里米苏喇麒麟衣一袭,永乐十五年赐古麻喇朗国王幹喇义亦奔麒麟衣一袭,可见麒麟作为纹饰在皇家装饰中的重要性。清代,麒麟为一品武官的"补子",是官员制度中武官最高等级的标识。与此同时,麒麟纹样在民间广为流传,其送子、赐福、镇宅等吉祥寓意进一步凸显。明代的缠枝纹在吉祥文化的浸染下演绎出鲜明直观的时代特征。缠枝纹已成为集祥花瑞草为一身的吉祥纹样,它把带有各种吉祥寓意花朵结合在一起,具有永远常青、连绵不断的吉祥寓意,表达了人们连绵流长、幸福永远的生活愿望。北京故宫保留着大批清代吉瑞器物,如位于紫禁城宁寿宫区皇极门外的九龙壁,雕塑的铜狮、铜龙、铜龟、铜鹿、铜鹤等,品类繁多,大都是皇家信仰的吉祥瑞应。紫禁城中轴线北端的钦安殿天一门前,有一对鎏金铜雕獬豸,它的原型是独角神羊,也是一种吉祥物。太和殿前的龙龟与仙鹤也是吉瑞之物。在故宫博物院珍宝馆中展出一件水晶天鸡瓶，天鸡是一种神鸟，乃吉瑞之物，有辟邪之寓意。

明清时期，民间的吉祥纹样铺天盖地，很难用一种分类方法将其归类，此按照自然类属将其粗略分为五类：动物纹有龙、凤、虎、麒麟、鹿、猴、羊、大象、狮子、龟、鱼、鹤、鸡、喜鹊、鸳鸯、鹌鹑、蝙蝠、蜘蛛、金蟾、貔貅等；植物纹有嘉禾、灵芝、连理木、摇钱树、牡丹、石榴、并蒂莲、花生、松柏、桃木、桃、百合、柿子、荔枝、茱萸、桂圆、枣、栗、葫芦、瓜果、佛手等；人物类纹样有西王母、寿星老、和合二圣、钟馗、门神、灶神、八仙、文武财神、刘海等；器物类纹样有鼎、绶带、如意、钱币、元宝、聚宝盆、长命锁、香包、镜子、盘长、瓶、平安扣、暗八宝等；自然类纹样有日、月、星、云、雨、风、甘露等。名目繁多，数不胜数。

纵观以上，从汉代至明清，吉祥瑞物、吉祥纹样的流播赓衍主要表现出以下四个方面的特征。

① 吉祥瑞应的变化。魏晋南北朝时期，小型白化动物如白兔、白鼠、白燕、白乌、白鸽、白鹅等频繁出现在吉瑞之列。祥瑞从高大上渐渐变得更加接地气。这种变化主要是由于魏晋南北朝期间政权交替频繁，一些获得政权的政治人物为显示其王权天授的合法性，已不能等到所谓麟凤龟龙等大瑞出现，迫不及待地搬出一些世间不常见的小型变异动物作为吉瑞，来为其承天受命制造舆论。唐代，虽然《唐六典》所载吉瑞名物众多，但从《旧唐书》《新唐书》和《册府元龟》等文献记载看，有唐一代，真正出现的吉瑞种类并不多，大约有四五十种。汉魏六朝时期一些常见的吉瑞如麟、凤、龟、龙、鹿、嘉禾、连理木、芝草、老人星、庆云、甘露、醴泉等在唐代依然是吉瑞的主流，其他则是一些在唐代以前很少出现的瑞物。如白鼠在唐代以前很少被视为瑞物，但在唐代却每每作为吉瑞上报。嘉麦在汉魏南北朝时期很少作为吉瑞出现，但在唐代竟出现 17 次。此外还有山称万岁、庆山等，则是唐代武则天时期出现的特殊吉瑞。宋代天书、木石

类吉瑞的出现反映出宋代吉瑞的变化,天书祥瑞无论从祥瑞事件的特殊性还是祥瑞本身的特殊性,都是极为罕见的;带有文字的木石类吉瑞频繁出现,则是宋代吉瑞事物变化的一大特色。

② 祥瑞植物品类增多,出现频次增加。据文献记载,汉代实际出现的吉瑞植物有嘉禾、屈轶、朱草、莲、蓳脯、蓂荚、木连理、芝草、嘉谷、赤草、华平、嘉麦、嘉瓜、柜秠、芝英等15种。《宋书·符瑞志》所载祥瑞植物有二十多种,其中的福草、嘉瓠、并蒂莲、嘉莲、嘉奈、嘉橘、安石榴、柜秠、宾连阔达、威蕤等是汉代极少出现或是魏晋南北朝时期新出现的。唐代在汉魏吉瑞植物的基础上又有所增加。如《唐六典·尚书礼部》记载的莆、蒿柱、礼草、善茅、草木长生、人参生、竹实满、椒桂合生,敦煌文书唐代图经P.2005《沙洲都督府图经》记载的同心梨、嘉葛、柳树牛杨牧(枚)、野谷等,都是前朝所不见的。

从出现频次上看,嘉禾在两汉400多年间共出现9次,而在三国魏文帝黄初元年至南朝宋明帝泰始二年的246年间,则出现53次。仅宋文帝元嘉年间就出现32次。木连理在两汉400多年间出现7次。而在吴孙权黄武四年至南朝宋升明二年的253年间,出现121次。其中西晋武帝太康年间出现28次。宋文帝元嘉年间出现27次。北朝更甚,自北魏太祖天兴三年四月,有木连理,生于代郡天门关之路左,至东魏武定八年四月,青州上言齐郡木连理,150年间出现88次。出现频次远远高于汉代。又如南朝刘宋时期新出现的嘉莲,自宋文帝元嘉七年至宋明帝泰始六年的40年间,共出现21次。平均每两年就出现1次。

汉代处于动物纹时代,出土文物中的吉瑞纹饰以动物为主,吉瑞植物不多,目前能够确认的有芝草、嘉禾、蓂荚、蓳莆、木连理、摇钱树、扶桑、桂树、松柏、茱萸、平露、华苹等十几种。魏晋南北朝开始,出土文物中植物类纹样渐次增多,嘉禾、木连理、嘉莲等成为这一时期重要的吉瑞题材,表现出由动物吉祥为主开始向动植物吉祥并重的方向转变。唐代,纹样进入花鸟纹时期,出土文物中吉瑞植物纹明显增多,牡丹花、莲花、缠枝纹、忍冬草等吉祥纹饰成为唐代常见的题材。宋代至明清,动物纹、植物纹、器物纹、人物纹等各种吉瑞纹样并重，吉瑞纹样呈现出五彩缤纷、争奇斗艳的时代风格。

③ 魏晋南北朝时期，吉祥文化的发展并未因经学、谶纬神学的停滞而受其影响，而是向佛教、道教和其他文化领域渗透。同时，佛教、道教的发展要大量吸收中国传统文化，它们在吸收中国传统文化的同时也吸收了大量的吉祥文化，这样就为吉祥文化的传播开辟了新的领域，使得吉祥文化带着它独有的顽强文化基因继续发展前行，受到统治者和百姓的青睐。如南朝梁武帝时，有个叫智泉的和尚讲佛法，开讲之日有三足乌、白雀、连理树、五色浮云等吉瑞出现，证明弘扬佛法也能感应上天，降下吉瑞[1]。由于佛教的兴起，凤鸟纹与忍冬纹、莲花纹等相结合，为凤鸟注入了新的吉祥寓意。莲花、忍冬草、缠枝、飞天、玉鸟等一些与佛教有关的物象成为这一时期比较常见的吉祥纹样。一些吉祥物，如龙、虎、鹿、白兔、白鼠等，被纳入道教信仰之列，借助于道教的发展继续在民间流传。

宋代，"礼乐并举，儒术化成"，理学的兴起，使得宗教对社会文化生活的影响较之唐代有所下降。然而就整体来讲，道教在宋朝还是比较兴盛的。北宋许多帝王如太宗、真宗、徽宗等都信奉道教（主要是符箓派）。统治者的支持与提倡，使得道教在北宋非常流行，至南宋稍衰，但民间余风仍在。宋真宗在"澶渊之盟"后，为了向辽朝表明宋朝是受命于天，以掩盖其处理宋辽关系的无能，利用道教在朝元殿建道场，制造了神人降"天书"的祥瑞事件，遂改年号为"大中祥符"，嗣后又东封泰山，西祀汾阴。

④ 自魏晋开始，一些象征天命、君德的祥瑞，开始向民间以现实生活为主的吉祥物转变，吉祥瑞应逐渐世俗化。魏晋南北朝时期，一些祥瑞的小型化和植物化，显示出皇家祥瑞开始向社会下层寻找发展空间，出现了世俗化的倾向。隋唐是中国传统文化世俗化的转折期，吉祥文化以宗教为依托通过各种方式在民间流传和扩散，作为平民百姓喜闻乐见的文化形态，越来越世俗化，成为民间传统文化的重要组成部分。唐代，也是皇家祥瑞

---

[1] 参见李晓梅：《魏晋南北朝时期祥瑞灾异的特点》，《陇东学院学报》2015年第2期。

向民间吉祥物变化的转折期，如祥瑞凤鸟向寓意荣华富贵的吉祥物转变，成为太平喜庆、幸福美满的象征。由于许多帝王祥瑞向民间吉祥物过渡，以致唐朝统治者不得不亲自出面干预。吉祥瑞物、吉祥纹样的世俗化经两宋至明清时期，达到前所未有的程度。

4. 吉祥图案及表现手法的流传与流变

吉祥图案作为中国传统文化的一种重要表现形式，它起源于原始社会，发展于商周，形成于两汉。汉代以降，随着社会的发展，传统文化的演进，吉祥图案在汉代基础上进一步丰富完善，形成具有多种吉祥寓意的构图形式，及比较娴熟地表现手法。

吉祥图案是古代人们形象地把握世界的一种基本方式，图案中的吉祥主题是传统吉祥文化的镜像，是人们趋吉辟邪、长寿多子、丰衣足食、富贵仕宦、平安多福等吉祥信仰的物化表现。汉代已形成由多种吉祥事物组成含有趋吉、祈福、辟邪之意的吉祥图案。如汉代画像中的"升仙图""打鬼辟邪图"等，旨在营造辟邪升仙的吉意瑞境，寄托人们美好的理想与愿景。又如"龙鱼图""羊鱼图"都寓有吉祥有余之意，"双鹿图"寓有"爵禄"之意，"猴雀图"含有"侯爵"之意，"穿璧图"寓有"辟邪"之意，等等。在山东、苏北等地的汉画像石中，吉祥画像往往是各种吉瑞之物并存，组合成多种吉祥寓意的图案。在生产生活画像中的空白之处，建筑房舍的顶脊之上，往往点缀些吉祥物以示天人祥和、吉祥止止。我们看到，在汉画的一些所谓"建筑人物图"中，建筑内的人物或下棋，或饮酒，或歌舞，建筑外则有雀、鱼、猴、云等吉物[1]。构成一幅吉祥物与人共处的具有多种吉祥寓意的图案。在这里，"雀"象征"爵"，"猴"表示"侯"，"鱼"则寓意"多子""富余"，连在一起，这些画像就有了加官晋爵、子孙

---

[1] 参见徐州市博物馆：《徐州汉画像石》，图118。山东省博物馆、山东省文物考古研究所编：《山东汉画像石选集》，图1。

封侯、家族兴盛的复合吉祥寓意。所以这类图像称之为"吉瑞图"似乎更为适宜一些。山东嘉祥武梁祠祠顶前、后坡面石绘刻着目前发现的汉代画像石中祥瑞最为集中的两幅祥瑞图案。根据榜题和宋元旧拓，这两块屋顶坡面石上刻有蓂荚、黄龙、神鼎、狼井、六足兽、银瓮、比目鱼、白鱼、比肩兽、比翼鸟、玄圭、璧流离、木连理、赤罴、玉英、玉马、玉胜、泽马、白马、渠搜、巨畅等祥瑞四十余种[1]。这种图像与文字相结合的画像，可能就是汉代所谓的"图谶"，其上的大多数物象不似民间的吉祥物而近是帝王承天受命、君德吉祥的祥瑞，是现存最早、镂刻祥瑞最多的符瑞图，称为"吉祥瑞应图"更为确切。浙江海宁长安镇画像石墓出土两方祥瑞比较集中的汉画像石，一方为墓葬前室西壁上层石刻，画面自右至左刻有比肩兽、白马朱鬛（或泽马、玉马）、九尾狐、玄武、飞燕、不死鸟、麒麟、凤鸟、朱雀、兔、平露、鹿、明珠、玉函、比目鱼、胜、大贝、灵芝等。另一方为前室北壁上层石刻，画面上层自右至左为执幢骑士、祥瑞植物、龙驹、朱雀、蓂荚、凤鸟、嘉禾、符拔、熊、青龙、白虎等[2]，是两幅民间的吉瑞图案。甘肃省成县鱼窍峡摩崖上的汉代"李翕五瑞碑"，刻有祥瑞和榜题。石刻左上方刻一龙，旁有隶书"黄龙"的榜题；右上方刻一鹿，旁有隶书"白鹿"榜题；左下方刻有两棵枝干相连的树木，旁有隶书"木连理"的榜题；右下方有一棵树，树下一人手举一盘，其上方有隶书"承露人"的榜题，人与树之间有隶书"甘露降"的榜题；在木连理与承露人之间，有一棵一茎九穗禾，旁有隶书"嘉禾"的榜题。画面左侧刻有文字："君昔在黾池，修崤嵚之道，德治精通，致黄龙、白鹿之瑞，故图画其像。"[3]（见图3-2、3-3）"李翕五瑞碑"是一幅表彰官员德泽一方，瑞应天降的吉瑞图案。

魏晋南北朝时期，吉祥图案大体沿袭了汉代吉祥纹样的组合风格，吉祥动物和云气纹仍是吉祥图案的主要纹样，汉代的一些四神纹、龙凤纹、

---

[1] 详见蒋英炬、吴文祺著：《汉代武氏墓群石刻研究》，第58—60页。
[2] 详见周保平：《浙江海宁汉画像石墓两幅祥瑞图考辨》，《东南文化》2008年第5期。
[3] 参见冯云鹏、冯云鹓著：《金石索·石索二》卷八，王云五主编《万有文库》第一集，第114—115页。

麒麟纹、鸟鱼纹等动物纹样在这一时期的吉祥图案中继续流行。据晋崔豹《古今注·杂注第七》载,三国吴第二位君主孙亮曾制作一具刻绘大量吉祥瑞物的琉璃屏风,曰:"孙亮作流离屏风,镂作瑞应图,凡一百二十种。"[1]《中华古今注》曰:"孙亮,吴主权之子也。作金螭屏风,镂作《瑞应图》,一百二十种之祥物也。"[2]孙亮所作的琉璃屏风,应属于图谶一类,但就其画像而言是魏晋时期镂刻吉瑞最多的吉祥器物,也是中国历史上吉瑞最为丰富的吉祥图案。可惜屏风早年毁于战火,上面的图案不得而见。但这至少可以说明汉代形成的吉祥图案(包括武梁祠室顶坡面石上的两幅祥瑞图案等)在这一时期得到进一步发展。

魏晋南北朝时期的吉祥图案,除器物图案以外,乃多见于墓室壁画、砖石雕刻之上,各类纺织品尤其是织锦之上尤为突出。考古工作者曾在新疆民丰尼雅遗址东汉末至魏晋时期的墓葬中发掘出一批有文字的织锦,其上有"世毋极锦宜二亲传子孙""延年益寿长葆子孙""安乐如意长寿无极""千秋万岁宜子孙""登高明望四海富贵寿为国庆"等吉祥文字。出土的一件东晋十六国五彩锦履,长22.5厘米,宽8厘米,底以麻线编织,其他部分则以彩色丝一次织成。色彩光艳如新,装饰繁复,图案皆为带状。鞋帮上织四条花卉纹,鞋面上织出"富且昌""宜侯王""夫(天)延命长"三行文字,是乃承袭东汉织物上饰以吉祥语词的传统。其他如见诸文献记载的"绛地交龙锦""绀地句文锦""大登高""小登高""大明光""小明光""大博山""小博山""大茱萸""小茱萸""凤凰锦""朱雀锦"等,这些织锦上的吉祥图案不仅具有装饰作用,且寓意使用者吉祥,带有强烈的吉祥气息。

唐代,社会开放,文化繁荣,吉祥图案得到空前发展,在图案内容上,以描绘生活,贴近现实为主。初唐,刻绘龙凤和植物花纹的吉祥图案增多。盛唐时期,寓意连生贵子、多子多孙、多福多寿的吉祥图案占据主流。中唐,多用双鱼、对凤等组成团花吉祥图案。到了晚唐,流行以单纯花叶组

---

[1] 崔豹著:《古今注》卷下,《丛书集成初编》,第20页。
[2] 马缟集:《中华古今注》卷上,《丛书集成初编》,第3页。

成的团花以及由凤纹演变而来的双凤图案。

"凤穿牡丹"是唐代一种凤凰与牡丹组成的吉祥图案。凤鸟为百鸟之王，牡丹为百花之王，两相组合，寓意"吉祥喜庆，婚姻美满"。此外还有一种以自然界雪花形态加工而成多面呈放射对称的瑞锦图案，有"瑞雪兆丰年"的寓意，也是一种吉祥图案。近代常有绘几只鹌鹑嬉戏于菊花下寓意"安居乐业"的图案，这种寓意吉祥的图案有可能源于唐代。据说唐麟德年间，高宗李治去泰山行封禅大礼，路过郓州，得知有户张姓人家祖孙父子叔侄兄弟同居，已历九世，高宗亲幸其宅取经。老翁给他写了一百个"忍"字，高宗激动地流下了眼泪，赐给他缣帛（参见《旧唐书·孝友传·张公艺》卷一百八十八）。后人据此绘成九只鹌鹑嬉戏在几丛菊花间的图画，以"鹌"谐"安"，以"菊"谐"居"，九象征九世，名曰"九世同居"图，寓意合家团聚、同堂和睦。

唐代打破察举制的用人制度，在人才选拔上实行科举制。随着科举制度的兴起，一些象征科举及第的吉祥图案也随之出现。如"独占鳌头""蟾宫折桂"等。"独占鳌头"画一童子站在鳌头之上，寓意科举考试必中第一。自唐代始，考生在迎榜时都是让头名状元站在鳌头之上，称为"独占鳌头"，喻占首位或第一名之意。古代传说月中有蟾蜍与桂树，唐代遂以"蟾宫折桂"的吉祥图案寓意科举应考得中。白居易在《喜敏中及第偶示所怀》诗中有"折桂一枝先许我，穿杨三叶尽惊人"诗句。

宋代是吉祥图案发展的重要时期，吉祥图案被广泛应用于建筑、陶瓷、刺绣、织物、漆器、年画上，吉祥图案进入成熟期。其中"凤戏牡丹""百年好合""喜相逢"等已逐渐成为程式化的吉祥图案。

宋代被称为"瓷"的时代，名窑辈出，民窑蜂起，各种瓷器形式多样，纹饰图案丰富多彩，一些带有吉祥图案的瓷器更是受到时人的青睐。如象征富贵的"折枝牡丹"图案，寓意百年好合的"莲叶荷花"图案，表现幸福美满的"鸳鸯戏水"图案，等等。吉州窑瓷器的典型图案以民间流行的吉庆祥和题材为主，如"喜鹊登梅""鲤鱼戏水""梅绽五福"等。这些多姿多彩的吉祥图案反映了宋代人对自身的祝福，是民间吉祥文化的重要组成部分。瓷器上的"双凤""送子观音""送子娘娘"等图案,是时人祈求多子多福吉祥观念的直接表达。

宋代雕版印刷的繁荣刺激了民间年画的发展,带动了吉祥图案的普及。宋代朱仙镇的木版年画是以吉祥图案为主的民间艺术,年画中的门神、钟馗、桃版、桃符及财门钝驴、回头鹿马等常用的一些图案符号一般都带有吉祥寓意。门神、钟馗、桃符有辟邪的吉祥寓意,财门钝驴贴在门上意在招财。"福在眼前"年画中左上方或右上方常出现蝙蝠,画面中的人物则抬头观之。蝙蝠在画中与"福"谐音,人物抬头观之象征"福在眼前",体现了人们希望福气多多,财运多多的趋吉心理。朱仙镇木版年画的吉祥图案表现出宋代民间祈求多子多福、五谷丰登、驱邪祈福、平安富贵等吉祥信仰。

宋代,最大不同是文人士大夫阶层参与到吉祥图案的创作中。宋王朝设立画院,对吉祥图案的风格产生直接影响。文人士大夫的绘画中,吉祥寓意十分鲜明的有赵昌的《岁朝图》、崔白的《双喜图》、李嵩的《观灯图》、苏汉臣的《五瑞图》《开泰图》,以及《宣和画谱》中记录的《寿鹿》《老松对南山》《蔓瓜图》等。南宋宫廷画家苏汉臣的《开泰图》,图中画一个小孩骑一只山羊,一群小山羊围在四周。山羊谐音"三阳",寓意"三阳开泰",象征新的一年好运降临。另一位南宋宫廷画家李嵩绘制的《观灯图》,画面的前景为一座小的太湖石,石上站着两只安然闲适的锦鸡。旁边有几棵竹子与锦鸡相映衬。宋代将锦鸡视为吉祥鸟,"竹"则与"祝"同音。锦鸡与竹子对应,意为祝愿风调雨顺、富贵吉祥。宋代宫廷节令画中的灵芝、嘉禾,娃娃画像中的婴儿骑羊一类的画像,都可以在汉代吉祥画像中找到源头。

明清时期,随着社会生产力、商品经济的发展和市民阶层的活跃,封建上层意识与市民意识相互渗透融合,带动了手工业的繁荣,吉祥文化进一步普及,吉祥图案被广泛用于人们生活的各个方面。工艺美术、民间美术、木板年画中的吉祥图案俯拾皆是。宫廷建筑、日用器皿、民居、窗花剪纸、地毯壁饰、染织刺绣以至各种玉雕、骨雕、漆器等,无不附着有意蕴丰富的吉祥图案。吉祥图案名目繁多,形式更为丰富多彩,甚至达到一种"图必有意,意必吉祥"的程度。

历史上，祥瑞都是帝王皇权天命、德及万物的瑞应，但是，由皇帝亲手绘制吉瑞图的现象极为罕见。明代就有皇帝亲手绘制寓意吉祥的图画。明宣宗朱瞻基是明代第五位皇帝（公元1425—1435年在位），也是一位颇具艺术天赋的帝王，他曾绘有一幅《三阳开泰图》画作。此画现藏台北故宫博物院，是一幅水墨淡彩画。画中在竹子与茶花的映衬下，一只母羊带着两只小羊在草地上觅食。画中的"竹"谐音"祝"，"羊"谐音"阳"，画意为恭祝"三阳开泰"。"三阳开泰"是带有吉祥寓意的祝福语，有春回大地，万象更新的吉祥寓意。明宪宗朱见深是明代第八位皇帝（公元1464—1487年在位），他多才多艺，曾亲手绘制了《岁朝佳兆图》《冬至一阳图》《一团和气图》等带有吉祥寓意的画作。《岁朝佳兆图》绘钟馗手执如意，身旁的小鬼双手托起放有柏枝、柿子的盘子，图的右上方绘一只飞舞的蝙蝠。图中的钟馗可以驱邪，柏枝、柿子、如意则寓意"百事如意"，整幅画作有驱邪纳福、吉祥如意的寓意。明代帝王绘制吉祥画作，一方面表现出统治阶级上层社会热衷于吉祥文化，另一方面也引领着文人士大夫乃至民间艺人对吉祥文化的崇尚。

清吴允嘉述《浮梁陶政志》，书中谈到明代瓷器上的吉祥图案时说："其画有赶龙珠、一秤金、娃娃升降戏、龙凤穿花、满池娇、云鹤、万岁藤、抢龙珠、灵芝捧八宝、八仙过海、孔雀、牡丹、狮子滚绣球、转枝宝相花、鲭鲌鲤戏水藻、江下八俊、巴山出水、飞狮、水火捧八卦、竹叶、灵芝、云鹤穿花、花样龙凤、转枝莲托八宝、八吉祥、海水苍龙、捧八卦、三仙炼丹、耍戏娃娃、四季花、三阳开泰、花天、花捧云山福海字、二仙、出水云龙、龙穿西番莲、穿花凤、双云龙、青缠枝宝相花、穿花龙、如意团鸾凤、穿花鸾凤、团龙、群仙捧寿、苍狮龙、耍戏鲍老、升凤拥祥云、乾坤六合花、博古、龙、松竹梅、鸾凤穿宝相花、四季花等名。其他花草、人物、禽兽、山水、屏瓶、盆盎之观，不可盛计。"[1] 从瓷器上的吉祥图案可窥明代吉祥图案之一斑。

---

[1] 吴允嘉述：《浮梁陶政志》，《丛书集成初编》，中华书局，1985年，第6—7页。

清代，统治阶级"事必求吉祥"，图案装饰力求样样如意、个个吉祥，吉祥图案成为宫廷装饰的重要内容与形式。故宫的一些建筑上大都绘有吉祥图案，龙纹和凤纹随处可见，皇帝居住和活动的地方多绘有龙纹图案，后宫的一些建筑上则往往绘有凤纹图案。宫廷画作《白鹰图》《苍鹰图》《白猿图》《嘉禾图》等，都是含有吉祥寓意的图画。在民间，吉祥图案更加突出民俗化、世俗化的特点和功利目的。建筑装饰、砖雕木雕、剪纸绘画、布匹地毯、服装首饰、宫灯彩扎、木版年画、瓷器漆器、面塑竹雕等无不附有丰富多彩的吉祥图案。以木板年画为例，除了描述戏曲、传说题材外，大量的是含有吉祥寓意的图案，如连生贵子、金玉满堂、五子夺魁、麒麟送子、平安富贵、端阳喜庆、推车进宝、百鸟朝凤、龙凤呈祥、百子图、三美图、八吉祥、祥禽瑞兽等等。这些吉祥图案寄托着人们的吉祥期盼，也由衷地表达出人们对美好生活的向往。门神画与前代相比，在内容上也发生了变化，从驱鬼避邪过渡到招财进宝和功名富贵。除秦琼、尉迟敬德外，还增添了赵公明（财神）、孙膑、岳飞、温峤、庞涓、赵云、燃灯道人等。中堂画中"一品当朝""爵禄福喜""马上平安""天官赐福""一团和气"等，显示出民间祈福纳祥的意愿。

清代吉祥图案可谓琳琅满目，意蕴丰富，空前繁荣。据清末卫杰所编撰《蚕桑萃编》载，"贡货花样式：天子万年、江山万代、万胜锦、太平富贵、万寿无疆、四季丰登、子孙龙、龙凤仙根、大云龙、如意连云、朝（潮）水龙、八仙祝寿、二龙二则、八结龙云、双凤朝阳、寿山福海。时新花样式：富贵根苗、四则龙、福寿三多、团鹤、樵松长春、闻喜庄、五子夺魁、欢天喜地、松鹤遐龄、富贵白头、大菊花、大山水、大河图、大寿考、大博古图、大八宝、大八结、花卉草虫、羽毛鳞介、锦文，诸般。官服花样式：二则龙光、高升图、喜庆大来、万事如意、挂印封侯、雨顺风调、万民安乐、忠孝友弟、百代流芳、一品当朝、喜相逢、圭文锦、奎龙图、秋春长胜、五福捧寿、梅兰竹菊、仙鹤蟠桃。吏服花样式：窝兰、八结祥、奎龙光、伞八宝、金鱼节、长胜风、三友会、秀丽美、枝子梅、万里云、水八宝、旱八宝、水八结、旱八结、花卉云、羽毛经、走兽图、佛龙图。商服花样式：利有余庆、万字不断头、如意图、五福寿、海棠金玉、四季纯红、年年发财、顺风得云、小龙儿、富贵根雏、百子图。农服花样式：子孙福寿、瓜瓞绵绵、喜庆长春、六合同春、巧云鹤、金钱钵古、串菊枝枝菊、水八仙、暗八仙、福寿绵绵。僧道服饰式：陀罗经、福带、唵嘛呢叭咪吽、舍利子、八结祥、串枝莲、佛贡碑、藏经字谱、九子莲花、富贵长春、金寿喜图、莲台上宝、喀哪路带、其花在甲"[1]。从以上各种不同职业服饰的吉祥图案中可以看出不同职业不同的吉祥述求，也可窥见清代吉祥图案盛行之一斑。

吉祥文化特别是民间吉祥文化中向往的天下太平、五谷丰登、多子多孙、健康长寿、高官厚禄、财源广进等，都是一些抽象的概念，要把这些抽象的概念具象化、直观化，使其变成可视、可闻、可触的事物，就要使用谐音、象征、寓意、附会等一些表现手法，从而完成从物象到概念的链接，达到一种心理上的通感。就吉祥事物而言，谐音、象征、寓意、附会等一些表现手法在汉代就已出现[2]，如以象征来表示吉祥、以寓意来隐喻吉祥、凭借文字谐音吉祥、根据传说附会吉祥、以其特性比拟吉祥。大凡飞禽走兽、奇草异木、自然现象，只要形、音、义中的任何一项能揭橥某种喜乐、安康、祥和、吉庆的，都可拿来为吉祥所用。如"祥"是一个吉祥文字，代表吉祥，但"祥"又是一个非常抽象的概念，为使"祥"具象化，汉代人就用"羊"来表示"祥"，因而汉代"吉祥"多作"吉羊"。又如子孙繁衍的吉祥信仰也是一种抽象的概念，为使其具象化，汉代就用鱼或鸟衔鱼这种具象画像来表示子孙繁衍、家族兴盛。这些手法对后世产生深远影响。

① 谐音　谐音是一个语言学名词，是谓文字音韵学上所说的两个不同的字在音韵上是相同或相近的。互为谐音的两个字，往往是读这个字联想

---

[1] 卫杰著：《蚕桑萃编·花普》卷十，中华书局，1956年，第211—212页。
[2] 张学增等在《南阳吉祥汉画浅析》一文中列出了象征、寓意、谐音、比拟、表号、文字等六种汉代动物吉祥的表现手法，可供参考。(《美术研究》1994年第2期)

到那个字，听到那个字联想到这个字。中国的汉字数以万计，仅《康熙字典》就收录有四万七千多汉字，但汉字的读音却只有几百个，在这种情况下便有了一音多字的现象，出现了许多同音字。譬如吉祥的"吉"字，同音字就有120多个。一个读音对应好几个汉字，表示多个意思；有的音相同、形相近的两个字还可以通假。谐音作为汉语特有的修辞手法，就是利用汉语一个发音能对应多个汉字的特征，用同音字或近音字来代替本字，从而产生一定的修辞效果，为谐音双关提供了广阔的天地。

古人利用同音假借、谐音来会意吉祥。在吉祥图案中，谐音是以生活原型中显性的具体物象的语音去类比被表现的隐性的吉语的语音，通过物象比附、联想与类推，转换为吉祥祝福的语音义涵。简单地讲，谐音在吉祥图案中就是看物读音，同音会意，是一种吉语的视觉化表现手法。通过谐音，可以给一些最普通、最平凡的事物涂上喜庆的色彩，寄托美好愿望，从而获得心理上的满足和慰藉。利用物象谐音表现语音吉祥，首先得找到与主要吉祥语音谐音的物象。比如戟、磬、鱼三种物体组合的图案，通过"戟"与"吉"、"磬"与"庆"、"鱼"与"余"的谐音，巧妙地传达出"吉庆有余"的吉祥内涵，寓意生活幸福美满、万事吉祥。从而形成共同认可的固定搭配，约定俗成，使人们一看便知其蕴含的吉祥寓意。

中国吉祥文化中利用语音相同或相近来谐音吉祥的手法在汉代就已出现。汉代，文字的使用并不十分规范，特别是在民间。由于汉字字多音少，有时用同音字代替本字，许多实物因其名称发音与含有吉祥意味的词相同或相近而产生吉祥寓意。久而久之，这种与有吉祥意旨相谐音的字也被引申具有吉祥义涵了，甚至被作为吉祥字而用于祝福。如汉代画像中的一些建筑物上常有猴子、朱雀、鱼等，汉代人利用"猴"与"侯"谐音，寓意"封侯"；利用"雀"与"爵"谐音，寓意"授爵"；利用"鱼"与"余"谐音，寓意"富余"。这种不同种属的物象聚合在一起，物象之间看似毫无关系，杂乱无章，有时甚至有一些不合常理，实则是利用物象谐音的一种吉祥串联，是多种吉祥寓意的组合，在表现吉祥寓意上则顺理成章。

汉代借助谐音把动物、植物化为吉祥物，把美好愿望通过吉祥物视觉化的艺术手法对后世产生深远影响。如汉代利用"鸡"与"吉"谐音，用鸡表示吉祥。后世又演绎出用"橘"谐音"吉"，用古代兵器"戟"谐音"吉"，进而橘和戟也成了吉祥物。清代瓷器上常见以锦鸡或公鸡立于石上的纹样，这里取"石"谐音"室"，室代表家室家业，"鸡"谐音"吉"，因而寓意"室上大吉"。"室上大吉"图案象征阖家安康、家庭幸福、大吉大利。又如汉代以猴谐音"侯"，表示封侯的吉祥寓意，后世则以猴子与马、蜜蜂组合，通过谐音构成"马上封侯"的吉祥图案；又以大猴子背上驮小猴子谐音"辈辈封侯"，以枫树和猴子谐音"封侯挂印"构成吉祥图案。明清时期常常借助字的谐音巧妙地组成图案，图案中形式（图像）与内容（语音）巧妙结合，使观之悦目，听之悦耳。

清代，把利用物象谐音构筑吉祥图案的手法发展到极致。比如用蝙蝠谐音"福"，以鹿谐音"禄"。吉祥图案中以万年青、大象谐音"万象更新"，以鹌鹑、枫叶与菊花谐音"安居乐业"，以梅、竹与绶带鸟谐音"齐眉祝寿"，以爆竹、瓶、鹌鹑谐音"竹报平安"。以音相谐的还有以鲇鱼与橘子谐音"年年大吉"，以鹭、莲与荷谐音"一路连科"，花瓶中插入三支戟及笙的图案，谐音"平升三级"，绘有铜镜和鞋的图像谐音"同偕到老"，绘童子、莲花、鲤鱼的图像，谐音"连年有余"，绘有谷穗、蜜蜂、灯笼的图案，谐音"五谷丰登"。再如，清代儿童周岁鞋上常绣有葱、夜明珠、菱、梨组合在一起的图案，通过谐音表示"聪明伶俐"，等等。举不胜举。

② 象征 象征是一种以物征事的艺术表现手法。就是用具体事物或直观表象本身所显示的外在特征来表示某种与之相似或相近的抽象概念、思想情感，使人们在象征物与抽象概念之间产生一定的联想，借助于想象传递出特定思想情感。简言之，象征就是用具体形象表示抽象含义。也就是说，象征是通过某一具体形象意会出某种更为深远的含意。象征要求象征物与被象征概念之间有某种相似的特点，可以让人产生由此及彼的联想，从而使一些抽象的概念具象化。一些形象通过人们理想化地处理，有的将其自然物性加以延伸，有的则与自然物性完全不同，被赋予新的象征意义。

运用这种手法，可使抽象的概念形象化，使人产生丰富地联想，给人以简练、形象的实感。要之，大凡能表达某种观念及事物的符号或物品都可以叫作象征。

象征也是中国吉祥文化表现吉祥信仰的重要手法之一，即用特定的形象作为某种抽象吉祥概念的标识。通过联想，把概念、思想情感等主观意识托附于客观事物，即用一些客观具体的事物表达抽象的吉祥观念，使本来与吉祥观念毫不相关的事物显现出抽象的意蕴，让抽象的吉祥意识，通过具体生动的物质形象，变得可视、可感，并能被人们解读[1]。象征手法在汉代吉祥文化中已得到广泛应用。比如用木连理、比翼鸟、鱼戏莲表示兄弟情深、夫妻恩爱好合。木连理又称连理枝或连理木。古代以树木枝干连生为吉祥之兆，一般比喻兄弟情深，夫妻恩爱。南朝江总《杂曲》："合欢锦带鸳鸯鸟，同心绮袖连理枝。"[2]后又引出连理花、连理带、连理襦、连理盘、连理环等，均表示夫妻情好或作为爱情的象征。汉代画像中常见以两棵树的树枝相交互联，亦象征此意。唐代铜镜纹饰中依然有木连理的画像，其图案所隐含的意旨不言而喻。后世在表示夫妻恩爱方面又衍生出鸳鸯、蝴蝶、并蒂莲等多种象征物。汉代画像中有"鱼戏莲"的吉祥图案，汉乐府《江南》有"江南可采莲，莲叶何田田，鱼戏莲叶间……"的诗句，可知鱼戏莲在汉代就象征男女情爱。虽然在魏晋以后莲花融入了佛教美德的含义，并作为吉祥纹样广泛应用，但民间以"鱼戏莲"图案象征男女情爱的习俗依然传承不辍。汉代还有一些象征五谷丰登、天下太平的吉祥物，如嘉禾、凤凰、华苹等。后世则有太平有象、富贵平安、竹报平安等吉祥图案。在"太平有象"图案中，象为瑞兽，是吉祥、喜庆的象征，象背驮宝瓶，象征河清海晏、物阜民丰。"竹报平安"图案，以儿童燃放爆竹为题材，表示辟鬼驱邪，祝颂升平，还有为节庆活动增添喜庆气氛的意义。汉代用"猴""雀""鱼"等象征富贵，唐代开始，牡丹也加入象征富贵行列。牡丹在唐代之所以象征富贵，从历史原因看，是因为在唐代牡丹花价格昂

---

[1] 参见居阅时、瞿明安主编：《中国象征文化》，上海人民出版社，2001年，第688页。
[2] 张溥辑：《汉魏六朝百三家集·江令君集》，《文渊阁四库全书》1415册，第598页。

贵，作为一种奢侈品，只有富贵人家才买得起。柳浑《牡丹》诗云："近来无奈牡丹何，数十千钱买一颗（棵）。"白居易《买花》诗："一丛深色花，十户中人赋。"因此，能玩得起牡丹的必定是富贵之家。周敦颐在《爱莲说》中说"牡丹，花之富贵者也"，用牡丹代表富贵之人。从牡丹花的特质看，牡丹雍容华贵、富丽端庄，国色天香的气质，契合了人们祈盼美好、富贵的心愿和对平安、祥和的向往，因此成为国人兴旺发达、吉祥如意、繁荣昌盛的象征。从唐宋开始，牡丹就是人们心目中富贵、吉祥的象征，人们通过牡丹寄托对富裕美好生活的追求，这种吉祥习俗一直延续到清代。汉代用鱼象征多子，后世除鱼以外，又用石榴象征多子。再如用红枣、花生、栗子这些食物象征"早生贵子"，用荔枝、桂圆、核桃象征"连中三元"，用蟠桃、松树象征长寿，用喜鹊象征喜庆、好运和吉祥，等等。不一而足。

唐段成式《酉阳杂俎》中提到六朝至唐的九种吉祥聘礼：有合欢、嘉禾、阿胶、九子蒲、茱萸、双石、棉絮、长命缕、干漆。九事皆有词：胶漆取其固，棉絮取其调柔，莆苇为心可曲可伸，嘉禾分福也，双石意在两固也。这些平常之物，本身并没有多少特殊的含意，之所以作为吉祥物主要取其象征意义。

③ 寓意　寓意是指语言文字或艺术作品里所寄托、蕴含的意旨或意思。寓意作为一种修辞手法，在中国文学艺术中有广泛地应用。南朝梁刘勰《文心雕龙·颂赞第九》："及三闾《橘颂》，情采芬芳，比类寓意，又覃及细物矣。"[1]宋沈作喆《寓简》："诗之作也，其寓意深远，后之人莫能知其意之所在也。"[2]《霞外捃屑·艳雪盦杂觚·张忠烈公辞故里诗》："先生落句，其寓意深矣。"[3]所谓寓意，就是假言他物而寄托本意，"托物寓意"是也。当某些动植物及自然现象的形状或特性符合人们的审美情趣时，便产生了"借物喻志、托物寓意"的效应。寓意作为文学体裁的一种，多

---

[1] 王运熙、周锋撰：《文心雕龙译注》，上海古籍出版社，1998年，第67页。
[2] 沈作喆著：《寓简》卷一，《丛书集成初编》，中华书局，1985年，第1页。
[3] 平步青、景孙纂：《霞外捃屑》卷五，载《笔记小说大观》三十三编，第284页。

以散文或韵诗的形式讲述带有劝谕或讽刺意味的故事。其手法多是借此喻彼,借远喻近,借古喻今,借小喻大,使深奥的道理从简单的故事中体现出来。

在吉祥文化中,作为艺术表现形式的吉祥图案所要表达的隐含意思就是这幅吉祥图案的寓意。这种手法多借此喻彼,假借他物来寄托本意,使抽象的吉祥概念隐寓于具象的物象之中。也就是说,一些吉祥图案中的物象可能与吉祥无关,创作者假借这些物象来隐含或寄托某种吉祥意义。寓意多借物象之形、物象之性、物象之意来寓意吉祥。如绵绵瓜瓞的吉祥图案,是通过一根连绵不断的瓜藤上结满大大小小的瓜,寓意子孙昌盛,相继不断。又如鱼的繁殖能力强,就赋予它象征人类多子的吉祥寓意;灵芝由于有药用价值,就赋予它能使人不死的吉祥寓意。再如,以一茎开双花的并蒂莲寓意夫妻和美,同心同德,等等。

寓意作为吉祥文化的一种表现手法,也肇始于汉代。西汉初年,国都"长安"二字就寓意吉祥,是欲其子孙长安都于此地之意。长安城的城门、城中的许多宫殿也是如此,如长乐宫、未央宫、明光宫等分别寓意"长久怡乐""未尽无止""明光普照",企祝刘氏子孙幸福万年。汉代的吉祥画像更是以像寓意,以意构像。如汉画中的龙、虎、雀、羊、铺首、神荼郁垒、辟邪象人、打鬼方相氏等,它们都有保佑死者灵魂不受侵扰的吉祥寓意。在汉画的一些"建筑人物图"中,建筑内的人物或下棋,或饮酒,或歌舞,建筑外则有雀、鱼、猴、云等吉瑞[1]。一般来讲,当这些吉瑞与人共处时就预示着富贵吉祥,整个画像图案就有了加官晋爵、子孙封侯、家族兴盛等吉祥寓意。

汉代以寓意隐喻吉祥的手法,对后世产生深远的影响。后代的许多吉祥图案都是以寓意来寄托吉祥意旨的。如三只羊在一起的"三阳开泰"图案,寓意祛尽邪恶,好运吉祥。凤凰与太阳、梧桐在一起的"丹凤朝阳"图案,寓意光明美好。龟与鹤在一起的"龟鹤同寿"图案,鹤与松在一起

---

[1] 参见徐州市博物馆:《徐州汉画像石》,图118。山东省博物馆、山东省文物考古研究所编:《山东汉画像石选集》,图1。

的"松鹤延年"图案，均寓意健康长寿。蝙蝠与日出或海浪在一起则寓意"福如东海"，牡丹与花瓶在一起寓意"富贵平安"，放飞风筝的图案寓意"青云直上""春风得意"。还有一些带有宗教因素的吉祥图案用的也是寓意手法，如用宗教器物寓意吉祥的，道教有"明八仙""暗八仙"，佛教有"八宝""八吉祥"等。

④ 附会 附会就是把不相关的事说成相关，把没有某种意义的事说成有某种意义。从字面上讲，附会就是"附着会合"。苏轼《拟进士对御试策》说："附会经典，造为文书，以晓告四方之人。"[1] 刘献廷《广阳杂记》："其说不袭陈言，发自胸臆，虽不免附会穿凿，然不可谓无见者，亦奇书也。"[2]

附会作为一种表现手法大大拓宽了吉祥图案的内涵。比如某种物象本来没有吉祥意义，但通过谐音、象征或寓意使得这种物象有了吉祥寓意，这在某种程度上讲就是附会。中国历史上的许多祥瑞事件都是一些别有用心的人附会出来的。这种对吉祥的有意附会从周代就已经开始。如文王时鸑鷟鸣于岐山被附会为周朝将兴的吉兆；武王时，白鱼跃入王舟，有火复于王屋，被附会为武王受命之符。春秋时期，鲁哀公西狩获麟，被附会为周朝将亡，刘汉王朝将兴的吉兆。刘邦斩蛇，被附会为赤帝子战胜白帝子。武则天时，姚璹被贬桂州，把岭南山川草树名号有"武"字者，皆附会为武则天的休征。朱前疑声称嵩山"山呼万岁"更是一种附会。宋代真宗时期的天书事件也是一种附会。综而观之，整个封建王朝时期这种被附会的祥瑞事件比比皆是，整个吉祥文化就是在附会、意会之中产生发展的。

⑤ 综合手法 一幅吉祥图案往往不是用单一的手法来表示吉祥，而是用谐音、象征、隐喻等多种手法组合在一起表达吉祥之意，我们称之为综合手法。以"猴"谐音"侯"，表示"加官晋爵"之意在汉代已经出现。后世以猴子骑在马背上，再绘上蜜蜂表示"马上封侯"之意。猴子骑在马背上隐喻"马上"，也就是即刻，"蜂"谐音"封"，"猴"谐音"侯"。"马上

---

[1] 苏轼著，傅成、穆俦标点：《苏轼全集·文集》，上海古籍出版社，2000年，第845页。
[2] 刘献廷著：《广阳杂记》卷三，《丛书集成初编》，中华书局，1985年，第107页。

封侯",意思是即刻就要加官晋爵,做大官。纹饰主要以马、蜂和猴组成,运用"蜂"与"封"、"猴"与"侯"同音,以猴子骑马象征"马上""立刻"。"马上封侯"吉祥图像综合运用了谐音与象征两种手法。又如汉代"羊"通"祥",这是谐音;"羊"又通"阳",这也是谐音;羊吮吸母乳必跪,像报母恩,因此说羊是孝兽,这是象征。鹿、鹤、花卉、松树等纹样组合的图案,读作"六合同春"。"鹿"与"陆"谐音,代表六,"鹤"与"合"谐音,鹿与鹤谐音"六合",指天、地、东、西、南、北,泛指天下;用会意的手法以花代表春,以松树常青等同于春。"六合同春"吉祥图案运用了谐音、会意等表现手法,使图案有了天下皆春,万物欣欣向荣的吉祥寓意。

由花瓶、牡丹花、苹果组成的吉祥图案名为"富贵平安",花瓶和苹果表现"平安",用的是谐音手法,以牡丹花表现"富贵",用的是象征手法。由天竹、水仙、灵芝及寿石组成的图案名为"天仙祝寿",天竹和水仙谐音"天仙",用的是谐音手法;而灵芝和寿石表现长寿则是象征手法;由白头翁和牡丹组成的图案称"白头富贵",白头翁谐音"白头",用的是谐音手法,牡丹象征富贵,用的是象征手法。另外由牡丹、海棠组成的"满堂富贵"图,由牡丹、蔓草组成的"富贵万代"图,也同时采用了谐音和象征两种表现手法。再如,以瓜秧与瓜再加上蝴蝶的图案名为"瓜瓞绵绵","蝶"谐音"瓞",连绵不断的瓜秧上结出大大小小的瓜寓意子孙昌盛,绵绵不绝,因而"瓜瓞绵绵"吉祥图案同时采用了谐音与寓意两种表现手法。

在对吉祥文化的研究中我们发现,许多吉祥图案的表现手法如谐音、象征、寓意、附会、比拟等,它们之间并不是泾渭分明互不相干的,在现实运用中它们之间有时不可能分得那么清楚,有时又互相勾连难以截然分开。我们之所以把它们类别条分是为了叙述需要。实际研究中还需细心品味,慢慢揣摩。

汉代以前帝王吉瑞列表

表一

帝王	吉　瑞	备注
伏羲	有龙图、景龙之瑞。	
炎帝	有大火之瑞，嘉禾生，醴泉出。	
黄帝	屈轶之草生于庭，有景云、景星之瑞。凤凰集，麒麟在囿，神鸟来仪。大蝼如羊，大螾如虹。《龙图》出河，《龟书》出洛。又有黄云、黄雀、白狐、白虎、黄龙、泽马、巨㯬山车之瑞。	圣德光被，群瑞毕臻。
少昊	有凤凰之瑞。	
帝尧	景星出翼，凤凰在庭，神龙于宫。乌化白，朱草生，嘉禾秀，甘露润，醴泉出，日月如合璧，五星如连珠。神木生莲，厨生萐脯，阶生蓂荚。又有五星、《河图》《洛书》之瑞。	
帝舜	神龙至，灵龟服，玉女养。蓂荚生阶，凤凰巢庭，景星出房，地出乘黄，西王母献白环、白王宫、玉玦。庆云丛聚，黄龙负图。	
夏	有白狐九尾、飞菟、跹蹄之瑞，天赐《河图》、玄珪，青龙止郊，洛出《龟书》，黄龙负舟，又有凤凰、鸾鸟、麒麟之瑞。	
商	高辛氏之妃简狄吞玄鸟卵而生契。主癸之妃见白气贯月而生汤。汤有黄鱼、黑鸟、黑龟之瑞，白狼衔钩入朝。	
周	高辛氏之妃姜嫄履大人迹而生弃。季历十年，飞龙盈于牧野。季历之妃太任梦长人感己而生昌，是为周文王。赤雀衔书，止于昌户。鸑鷟鸣于岐山，凤凰衔书游文王之都。武王时，白鱼入舟，赤乌衔谷止于王屋。成王时，神鸟凤凰见，蓂荚生。青云浮至，青龙衔图。玄龟、青龙、苍兕止于坛。麒麟游苑，凤凰翔庭。	

注：以上根据《宋书·符瑞志》《述异记》等列。

西汉帝王吉瑞列表

表二

帝王	时间	地点	事件	吉瑞类别	次数	备注
高帝	初	沛县丰邑	执嘉母梦赤鸟若龙戏己而生执嘉,是为刘邦父。刘邦母含始游于洛池,有玉鸡衔赤珠,刻曰玉英,吞此者王,取而吞之。	赤鸟 玉鸡、赤珠		
	秦昭襄王五十一年(公元前256年)	沛郡丰邑	母寝大泽,感蛟龙受而生刘邦。	蛟龙		吉祥之瑞,受命之证。
	秦始皇世	陇西临洮	有长人十二,身高五丈,足迹六尺。	长人	12	秦亡之征,汉兴之符。
		芒砀山	芒砀斩蛇,光气畅见。			受命之符。
			始皇望见东南有天子气,游以压之。	天子气		
	汉元年(公元前206年)	秦地	十月,汉入秦,五星聚东井。	五星	1	受命之符。
惠帝	二年(公元前193年)	兰陵	正月,有两龙见于兰陵廷东里温陵井中。	龙	2	
文帝	前元十五年(公元前165年)	成纪	春,天子郊祀上帝诸神,黄龙见成纪。	黄龙	1	
	前元十七年(公元前163年)		得玉杯,上刻"人主延年"。	玉杯	1	更为元年,天下大酺。
景帝	文帝后元七年(公元前157年)	崇芳阁	赤龙降崇芳阁,盘回栋间。	赤龙	1	景帝王夫人移居崇芳阁,十四月而生武帝。
	景帝时	京城	会稽人朱仲献三寸珠、四寸珠。	明珠	1	事见《列仙传》。
武帝						武帝之世,麟凤数见。

续表

帝王	时间	地点	事件	吉瑞类别	次数	备注
	元狩元年（公元前122年）	雍	十月，行幸雍，祠五畤，获白麟，作《白麟歌》。又得奇木，其枝旁出，辄复合于木上。	白麟、木连理	2	荐五畤，锡诸侯白金。改年号为元狩。在未央宫建麒麟阁。
	元狩二年（公元前121年）	南越	三月，南越献驯象。	象	1	
	元狩六年（公元前117年）	河东汾阴县	六月，郊祀，后土祠旁，见地如钩状，掊视得鼎。	宝鼎	1	以礼祠，迎至甘泉，改元元鼎。
		渥洼	秋，天马生渥洼水中。	天马	1	作《天马之歌》。
	元封二年（公元前109年）	甘泉宫斋房	六月，甘泉宫内中产芝，九茎连叶。	芝	1	芝金色，绿叶朱实，夜有光，作《芝房之歌》。
	太初三年（公元前102年）	东海	二月，行幸东海，获赤雁。	赤雁	1	
	太初年间		上元甲子夜半朔旦冬至时，日月合璧，五星连珠。	日月合璧，五星连珠	1	
	太始二年（公元前95年）		三月，获白麟。	白麟	1	
昭帝	始元元年（公元前86年）	建章宫太液池	二月，黄鹄下建章宫太液池中。	黄鹄	1	
	始元三年（公元前84年）	东海	十月，凤凰集东海。	凤凰	1	遣使者祠其处。
	始元六年（公元前81年）	东海海西乐乡	八月，三年中，凤凰比下东海海西乐乡。	凤凰	1	改元凤元年。
	元凤二年（公元前79年）	长安	一连理树，上枝跨于渠水，下枝隔岸而南，生于上枝同一株。	木连理	1	
宣帝	本始元年（公元前73年）	胶东、千乘	五月，凤凰集胶东、千乘。	凤凰	2	孝宣皇帝之时，凤凰五至，骐驎一至，神雀、黄龙、甘露、醴泉，莫不毕见，有嘉谷玄稷之祥。（《论衡》）
	立三年	宗庙	告祠世宗庙日，有白鹤集后庭。	白鹤	1	
	本始四年（公元前70年）	北海	五月，凤凰集北海、安丘、淳于。	凤凰	3	
	地节二年（公元前68年）	鲁郡	四月，凤凰集鲁郡，群鸟从之。	凤凰	1	
	元康元年（公元前65年）	泰山、陈留	三月，凤凰集泰山、陈留。	凤凰	2	
		未央宫	三月，甘露降未央宫。	甘露	1	
	元康二年（公元前64年）	太山、新平	凤凰集太山，后又集新平。	凤凰	2	
		雍	夏，神雀集雍。	神雀	1	

续表

帝王	时间	地点	事件	吉瑞类别	次数	备注
	元康三年（公元前63年）	泰山	春，神雀集泰山。	神雀	1	
		京城	三月，神雀五彩以万数，飞过集长乐、未央、北宫、高寝、甘泉。	神雀	万数	
	元康四年（公元前62年）	南郡	南郡获威凤、白虎。	威凤、白虎	2	
		长乐宫、上林	神雀集长乐宫，或集上林。	神雀		
		九真	九真献麟。	麟	1	
		函德殿	金芝九茎，产于函德殿铜池中。	金芝	1	
		郡国	嘉谷玄稷，降于郡国。	嘉谷	2	
	神爵元年（公元前61年）	河东	幸河东，祠后土，有神爵集。	神雀		改元为神爵。
	神爵二年（公元前60年）	京师	二月，凤凰集京师，群鸟从之万数，甘露降集京师。	凤凰 甘露	2	
	神爵四年（公元前58年）	京师	春，凤凰、甘露降集京师。	凤凰、甘露	2	
		京师	春，神光交错，集于坛上。	神光		
		杜陵	十月，凤凰十一集杜陵。	凤凰	11	
		杜陵、上林	十二月，凤凰集杜陵、上林。	凤凰	2	
	五凤二年（公元前56年）	京师	正月，甘露降京师	甘露	1	
		京师	正月，神雀集京师。	神雀	1	
	五凤三年（公元前55年）	京师长乐宫	三月辛丑，神鸟集长乐宫东阙树上。	神鸟	1	五彩炳发，留十余刻。
		京师	祭南郊，神光并见。	神光	1	
	五凤四年（公元前54年）	京师	祭后土，神光复至。	神光	1	
		延寿、万岁宫	甘露、神雀降集延寿、万岁宫。	甘露、神雀	2	
		长乐宫东门	三月，鸾凤集长乐宫东门中树上。	鸾凤	1	
	甘露元年（公元前53年）	新丰	四月，黄龙见新丰，醴泉滂流。	黄龙、醴泉	2	
	甘露三年（公元前51年）	新蔡	二月，凤凰集新蔡，群鸟四面行列，皆向凤凰立，以万数。	凤凰		
	宣帝时	美阳	美阳得鼎，献之。	鼎	1	

续表

帝王	时间	地点	事件	吉瑞类别	次数	备注
成帝	鸿嘉元年（公元前20年）	真定	冬，黄龙见真定。	黄龙	1	
	永始二年（公元前15年）	东莱	二月，黑龙见东莱。	黑龙	1	
	永始四年（公元前13年）	紫殿	神光降集紫殿。	神光	1	
	元延四年（公元前9年）	京师	三月，甘露降京师。	甘露	1	
	成帝时	犍为郡	犍为郡于水滨得古磬十六枚。	古磬	16	议者以为善祥。
平帝	元始元年（公元1年）	越常	正月，越常重译献白雉一、黑雉二，诏三公荐宗庙。	白雉 黑雉	1 2	休征嘉应，颂声并作。
王莽	平帝崩	武功	是月，前辉光谢嚣奏武功长孟通浚井。	白石、丹书	2	告汉安公莽为皇帝。
	西汉末年	京师	王莽率群臣奏言王太后：甘露降，神芝生，蓂荚、朱草、嘉禾，休征同时并至。	甘露、神芝、蓂荚、朱草、嘉禾	6	
	居摄三年（公元8年）	齐郡、巴郡、扶风	广饶侯刘京、车骑将军千人扈云、大保属臧鸿奏符命。	新井、石牛、雍石	3	

注：此表主要根据《史记》《汉书》《论衡》《宋书·符瑞志》列。

东汉帝王吉瑞列表

表三

帝王	时间	地点	事件	吉瑞类别	次数	备注
光武帝	西汉哀帝建平元年（公元前6年）	济阳汉武帝行宫	十二月甲子夜，光武将产，赤光照屋，是岁，嘉禾产屋景天中，一茎九穗。	赤光、嘉禾	2	是岁县界大丰熟。
	西汉哀帝时	济阳	先是有凤凰集济阳，宫中皆画凤。	凤凰		
	王莽时	春陵	望气者苏伯阿望光武所居县春陵城郭郁郁葱葱。	天子气		
		鄗县	诸生强华献"赤伏符"。	赤伏符	1	
		南行唐	夏，甘露降南行唐。	甘露	1	
	建武十二年（公元36年）	东阿	六月，黄龙见东阿。	黄龙	1	光武帝在位，常自谦无德，每郡国所上祥瑞，辄抑而不当，故史官罕得记焉。（《后汉书》）
	建武十三年（公元37年）	日南（南越）徼外	九月，日南徼外蛮夷献白雉、白兔。	白雉、白兔	2	
	建武十七年（公元41年）	颍川郏县	十月，有五凤凰见于颍川郡郏县。	凤凰	5	凤高八尺，毛羽五彩，集颍川郡，群鸟并从行列，盖地数顷，留十七日乃去。
	中元元年（公元56年）	京师、郡国	醴泉出京师及郡国。	醴泉	1	饮醴泉者，痼疾皆愈。
		京师	京师有赤草生于水崖。	赤草		
		郡国	五月，郡国上甘露。	甘露	1	

续表

帝王	时间	地点	事件	吉瑞类别	次数	备注
明帝	永平六年（公元63年）	王雒山	二月，王雒山出宝鼎，庐江太守献之。	宝鼎	1	孝明时虽无凤凰，亦致麟、甘露、醴泉、神雀、白雉、紫芝、嘉禾，金出鼎见，离木复合。五帝三王，经传所载瑞应，莫盛孝明。（《论衡》）
明帝	永平十一年（公元68年）	澧湖	澧湖出黄金，庐江太守以献，时麒麟、白雉、醴泉、嘉禾所在出焉。	黄金、麒麟、白雉、醴泉、嘉禾	5	
明帝	永平十七年	甘陵	正月，甘露降于甘陵。	甘露	1	
明帝	永平十七年		树枝内附。	木连理	1	
明帝	永平十七年	京师	春，甘露降京师。	甘露	1	
明帝	永平十七年	皇宫	春，芝草生前殿。	芝草	1	
明帝	永平十七年	京师	春，神雀降京师宫殿官府。	神雀	1	冠羽有五彩色，戎狄归汉朝之吉兆。
章帝	建初三年（公元78年）	零陵	零陵女子傅宁宅，土中生芝草五株。太守沈酆遣门下掾衍盛奉献。	芝草	5	章帝在位十三年，郡国所上符瑞，合于图书者数百千所。（《后汉书》）
章帝	建初四年（公元79年）	泉陵、零陵、洮阳、始安、泠道五县	甘露下泉陵、零陵、洮阳、始安、泠道五县，榆柏梅李，叶皆治溥，威委流漉，民噈吮之，甘如饴蜜。	甘露	1	
章帝	建初五年（公元80年）	零陵、泉陵	芝草复生泉陵男子周服宅上六株，色状如三年芝。	芝草	6	
章帝	建初五年（公元80年）	零陵、泉陵	八黄龙见于泉陵。	黄龙	8	
章帝	建初七年（公元82年）	中牟令鲁恭家中	中牟令鲁恭家中侧室庭中生嘉禾	嘉禾	1	河南尹袁安报于章帝。
章帝	建初七年（公元82年）	临平观	十月，车驾西巡，得白鹿于临平观。	白鹿	1	
章帝	建初七年（公元82年）	美阳	十月，右扶风禁上美阳得铜器，似酒尊。	吉金	1	
章帝	元和元年（公元84年）	日南徼外	日南徼外蛮夷献白犀、白雉。	白犀、白雉	2	
章帝	元和二年（公元85年）	泰山	二月，白鹤三十从西南来。	白鹤	30	《宋书》作"黄鹄"。
章帝	元和二年（公元85年）	肥城	凤凰见肥城。	凤凰	1	
章帝	元和二年（公元85年）	洛阳	黄龙见洛阳元延亭部。	黄龙	1	
章帝	元和二年（公元85年）	沛国	三足乌集沛国。	三足乌		

续表

帝王	时间	地点	事件	吉瑞类别	次数	备注
章帝		郡国	白兔见郡国。	白兔	1	
		郡国	白鹿见郡国。	白鹿	1	
		郡国	九尾狐见于郡国。	九尾狐	1	
		河南	甘露降河南。	甘露	1	
	元和三年（公元86年）	北岳山	正月，祠北岳山，见黄白气，有神鱼跃出数十。	黄白气、神鱼	2	
		郡国	青龙、白龙见郡国。	青龙、白龙	2	元和中，京师及四方累有奇异鸟兽草木，言事者以为祥瑞。
		郡国	白雉见郡国。	白雉	1	
	元和中	郡国	三足乌见郡国。	三足乌	1	章帝时，凤凰见百三十九，麒麟五十二，白虎二十九，黄龙三十四，青龙、黄鹄、鸾鸟、神马、神雀、九尾狐、三足乌、赤乌、白兔、白鹿、白燕、白鹊、甘露、嘉瓜、秬秠、明珠、芝英、华苹、朱草、连理实，日月不绝，载于史官，不可胜纪。（《东观汉记》）
		郡国	芝英生郡国。	芝英	1	
		郡国	华平生郡国。	华平	1	
		郡国	木连理生郡国。	木连理	1	
		郡国	郡国献明珠。	明珠	1	
		郡国	嘉禾生郡国。	嘉禾	1	
		郡国	嘉麦生郡国。	嘉麦	1	
		郡国	嘉瓜生郡国。	嘉瓜	1	
		郡国	秬秠生郡国。	秬秠	1	
		郡国	朱草生郡国。	朱草	1	
		郡国	神鸟见郡国。	神鸟	1	
		郡国	神雀见郡国。	神雀	1	
		郡国	赤乌见郡国。	赤乌	1	
		郡国	白燕见郡国。	白燕	1	
		郡国	白雀见郡国。	白雀	1	
		益州	神马四出滇河中。	神马	1	
		益州	白乌见。	白乌	1	
	元和二年至章和元年，凡三年	郡国	凤凰三十九见郡国。	凤凰	39	《东观汉记》《宋书》言百三十九。
			白虎二十九见郡国。	白虎	29	
			麒麟五十一见郡国。	麒麟	51	《东观汉记》言五十二。
			黄龙四十四见郡国。	黄龙	44	《东观汉记》言三十四。

续表

帝王	时间	地点	事件	吉瑞类别	次数	备注
和帝	永元元年（公元89年）	漠北酒泉	窦宪征匈奴，于漠北酒泉得中山甫鼎。	鼎	1	和帝在位十七年，符瑞八十一所，自称德薄，皆抑而不宣。（《后汉书》）
	永元六年（公元94年）	永昌徼外夷	正月，永昌徼外夷遣使译献犀牛、大象。	犀牛、大象	2	
安帝	初	清河邸第	有神光、赤蛇之嘉应，照耀室屋，盘于床笫。	神光、赤蛇	2	
	元初三年（公元116年）	东平陆	正月，东平陆上言木连理。	木连理	1	
		东平陆	三月，东平陆有瓜异本共生，八瓜同蒂，时以为嘉瓜。	嘉瓜	1	
	元初七年（公元120年）	郡界	郡界有芝草生。	芝草	1	
	延光元年（公元122年）	九真无功	八月，黄龙见九真无功。	黄龙	1	
	延光二年（公元123年）	九真	六月，嘉禾生九真。	嘉禾	1	禾百五十六本，七百六十八穗。
	延光三年（公元124年）	济南台县	二月，凤凰集济南台县丞霍收舍树上。	凤凰		
		沛国丰	四月，甘露下沛国丰。	甘露	1	
		右扶风雍	六月，白鹿见右扶风雍。	白鹿	1	
		左冯翊	七月，白鹿见左冯翊。	白鹿	1	
		频阳	七月，甘露降下冯翊频阳。	甘露	1	
		颍川阳翟	七月，白鹿麒麟见颍川阳翟。	白鹿、麒麟	2	
		左冯翊	七月，左冯翊衙木连理。	木连理	1	
		颍川定陵	七月，颍川定陵木连理。	木连理	1	
		颍川阳翟	八月，麒麟一、白虎二见颍川阳翟。	麒麟 白虎	1 2	
		济南历城	九月，黄龙见济南历城。	黄龙	1	
		京兆新丰	十月，凤凰集京兆新丰西界亭。	凤凰	1	
		琅琊诸县	十二月，黄龙见琅琊诸县。	黄龙	1	
	延光四年（公元125年）	东郡濮阳	正月，黄龙二、麒麟一见东郡濮阳。	黄龙 麒麟	2 1	
桓帝	建和元年（公元147年）	沛国谯	二月，黄龙见沛国谯。	黄龙	1	
		中黄藏府	四月，芝草生中黄藏府。	芝草	1	
		济阴	十一月，凤凰见济阴己氏。	凤凰	1	

续表

帝王	时间	地点	事件	吉瑞类别	次数	备注
桓帝	建和二年（公元148年）	大司农帑藏	四月，嘉禾生大司农帑藏。	嘉禾	1	
		河东	七月，河东有木连理。	木连理	1	
		河东	七月，河东有嘉瓜，两体共蒂。	嘉瓜	1	
	元嘉二年（公元152年）	济阴句阳 金城允街	八月，黄龙见济阴句阳，又见金城允街。	黄龙	1	
	永兴元年（公元153年）	张掖	二月，白鹿见张掖。	白鹿	1	
	永兴二年（公元154年）		四月，光禄勋府吏舍，得玉钩、玦各一，身中皆雕镂。	玉钩、玉玦	2	
	永寿元年（公元155年）	齐国	四月，白乌见齐国。	白乌	1	
	延熹三年（公元160年）	上郡	四月，甘露降上郡。	甘露	1	
	延熹八年（公元165年）	南宫嘉德署	二月，南宫嘉德署黄龙见。	黄龙	1	
	延熹九年（公元166年）	济阴、东郡、济北、平原	四月，济阴、东郡、济北、平原河水清。	河水清	1	
	永康元年（公元167年）	魏郡	八月，魏郡言嘉禾生，甘露降。	嘉禾、甘露	2	
		巴郡	八月，黄龙见、甘露降巴郡。	黄龙、甘露	2	
		西河	十一月，白雉见西河。	白雉	1	
灵帝	熹平五年（公元176年）	沛国谯	沛国言黄龙见谯。	黄龙	1	
	光和四年（公元181年）	郡国	二月，郡国上芝草英。	芝草	1	
		新城	七月，河南言凤凰见新城，群鸟随之。	凤凰	1	
献帝	延康元年（公元220年）	谯、郡国	三月，黄龙见谯，又郡国十三言黄龙见。	黄龙	13	按：延康元年是东汉最后一个年号，也是东汉最后一年，同年十月献帝禅位给曹丕，
		饶安县	四月，饶安县言白雉见。	白雉	1	
		饶安县	四月，饶安县言白虎见。	白虎	1	

续表

帝王	时间	地点	事件	吉瑞类别	次数	备注
		石邑县、郡国	八月，石邑县言凤凰集。郡国十三言凤凰见。	凤凰	13	曹魏建国。因而此年的吉瑞应为曹魏代汉的祥瑞。
		郡国	郡国二十七言白虎见。	白虎	27	
			郡国十九言白雉见。	白雉	19	
			郡国十见麒麟。	麒麟	10	
		陈留	蔡邕为母守墓，室旁生木连理。	木连理	1	

注：此表主要根据《后汉书》《东观汉记》《论衡》《宋书·符瑞志》列。

主要参考资料

文献

清·阮元校刻，《十三经注疏》，北京：中华书局，1980年影印本。
汉·郑玄笺，唐·孔颖达疏：《毛诗正义》。
魏·王弼等注，唐·孔颖达疏：《周易正义》。
汉·孔安国传，唐·孔颖达疏：《尚书正义》。
晋·杜预注，唐·孔颖达疏：《春秋左传正义》。
汉·郑玄注，唐·孔颖达疏：《礼记正义》。
汉·郑玄注，唐·贾公彦疏：《周礼注疏》。
魏·何晏集解，宋·邢昺疏：《论语注疏》。
唐·李隆基注，宋·邢昺疏：《孝经注疏》。
晋·郭璞注，宋·邢昺疏：《尔雅注疏》。

汉·司马迁撰，南朝宋·裴骃集解，唐·司马贞索隐，唐·张守节正义，《史记》，北京：中华书局，1982年。
汉·班固撰，唐·颜师古注，《汉书》，北京：中华书局，1962年。
南朝宋·范晔、西晋·司马彪撰，唐·李贤等注，《后汉书》，北京：中华书局，1965年。
晋·陈寿撰，宋·裴松之注，《三国志》，北京：中华书局，1959年。
唐·房玄龄等撰，《晋书》，北京：中华书局，1974年。
南朝梁·沈约撰，《宋书》，北京：中华书局，1974年。
唐·魏徵等撰，《隋书》，北京：中华书局，1973年。
后晋·刘昫等撰，《旧唐书》，北京：中华书局，1975年。
宋·欧阳修、宋祁撰，《新唐书》，北京：中华书局，1975年。
元·脱脱等撰，《宋史》，北京：中华书局，1977年。
清·张廷玉等撰，《明史》，北京：中华书局，1974年。
董立章撰，《国语译注辨析》，广州：暨南大学出版社，1993年。

宋·司马光撰，胡三省音注，《资治通鉴》，北京：中华书局，1956年。

上海书店影印，《诸子集成》，上海：上海书店出版社，1986年影印本。
上海古籍出版社编，《纬书集成》，上海：上海古籍出版社，1994年。
明·程荣纂辑，《汉魏丛书》，长春：吉林大学出版社，1992年影印本。
梁·萧统编，唐·李善注，《文选》，北京：中华书局，1977年影印本。
宋·郭茂倩，《乐府诗集》，北京：中华书局，1979年。
清·董浩等编，《全唐文》，北京：中华书局，1983年影印本。
唐·欧阳询等编，《艺文类聚》，上海：上海古籍出版社，1999年。
宋·王钦若等编，《册府元龟》，北京：中华书局，2003年。
南朝梁·孙柔之《瑞应图》，清·马国翰辑《玉函山房辑佚书》，扬州：扬州广陵书社，2004年影印本。

《丛书集成初编》，北京：中华书局，1985年新1版。
宋·洪兴祖撰：《楚辞补注》。
汉·焦延寿撰：《焦氏易林》。
汉·戴德撰，北朝·卢辩注：《大戴礼记》。
汉·班固等撰：《白虎通》。
汉·赵晔撰：《吴越春秋》。
汉·韩婴著，周廷寀校注：《韩诗外传》。
晋·皇甫谧撰：《帝王世纪》。
无名氏：《越绝书》。
晋·崔豹著：《古今注》。
唐·张彦远撰：《历代名画记》。
五代·王仁裕纂：《开元天宝遗事》。
宋·周密撰：《齐东野语》。
宋·李石撰：《续博物志》。

晋·王嘉撰，梁·萧绮录，齐治平校注，《拾遗记》，《古小说丛刊》，北京：中华书局，1981年。
晋·干宝著，黄涤明译注，《搜神记全译》，《中国历代名著全译丛书》，贵阳：贵州人民出版社，2008年。
晋·葛洪撰，《西京杂记》，《古今逸史精编》，重庆：重庆出版社，2000年。
汉·刘向、晋·葛洪撰，滕修展、高艳、王奇、张淑琴注译，邓安生审订，《列仙传神仙传注译》，天津：百花文艺出版社，1996年。
唐·李林甫等撰，陈仲夫点校，《唐六典》，北京，中华书局，1992年。
清·吴振棫著，《养吉斋丛录》，北京：古籍出版社，1983年。

袁珂译注，《山海经全译》，贵阳：贵州人民出版社，1991 年。
姜亮夫，《楚辞通故》，《姜亮夫全集》，昆明：云南人民出版社，1999 年。
清·苏舆撰，钟哲点校，《春秋繁露义证》，北京：中华书局，1992 年。
北京大学历史系《论衡》注释小组，《论衡注释》，北京：中华书局，1979 年。
汉·应劭撰，吴树平校释，《风俗通义校释》，天津：天津古籍出版社，1980 年。
何清谷撰，《三辅黄图校释》，北京：中华书局，2005 年。
晋·张华撰，范宁校证，《博物志校证》，北京：中华书局，2014 年第 2 版。

汉·许慎撰，清·段玉裁注，《说文解字注》，上海：上海古籍出版社，1981 年影印本。
清·王先谦撰集，《释名疏证补》，上海：上海古籍出版社，1984 年。

专著

［德］W·施密特著，《原始宗教与神话》，萧师毅、陈祥春译，上海：上海文艺出版社，1987 年影印本。
［美］尤金·N·科恩、爱德华·埃姆斯著，《文化人类学基础》，李富强编译，北京：中国民间文艺出版社，1987 年。
［法］丹纳著，《艺术哲学》，傅雷译，桂林：广西师范大学出版社，2000 年。
［英］弗雷泽著，《金枝》，徐育新等译，北京：中国民间文艺出版社，1987 年。
［德］格罗塞著，《艺术的起源》，蔡慕晖译，北京：商务印书馆，1984 年。
牟钟鉴、张践著，《中国宗教通史》，北京：社会科学文献出版社，2000 年。
陈槃著，《古谶纬研讨及其书录解题》，上海：上海古籍出版社，2010 年。
孙作云著，《中国古代神话传说研究》，开封：河南大学出版社，2003 年。
彭卫、杨震红著，《中国风俗通史·秦汉卷》，上海：上海文艺出版社，2002 年。

浙江省文物考古研究所，《河姆渡——新石器时代遗址考古发掘报告》，北京：文物出版社，2003 年。
中国科学院考古研究所、陕西省西安半坡博物馆编，《西安半坡——原始氏族公社聚落遗址》，北京：文物出版社，1963 年。
湖北省博物馆，《曾侯乙墓》，北京：文物出版社，1989 年。
阎根齐主编，《芒砀山西汉梁王墓地》，北京：文物出版社，2001 年。
南阳汉画馆编著，《南阳汉代画像石墓》，郑州：河南美术出版社，1998 年。
内蒙古自治区文物考古研究所，《和林格尔汉墓壁画》，北京：文物出版社，2007 年。

盖山林著，《阴山岩画》，北京：文物出版社，1986 年。
田自秉、吴淑生、田青著，《中国纹样史》，北京：高等教育出版社，2003 年。
清·冯云鹏、冯云鹓著，《金石索》，王云五主编《万有文库》，上海：商务印书馆，

1929 年影印本。

南阳汉代画像石学术讨论会办公室编,《汉代画像石研究》,北京:文物出版社,1987 年。

蒋英炬、吴文祺著,《汉代武氏墓群石刻研究》,济南:山东美术出版社,1995 年。

信立祥著,《汉代画像石综合研究》,北京:文物出版社,2000 年。

李发林著,《汉画考释和研究》,北京:中国文联出版社,2000 年。

周保平著,《汉代吉祥画像研究》,天津:天津人民出版社,2012 年。

樊锦诗、荣新江、林世田主编,《敦煌文献·考古·艺术综合研究》,北京:中华书局,2011 年。

乔继堂著,《中国吉祥物》,天津:天津人民出版社,1990 年。

图集

中国画像石全集编辑委员会编,《中国画像石全集》,济南:山东美术出版社、郑州:河南美术出版社,2000 年。

高文、王锦生编著,《中国巴蜀汉代画像砖大全》,澳门:国际港澳出版社,2002 年。

山东省博物馆、山东省文物考古研究所编,《山东汉画像石选集》,济南:齐鲁书社,1982 年。

王建中、闪修山著,《南阳两汉画像石》,北京:文物出版社,1990 年。

南阳汉代画像石编辑委员会编,《南阳汉代画像石》,北京:文物出版社,1985 年。

徐州市博物馆,《徐州汉画像石》,南京:江苏美术出版社,1985 年。

龚廷万、龚玉、戴嘉陵编著,《巴蜀汉代画像集》,北京:文物出版社,1998 年。

李林、康兰英、赵力光编著,《陕北汉代画像石》,西安:陕西人民出版社,1995 年。

赵力光编著,《中国古代瓦当图典》,北京:文物出版社,1998 年。

刘永明编著,《汉唐纪年镜图录》,南京:江苏古籍出版社,1999 年。

左汉中编著,《中国吉祥图像大观》,长沙:湖南美术出版社,1998 年。

李振球、乔晓光编著,《中国民间吉祥艺术》,哈尔滨:黑龙江美术出版社,2000 年。

期刊

《考古》

《考古学报》

《考古与文物》

《文物》

《中国历史文物》

《故宫文物月刊》

《文物天地》

《中原文物》
《四川文物》
《东南文化》
《农业考古》
《华夏考古》
《文物春秋》
《民俗研究》
《文史知识》
《史学月刊》
《美术史论》

后记

《悬象著明——汉代文物中的吉祥文化》一书是在《汉代吉祥画像研究》的基础上撰写的,与《汉代吉祥画像研究》一书在内容上有不少重见或复述之处。此盖因其间问题本相关联,或且直是一个问题。但与《汉代吉祥画像研究》相比,此书在逻辑结构、论述重点、材料取舍等方面都有诸多不同。首先,《汉代吉祥画像研究》一书是从汉画实物出发来阐述吉祥瑞应的寓意,因此引用了大量的汉画资料;而此书则是为研究吉祥文化而涉及文物,就是以文物来论说吉祥文化。职是之故,画像资料远逊于《汉代吉祥画像研究》。其次,此书研究的宗旨基本是宏观意义上的把握,而一些微观具体的分析明显亚于《汉代吉祥画像研究》。

本书大体应归类于一种历史文化研究,而非理论研究,其目的旨在说明研究对象在形成和发展的历史过程中的特性、本质和规律。因此,本书的论述还是着眼于用事实材料来说话,虽然理论研究在揭橥研究对象的特性、本质与规律方面的作用不容忽视,但若历史地看,一切理论都是暂时的,唯有事实材料才具有永恒的价值。

研究学问应该"实事求是",即站在客观的立场,追求事物的真理,不偏不倚,不做主观臆测。但是这种治学态度与研究成果本身的深度和广度或者说高度并无直接关系。尽管汉代吉祥文物研究与汉代吉祥文化研究紧相关联,但对后者的研究因涉及"文化"且又延及两千年的赓衍,倍觉力有不逮。然时不我待。几年来,虽竭力钩致、探索汉代吉祥文化的特性、规律，溯其源头，观其流变，耽志耽思，力图从一个不同视角勾勒出一个时代的精神面貌，但由于时间有限、学力有限故而难免挂一漏万，最终结果何如，还是要读者来说话，如读者能觉悟出这类研究并非区区琐琐，即可释我怀。至于书中的疏漏舛错，还请读者匡正，不胜感激。

拙著即将出版之际，衷心感谢江苏师范大学汉文化研究院院长朱存明教授和生活·读书·新知三联书店成华、杨柳青二位编辑，感谢她们在此书的编辑、出版过程中提供的帮助。此外，本书引用了大量前人的研究文字和图片，由于篇幅等原因不能一一标注，在此一并表示感谢。

周保平

2021 年 1 月